复变函数与积分变换

蔺小林　白云霄　王晓琴　岳宗敏　胡明昊　编

科学出版社

北　京

内 容 简 介

本书是作者结合多年的教学实践和研究成果，按照普通高等学校机电类各专业、电信类各专业、数学和物理类各专业对复变函数与积分变换课程的基本要求而编写的通用教材.全书共8章，包括复数与复变函数、解析函数、复变函数的积分、复变函数的级数、留数及其应用、保形映射、傅里叶变换和拉普拉斯变换等内容.为方便学生深入掌握复变函数与积分变换课程的基本知识，作者精心设计了各章内容的相应梯度，每章配有适量的习题，书后附有部分习题参考解答.书末附有傅里叶变换简表和拉普拉斯变换简表，便于读者查阅使用.

本书可供高等工科院校的师生作为教材使用，也可作为从事实际工作的工程技术人员的参考读物.

图书在版编目(CIP)数据

复变函数与积分变换/蔺小林等编. —北京：科学出版社，2016.1
ISBN 978-7-03-046622-8

Ⅰ. ①复… Ⅱ. ①蔺… Ⅲ. ①复变函数-高等学校-教材 ②积分变换-高等学校-教材 Ⅳ. ①O174.5 ②O177.6

中国版本图书馆 CIP 数据核字（2015）第 297577 号

责任编辑：王胡权／责任校对：钟　洋
责任印制：张　伟／封面设计：陈　敬

科 学 出 版 社 出版
北京东黄城根北街 16 号
邮政编码：100717
http://www.sciencep.com

北京天宇星印刷厂印刷
科学出版社发行　各地新华书店经销

*

2016 年 1 月第 一 版　开本：720×1000 1/16
2025 年 7 月第七次印刷　印张：17 1/2
字数：353 000

定价：49.00 元
（如有印装质量问题，我社负责调换）

前　　言

复变函数与积分变换是理工科院校为本科生开设的一门数学基础理论课. 该课程在自然科学和工程技术诸多领域有着非常广泛的应用. 通过本课程的学习, 学生不仅能够学习到复变函数与积分变换的基本理论和工程技术中常用的数学方法, 同时还有利于把复变函数与高等数学中实变函数相关结论进行对比, 复习和巩固高等数学的相关知识, 为学习相关后继专业课程奠定良好的数学基础.

全书系统地讲述了复变函数与积分变换的基本理论和方法, 内容丰富, 理论严谨, 详略得当, 通俗易懂. 主要内容符合理工科院校本科生复变函数与积分变换课程的教学要求, 可作为该课程的教材或教学参考书. 本书的主要内容大约需要 60 学时.

考虑到复变函数与积分变换是一门重要的数学基础理论课, 同时又在实际中有着非常广泛的应用, 因此, 本书在编写过程中从教学需求出发, 具有以下四个特点.

(1) 基本内容完整. 本书基本内容包括复数与复变函数、解析函数、复变函数的积分、复变函数的级数、留数及其应用、保形映射、傅里叶变换和拉普拉斯变换等. 全书内容简明易懂、结构简洁, 每节有较多的典型例题, 每章后面配有适量习题, 书后附有部分习题参考解答, 能满足一般高等院校学生学习复变函数与积分变换课程的需求.

(2) 重视认知规律. 本书重视对学生基本数学知识的讲解和数学素质的培养. 书中所涉及的基本概念和主要定理, 一般都给出了准确的叙述和严格的证明. 为了保证基本理论的完整性、系统性和科学性, 对一些超出教学大纲但在理论和应用上又十分重要的内容, 如辐角原理和儒歇定理、保形映射的基本定理等, 也编进教材, 供读者参考.

(3) 加强相互关联. 由于复变函数的基本内容和高等数学大部分内容有许多相似之处, 所以学生初学时误以为复变函数就是高等数学相关内容的简单推广, 而不加以重视, 往往不能掌握复变函数理论的实质. 本书不仅注意到两者之间的一些共性, 而且特别强调复变函数理论的自身特点.

(4) 注重理论应用. 复变函数在数学物理方程、流体力学、弹性力学、电学、磁学、自动控制等方面有着十分广泛的应用. 本书在编写过程中力求把复变函数和积分变换与理论应用紧密结合, 在傅里叶变换及拉普拉斯变换中注重这些理论在微分方程和电路上的应用, 为学生学习线性系统理论、信号与系统等专业课程奠定良好的理论应用基础.

本书在编写过程中，得到陕西科技大学教务处、理学院领导和同事的关心与帮助，部分教师对书稿内容进行了认真审阅，提出了宝贵的修改意见. 科学出版社对本书的出版给予了大力的支持，编者在此一并表示衷心的感谢.

由于编者的水平所限，书中不足之处在所难免，敬请广大读者批评指正.

编 者

2015 年 6 月于陕西科技大学

目　　录

前言
第 1 章　复数与复变函数 ··· 1
　1.1　复数 ··· 1
　　　1.1.1　复数的定义及运算 ·· 1
　　　1.1.2　复数的模与共轭复数 ··· 2
　　　1.1.3　复数的几何表示 ··· 2
　　　1.1.4　复数的三种表示式 ·· 3
　　　1.1.5　复数的乘幂与开方 ·· 4
　1.2　平面点集 ··· 7
　　　1.2.1　邻域 ·· 7
　　　1.2.2　区域 ·· 8
　　　1.2.3　曲线 ·· 9
　1.3　复球面与无穷远点 ··· 11
　1.4　复变函数 ··· 12
　　　1.4.1　复变函数的概念 ··· 13
　　　1.4.2　复变函数的极限 ··· 14
　　　1.4.3　复变函数的连续性 ·· 16
　习题 1 ·· 17
第 2 章　解析函数 ·· 19
　2.1　解析函数的概念与柯西-黎曼条件 ····························· 19
　　　2.1.1　复变函数的导数 ··· 19
　　　2.1.2　解析函数的概念 ··· 20
　　　2.1.3　函数解析的充要条件 ······································· 21
　2.2　初等解析函数 ··· 24
　　　2.2.1　指数函数 ·· 24
　　　2.2.2　三角函数 ·· 25
　　　2.2.3　双曲函数 ·· 27

2.3 初等多值函数 ··· 27
  2.3.1 根值函数及其支割线 ·· 28
  2.3.2 对数函数 ··· 28
  2.3.3 幂函数 ··· 30
  2.3.4 反三角函数与反双曲函数 ·· 31
习题 2 ··· 32

第 3 章 复变函数的积分 ·· 34
3.1 复变函数的积分概念 ··· 34
  3.1.1 复变函数积分的定义及性质 ···································· 34
  3.1.2 复变函数积分存在定理 ·· 35
  3.1.3 复变函数积分的计算 ·· 36
3.2 柯西积分定理及其推广 ··· 38
  3.2.1 柯西积分定理 ·· 38
  3.2.2 柯西积分定理的推广——复合闭路定理 ············· 39
  3.2.3 积分与路径无关定理 ·· 42
3.3 解析函数的不定积分 ··· 43
3.4 柯西积分公式与高阶导数公式 ···································· 46
  3.4.1 柯西积分公式 ·· 46
  3.4.2 高阶导数公式 ·· 49
  3.4.3 关于解析函数的几个结论 ·· 52
3.5 解析函数与调和函数 ··· 53
习题 3 ··· 56

第 4 章 复变函数的级数 ·· 58
4.1 复级数的基本概念与性质 ·· 58
  4.1.1 复数列的极限 ·· 58
  4.1.2 复数项级数 ··· 59
4.2 幂级数 ··· 61
  4.2.1 复变函数项级数 ·· 61
  4.2.2 幂级数的敛散性定理 ·· 62
  4.2.3 收敛圆与收敛半径 ·· 62
  4.2.4 幂级数的运算和性质 ·· 65
4.3 解析函数的泰勒展开 ··· 67

  4.3.1 泰勒展开定理 · 67

  4.3.2 初等函数的幂级数展开式 · 69

 4.4 解析函数的洛朗展开 · 71

  4.4.1 洛朗级数 · 71

  4.4.2 洛朗展开定理 · 73

  4.4.3 求解析函数的洛朗展开式的一些方法 · 76

 4.5 解析函数的孤立奇点 · 77

  4.5.1 解析函数的孤立奇点及其分类 · 77

  4.5.2 解析函数在孤立奇点的性质 · 79

 4.6 解析函数在无穷远点的性质 · 82

习题 4 · 83

第 5 章 留数及其应用 · 86

 5.1 留数 · 86

  5.1.1 留数的概念 · 86

  5.1.2 留数的计算 · 87

  5.1.3 函数在无穷远点的留数 · 89

 5.2 留数定理及其应用 · 90

  5.2.1 留数定理 · 90

  5.2.2 留数在定积分计算中的应用 · 93

 5.3 辐角原理及其应用 · 97

  5.3.1 对数留数 · 97

  5.3.2 辐角原理 · 99

  5.3.3 儒歇定理 · 100

习题 5 · 102

第 6 章 保形映射 · 104

 6.1 保形映射的概念 · 104

  6.1.1 解析函数导数的几何意义 · 105

  6.1.2 保形映射的概念 · 107

 6.2 分式线性映射 · 107

 6.3 唯一决定分式线性映射的条件 · 110

 6.4 几个初等函数所构成的映射 · 115

  6.4.1 幂函数 $w = z^n$ (n 是不小于 2 的自然数) · 115

6.4.2　指数函数 $w = \mathrm{e}^z$ ·············· 118
　　6.4.3　儒可夫斯基函数 ·············· 120
6.5　关于保形映射的两个一般性定理 ·············· 122
习题 6 ·············· 123

第 7 章　傅里叶变换 ·············· 126
7.1　傅里叶积分 ·············· 126
　　7.1.1　两种重要的周期信号 ·············· 127
　　7.1.2　傅里叶级数 ·············· 128
　　7.1.3　傅里叶积分定理 ·············· 133
7.2　傅里叶变换及其性质 ·············· 140
　　7.2.1　傅里叶变换的概念 ·············· 140
　　7.2.2　傅里叶变换的意义 ·············· 142
　　7.2.3　傅里叶逆变换的意义 ·············· 146
　　7.2.4　傅里叶变换的性质 ·············· 147
7.3　脉冲函数 ·············· 153
　　7.3.1　单位脉冲函数的概念 ·············· 153
　　7.3.2　单位脉冲函数的性质 ·············· 157
　　7.3.3　单位脉冲函数的傅里叶变换 ·············· 161
7.4　卷积与相关函数 ·············· 164
　　7.4.1　卷积的概念 ·············· 164
　　7.4.2　卷积的性质 ·············· 169
　　7.4.3　相关函数 ·············· 172
7.5　傅里叶变换的应用 ·············· 175
　　7.5.1　非周期函数的频谱 ·············· 175
　　7.5.2　周期函数的频谱 ·············· 178
　　7.5.3　傅里叶变换性质的应用 ·············· 181
　　7.5.4　用傅里叶变换解微分、积分方程 ·············· 183
习题 7 ·············· 185

第 8 章　拉普拉斯变换 ·············· 190
8.1　拉普拉斯变换的概念 ·············· 190
　　8.1.1　拉普拉斯变换的定义 ·············· 190
　　8.1.2　拉普拉斯变换的存在定理 ·············· 194

- 8.1.3 周期函数的拉普拉斯变换 ········· 196
- 8.1.4 δ 函数的拉普拉斯变换 ········· 197
- 8.1.5 0^+ 系统与 0^- 系统的拉普拉斯变换 ········· 198
- 8.2 拉普拉斯变换的性质 ········· 200
- 8.3 拉普拉斯逆变换 ········· 213
  - 8.3.1 反演积分 ········· 213
  - 8.3.2 拉普拉斯逆变换的计算 ········· 214
- 8.4 卷积 ········· 225
  - 8.4.1 卷积的概念 ········· 225
  - 8.4.2 卷积的性质 ········· 227
- 8.5 拉普拉斯变换的应用 ········· 230
  - 8.5.1 用拉普拉斯变换解微分、积分方程 (组) ········· 230
  - 8.5.2 连续时间 LTI 系统的复频域分析法 ········· 238
- 习题 8 ········· 243

部分习题参考解答 ········· 248

参考文献 ········· 260

附录 I 傅里叶变换简表 ········· 261

附录 II 拉普拉斯变换简表 ········· 265

第1章 复数与复变函数

复变函数是变量为复数的函数,主要研究定义在复数域上的解析函数的性质. 本章主要介绍复数及基本概念、复变函数的概念及极限和连续性,为研究解析函数做好准备工作.

1.1 复 数

1.1.1 复数的定义及运算

定义 1.1 形如 $z = x + \mathrm{i}y$ 或 $z = x + y\mathrm{i}$ 的数称为**复数**,其中 i 称为**虚数单位**, 且满足条件 $\mathrm{i}^2 = -1$, x, y 为任意实数,分别称为复数 z 的**实部**和**虚部**,记为

$$x = \mathrm{Re}z, \quad y = \mathrm{Im}z.$$

特别地,当 $\mathrm{Re}z = 0, \mathrm{Im}z \neq 0$ 时,$z = \mathrm{i}y$ 称为**纯虚数**;当 $\mathrm{Im}z = 0$ 时,$z = x$ 为实数.

根据复数的定义,可知两个复数相等当且仅当对应的实部与虚部分别相等,一个复数等于零当且仅当它的实部和虚部均为零.

对于任意两个复数 $z_1 = x_1 + \mathrm{i}y_1$ 和 $z_2 = x_2 + \mathrm{i}y_2$,规定:

(1) 加 (减) 法:$z_1 \pm z_2 = (x_1 + \mathrm{i}y_1) \pm (x_2 + \mathrm{i}y_2) = (x_1 \pm x_2) + \mathrm{i}(y_1 \pm y_2)$; (1.1)

(2) 乘法:$z_1 z_2 = (x_1 + \mathrm{i}y_1)(x_2 + \mathrm{i}y_2) = (x_1 x_2 - y_1 y_2) + \mathrm{i}(x_1 y_2 + x_2 y_1)$; (1.2)

(3) 除法:$\dfrac{z_1}{z_2} = \dfrac{x_1 + \mathrm{i}y_1}{x_2 + \mathrm{i}y_2} = \dfrac{(x_1 x_2 + y_1 y_2) + \mathrm{i}(x_2 y_1 - x_1 y_2)}{x_2^2 + y_2^2} (z_2 \neq 0)$. (1.3)

复数加、减、乘、除的运算结果分别称为和、差、积、商,并且满足以下规律:

交换律:$z_1 + z_2 = z_2 + z_1, z_1 z_2 = z_2 z_1$; (1.4)

结合律:$z_1 + (z_2 + z_3) = (z_1 + z_2) + z_3, (z_1 z_2)z_3 = z_1(z_2 z_3)$; (1.5)

乘法对于加法的分配律:$z_1(z_2 + z_3) = z_1 z_2 + z_1 z_3$. (1.6)

全体的复数集合按照上面规定的运算法则构成一个数域,称为**复数域**. 一般地, 在复数域中不能规定复数的大小,也就是说复数不能够比较大小,这与实数域是有区别的.

1.1.2 复数的模与共轭复数

定义 1.2 设复数 $z = x+\mathrm{i}y$,称 $\sqrt{x^2+y^2}$ 为复数 z 的模,记为 $|z| = \sqrt{x^2+y^2}$; 称复数 $x-\mathrm{i}y$ 为复数 z 的共轭,记为 $\overline{z} = x-\mathrm{i}y$.

容易验证 $\overline{\overline{z}} = z$,所以共轭复数是相互的,即 $z = x+\mathrm{i}y$ 与 $\overline{z} = x-\mathrm{i}y$ 互为共轭复数. 设复数 $z = x+\mathrm{i}y$, $z_1 = x_1+\mathrm{i}y_1$ 及 $z_2 = x_2+\mathrm{i}y_2$,则模与共轭复数存在以下关系及性质:

(1) $z + \overline{z} = 2\mathrm{Re}z$, $z - \overline{z} = 2\mathrm{i}\mathrm{Im}z$, $z\overline{z} = |z|^2$, $|\overline{z}| = |z|$;

(2) $\overline{z_1 \pm z_2} = \overline{z_1} \pm \overline{z_2}$, $\overline{z_1 z_2} = \overline{z_1}\,\overline{z_2}$, $\overline{\left(\dfrac{z_1}{z_2}\right)} = \dfrac{\overline{z_1}}{\overline{z_2}}(z_2 \neq 0)$;

(3) $|\mathrm{Re}z| \leqslant |z|$, $|\mathrm{Im}z| \leqslant |z|$.

利用复数共轭与模的定义,读者可以自行验证上述性质.

例 1.1 证明: $|z_1 + z_2| \leqslant |z_1| + |z_2|$.

证明 根据复数共轭与模的性质,可知

$$|z_1+z_2|^2 = (z_1+z_2)\overline{(z_1+z_2)} = (z_1+z_2)(\overline{z_1}+\overline{z_2}) = |z_1|^2 + z_1\overline{z_2} + \overline{z_1}z_2 + |z_2|^2$$

$$= |z_1|^2 + 2\mathrm{Re}(z_1\overline{z_2}) + |z_2|^2 \leqslant |z_1|^2 + 2|z_1\overline{z_2}| + |z_2|^2$$

$$= |z_1|^2 + 2|z_1||z_2| + |z_2|^2 = (|z_1|+|z_2|)^2,$$

所以

$$|z_1+z_2| \leqslant |z_1| + |z_2|$$

成立.

1.1.3 复数的几何表示

根据复数的定义,不难看出,复数 $z = x+\mathrm{i}y$ 与一个有序的实数对 (x, y) 是一一对应的,这样就建立了 "数" 与 "点" 之间的一一对应关系,平面上所有点的集合也就是一个复数的集合. 用建立了笛卡儿直角坐标系的平面来表示复数的平面称为**复平面**,其中 x 轴称为**实轴**,y 轴称为**虚轴**.

另外,在复平面上,由于点 $M(x,y)$ 与向量 $\overrightarrow{OM}$ 存在一一对应的关系,所以复数 $z = x+\mathrm{i}y$ 也可以看成是向量 $\boldsymbol{z}$(图 1.1),其中向量的长度 r,也就是复数 $z = x+\mathrm{i}y$ 的模,即 $r = |z| = \sqrt{x^2+y^2}$. 复数的代数和与差的几何表示也就可以用向量来表示 (图 1.2).

1.1 复　　数

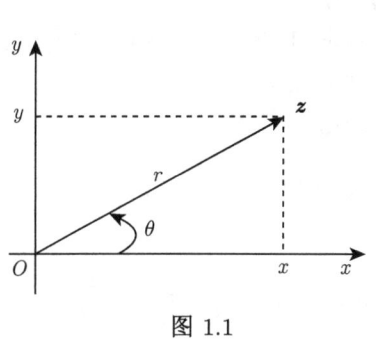
图 1.1

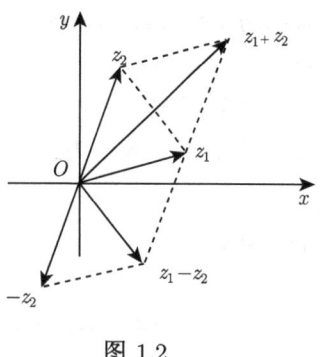
图 1.2

1.1.4 复数的三种表示式

1. 辐角及辐角主值

以 x 轴正半轴为始边, 向量 z 为终边的夹角 θ 称为复数 z 的辐角, 记为 $\theta = \text{Arg}\,z$, 当 $z = 0$ 时, 辐角没有意义. 对任意一个非零的复数 z 来说, 辐角并不唯一, 每个值之间相差 2π 的整数倍, 所以, 为了方便研究和计算, 通常把满足 $-\pi < \theta_0 \leqslant \pi$ 的辐角 θ_0 称为 z 的**辐角主值**, 记为 $\theta_0 = \arg z$, 用辐角主值表示辐角如下:

$$\text{Arg}\,z = \arg z + 2k\pi \quad (k = 0, \pm 1, \pm 2, \cdots). \tag{1.7}$$

考虑到 $-\dfrac{\pi}{2} < \arctan \dfrac{y}{x} < \dfrac{\pi}{2}$, 所以辐角主值 $\arg z$ 与 $\arctan \dfrac{y}{x}$ 有如下关系:

$$\arg z = \begin{cases} \arctan \dfrac{y}{x}, & x > 0, \\ \arctan \dfrac{y}{x} + \pi, & x < 0, \quad y > 0, \\ \arctan \dfrac{y}{x} - \pi, & x < 0, \quad y < 0, \\ \dfrac{\pi}{2}, & x = 0, \quad y > 0, \\ -\dfrac{\pi}{2}, & x = 0, \quad y < 0, \\ \pi, & x < 0, \quad y = 0. \end{cases} \tag{1.8}$$

2. 复数的三种表示式

形如 $z = x + \mathrm{i}y$ 的复数, 称为复数 z 的**代数表示式**; 通过直角坐标系与极坐标的关系, 如果记 $r = |z| = \sqrt{x^2 + y^2}$, $\theta = \text{Arg}\,z$, 则有

$$x = r\cos\theta, \quad y = r\sin\theta, \tag{1.9}$$

那么 $z = r(\cos\theta + \mathrm{i}\sin\theta)$, 称为复数 z 的**三角表示式**;

根据欧拉公式 $\mathrm{e}^{\mathrm{i}\theta} = \cos\theta + \mathrm{i}\sin\theta$, 则 $z = r\mathrm{e}^{\mathrm{i}\theta}$ 称为复数 z 的**指数表示式**. 复数的三种表示式可以根据实际的不同需要相互转化.

例 1.2 将下列复数化为三角表示式及指数表示式:

(1) $z = -2 - 2\sqrt{3}\mathrm{i}$; (2) $z = \sin\dfrac{\pi}{8} + \mathrm{i}\cos\dfrac{\pi}{8}$; (3) $z = \dfrac{1 + 2\mathrm{i}}{1 - 2\mathrm{i}}$.

解 (1) 因为

$$r = \sqrt{4 + 12} = 4, \quad \arg z = \arctan\sqrt{3} - \pi = \dfrac{\pi}{3} - \pi = -\dfrac{2\pi}{3},$$

所以

$$z = 4\left(\cos\dfrac{-2\pi}{3} + \mathrm{i}\sin\dfrac{-2\pi}{3}\right) = 4\mathrm{e}^{-\mathrm{i}\frac{2\pi}{3}}.$$

(2) 因为

$$\sin\dfrac{\pi}{8} = \cos\left(\dfrac{\pi}{2} - \dfrac{\pi}{8}\right) = \cos\dfrac{3\pi}{8}, \quad \cos\dfrac{\pi}{8} = \sin\left(\dfrac{\pi}{2} - \dfrac{\pi}{8}\right) = \sin\dfrac{3\pi}{8},$$

所以

$$z = \cos\dfrac{3\pi}{8} + \mathrm{i}\sin\dfrac{3\pi}{8} = \mathrm{e}^{\mathrm{i}\frac{3\pi}{8}}.$$

(3) 将所给的复数 z 进行化简, 可得

$$z = \dfrac{(1 + 2\mathrm{i})(1 + 2\mathrm{i})}{(1 - 2\mathrm{i})(1 + 2\mathrm{i})} = \dfrac{-3}{5} + \dfrac{4}{5}\mathrm{i},$$

因此, $r = 1, \arg z = \arctan\dfrac{-4}{3} + \pi$, 所以三角表示式和指数表示式为

$$z = \cos\left(\arctan\dfrac{-4}{3} + \pi\right) + \mathrm{i}\sin\left(\arctan\dfrac{-4}{3} + \pi\right) = \mathrm{e}^{\mathrm{i}\left(\arctan\frac{-4}{3} + \pi\right)}.$$

1.1.5 复数的乘幂与开方

设两个复数 $z_1 = r_1(\cos\theta_1 + \mathrm{i}\sin\theta_1)$ 和 $z_2 = r_2(\cos\theta_2 + \mathrm{i}\sin\theta_2)$, 容易验证

$$z_1 z_2 = r_1 r_2[\cos(\theta_1 + \theta_2) + \mathrm{i}\sin(\theta_1 + \theta_2)] = r_1 r_2 \mathrm{e}^{\mathrm{i}(\theta_1 + \theta_2)}. \tag{1.10}$$

结论 1 $|z_1 z_2| = |z_1||z_2|, \ \mathrm{Arg}\, z_1 z_2 = \mathrm{Arg}\, z_1 + \mathrm{Arg}\, z_2.$ \hfill (1.11)

若 $z_2 \neq 0$, 则有 $\dfrac{z_1}{z_2} \cdot z_2 = z_1$, 对这个乘积使用结论 1, 可以得到关于两个复数商的结论如下.

结论 2 $\left|\dfrac{z_1}{z_2}\right| = \dfrac{|z_1|}{|z_2|}, \ \mathrm{Arg}\,\dfrac{z_1}{z_2} = \mathrm{Arg}\, z_1 - \mathrm{Arg}\, z_2 (z_2 \neq 0).$ \hfill (1.12)

由于一个复数的辐角有无穷多个, 所以 $\text{Arg}\, z_1$ 与 $\text{Arg}\, z_2$ 可以分别看成是两个复数所有的辐角构成的两个集合, 因此式 (1.11) 与式 (1.12) 中辐角的和与差, 应该理解为是两个集合的和与差.

从向量几何的角度来看复数的乘积, 复数 $z_1 z_2$ 是指把复数 z_1 所对应的向量的长度伸长或缩短 $|z_2|$ 倍, 然后将此向量顺时针或逆时针旋转 $\text{Arg}\, z_2$ 个弧度后所得到的向量 (图 1.3).

例 1.3 已知 $z_1 = 1, z_2 = 2 + i$, 在复平面上求一点 z_3, 使得 z_1, z_2, z_3 正好为一个正三角形的三个顶点.

解 如图 1.4 所示, 所求的点应该有两个, 分别记为 z_3 和 z_3', 根据乘法的几何意义有

$$z_3 - z_1 = e^{\frac{\pi}{3}i}(z_2 - z_1) = \left(\frac{1}{2} + i\frac{\sqrt{3}}{2}\right)(1+i) = \frac{1-\sqrt{3}}{2} + \frac{\sqrt{3}+1}{2}i,$$

所以 $z_3 = \dfrac{3-\sqrt{3}}{2} + \dfrac{\sqrt{3}+1}{2}i$, 同理读者可以自行计算 $z_3' = \dfrac{\sqrt{3}+3}{2} + \dfrac{1-\sqrt{3}}{2}i.$

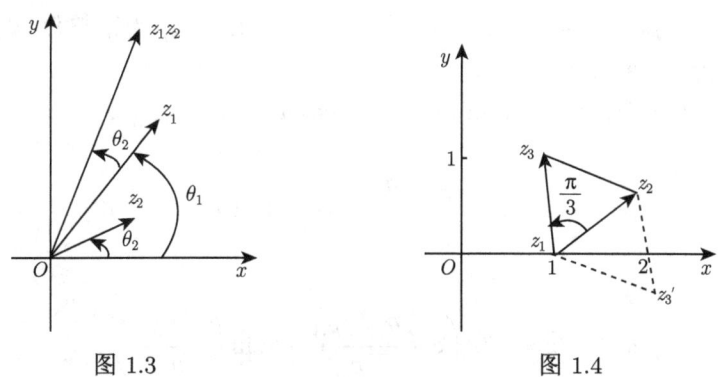

图 1.3　　　　　　　　　图 1.4

例 1.4 证明三角形内角之和等于 π.

证明 设三角形三个顶点分别为 z_1, z_2, z_3, 三个顶角分别为 α, β, γ, 并且 $\alpha, \beta, \gamma \in (0, \pi)$ (图 1.5). 由复数乘法的几何意义可知

$$\alpha = \arg\frac{z_3 - z_1}{z_2 - z_1}, \quad \beta = \arg\frac{z_2 - z_3}{z_1 - z_3}, \quad \gamma = \arg\frac{z_1 - z_2}{z_3 - z_2},$$

而 $\dfrac{z_3 - z_1}{z_2 - z_1} \cdot \dfrac{z_2 - z_3}{z_1 - z_3} \cdot \dfrac{z_1 - z_2}{z_3 - z_2} = -1$, 所以

$$\arg\frac{z_3 - z_1}{z_2 - z_1} + \arg\frac{z_2 - z_3}{z_1 - z_3} + \arg\frac{z_1 - z_2}{z_3 - z_2} = \pi + 2k\pi \quad (k \in \mathbf{Z}),$$

又因为 $\alpha, \beta, \gamma \in (0, \pi)$, 所以

$$\arg\frac{z_3-z_1}{z_2-z_1}+\arg\frac{z_2-z_3}{z_1-z_3}+\arg\frac{z_1-z_2}{z_3-z_2}=\pi,$$

即 $\alpha+\beta+\gamma=\pi$.

下面给出复数的乘幂和开方的概念.

设 $z=r(\cos\theta+\mathrm{i}\sin\theta)$, 且 $z\neq 0$, n 为正整数, 则称 n 个 z 的乘积为 z 的 **n 次幂**, 记为 z^n, 根据乘积的结论有

$$\begin{aligned}z^n&=z\cdot z\cdot\cdots\cdot z=[r(\cos\theta+\mathrm{i}\sin\theta)]^n\\&=r^n(\cos n\theta+\mathrm{i}\sin n\theta)=r^n\mathrm{e}^{\mathrm{i}n\theta}.\end{aligned}\tag{1.13}$$

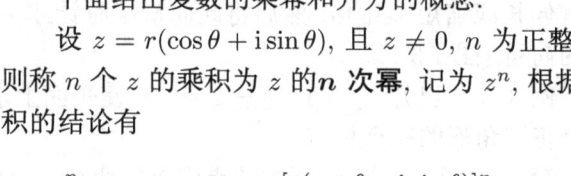

图 1.5

特别地, 当 $r=1$ 时, 即为棣莫弗 (de Moivre) 公式

$$(\cos\theta+\mathrm{i}\sin\theta)^n=\cos n\theta+\mathrm{i}\sin n\theta=\mathrm{e}^{\mathrm{i}n\theta}.\tag{1.14}$$

设复数 $w=\rho(\cos\varphi+\mathrm{i}\sin\varphi)$, 且满足 $w^n=z$, $n(n>1)$ 为正整数, 则称 w 为复数 z 的 n 次方根, 记为 $w=\sqrt[n]{z}$.

事实上, $w^n=[\rho(\cos\varphi+\mathrm{i}\sin\varphi)]^n=\rho^n(\cos n\varphi+\mathrm{i}\sin n\varphi)$, $z=r(\cos\theta+\mathrm{i}\sin\theta)$, 则有

$$\rho=\sqrt[n]{r},\quad \varphi=\frac{\theta+2k\pi}{n}\quad (k=0,\pm 1,\pm 2,\cdots),\tag{1.15}$$

所以

$$w=\sqrt[n]{z}=\sqrt[n]{r}\left(\cos\frac{\theta+2k\pi}{n}+\mathrm{i}\sin\frac{\theta+2k\pi}{n}\right),\tag{1.16}$$

这里只要取 $k=0,1,2,\cdots,n-1$, 就可以得到 z 的 n 个不同的根, 并且无论 k 在整数中取何值, 所得的根必然为这 n 个根中的一个.

另一方面由式 (1.16), 有

$$w=\sqrt[n]{z}=\sqrt[n]{r}\mathrm{e}^{\mathrm{i}\frac{\theta+2k\pi}{n}}=\sqrt[n]{r}\mathrm{e}^{\mathrm{i}\frac{\theta}{n}}\mathrm{e}^{\mathrm{i}\frac{2k\pi}{n}}\quad (k=0,1,2,\cdots,n-1),$$

这相当于 z 的 n 个不同的根是复数 $\sqrt[n]{r}\mathrm{e}^{\mathrm{i}\frac{\theta}{n}}$ 绕原点依次逆时针旋转 $\frac{2\pi}{n},\frac{4\pi}{n},\cdots,\frac{2(n-1)\pi}{n}$ 而得到, 可见这 n 个不同的根均匀分布在以原点为圆心, 以 $\sqrt[n]{r}$ 为半径的圆上, 并且为内接于该圆的正 n 边形的 n 个顶点.

注 当 n 为负整数时, 式 (1.13) 依然成立, 读者可利用负指数幂的定义, 以及式 (1.12) 证明.

例 1.5 求 $\sqrt[6]{1+\mathrm{i}}$.

解 由于 $1+\mathrm{i} = \sqrt{2}\left(\cos\dfrac{\pi}{4} + \mathrm{i}\sin\dfrac{\pi}{4}\right)$, 所以

$$\sqrt[6]{1+\mathrm{i}} = \sqrt[12]{2}\left(\cos\dfrac{\dfrac{\pi}{4}+2k\pi}{6} + \mathrm{i}\sin\dfrac{\dfrac{\pi}{4}+2k\pi}{6}\right) \quad (k=0,1,2,3,4,5),$$

当 $k=0$ 时, $w_0 = \sqrt[12]{2}\left(\cos\dfrac{\pi}{24}+\mathrm{i}\sin\dfrac{\pi}{24}\right)$; 当 $k=1$ 时, $w_1 = \sqrt[12]{2}\left(\cos\dfrac{3\pi}{8}+\mathrm{i}\sin\dfrac{3\pi}{8}\right)$;

当 $k=2$ 时, $w_2 = \sqrt[12]{2}\left(\cos\dfrac{17\pi}{24}+\mathrm{i}\sin\dfrac{17\pi}{24}\right)$; 当 $k=3$ 时, $w_3 = \sqrt[12]{2}\left(\cos\dfrac{25\pi}{24}+\mathrm{i}\sin\dfrac{25\pi}{24}\right)$;

当 $k=4$ 时, $w_4 = \sqrt[12]{2}\left(\cos\dfrac{33\pi}{24}+\mathrm{i}\sin\dfrac{33\pi}{24}\right)$; 当 $k=5$ 时, $w_5 = \sqrt[12]{2}\left(\cos\dfrac{41\pi}{24}+\mathrm{i}\sin\dfrac{41\pi}{24}\right)$.

1.2 平面点集

本节主要对复平面上一些常见的点及点集作有关规定.

1.2.1 邻域

若 $z_1 = x_1 + \mathrm{i}y_1$ 和 $z_2 = x_2 + \mathrm{i}y_2$ 为复平面上的两个点, 则这两点的距离为

$$|z_1 - z_2| = \sqrt{(x_1 - x_2)^2 + (y_1 - y_2)^2}. \tag{1.17}$$

定义 1.3 设 $z_0 = x_0 + \mathrm{i}y_0$, 定值实数 $\delta > 0$, 把满足 $|z - z_0| < \delta$ 的点的全体, 称为点 z_0 的 δ **邻域**, 记为 $U(z_0, \delta)$ 或 $U(z_0)$, 简称 z_0 的邻域, 其中 δ 为**邻域半径**.

显然,

$$\begin{aligned} U(z_0, \delta) &= \left\{z \,\middle|\, |z - z_0| < \delta\right\} \\ &= \left\{(x, y) \,\middle|\, \sqrt{(x - x_0)^2 + (y - y_0)^2} < \delta, x, y \in \mathbf{R}\right\}, \end{aligned}$$

它在几何上代表了复平面上一个以 z_0 为圆心, δ 为半径的圆面.

称 $\overset{\circ}{U}(z_0, \delta) = \{z \mid 0 < |z - z_0| < \delta\}$ 为点 z_0 的 δ **去心邻域**, 这在几何上相当于在之前的圆面上去掉了圆心这个点 (图 1.6).

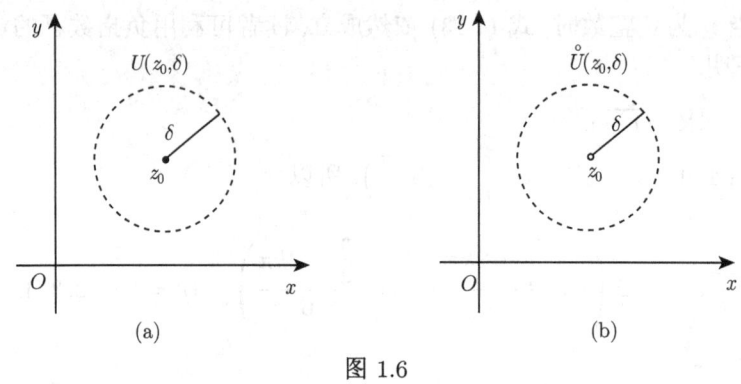

图 1.6

1.2.2 区域

设 p 为复平面上一个点, 而 G 代表复平面上的一个点集, 以下将给出一些特殊点和特殊集合的概念.

1. 内点、外点、边界点、聚点

若存在点 p 的一个邻域 $U(p,\delta)$ 完全属于点集 G, 即 $U(p,\delta) \subset G$, 则称 p 为点集 G 的**内点**;

若存在点 p 的一个邻域 $U(p,\delta)$ 完全不属于点集 G, 即 $U(p,\delta) \cap G = \varnothing$, 则称 p 为点集 G 的**外点**;

若对于点 p 的任意一个邻域 $U(p,\delta)$ 既含 G 内的点又含 G 外的点, 即 $U(p,\delta) \not\subset G$ 且 $U(p,\delta) \cap G \neq \varnothing$, 则称 p 为点集 G 的**边界点**; 边界点的集合称为**边界**, 记为 ∂G.

若对于点 p 的任意一个邻域 $U(p,\delta)$ 都包含了点集 G 的无穷多个点, 则称 p 为点集 G 的**聚点**;

例如, 点集 $G = \{z | 1 \leqslant |z| \leqslant 2 \text{ 或 } z = 0\}$, 则 $z = 1$ 为 G 的边界点, $z = \dfrac{3}{2}$ 为 G 的内点, $z = 3$ 为 G 的外点, 特别应当注意的是, $z = 0$ 为 G 的边界点.

2. 开集、闭集、连通集、有界集

若点集 G 内的所有点均为内点, 则称 G 为**开集**; 将复平面看成一个全集, 若点集 G 的余集 G^c 为开集, 则称 G 为**闭集**; 若点集 G 内的任意两点都可以用包含在点集 G 内的折线连接起来, 则称 G 为**连通集**; 若存在一个正数 M, 使得点集 G 内任意一点 z 都满足 $|z| < M$, 也就是说 G 能完全含在一个以原点为圆心, M 为半径的圆内, 则称 G 为**有界集**, 否则, 称 G 为无界集.

例如, $G = \{z | 1 \leqslant |z| \leqslant 2 \text{ 或 } z = 0\}$ 是闭集且为有界集, 但不是连通集.

3. 区域与闭区域

若点集 G 既为开集，又为连通集，此时称点集 G 为**区域**(图 1.7)；区域连同它的边界一起构成的集合，称为**闭区域**.

需要注意的是，闭区域不一定有界，有界区域也不一定是闭区域. 例如，$G = \{z \mid 1 < |z| < 2\}$ 是一个开集也是连通集，所以它是一个区域也是有界区域，而 $G^* = \{z \mid 1 \leqslant |z| \leqslant 2\}$ 是集合 G 与它的边界共同构成的新集合，即为一个闭区域，并且是有界区域；类似地，$G = \{z \mid 1 < |z|\}$ 是一个区域，$G^* = \{z \mid 1 \leqslant |z|\}$ 是一个闭区域，但是它们都是无界区域 (图 1.8).

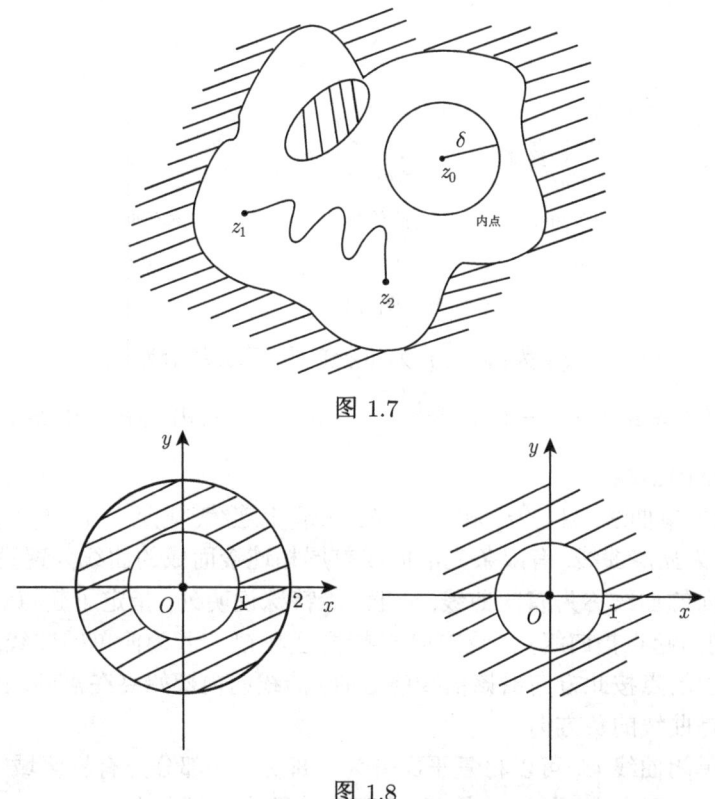

图 1.7

图 1.8

1.2.3 曲线

定义 1.4 设 $x(t)$ 和 $y(t)$ 是定义在区间 $[a, b]$ 上的实值连续函数，则称由 $z(t) = x(t) + \mathrm{i}y(t)(a \leqslant t \leqslant b)$ 所确定的点集为复平面上的**连续曲线 C**，其中 $z(a)$ 和 $z(b)$ 分别称为此曲线的起点和终点.

若 $z(a) = z(b)$，即此曲线起点和终点重合，此时称曲线 C 为**闭曲线**.

若任意取 $t_1, t_2 \in [a,b]$，当且仅当 $t_1 = t_2$ 时，$z(t_1) = z(t_2)$，此时称曲线 C 为**简单曲线**(或约当曲线)；若 $t_1 \neq t_2$ 时，有 $z(t_1) = z(t_2)$，把点 $z(t_1) = z(t_2)$ 称为曲线 C 的重点，此时，曲线 C 为**不简单曲线**. 显然，简单曲线不含有重点.

若曲线只有起点与终点重合，没有其他的重点，则称曲线为**简单闭曲线**(图 1.9).

例如，过点 $z_1 = x_1 + \mathrm{i}y_1$ 和点 $z_2 = x_2 + \mathrm{i}y_2$ 的直线为

$$z(t) = z_1 + t(z_2 - z_1) = x_1 + t(x_2 - x_1) + \mathrm{i}[y_1 + t(y_2 - y_1)], \quad t \in (-\infty, +\infty),$$

根据定义，直线也可以看成是一条连续的简单曲线.

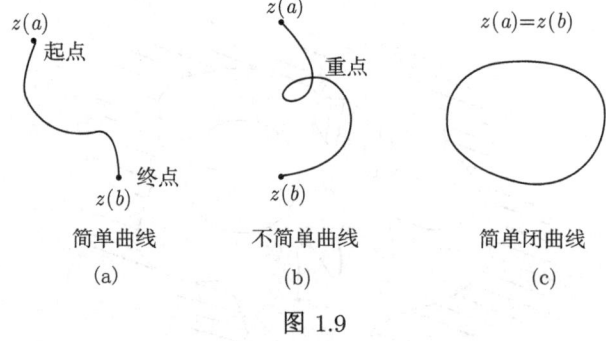

图 1.9

再如，以 $z_0 = x_0 + \mathrm{i}y_0$ 为圆心，r 为半径的圆可以表示为

$$z(\theta) = z_0 + r\mathrm{e}^{\mathrm{i}\theta} = (x_0 + r\cos\theta) + \mathrm{i}(y_0 + r\sin\theta), \quad \theta \in [0, 2\pi],$$

它是一条简单闭曲线.

若 C 为简单曲线，且 $x'(t)$ 和 $y'(t)$ 在 $[a,b]$ 上连续，满足 $[x'(t)]^2 + [y'(t)]^2 \neq 0$，则称曲线 C 为**光滑曲线**，有限条光滑曲线首尾相连接而成的曲线为**逐段光滑曲线**.

带有方向的曲线称为**有向曲线**，一般 (除特殊说明外) 指定了起点和终点的曲线，其正方向为起点指向终点，反方向的曲线记为 C^-；若为简单闭曲线，其正方向是指当曲线上的点按此方向沿该曲线前进时，曲线的内部始终在点的左方. 与之相反的方向就是曲线的负方向.

一条简单闭曲线 C，可以将复平面分为三部分：一部分为有界区域，是 C 的内部；一部分为无界区域，是 C 的外部；中间为这两个区域共有的边界曲线 C. 利用简单闭曲线的这个特性，可以把区域分为两类：单连通区域和多连通区域，下面给出两者的概念.

若区域 G 内任意一条简单闭曲线的内部都含在 G 内，则称 G 为**单连通区域**；不是单连通区域的区域称为**多连通区域**.

例如，$G = \{z \,|\, 1 < |z| < 2\}$ 为一个多连通区域，而 $G = \{z \,|\, |z| < 2\}$ 是一个单

连通区域 (图 1.10). 从几何上直观地说, 没有 "洞" 的区域为单连通区域, 有 "洞" 的区域为多连通区域.

例 1.6 下列点集是否为区域, 是有界还是无界, 如果为区域是单连通还是多连通:

(1) $-\dfrac{\pi}{2} \leqslant \arg z \leqslant \dfrac{\pi}{2}$;　　(2) $|z+1|+|z-1|<3$.

解 (1) $-\dfrac{\pi}{2} \leqslant \arg z \leqslant \dfrac{\pi}{2}$, 即为复平面上整个右半平面, 含整个虚轴, 它是一个闭区域, 不是区域, 无界 (图 1.11).

(2) $|z+1|+|z-1|=3$ 为一个到 -1 和到 1 距离之和为定值 3 的点的集合, 在平面直角坐标系下的方程为 $\dfrac{4x^2}{9}+\dfrac{4y^2}{5}=1$, 即为一个椭圆, 所以 $|z+1|+|z-1|<3$ 表示的图形为椭圆的内部且去掉原点, 这是一个区域, 有界, 单连通区域 (图 1.12).

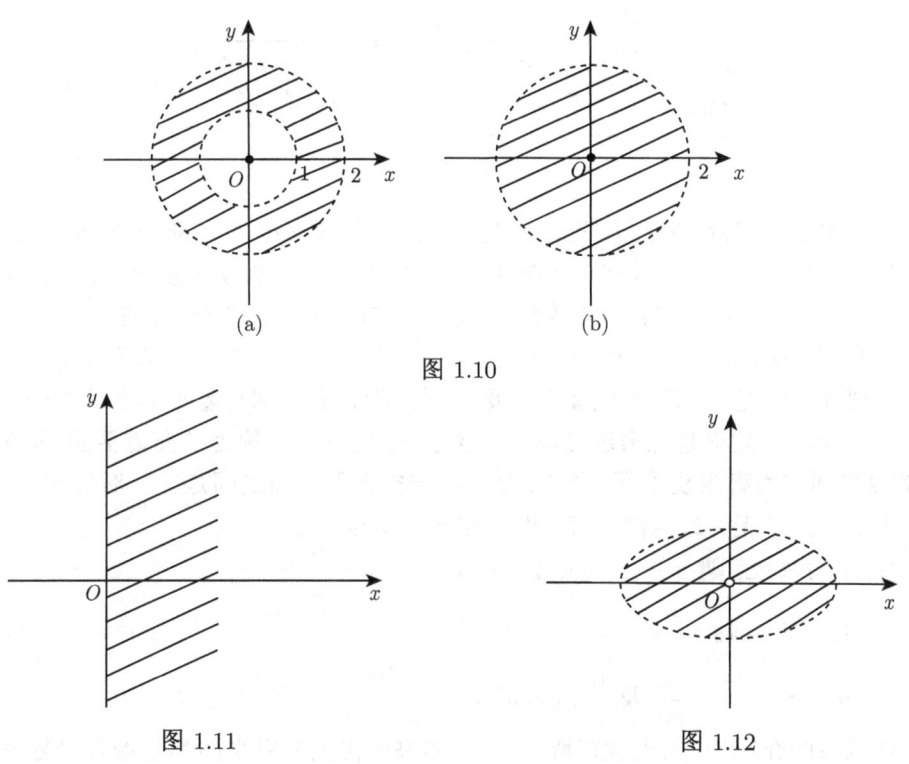

图 1.10

图 1.11　　　　　　　　图 1.12

1.3　复球面与无穷远点

复数除了使用复平面上的点和向量来表示, 还有一种几何表示法, 即用球面上

的点表示, 同时还引入了一个特殊的复数——无穷远点, 记作 ∞. 这个复数没有定义其实部、虚部以及辐角, 但是规定 $|\infty| = +\infty$.

为了使无穷远点 ∞ 有更加直观的解释, 引入了复球面 (或黎曼球面).

在三维欧氏空间中建立直角坐标系 $Oxyz$, 作一个球面与 xOy 面相切并且切点为 O 点, 球的一条直径落在 z 轴上, 记球面与 z 轴的另一个交点为 N. 球面上点 O 称为南极, 点 N 称为北极 (图 1.13).

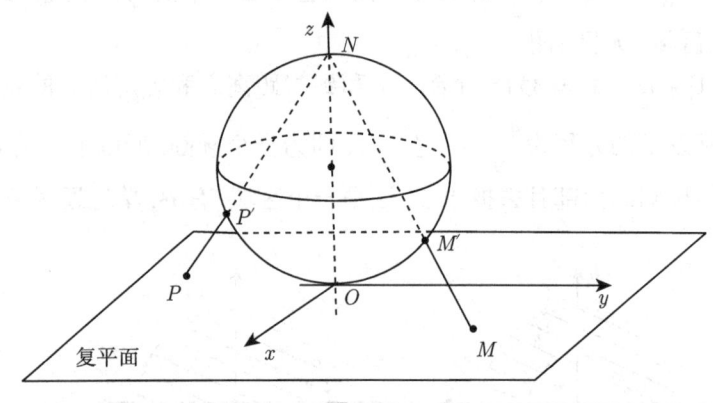

图 1.13

如果将 xOy 面看成是复平面, 那么复平面上任意一点 P 与北极 N 作连线, 与球面相交, 在球面上有且只有一个异于北极 N 的交点记为 P'; 反过来, 球面上任意一非北极 N 的点 M' 与 N 作连线, 其延长线与复平面相交有且只有一个点记为 M. 这样复平面上的所有点都一一对应到了球面上, 此时这个球面即为复球面.

需要注意的是, 复球面上除了北极 N 点, 所有的点都与复平面上的点一一对应, 而 N 点对应的就是无穷远点 ∞. 包含了 ∞ 的复平面称为**扩充复平面**, 不含有 ∞ 的复平面称为**有限复平面**. 所以, 复球面与扩充复平面之间是一一对应的.

下面规定了无穷远点的运算: 设 z 是一个复数, 规定

(1) 若 $z \neq \infty$, 则 $z \pm \infty = \infty \pm z = \infty$, $\dfrac{z}{\infty} = 0$, $\dfrac{\infty}{z} = \infty$;

(2) 若 $z \neq 0$, 则 $z \cdot \infty = \infty \cdot z = \infty$, $\dfrac{z}{0} = \infty$;

(3) $\infty \pm \infty, \infty \cdot 0, \dfrac{\infty}{\infty}$ 及 $\dfrac{0}{0}$ 没有定义.

在以后的介绍中, 如果没有特殊说明, 本书所提到的复平面都是指有限复平面.

1.4 复变函数

复变函数主要研究的是定义在复数域上的一类特殊的函数——解析函数, 所以

1.4 复变函数

本节给出复变函数的有关概念, 为解析函数的学习做好准备.

1.4.1 复变函数的概念

定义 1.5 设 G 和 D 为不同复平面上的两个复数集, 若存在对应关系 f, 对每个 $z \in G$, 都有确定的 $w \in D$ 与之对应, 则称 w 是变量 z 的函数, 简称复变函数, 记作 $w = f(z)$.

若根据 f 只有一个确定的 w 与 z 对应, 则称 $w = f(z)$ 为**单值函数**; 若 z 的一个值对应着两个或两个以上的 w, 则称 $w = f(z)$ 为**多值函数**. 例如, $w = z^2$, $w = |z|$ 等为单值函数, 而 $w = \sqrt[n]{z}$, $w = \mathrm{Arg}\, z$ 等为多值函数.

本书中, 若无特殊声明, 所提到的复变函数均为单值函数.

同实数域的函数一样, 对于复变函数, 同样有定义域、值域、自变量以及因变量的概念, 它们依次定义为: 集合 G 为函数的**定义域**; $f(G) = \{w \mid w = f(z), z \in G\}$ 为函数的**值域**; z 为**自变量**; w 为**因变量**.

若对于值域 $f(G) = \{w \mid w = f(z), z \in G\}$ 中的每一个变量 w, 都有确定的 $z \in G$ 与之对应, 并且使得 $w = f(z)$, 则称在 $f(G)$ 上确定了一个函数, 记作 $z = f^{-1}(w)$, 称之为 $w = f(z)$ 的**反函数**. 反函数也有单值函数和多值函数之分, 如 $w = \dfrac{1}{z}$ 的反函数 $z = \dfrac{1}{w}$ 为单值的, 而 $w = z^2$ 的反函数 $z = \sqrt{w}$ 为多值函数.

下面探讨复变函数与实变量函数之间所存在的联系.

先看一个例子, 设 $w = z^2$, 其中 $z = x + \mathrm{i}y$ 在整个复平面上取值, 则有

$$w = (x + \mathrm{i}y)^2 = (x^2 - y^2) + 2xy\mathrm{i}.$$

如果记 $w = u + \mathrm{i}v$, 则有 $w = f(z) = u(x,y) + \mathrm{i}v(x,y)$, 所以, 任意一个复变函数都对应着两个二元实函数. 几何上 (图 1.14), 可以从变换或映射的角度来考虑: 设给定两个复平面分别为 z 平面和 w 平面, G 是 z 平面上的点集, 函数 $w = f(z)$ 在 G 上有定义, 它的值域 $f(G)$ 是 w 平面上的点集. 对于任意 $z_0 \in G$ 通过 $w = f(z)$ 都有 $w_0 \in f(G)$ 与之对应. 这样就建立了**一个映射 (变换)**, 将 z 平面上的集合 G 映射 (变换) 为 w 平面上的集合 $f(G)$. 通常, G 为原像集, $f(G)$ 为像集, w_0 为 z_0 的像点, z_0 为 w_0 的原像点.

例 1.7 设 $w = z^2$, 试求 $u = c_1, v = c_2$ 的原像.

解 设 $z = x + \mathrm{i}y$, 则 $w = (x + \mathrm{i}y)^2 = (x^2 - y^2) + 2xy\mathrm{i}$, 那么

$$\begin{cases} u(x,y) = x^2 - y^2, \\ v(x,y) = 2xy, \end{cases}$$

$u = c_1, v = c_2$ 的原像分别为 $x^2 - y^2 = c_1$ 和 $2xy = c_2$, 即它们的原像分别为 z 平面上的一族等轴双曲线和另一族以坐标轴为渐近线的双曲线 (图 1.15).

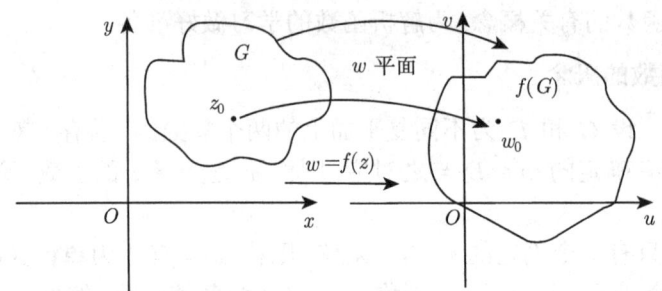

图 1.14

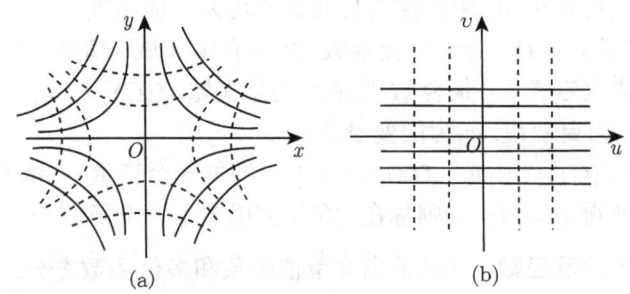

图 1.15

1.4.2 复变函数的极限

定义 1.6 设复变函数 $w = f(z)$ 在 z_0 的某个去心邻域 $0 < |z - z_0| < \rho$ 内有定义, 若存在一个确定的复数 A, 对于任意给定的正数 ε, 总存在正数 δ, 当 $0 < |z - z_0| < \delta \leqslant \rho$ 时, 恒有

$$|f(z) - A| < \varepsilon$$

成立, 则称 A 为当 z 趋向于 z_0 时函数 $f(z)$ 的极限, 记作

$$\lim_{z \to z_0} f(z) = A \quad \text{或} \quad f(z) \to A \quad (z \to z_0).$$

若对于任意给定的正数 ε, 总存在正数 K, 使得当 $|z| > K$ 时, 有

$$|f(z) - A| < \varepsilon$$

成立, 则称 A 为当 z 趋向于 ∞ 时函数 $f(z)$ 的极限, 记作 $\lim\limits_{z \to \infty} f(z) = A$.

极限的几何意义类似于二元实函数的几何意义, 即当动点 z 进入 z_0 充分小的 δ 邻域时, 它的像点就落入 A 的一个给定的 ε 邻域 (图 1.16). 同时, 也要注意到, z 趋向于 z_0 的方式是任意的, 也就是说在 z_0 的邻域内, z 可以以各种路径趋于 z_0,

1.4 复变函数

而函数的极限始终为唯一一个值. 复变函数的极限依然满足唯一性性质, 这一点可以通过复变函数的极限与它对应的两个二元实函数的极限之间的关系来说明.

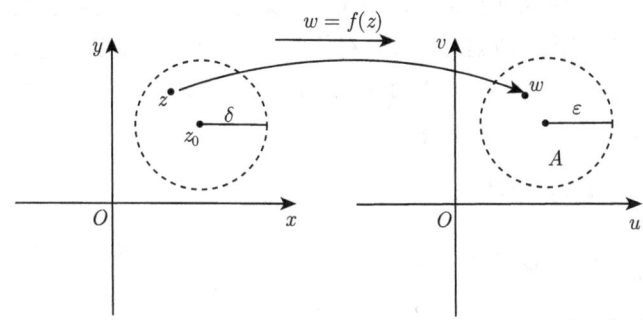

图 1.16

定理 1.1　设 $w = f(z) = u(x,y) + \mathrm{i}v(x,y)$ 在 $0 < |z - z_0| < \rho$ 上有定义, 其中 $z = x + \mathrm{i}y$, $z_0 = x_0 + \mathrm{i}y_0$, 则 $\lim\limits_{z \to z_0} f(z) = A = a + \mathrm{i}b$ 的充要条件是

$$\lim_{\substack{x \to x_0 \\ y \to y_0}} u(x,y) = a, \quad \lim_{\substack{x \to x_0 \\ y \to y_0}} v(x,y) = b.$$

证明　先证必要性. 若 $\lim\limits_{z \to z_0} f(z) = A = a + \mathrm{i}b$, 则对于任意给定的正数 ε, 总存在正数 δ, 当 $0 < |z - z_0| < \delta \leqslant \rho$, 即 $0 < \sqrt{(x - x_0)^2 + (y - y_0)^2} < \delta \leqslant \rho$ 时, 有 $|f(z) - A| < \varepsilon$, 即

$$|[u(x,y) - a] + \mathrm{i}[v(x,y) - b]| < \varepsilon,$$

所以 $|u(x,y) - a| < \varepsilon$, $|v(x,y) - b| < \varepsilon$, 即

$$\lim_{\substack{x \to x_0 \\ y \to y_0}} u(x,y) = a, \quad \lim_{\substack{x \to x_0 \\ y \to y_0}} v(x,y) = b.$$

再证充分性. 根据 $\lim\limits_{\substack{x \to x_0 \\ y \to y_0}} u(x,y) = a$ 和 $\lim\limits_{\substack{x \to x_0 \\ y \to y_0}} v(x,y) = b$ 可知, 对于任意给定的正数 ε, 总存在正数 δ, 当 $0 < \sqrt{(x - x_0)^2 + (y - y_0)^2} < \delta \leqslant \rho$ 时, 有

$$|u(x,y) - a| < \frac{\varepsilon}{2}, \quad |v(x,y) - b| < \frac{\varepsilon}{2},$$

故

$$|f(z) - A| = |[u(x,y) - a] + \mathrm{i}[v(x,y) - b]|$$
$$\leqslant |u(x,y) - a| + |v(x,y) - b| < \frac{\varepsilon}{2} + \frac{\varepsilon}{2} = \varepsilon,$$

即 $\lim\limits_{z \to z_0} f(z) = A$ 成立, 证毕.

通过这个定理可以知道，复变函数的极限存在性与其实部和虚部对应的二元实函数的极限存在性等价，计算复变函数的极限可以转化为计算这两个二元实函数的极限，同样因为实函数的极限具有唯一性，所以复变函数的极限也具有唯一性.

根据实函数的极限四则运算法则，对于复变函数的极限也具有如下定理.

定理 1.2 若 $\lim\limits_{z\to z_0} f(z) = A$，$\lim\limits_{z\to z_0} g(z) = B$，那么

(1) $\lim\limits_{z\to z_0}[f(z) \pm g(z)] = A \pm B$；

(2) $\lim\limits_{z\to z_0}[f(z)g(z)] = AB$；

(3) $\lim\limits_{z\to z_0}\dfrac{f(z)}{g(z)} = \dfrac{A}{B}(B \neq 0)$.

例 1.8 计算极限 $\lim\limits_{z\to 1}\dfrac{z\bar{z}+2z-\bar{z}-2}{z^2-1}$.

解 由于 $\dfrac{z\bar{z}+2z-\bar{z}-2}{z^2-1} = \dfrac{(\bar{z}+2)(z-1)}{(z+1)(z-1)} = \dfrac{\bar{z}+2}{z+1}$，所以

$$\lim_{z\to 1}\frac{z\bar{z}+2z-\bar{z}-2}{z^2-1} = \lim_{z\to 1}\frac{\bar{z}+2}{z+1} = \frac{3}{2}.$$

例 1.9 判断极限 $\lim\limits_{z\to 0}\dfrac{\mathrm{Re}z}{|z|}$ 是否存在？

解 令 $z = x + \mathrm{i}y$，则

$$\frac{\mathrm{Re}z}{|z|} = \frac{x}{\sqrt{x^2+y^2}},$$

即 $u(x,y) = \dfrac{x}{\sqrt{x^2+y^2}}$，$v(x,y) = 0$. 令 $z = x + \mathrm{i}y$ 沿 $y = kx$ 趋于 0，则有

$$\lim_{\substack{x\to 0^+ \\ y=kx}} u(x,y) = \lim_{\substack{x\to 0^+ \\ y=kx}} \frac{x}{\sqrt{x^2+k^2x^2}} = \frac{1}{\sqrt{1+k^2}},$$

说明极限随着 k 的变化而变化，与极限的唯一性矛盾，所以 $\lim\limits_{\substack{x\to 0 \\ y\to 0}} u(x,y)$ 不存在，根据定理 1.1 可知，$\lim\limits_{z\to 0}\dfrac{\mathrm{Re}z}{|z|}$ 不存在.

1.4.3 复变函数的连续性

定义 1.7 若 $\lim\limits_{z\to z_0} f(z) = f(z_0)$，则称函数 $f(z)$ 在 z_0 处连续；若函数 $f(z)$ 在区域 G 内处处连续，则称函数 $f(z)$ 在 G 内连续，即 $f(z)$ 是区域 G 上的连续函数.

根据定理 1.1，下列定理显然成立.

定理 1.3 函数 $w = f(z) = u(x,y) + \mathrm{i}v(x,y)$ 在 $z_0 = x_0 + \mathrm{i}y_0$ 处连续的充要条件为：$u(x,y)$ 与 $v(x,y)$ 在点 (x_0, y_0) 处连续.

例如，函数 $f(z) = \dfrac{1}{x} + \mathrm{i}y$ 在复平面上除 y 轴以外的区域处处连续，$f(z) =$

$(x^2 - y^2) + \mathrm{i}xy^2$ 在整个复平面上都是连续的.

类似于实函数, 复变函数的连续性也具有如下的性质.

定理 1.4 在 z_0 点连续的两个函数 $f(z)$ 和 $g(z)$, 它们的和、差、积、商 (分母在 z_0 处值不为零) 在 z_0 点仍连续; 若函数 $h = g(z)$ 在 z_0 处连续, 而函数 $w = f(h)$ 在 $h_0 = g(z_0)$ 处连续, 那么复合函数 $w = f(g(z))$ 在 z_0 处连续.

根据上面的性质, 可以推得多项式函数在复平面内是连续的, 有理函数当分母不为零时在复平面内也都是连续的.

另外, 多元实函数在有界闭区域上连续, 则函数必有界. 这个结论也是可以推广到复变函数这里的, 读者可以自行证明.

习 题 1

1. 求下列复数的实部、虚部、共轭复数、模、辐角及辐角主值:

(1) $\dfrac{5\mathrm{i}}{1+2\mathrm{i}}$;   (2) $\dfrac{1}{\mathrm{i}} - \dfrac{3\mathrm{i}}{1-\mathrm{i}}$;   (3) $\mathrm{i}^{10} + 4\mathrm{i}^{21} + \mathrm{i}^5$;   (4) $\left(\dfrac{1+\sqrt{3}\mathrm{i}}{2}\right)^5$.

2. 试求下列各式中的 x 和 y:

(1) $(1+2\mathrm{i})x + (3-5\mathrm{i})y = 1 - 3\mathrm{i}$;   (2) $\dfrac{x+1+\mathrm{i}(y-3)}{1+\mathrm{i}} = 5 + 3\mathrm{i}$.

3. 将下列复数化为三角表示式和指数表示式:

(1) $\dfrac{1+\mathrm{i}}{1-\mathrm{i}}$;   (2) $1+\sqrt{3}\mathrm{i}$;   (3) $\dfrac{(\cos\varphi + \mathrm{i}\sin\varphi)^2}{(\cos 3\varphi - \mathrm{i}\sin 3\varphi)^3}$;   (4) $2\left(\sin\dfrac{\pi}{5} + \mathrm{i}\cos\dfrac{\pi}{5}\right)$.

4. 判定下列命题的真假:

(1) 若 z 为实常数, 则 $\bar{z} = z$, 若 z 为纯虚数, 则 $\bar{z} \neq z$;

(2) 若 $|z| < 1$, 则 $-1 < z < 1$;

(3) 只有当 $z = 1$ 时, $\dfrac{1}{z^2} = z$ 才成立;

(4) $\dfrac{1}{\mathrm{i}}\bar{z} = \overline{z\mathrm{i}}$.

5. 证明: $|z_1 + z_2|^2 + |z_1 - z_2|^2 = 2\left(|z_1|^2 + |z_2|^2\right)$, 并说明其几何意义.

6. 求下列各式的值:

(1) $(1+\mathrm{i})^6$;   (2) $(\sqrt{3} - \mathrm{i})^5$;   (3) $\sqrt[6]{-1}$;   (4) $\sqrt[3]{\mathrm{i}}$.

7. 一个复数乘以 $6\mathrm{e}^{\mathrm{i}\frac{\pi}{12}}$, 它的模和辐角有何改变?

8. 证明: 若复数 $a + \mathrm{i}b$ 是实系数方程 $a_0 z^n + a_1 z^{n-1} + \cdots + a_{n-1} z + a_n = 0$ 的根, 则 $a - \mathrm{i}b$ 也是该方程的根.

9. 设 z_1, z_2, z_3 三点适合条件: $z_1 + z_2 + z_3 = 0$ 以及 $|z_1| = |z_2| = |z_3| = 1$, 试证明 z_1, z_2, z_3 是一个内接于单位圆周 $|z| = 1$ 的正三角形的顶点.

10. 指出下列各题中 z 的轨迹或所在的范围, 并作图:

(1) $\mathrm{Re}\, z^2 = 1$;   (2) $|z - \mathrm{i}| = 6$;   (3) $|z + \mathrm{i}| = |z - \mathrm{i}|$;   (4) $-\dfrac{\pi}{3} < \arg z < \dfrac{\pi}{3}$;

(5) $|z+3|+|z+1|=4$; (6) $|z+1+\mathrm{i}|<6$; (7) $\left|\dfrac{z+3}{z-2}\right|\geqslant 1$; (8) $\arg(z+\mathrm{i})=\dfrac{\pi}{4}$.

11. 描出下列不等式所确定的区域, 并指明该区域是有界的还是无界的, 是闭的还是开的, 是单连通还是多连通的:

(1) $\mathrm{Re}z>0$; (2) $|z-\mathrm{i}|>3$; (3) $0<\mathrm{Im}z<1$; (4) $|\arg z|\leqslant\dfrac{\pi}{4}$;

(5) $|z-1|<|z+3|$; (6) $|z-1|<4|z+1|$; (7) $0<|z-2\mathrm{i}|\leqslant 1$; (8) $|z+\mathrm{i}|+|z-\mathrm{i}|\leqslant 2$;

(9) $\left|\dfrac{z-a}{1-\overline{a}z}\right|<1(|a|<1)$; (10) $|z|+\mathrm{Re}z>1$.

12. 函数 $w=\dfrac{1}{z}$ 把 z 平面上的下列曲线映射成 w 平面上的什么曲线?

(1) $x^2+y^2=1$; (2) $x+y=0$; (3) $y=1$; (4) $x=1$.

13. 求下列极限:

(1) $\lim\limits_{z\to 0}\dfrac{(\mathrm{Im}z^2)\mathrm{Re}z}{z\overline{z}}$; (2) $\lim\limits_{z\to 1}\dfrac{z^2+z-2}{z-1}$; (3) $\lim\limits_{z\to\infty}\dfrac{2z-1}{z-1}$.

14. 判断极限 $\lim\limits_{z\to 0}\dfrac{\mathrm{Im}z^2}{z\overline{z}}$ 是否存在?

15. 求下列函数的定义域, 并判断在定义域内这些函数是否连续?

(1) $f(z)=z\mathrm{Re}z$; (2) $f(z)=\dfrac{1}{|z|}$.

16. 若函数 $f(z)$ 在点 z_0 处连续, 且 $f(z_0)\neq 0$, 证明: 存在 z_0 的邻域, 使得对邻域内的所有 z, 都有 $f(z)\neq 0$.

17. 证明: 函数 $f(z)=a_0 z^n+a_1 z^{n-1}+\cdots+a_{n-1}z+a_n$ 在整个复平面上连续.

18. 试证函数 $w=\arg z$ 在负实轴上 (包括原点) 不连续, 除此而外在复平面上处处连续.

第 2 章 解 析 函 数

本章主要介绍解析函数的有关概念,首先引入判断函数可导和解析的条件——柯西-黎曼条件,然后将实数域上一些熟知的初等函数,推广到复数域上来,介绍初等解析函数和多值函数.

2.1 解析函数的概念与柯西-黎曼条件

2.1.1 复变函数的导数

把实函数的导数概念向复数域进行推广,给出复变函数的可导定义.

定义 2.1 设复变函数 $w=f(z)$ 在区域 G 上有定义,$z_0 \in G$, $z_0+\Delta z \in G$, 若极限 $\lim\limits_{\Delta z \to 0} \dfrac{f(z_0+\Delta z)-f(z_0)}{\Delta z}$ 存在,则称函数 $w=f(z)$ 在 z_0 点可导 (可微),极限值称为 $w=f(z)$ 在 z_0 点导数值,简称导数,记作 $f'(z_0)$, $\left.\dfrac{\mathrm{d}w}{\mathrm{d}z}\right|_{z=z_0}$ 或 $\left.\dfrac{\mathrm{d}f}{\mathrm{d}z}\right|_{z=z_0}$, 即

$$\lim_{\Delta z \to 0} \frac{f(z_0+\Delta z)-f(z_0)}{\Delta z} = f'(z_0) = \left.\frac{\mathrm{d}w}{\mathrm{d}z}\right|_{z=z_0} = \left.\frac{\mathrm{d}f}{\mathrm{d}z}\right|_{z=z_0}.$$

若复变函数 $w=f(z)$ 在区域 G 内处处可导,则称 $w=f(z)$ 是 G 上的可导函数,那么 $w=f(z)$ 在 G 内的导函数为

$$f'(z) = \lim_{\Delta z \to 0} \frac{f(z+\Delta z)-f(z)}{\Delta z}.$$

例 2.1 求 $f(z)=z^2$ 在复平面上的导函数.

解 $f'(z) = \lim\limits_{\Delta z \to 0} \dfrac{f(z+\Delta z)-f(z)}{\Delta z} = \lim\limits_{\Delta z \to 0} \dfrac{(z+\Delta z)^2-z^2}{\Delta z}$
$= \lim\limits_{\Delta z \to 0} \dfrac{2z(\Delta z)+(\Delta z)^2}{\Delta z} = 2z.$

例 2.2 判断函数 $f(z)=x+2y\mathrm{i}$ 在复平面上是否可导?

解 根据导函数定义有

$$f'(z) = \lim_{\Delta z \to 0} \frac{f(z+\Delta z)-f(z)}{\Delta z}$$

$$= \lim_{\substack{\Delta x \to 0 \\ \Delta y \to 0}} \frac{[x + \Delta x + 2(y + \Delta y)\mathrm{i}] - (x + 2y\mathrm{i})}{\Delta x + \mathrm{i}\Delta y}$$

$$= \lim_{\substack{\Delta x \to 0 \\ \Delta y \to 0}} \frac{\Delta x + 2\mathrm{i}\Delta y}{\Delta x + \mathrm{i}\Delta y}.$$

当函数沿着 $\Delta x = 0, \Delta y \to 0$ 时, 极限为 2; 当函数沿着 $\Delta y = 0, \Delta x \to 0$ 时, 极限为 1, 说明函数的极限不存在, 所以函数 $f(z) = x + 2y\mathrm{i}$ 在复平面上不可导.

可以很容易验证函数 $f(z) = x + 2y\mathrm{i}$ 在整个复平面上是连续的, 所以函数在一点连续不一定在这一点可导. 反过来, 如果一个函数可导, 是否连续呢? 事实上从导数的定义可知对于任意给定的 $\varepsilon > 0$, 都存在 $\delta > 0$, 使得当 $0 < |\Delta z| < \delta$ 时, 有

$$\left| \frac{f(z_0 + \Delta z) - f(z_0)}{\Delta z} - f'(z_0) \right| < \varepsilon$$

成立, 令 $\rho(\Delta z) = \dfrac{f(z_0 + \Delta z) - f(z_0)}{\Delta z} - f'(z_0)$, 则当 $\Delta z \to 0$ 时, $\rho(\Delta z) \to 0$.

根据上式, 有

$$f(z_0 + \Delta z) = \Delta z \rho(\Delta z) + f'(z_0)\Delta z + f(z_0),$$

所以, 当 $\Delta z \to 0$ 时, $f(z_0 + \Delta z) \to f(z_0)$, 说明函数在点 z_0 是连续的. 可见与一元实函数一样, 复变函数在一点可导一定在这点连续, 但是连续不一定可导. 同时, 读者可以利用导数定义证明下列求导法则也成立:

(1) 设 C 为常数, 则 $(C)' = 0$;

(2) $(z^n)' = nz^{n-1}$;

(3) $[f(z) \pm g(z)]' = f'(z) \pm g'(z)$;

(4) $[f(z)g(z)]' = f'(z)g(z) + f(z)g'(z)$;

(5) $\left[\dfrac{f(z)}{g(z)}\right]' = \dfrac{f'(z)g(z) - f(z)g'(z)}{g^2(z)}$;

(6) 设 $w = f(h), h = g(z)$, 则复合函数的导数为 $[f(g(z))]' = f'(h)g'(z)$;

(7) 若 $w = f(z)$ 与 $z = f^{-1}(w)$ 互为反函数, 则 $f'(z) = \dfrac{1}{[f^{-1}(w)]'}$, 其中 $f(z)$, $g(z)$ 及 $f^{-1}(w)$ 均为可导函数.

2.1.2 解析函数的概念

定义 2.2 设复变函数 $w = f(z)$ 在区域 G 上有定义, $z_0 \in G$, 若 $w = f(z)$ 在 z_0 及 z_0 的某个邻域内都可导, 则称函数 $w = f(z)$ 在 z_0 点是解析的. 若 $w = f(z)$

在整个区域 G 上处处解析,则称函数是区域 G 上的**解析函数**,区域 G 称为函数的**解析域**,不解析的点称为函数的**奇点**.

例如, 函数 $f(z) = \dfrac{1}{z}$ 在整个复平面上除 $z = 0$ 以外处处解析, $z = 0$ 为奇点.

再如, 函数 $f(z) = x + 2y\mathrm{i}$ 在整个复平面上都不可导, 所以也就不解析.

那么解析与可导有什么关系呢?

事实上, 函数在一点可导是解析的必要非充分条件, 但是在区域上函数可导与函数解析是等价的, 这是因为区域是一个开集, 所有的点都是内点. 函数在一点解析与可导 (可微)、连续具有如下的关系:

$$f(z)在z_0解析 \Longrightarrow f(z)在z_0可导 \text{ (可微)} \Longrightarrow f(z)在z_0连续.$$

2.1.3 函数解析的充要条件

设函数 $f(z) = u(x,y) + \mathrm{i}v(x,y)$ 在区域 D 内可导, z 是 D 内任一点, 令

$$\Delta z = \Delta x + \mathrm{i}\Delta y, \quad \Delta f(z) = \Delta u + \mathrm{i}\Delta v, \quad f'(z) = a + \mathrm{i}b,$$

因为 $f(z)$ 在 D 内可导, 所以记 $\dfrac{\Delta f(z)}{\Delta z} - f'(z) = \varepsilon$, 其中 $\varepsilon \to 0(\Delta z \to 0)$, 则

$$\Delta u + \mathrm{i}\Delta v = f'(z)\Delta z + \varepsilon \Delta z = (a + \mathrm{i}b)(\Delta x + \mathrm{i}\Delta y) + \varepsilon \Delta z,$$

进一步令 $\varepsilon = \varepsilon_1 + \mathrm{i}\varepsilon_2, \varepsilon_1 \to 0, \varepsilon_2 \to 0(\Delta z \to 0)$, 则有

$$\begin{aligned}\Delta u + \mathrm{i}\Delta v &= f'(z)\Delta z + \varepsilon \Delta z \\ &= (a\Delta x - b\Delta y + \varepsilon_1 \Delta x - \varepsilon_2 \Delta y) + \mathrm{i}(b\Delta x + a\Delta y + \varepsilon_2 \Delta x + \varepsilon_1 \Delta y),\end{aligned}$$

根据复数相等定义有

$$\Delta u = a\Delta x - b\Delta y + \varepsilon_1 \Delta x - \varepsilon_2 \Delta y, \quad \Delta v = b\Delta x + a\Delta y + \varepsilon_2 \Delta x + \varepsilon_1 \Delta y,$$

注意到 $\varepsilon_1 \Delta x - \varepsilon_2 \Delta y$ 和 $\varepsilon_2 \Delta x + \varepsilon_1 \Delta y$ 都是 $\Delta x \to 0, \Delta y \to 0$ 时 $\sqrt{(\Delta x)^2 + (\Delta y)^2} = |\Delta z|$ 的高阶无穷小, 根据二元函数可微的定义, 可知 $u(x,y), v(x,y)$ 在 (x,y) 点可微, 并且有

$$a = \frac{\partial u}{\partial x} = \frac{\partial v}{\partial y}, \quad -b = \frac{\partial u}{\partial y} = -\frac{\partial v}{\partial x}.$$

一般地, 若在给定的某一点 $z = x + \mathrm{i}y$ 处, 有

$$\frac{\partial u}{\partial x} = \frac{\partial v}{\partial y}, \quad \frac{\partial u}{\partial y} = -\frac{\partial v}{\partial x},$$

则称两个二元函数 $u(x,y), v(x,y)$ 在 (x,y) 点满足**柯西-黎曼方程 (C-R 方程)**.

所以, 函数 $f(z) = u(x,y) + \mathrm{i}v(x,y)$ 在区域 D 内可导, 则 $u(x,y), v(x,y)$ 在 D 内可微, 且 $u(x,y), v(x,y)$ 在 D 内满足柯西-黎曼方程. 那么反过来, 是否成立呢?

定理 2.1 若函数 $f(z) = u(x,y) + iv(x,y)$ 定义在区域 D 内，则 $f(z)$ 在区域 D 内可导的充分必要条件是：

(1) $u(x,y)$, $v(x,y)$ 在 D 内可微；

(2) $u(x,y)$, $v(x,y)$ 在 D 内满足柯西-黎曼 (C-R) 方程

$$\frac{\partial u}{\partial x} = \frac{\partial v}{\partial y}, \quad \frac{\partial u}{\partial y} = -\frac{\partial v}{\partial x}. \tag{2.1}$$

证明 必要性证明前面已经给出，这里仅给出充分性证明。由于 $u(x,y)$, $v(x,y)$ 在 D 内可微，z 是 D 内任一点，则有

$$\Delta u = \frac{\partial u}{\partial x}\Delta x + \frac{\partial u}{\partial y}\Delta y + \varepsilon_1, \quad \Delta v = \frac{\partial v}{\partial x}\Delta x + \frac{\partial v}{\partial y}\Delta y + \varepsilon_2,$$

其中，ε_1 和 ε_2 是 $\Delta x \to 0$, $\Delta y \to 0$ 时，$\sqrt{(\Delta x)^2 + (\Delta y)^2} = |\Delta z|$ 的高阶无穷小，即

$$\lim_{\substack{\Delta x \to 0 \\ \Delta y \to 0}} \frac{\varepsilon_1}{\sqrt{(\Delta x)^2 + (\Delta y)^2}} = 0, \quad \lim_{\substack{\Delta x \to 0 \\ \Delta y \to 0}} \frac{\varepsilon_2}{\sqrt{(\Delta x)^2 + (\Delta y)^2}} = 0, \tag{2.2}$$

$$\Delta u + i\Delta v = \left(\frac{\partial u}{\partial x}\Delta x + \frac{\partial u}{\partial y}\Delta y + \varepsilon_1\right) + i\left(\frac{\partial v}{\partial x}\Delta x + \frac{\partial v}{\partial y}\Delta y + \varepsilon_2\right)$$

$$= \left(\frac{\partial u}{\partial x} + i\frac{\partial v}{\partial x}\right)\Delta x + \left(\frac{\partial u}{\partial y} + i\frac{\partial v}{\partial y}\right)\Delta y + (\varepsilon_1 + i\varepsilon_2).$$

将柯西-黎曼方程 (2.1) 代入上式中有

$$\Delta u + i\Delta v = \left(\frac{\partial u}{\partial x} + i\frac{\partial v}{\partial x}\right)(\Delta x + i\Delta y) + (\varepsilon_1 + i\varepsilon_2),$$

那么根据式 (2.2) 及导数定义，有

$$\lim_{\Delta z \to 0} \frac{\Delta u + i\Delta v}{\Delta z} = \lim_{\Delta z \to 0} \frac{\left(\frac{\partial u}{\partial x} + i\frac{\partial v}{\partial x}\right)(\Delta x + i\Delta y) + (\varepsilon_1 + i\varepsilon_2)}{\Delta x + i\Delta y} = \frac{\partial u}{\partial x} + i\frac{\partial v}{\partial x}.$$

这意味着在任一点 z 处 $f'(z) = \frac{\partial u}{\partial x} + i\frac{\partial v}{\partial x}$，即函数 $f(z)$ 在区域 D 内可导，证毕。

根据函数可导与解析的关系，有如下结论。

定理 2.2 若函数 $f(z) = u(x,y) + iv(x,y)$ 定义在区域 D 内，则 $f(z)$ 在区域 D 内解析的充要条件是：

(1) $u(x,y)$, $v(x,y)$ 在 D 内可微；

(2) $u(x,y)$, $v(x,y)$ 在 D 内满足柯西-黎曼 (C-R) 方程 (2.1)。

根据二元函数可微的充分条件，只要在区域 D 内 $u(x,y)$, $v(x,y)$ 存在连续的一阶偏导数，则 $u(x,y)$, $v(x,y)$ 可微，所以下面推论必然成立。

推论 2.1　若函数 $f(z) = u(x,y) + iv(x,y)$ 定义在区域 D 内, 且满足:
(1) $u(x,y)$, $v(x,y)$ 在区域 D 内有连续的一阶偏导数;
(2) $u(x,y)$, $v(x,y)$ 在区域 D 内满足柯西-黎曼 (C-R) 方程 (2.1),
那么, 函数 $f(z)$ 在区域 D 内解析.

推论 2.2　若函数 $f(z) = u(x,y) + iv(x,y)$ 区域 D 内处处解析, 那么

$$f'(z) = \frac{\partial u}{\partial x} + i\frac{\partial v}{\partial x} = \frac{\partial u}{\partial x} - i\frac{\partial u}{\partial y} = \frac{\partial v}{\partial y} + i\frac{\partial v}{\partial x} = \frac{\partial v}{\partial y} - i\frac{\partial u}{\partial y}.$$

例 2.3　判断下列函数在何处可导, 何处解析?
(1) $f(z) = e^x(\cos y + i\sin y)$; (2) $f(z) = z\text{Re}z$; (3) $f(z) = x^2 - y^2 + i(2xy + y^2)$.

解　(1) $u(x,y) = e^x\cos y$, $v(x,y) = e^x\sin y$, 则

$$\frac{\partial u}{\partial x} = e^x\cos y, \quad \frac{\partial u}{\partial y} = -e^x\sin y, \quad \frac{\partial v}{\partial x} = e^x\sin y, \quad \frac{\partial v}{\partial y} = e^x\cos y.$$

显然, 在整个复平面上四个一阶偏导数存在且连续, 并且满足 C-R 方程, 则根据定理 2.1 和定理 2.2, 函数 $f(z) = e^x(\cos y + i\sin y)$ 在整个复平面上处处可导, 处处解析.

(2) $u(x,y) = x^2$, $v(x,y) = xy$, 则

$$\frac{\partial u}{\partial x} = 2x, \quad \frac{\partial u}{\partial y} = 0, \quad \frac{\partial v}{\partial x} = y, \quad \frac{\partial v}{\partial y} = x.$$

显然, 在整个复平面上四个一阶偏导数存在且连续, 但是, 当且仅当 $z = 0$ 时, C-R 方程才能被满足, 则根据定理 2.1 和定理 2.2, 函数 $f(z) = z\text{Re}z$ 仅在 $z = 0$ 处可导, 在整个复平面上处处不解析.

(3) $u(x,y) = x^2 - y^2$, $v(x,y) = 2xy + y^2$, 则

$$\frac{\partial u}{\partial x} = 2x, \quad \frac{\partial u}{\partial y} = -2y, \quad \frac{\partial v}{\partial x} = 2y, \quad \frac{\partial v}{\partial y} = 2x + 2y.$$

在整个复平面上四个一阶偏导数存在且连续, 当 $y = 0$ 时, C-R 方程才能被满足, 则根据定理 2.1 和定理 2.2, 函数 $f(z) = x^2 - y^2 + i(2xy + y^2)$ 在 $y = 0$ 处是可导的, 但是在整个复平面上处处不解析.

例 2.4　设 $f(z) = my^3 + nx^2y + i(x^3 + lxy^2)$ 为解析函数, 试确定 l, m, n 的值, 并计算 $f'(z)$.

解　由于函数 $f(z)$ 是解析的, 所以满足 C-R 方程,

$$\frac{\partial u}{\partial x} = 2nxy = \frac{\partial v}{\partial y} = 2lxy, \quad \frac{\partial u}{\partial y} = 3my^2 + nx^2 = -\frac{\partial v}{\partial x} = -ly^2 - 3x^2,$$

因此, 可解得 $m=1, n=-3, l=-3$, 根据推论 2.2, 有

$$f'(z) = \frac{\partial u}{\partial x} + \mathrm{i}\frac{\partial v}{\partial x} = -6xy + \mathrm{i}(3x^2 - 3y^2).$$

例 2.5 设函数 $f(z)$ 在区域 D 内解析, 且 $f'(z) = 0 (z \in D)$, 则在 D 内 $f(z)$ 恒为常数.

证明 因为 $f(z) = u(x,y) + \mathrm{i}v(x,y)$ 在区域 D 内解析且导数为零, 则

$$f'(z) = \frac{\partial u}{\partial x} + \mathrm{i}\frac{\partial v}{\partial x} = \frac{\partial u}{\partial x} - \mathrm{i}\frac{\partial u}{\partial y} = \frac{\partial v}{\partial y} + \mathrm{i}\frac{\partial v}{\partial x} = \frac{\partial v}{\partial y} - \mathrm{i}\frac{\partial u}{\partial y} = 0,$$

所以, 在 D 内 $\frac{\partial u}{\partial x} = \frac{\partial v}{\partial x} = \frac{\partial u}{\partial y} = \frac{\partial v}{\partial y} = 0$, 从而在 D 内 u,v 必为常数, 即 D 内 $f(z)$ 恒为常数.

当 $z = r(\cos\theta + \mathrm{i}\sin\theta)$ 时, $f(z)$ 也可以使用极坐标下二元函数来表示, 因此, $f(z)$ 可以表示为

$$f(z) = u(r,\theta) + \mathrm{i}v(r,\theta),$$

$f(z)$ 在点 z 可导的充要条件为 $u(r,\theta), v(r,\theta)$ 在点 z 可微, 满足的 C-R 方程变为

$$\frac{\partial u}{\partial r} = \frac{1}{r}\frac{\partial v}{\partial \theta}, \quad \frac{\partial v}{\partial r} = -\frac{1}{r}\frac{\partial u}{\partial \theta} \quad (r > 0), \tag{2.3}$$

$$f'(z) = (\cos\theta - \mathrm{i}\sin\theta)\left(\frac{\partial u}{\partial r} + \mathrm{i}\frac{\partial v}{\partial r}\right). \tag{2.4}$$

证明留给读者.

2.2 初等解析函数

同实函数一样, 复变函数也有基本初等函数, 即指数函数、对数函数、幂函数、三角函数、双曲函数, 以及反三角函数、反双曲函数. 这些函数既是初等函数在复数域上的推广, 同时也具有一些新的特性. 本节先介绍初等解析函数.

2.2.1 指数函数

定义 2.3 设 $z = x + \mathrm{i}y$, 则称 $\exp z = \mathrm{e}^z = \mathrm{e}^x(\cos y + \mathrm{i}\sin y)$ 为复变量的指数函数, 简称指数函数.

指数函数定义在整个复平面上, 并且处处不为零, 模与辐角分别为

$$|\exp z| = \mathrm{e}^x, \quad \mathrm{Arg}(\exp z) = y + 2k\pi \ (k = 0, \pm 1, \pm 2, \cdots).$$

特别地, 当 $z = x$ 时, 即 $y = 0$, 此时, $\exp z = \mathrm{e}^z = \mathrm{e}^x$, 即为实函数中的指数函数; 当 $z = \mathrm{i}y$ 时, 即 $x = 0$, 此时

$$\exp z = \mathrm{e}^z = \mathrm{e}^{\mathrm{i}y} = \cos y + \mathrm{i}\sin y, \tag{2.5}$$

即为**欧拉公式**.

复变量的指数函数具有如下的一些性质.

(1) e^z 在整个复平面上都是解析的, 并且 $(\exp z)' = \exp z$.

关于这个结论, 例 2.3 中的 (1) 已给出了答案, 与实函数结论类似, 除此之外, 指数函数的加法性质也是成立的.

(2) 对于任意 z_1, z_2, 有 $\exp(z_1 + z_2) = \exp z_1 \cdot \exp z_2$.

事实上, 设 $z_1 = x_1 + \mathrm{i}y_1, z_2 = x_2 + \mathrm{i}y_2$, 则

$$\begin{aligned}\exp(z_1 + z_2) &= \exp((x_1 + x_2) + \mathrm{i}(y_1 + y_2)) \\ &= \mathrm{e}^{x_1+x_2}(\cos(y_1+y_2) + \mathrm{i}\sin(y_1+y_2)) \\ &= \mathrm{e}^{x_1}(\cos y_1 + \mathrm{i}\sin y_1) \cdot \mathrm{e}^{x_2}(\cos y_2 + \mathrm{i}\sin y_2) \\ &= \exp z_1 \cdot \exp z_2.\end{aligned}$$

(3) $\exp z$ 是以 $2\pi\mathrm{i}$ 为周期的函数, 即 $\exp(z + 2\pi\mathrm{i}) = \exp z$.

根据加法原理, $\exp(z + 2\pi\mathrm{i}) = \exp z \cdot \exp(2\pi\mathrm{i})$, 根据欧拉公式 (2.5) 有

$$\exp(2\pi\mathrm{i}) = \cos 2\pi + \mathrm{i}\sin 2\pi = 1.$$

其实, 还可以推出对于任意整数 k, $2k\pi\mathrm{i}$ 都是 $\exp z$ 的周期, 但是 $|2\pi\mathrm{i}| = 2\pi$ 是所有周期中模最小的一个, 所以有时 $2\pi\mathrm{i}$ 称为**基本周期**.

例 2.6 计算 $\exp(1 + 2\mathrm{i})$.

解 $\exp(1 + 2\mathrm{i}) = \mathrm{e}(\cos 2 + \mathrm{i}\sin 2)$.

例 2.7 证明 $\mathrm{e}^{-z} = \dfrac{1}{\mathrm{e}^z}$.

证明 $\dfrac{1}{\mathrm{e}^z} = \dfrac{1}{\mathrm{e}^x(\cos y + \mathrm{i}\sin y)} = \mathrm{e}^{-x}\dfrac{\cos y - \mathrm{i}\sin y}{\cos^2 y + \sin^2 y} = \mathrm{e}^{-x}(\cos y - \mathrm{i}\sin y) = \mathrm{e}^{-z}$.

2.2.2 三角函数

由欧拉公式 (2.5), 有

$$\mathrm{e}^{\mathrm{i}y} = \cos y + \mathrm{i}\sin y, \quad \mathrm{e}^{-\mathrm{i}y} = \cos y - \mathrm{i}\sin y,$$

两式相加与相减, 有

$$\cos y = \dfrac{\mathrm{e}^{\mathrm{i}y} + \mathrm{e}^{-\mathrm{i}y}}{2}, \quad \sin y = \dfrac{\mathrm{e}^{\mathrm{i}y} - \mathrm{e}^{-\mathrm{i}y}}{2\mathrm{i}},$$

将这里 y 换成 z, 可以得到以下定义.

定义 2.4   对于任意复数 $z = x + \mathrm{i}y$,由

$$\cos z = \frac{\mathrm{e}^{\mathrm{i}z} + \mathrm{e}^{-\mathrm{i}z}}{2}, \quad \sin z = \frac{\mathrm{e}^{\mathrm{i}z} - \mathrm{e}^{-\mathrm{i}z}}{2\mathrm{i}} \tag{2.6}$$

所确定的函数,分别称为复变量的余弦函数、正弦函数,简称为余弦函数、正弦函数.

从式 (2.6) 可以看到, 正 (余) 弦函数可以看成是指数函数的四则运算与复合, 根据指数函数的性质及式 (2.6), 可以推出三角函数有如下性质.

(1) $\cos z, \sin z$ 在整个复平面上解析, 并且有

$$(\cos z)' = -\sin z, \quad (\sin z)' = \cos z.$$

事实上,

$$(\cos z)' = \frac{(\mathrm{e}^{\mathrm{i}z})' + (\mathrm{e}^{-\mathrm{i}z})'}{2} = \frac{\mathrm{i}\mathrm{e}^{\mathrm{i}z} - \mathrm{i}\mathrm{e}^{-\mathrm{i}z}}{2} = -\frac{\mathrm{e}^{\mathrm{i}z} - \mathrm{e}^{-\mathrm{i}z}}{2\mathrm{i}} = -\sin z,$$

$$(\sin z)' = \frac{(\mathrm{e}^{\mathrm{i}z})' - (\mathrm{e}^{-\mathrm{i}z})'}{2\mathrm{i}} = \frac{\mathrm{i}\mathrm{e}^{\mathrm{i}z} + \mathrm{i}\mathrm{e}^{-\mathrm{i}z}}{2\mathrm{i}} = \frac{\mathrm{e}^{\mathrm{i}z} + \mathrm{e}^{-\mathrm{i}z}}{2} = \cos z.$$

(2) $\cos z, \sin z$ 是以 2π 为基本周期的函数, 且 $\cos z$ 为偶函数, $\sin z$ 为奇函数.

根据 $\exp z$ 的基本周期是 $2\pi\mathrm{i}$, 很容易得到 $\cos z$ 和 $\sin z$ 的周期性. 将 $-z$ 代入式 (2.6), 得到

$$\cos(-z) = \frac{\mathrm{e}^{-\mathrm{i}z} + \mathrm{e}^{\mathrm{i}z}}{2} = \cos z, \quad \sin(-z) = \frac{\mathrm{e}^{-\mathrm{i}z} - \mathrm{e}^{\mathrm{i}z}}{2\mathrm{i}} = -\sin z,$$

即 $\cos z$ 为偶函数, $\sin z$ 为奇函数.

(3) 在复平面上, 一些实数范围成立的恒等式依然成立:

$$\sin(z_1 + z_2) = \sin z_1 \cos z_2 + \cos z_1 \sin z_2,$$

$$\cos(z_1 + z_2) = \cos z_1 \cos z_2 - \sin z_1 \sin z_2,$$

$$\sin^2 z + \cos^2 z = 1.$$

(4) 在复平面上, $|\cos z| \leqslant 1, |\sin z| \leqslant 1$ 不再成立.

例如, 取 $z = \mathrm{i}y$, 当 y 充分大时, 有

$$|\cos \mathrm{i}y| = \left|\frac{\mathrm{e}^y + \mathrm{e}^{-y}}{2}\right| > 1, \quad |\sin \mathrm{i}y| = \left|\frac{\mathrm{e}^y - \mathrm{e}^{-y}}{2\mathrm{i}}\right| > 1.$$

利用正 (余) 弦函数, 可以进一步定义复变量的正切、余切、正割及余割函数.

$$\tan z = \frac{\sin z}{\cos z}, \quad \cot z = \frac{\cos z}{\sin z}, \quad \sec z = \frac{1}{\cos z}, \quad \csc z = \frac{1}{\sin z},$$

它们在分母不为零的点处解析, 并且有

$$(\tan z)' = \sec^2 z, \quad (\cot z)' = -\csc^2 z, \quad (\sec z)' = \sec z \tan z, \quad (\csc z)' = -\csc z \cot z,$$

其中，正切和余切函数的基本周期为 π，正割及余割函数的基本周期为 2π.

例 2.8 计算 $\cos(1+i)$ 的值.

解 由定义可得

$$\cos(1+i) = \frac{e^{i(1+i)} + e^{-i(1+i)}}{2} = \frac{1}{2}(e^{-1} + e)\cos 1 + i\frac{1}{2}(e^{-1} - e)\sin 1.$$

2.2.3 双曲函数

与三角函数密切的是双曲函数，从定义到性质都与三角函数比较相似.

定义 2.5 对于任意复数 $z = x + iy$，由

$$\text{ch}z = \frac{e^z + e^{-z}}{2}, \quad \text{sh}z = \frac{e^z - e^{-z}}{2}$$

所确定的函数，分别称为双曲余弦函数、双曲正弦函数，利用双曲（正）余弦函数进一步可以定义双曲正切、双曲余切、双曲正割及双曲余割函数如下：

$$\text{th}z = \frac{\text{sh}z}{\text{ch}z}, \quad \text{cth}z = \frac{\text{ch}z}{\text{sh}z}, \quad \text{sech}z = \frac{1}{\text{ch}z}, \quad \text{csch}z = \frac{1}{\text{sh}z}.$$

利用双曲函数的定义，可以进一步推导得到双曲函数的如下性质.

(1) $\text{ch}z, \text{sh}z$ 在整个复平面上解析，并且有

$$(\text{ch}z)' = \text{sh}z, \quad (\text{sh}z)' = \text{ch}z.$$

(2) $\text{ch}z, \text{sh}z$ 是以 $2\pi i$ 为基本周期的函数，且 $\text{ch}z$ 为偶函数，$\text{ch}z$ 为奇函数.

(3) 下列等式成立：

$$\text{sh}(z_1 + z_2) = \text{sh}z_1\text{ch}z_2 + \text{ch}z_1\text{sh}z_2,$$
$$\text{ch}(z_1 + z_2) = \text{ch}z_1\text{ch}z_2 + \text{sh}z_1\text{sh}z_2,$$
$$\text{ch}^2 z - \text{sh}^2 z = 1.$$

(4) 双曲函数与三角函数之间关系：

$$\text{sh}z = -i\sin iz, \quad \text{ch}z = \cos iz, \quad \sin z = -i\text{sh}iz, \quad \cos z = \text{ch}iz.$$

2.3 初等多值函数

除了指数函数、三角函数、双曲函数，还有一些初等函数如对数函数、幂函数、反三角函数与反双曲函数，与之前三个函数不同的是，后面这些函数都是多值函数，所以不解析. 为了研究这些多值函数，引入支割线的概念，将多值函数转变为单值函数. 以大家熟悉的根值函数为例，先介绍支割线.

2.3.1 根值函数及其支割线

在第 1 章中介绍了复数的 n 次开方，若记一个非零的复数 $z = re^{i\theta}$，而 $w^n = z$，n 为正整数，则此复数 z 的 n 次方根为

$$w = \sqrt[n]{z} = \sqrt[n]{r}\left(\cos\frac{\theta + 2k\pi}{n} + i\sin\frac{\theta + 2k\pi}{n}\right) \quad (k = 0, 1, 2, \cdots, n-1), \tag{2.7}$$

此式称为复数 z 的 n **次根式函数**.

以函数的观点来看式 (2.7)，不难发现这是个多值函数，所以它不是解析函数.

对于一个确定的 z，式 (2.7) 的多值是由于 $\mathrm{Arg}\, z$ 的多值所导致，如果 $\arg z = \theta_0$，则 $\mathrm{Arg}\, z$ 的值为 $\theta_0, \theta_0 \pm 2\pi, \theta_0 \pm 4\pi, \theta_0 \pm 6\pi, \cdots$，由于 $-\pi < \arg z = \theta_0 \leqslant \pi$，所以，以实轴正半轴为始边，复数 z 为终边，θ_0 为不跨越负实轴直接绕原点以顺时针或逆时针旋转而形成的辐角，如果跨越一次负实轴则形成的辐角为 $\theta_0 \pm 2\pi$，若第二次跨越负实轴则形成的辐角为 $\theta_0 \pm 4\pi$，以此类推，第 n 次跨越负实轴形成的辐角为 $\theta_0 \pm 2n\pi$. 所以如果将复平面从原点起沿负实轴剪开，相当于给式 (2.7) 的 k 一个定值，那么就把多值函数 $w = \sqrt[n]{z}$ 变成 n 个单值函数.

一般地，这 n 个单值函数称为 $w = \sqrt[n]{z}$ 的 n 个分支 (或称**单值支**)，而 $k = 0$ 对应的那个分支称为主值. 用来剪开复平面，使多值函数分出单值分支的割线，称为该多值函数的**支割线**. 在复平面上，从原点起始的负实轴便是 $w = \sqrt[n]{z}$ 的支割线.

对落在负实轴上的点 z_0 来说，正好是落在 $w = \sqrt[n]{z}$ 的支割线上. $w = \sqrt[n]{z}$ 在各个分支里的函数值是不一样的，所以，当 z 从负实轴上方趋于 z_0 与从负实轴下方趋于 z_0 时，函数 $w = \sqrt[n]{z}$ 的极限是不一样的. 因此，$w = \sqrt[n]{z}$ 在支割线上不连续，但是在支割线剪开的复平面上都是连续的.

事实上，同一个函数的支割线不唯一，不同的函数支割线也不尽相同，形状也可以是多种多样的. 为了确定起见，本书中，由于辐角的多值性所导致的多值函数，选择从原点起始的负实轴为支割线.

2.3.2 对数函数

定义 2.6 对于任意的复数 $z \neq 0$，满足方程 $z = e^w$ 的函数 $w = f(z)$ 称为 z 的**对数函数**，记为 $w = \mathrm{Ln}\, z$.

若取 $z = re^{i\theta}, w = u + iv$，则

$$e^w = re^{i\theta} = e^{\ln r} \cdot e^{i\theta} = e^{\ln r + i\theta} = e^{u+iv},$$

所以 $u = \ln r = \ln|z|, v = \mathrm{Arg}\, z$，即

$$w = \mathrm{Ln}\, z = \ln|z| + i\mathrm{Arg}\, z = \ln|z| + i(\arg z + 2k\pi) \quad (k = 0, \pm 1, \pm 2, \cdots). \tag{2.8}$$

2.3 初等多值函数

根据 $\text{Arg}\, z$ 的多值性,对数函数 $w = \text{Ln}\, z$ 也是一个多值函数,从而不是解析函数. 但是沿支割线——从原点起始的负实轴,将复平面剪开,就可以把这个多值函数转化为多个单值函数,可以得到以下结论:

(1) 固定式 (2.8) 中的 k 值,得到对数函数的一个分支,对数函数的分支有无数个. 当 $k = 0$ 时,得到对数函数的主值,记作

$$\ln z = \ln |z| + i\arg z, \tag{2.9}$$

那么主值 $\ln z$ 与 $\text{Ln}\, z$ 之间的关系可以表示为

$$w = \text{Ln}\, z = \ln z + 2k\pi i \quad (k = 0, \pm 1, \pm 2, \cdots). \tag{2.10}$$

(2) 对于对数函数的每一个单值分支,在沿原点起始的负实轴剪开后的复平面上是处处解析的,且有

$$(\ln z)' = \frac{1}{z}.$$

事实上,任给一点 $z \neq 0$,由于 $w = \ln z$ 的反函数 $z = e^w$ 是单值的,则由反函数求导法则可得

$$\frac{d\ln z}{dz} = \frac{1}{(e^w)'} = \frac{1}{e^w} = \frac{1}{z}.$$

(3) 在 "集合相等" 的意义下,可以证明下列等式成立:

$$\text{Ln}(z_1 z_2) = \text{Ln}\, z_1 + \text{Ln}\, z_2,$$
$$\text{Ln}\frac{z_1}{z_2} = \text{Ln}\, z_1 - \text{Ln}\, z_2,$$

但在 "集合相等" 的定义下,$\text{Ln}\, z^n = n\text{Ln}\, z$ 一般不成立,因为有限个无穷集合相加,不一定是对应部分相加.

例 2.9 计算 $\text{Ln}\, 1$ 与 $\text{Ln}(-1)$.

解 根据对数函数的定义,有

$$\text{Ln}\, 1 = \ln |1| + 2k\pi i = 2k\pi i \quad (k = 0, \pm 1, \pm 2, \cdots),$$
$$\text{Ln}(-1) = \ln |-1| + (2k\pi + \pi)i = (2k+1)\pi i \quad (k = 0, \pm 1, \pm 2, \cdots).$$

从上面的结论可以看出,实数与复数的对数是有很大的差别.

例 2.10 求解方程 $e^z - 1 - i = 0$.

解 对方程移项可得 $e^z = 1 + i$,利用对数函数定义可知

$$z = \text{Ln}(1+i) = \ln |1+i| + i\text{Arg}(1+i) = \ln \sqrt{2} + i\left(\frac{\pi}{4} + 2k\pi\right) \quad (k = 0, \pm 1, \pm 2, \cdots).$$

2.3.3 幂函数

定义 2.7 对于任意的复数 α, 当 $z \neq 0$ 时, 称 $w = z^\alpha = \mathrm{e}^{\alpha \mathrm{Ln}\, z}$ 为 z 的幂函数. 根据对数函数的定义有

$$w = z^\alpha = \mathrm{e}^{\alpha \mathrm{Ln}\, z} = \mathrm{e}^{\alpha[\ln|z| + (\arg z + 2k\pi)\mathrm{i}]} \quad (k = 0, \pm 1, \pm 2, \cdots).$$

根据式 (2.10) 有

$$w = z^\alpha = \mathrm{e}^{\alpha \mathrm{Ln}\, z} = \mathrm{e}^{\alpha \ln z} \cdot \mathrm{e}^{2\alpha k\pi \mathrm{i}} \quad (k = 0, \pm 1, \pm 2, \cdots).$$

(1) 当 $\alpha = n$(整数) 时,

$$w = z^n = \mathrm{e}^{n\mathrm{Ln}\, z} = \mathrm{e}^{n \ln z} \cdot \mathrm{e}^{2nk\pi \mathrm{i}},$$

称为整数幂函数. 由于指数函数周期为 $2k\pi \mathrm{i}$, 即 $\mathrm{e}^{2nk\pi \mathrm{i}} = 1$, 所以, 此时整数幂函数为单值函数, 在整个复平面都是解析的, 且有

$$(z^n)' = (\mathrm{e}^{n \ln z})' = n \mathrm{e}^{n \ln z} \frac{1}{z} = n z^{n-1}.$$

(2) 当 $\alpha = \dfrac{1}{n}(n > 1,$ 且为正整数$)$ 时,

$$w = z^{\frac{1}{n}} = \sqrt[n]{z},$$

此为前面介绍的根值函数, 是多值函数, 且有 n 个分支, 各个分支在除去原点和负实轴以外处处解析, 利用复合函数求导法有

$$\left(z^{\frac{1}{n}}\right)' = \frac{1}{n} z^{\frac{1}{n} - 1}.$$

(3) 当 α 为一般的复数时,

$$w = z^\alpha = \mathrm{e}^{\alpha \mathrm{Ln}\, z},$$

即为一般幂函数, 此时可以把幂函数看成是指数函数与对数函数的复合. 根据对数函数多值性, 一般幂函数也是多值函数, 一般有无数个分支, 但是每个分支在除去原点和负实轴以外处处解析, 并且有

$$(z^\alpha)' = \alpha z^{\alpha - 1}.$$

例 2.11 计算 $1^{\sqrt{3}}$ 与 i^{i} 的值.

解 根据幂函数的定义, 有

$$\begin{aligned}
1^{\sqrt{3}} &= \mathrm{e}^{\sqrt{3}\mathrm{Ln}\, 1} = \mathrm{e}^{\sqrt{3}(\ln 1 + 2k\pi \mathrm{i})} = \mathrm{e}^{2k\sqrt{3}\pi \mathrm{i}} \\
&= \cos 2k\sqrt{3}\pi + \mathrm{i} \sin 2k\sqrt{3}\pi \quad (k = 0, \pm 1, \pm 2, \cdots), \\
\mathrm{i}^{\mathrm{i}} &= \mathrm{e}^{\mathrm{i}\mathrm{Ln}\,\mathrm{i}} = \mathrm{e}^{\mathrm{i}\left[\ln 1 + \left(\frac{\pi}{2} + 2k\pi\right)\mathrm{i}\right]} = \mathrm{e}^{-\left(\frac{\pi}{2} + 2k\pi\right)} \quad (k = 0, \pm 1, \pm 2, \cdots).
\end{aligned}$$

2.3.4 反三角函数与反双曲函数

三角函数与双曲函数可以用指数函数来表示,所以反三角函数与反双曲函数都可以用对数函数来表示.

由方程 $z = \cos w$ 所确定的解 $w = \operatorname{Arccos} z$ 称为 z 的反余弦函数.

因为

$$z = \cos w = \frac{\mathrm{e}^{\mathrm{i}w} + \mathrm{e}^{-\mathrm{i}w}}{2},$$

可以得到关于 $\mathrm{e}^{\mathrm{i}w}$ 的二次方程为

$$\mathrm{e}^{2\mathrm{i}w} - 2z\mathrm{e}^{\mathrm{i}w} + 1 = 0,$$

解此方程得到

$$\mathrm{e}^{\mathrm{i}w} = z + \sqrt{z^2 - 1},$$

故有

$$w = \operatorname{Arccos} z = -\mathrm{i}\operatorname{Ln}\left(z + \sqrt{z^2 - 1}\right),$$

这是一个多值函数,因为根式函数是二值函数,对数函数为无穷多值函数.

用同样的方法可以定义反正弦函数和反正切函数,表达式分别如下:

$$\operatorname{Arcsin} z = -\mathrm{i}\operatorname{Ln}\left(\mathrm{i}z + \sqrt{1 - z^2}\right),$$
$$\operatorname{Arctan} z = -\frac{\mathrm{i}}{2}\operatorname{Ln}\frac{1 + \mathrm{i}z}{1 - \mathrm{i}z}.$$

反双曲函数的定义为双曲函数的反函数,例如,反双曲余弦函数 $w = \operatorname{Arcch} z$,定义为由方程 $z = \operatorname{ch} w$ 所确定的解. 与反三角函数的表达式推导类似,可以得到反双曲函数的表达式如下:

$$\operatorname{Arcsh} z = \operatorname{Ln}\left(z + \sqrt{z^2 + 1}\right),$$
$$\operatorname{Arcch} z = \operatorname{Ln}\left(z + \sqrt{z^2 - 1}\right),$$
$$\operatorname{Arcth} z = \frac{1}{2}\operatorname{Ln}\frac{1 + z}{1 - z}.$$

它们全部都是多值函数.

例 2.12 求 $\operatorname{Arcsin} 4$ 的值.

解 根据 $\operatorname{Arcsin} z$ 的定义式,有

$$\operatorname{Arcsin} 4 = -\mathrm{i}\operatorname{Ln}\left(4\mathrm{i} + \sqrt{1 - 4^2}\right) = -\mathrm{i}\operatorname{Ln}\left[\left(4 \pm \sqrt{15}\right)\mathrm{i}\right]$$
$$= -\mathrm{i}\left[\ln\left(4 \pm \sqrt{15}\right) + \frac{\pi}{2}\mathrm{i} + 2k\pi\mathrm{i}\right]$$

$$= \left(2k + \frac{1}{2}\right)\pi - \mathrm{i}\ln\left(4 \pm \sqrt{15}\right) \quad (k = 0, \pm 1, \pm 2, \cdots).$$

习 题 2

1. 下列函数何处可导、何处解析？

(1) $f(z) = x^3 y - \mathrm{i}y$;   (2) $f(z) = 2x^3 + 3y^2 \mathrm{i}$;

(3) $f(z) = \dfrac{x+y}{x^2+y^2} + \mathrm{i}\dfrac{x-y}{x^2+y^2}$;   (4) $f(z) = \sin x \operatorname{ch} y + \mathrm{i}\cos x \operatorname{sh} y$.

2. 下列函数何处解析，并求出导数.

(1) $f(z) = (z-2)^2$;   (2) $f(z) = \dfrac{1}{z^2+1}$;

(3) $f(z) = 3z^2 - \dfrac{1}{z}$;   (4) $f(z) = \dfrac{2z+1}{z^3+1}$.

3. 试证下列函数在复平面上处处不解析.

(1) $f(z) = 3x + 2y\mathrm{i}$;   (2) $f(z) = \bar{z}$;   (3) $f(z) = \operatorname{Re} z + \operatorname{Im} z$.

4. 若 $f(z)$ 在 z_0 点解析，试证：$f(z)$ 在 z_0 点连续.

5. 设 $f(z)$ 是区域 D 内的解析函数，并且对于 D 内的任一点 z 都有 $f'(z) = 0$，证明：$f(z)$ 在区域 D 内恒为常数.

6. 判别下列命题的真伪：

(1) 若 $f(z)$ 在 z_0 点可导，则 $f(z)$ 在 z_0 点解析；

(2) 若 $f(z)$ 在区域 D 内可导，则 $f(z)$ 在区域 D 内解析；

(3) $f(z) = u(x,y) + \mathrm{i}v(x,y)$ 在区域 D 内可导当且仅当 u 及 v 在 D 内偏导存在；

(4) 若 z_0 是 $f(z)$ 的奇点，则 $f'(z_0)$ 不存在.

7. 证明：若 $f(z)$ 在区域 D 内解析，并满足下列条件之一，则 $f(z)$ 在区域 D 内恒为常数.

(1) $\operatorname{Im} f(z) \equiv 0$;   (2) $\arg f(z)$ 恒为一个常数；   (3) $\overline{f(z)}$ 在区域 D 内解析；

(4) $\operatorname{Im} f(z) = [\operatorname{Re} f(z)]^2$;   (5) $|f(z)|$ 恒为一个常数.

8. 设 $z = re^{\mathrm{i}\theta}, f(z) = u(r,\theta) + \mathrm{i}v(r,\theta)$，试证明：柯西-黎曼方程的极坐标形式是

$$\frac{\partial u(r,\theta)}{\partial r} = \frac{1}{r}\frac{\partial v(r,\theta)}{\partial \theta}, \quad \frac{\partial u(r,\theta)}{\partial \theta} = -r\frac{\partial v(r,\theta)}{\partial r}.$$

9. 设 $f(z) = u + \mathrm{i}v$ 为解析函数，并且满足 $u + v = x^3 - y^3 + 3x^2 y - 3xy^2 - 2x - 2y$. 试求 $f'(z) = \dfrac{\partial u}{\partial x} + \mathrm{i}\dfrac{\partial v}{\partial x}$ 和 $f(z)$.

10. 函数 $f(z) = my^3 + nx^2 y + \mathrm{i}(x^3 + lxy^2)$ 在复平面上处处解析，求 m, n, l 的值，并计算其导函数.

11. 下列关系式是否成立？

(1) $\overline{e^z} = e^{\bar{z}}$;   (2) $\overline{\cos z} = \cos \bar{z}$;   (3) $\overline{\sin z} = \sin \bar{z}$.

12. 试证明 e^z 以 $2\pi \mathrm{i}$ 为周期.

习题 2

13. 证明：
(1) $\sin^2 z + \cos^2 z = 1$; (2) $\sin(z_1 + z_2) = \sin z_1 \cos z_2 + \sin z_2 \cos z_1$;
(3) $\text{ch}^2 z - \text{sh}^2 z = 1$; (4) $\text{sh}(z_1 + z_2) = \text{sh}\, z_1 \text{ch}\, z_2 + \text{sh}\, z_2 \text{ch}\, z_1$.

14. 求下列函数的值：
(1) $e^{1-\frac{\pi}{2}i}$; (2) $\text{Ln}(3+4i)$; (3) $(1+i)^i$; (4) $\cos(1+i)$; (5) $\text{Arc} \tan \dfrac{i}{3}$.

15. 求下列函数的主值：
(1) $\ln(-i)$; (2) $\ln\left(-\sqrt{2}\right)$.

16. 求解下列方程：
(1) $e^z + 1 = 0$; (2) $\sin z + \cos z = 0$; (3) $\text{sh}\, z = 0$; (4) $\ln z = \dfrac{\pi}{2} i$.

第 3 章 复变函数的积分

本章主要介绍复变函数的积分, 包括柯西积分定理及其推广、柯西公式、高阶导数公式, 并由此推出解析函数的导数仍为解析函数这一重要特性.

3.1 复变函数的积分概念

3.1.1 复变函数积分的定义及性质

类似于高等数学中定积分的定义方法, 下面给出复变函数积分的定义.

定义 3.1 设 C 为复平面上一条以 A 为起点, B 为终点的光滑有向曲线, 函数 $w = f(z)$ 在 C 上有定义. 沿曲线 C 从 A 到 B 插入一组点 $A = z_0, z_1, z_2, \cdots, z_{k-1}, z_k, \cdots, z_n = B$ 分割曲线 (图 3.1), 得到 n 个小弧段, 并记 $\Delta z_k = z_k - z_{k-1}$. 在每个小弧段 $\widehat{z_{k-1}z_k}(k=1,2,\cdots,n)$ 上任取一点 ς_k, 作和式

$$\sum_{k=1}^{n} f(\varsigma_k)\Delta z_k \tag{3.1}$$

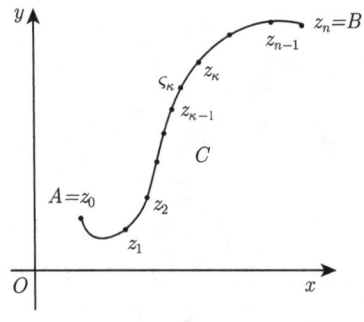

图 3.1

若无论曲线 C 如何分割, 无论 ς_k 在小弧段上如何取值, 随着分割点的无限增加 (即 $n \to \infty$, 各弧段中最大弧长 $\lambda \to 0$), 和式 (3.1) 的极限都存在, 则称函数 $w = f(z)$ 沿着曲线 C 可积, 并把极限值称为 $f(z)$ 沿着曲线 C 的积分, 记为 $\int_C f(z)\mathrm{d}z$, 即

$$\int_C f(z)\mathrm{d}z = \lim_{\substack{n\to\infty \\ (\lambda\to 0)}} \sum_{k=1}^{n} f(\varsigma_k)\Delta z_k, \tag{3.2}$$

其中, $f(z)$ 称为被积函数, C 为积分路径. 若 C 为封闭曲线, 则积分表示为 $\oint_C f(z)\mathrm{d}z$.

特别地, 当 C 为实轴上的区间 $[a,b]$, 此时 $\int_C f(z)\mathrm{d}z = \int_a^b f(x)\mathrm{d}x$, 即为一元实函数的定积分, 可见, 复变函数的积分定义是实函数定积分在复数域上的推广.

类似地, 根据积分的定义及极限的有关结论, 可以把实函数的积分性质在复数域中加以推广, 复变函数的积分具有下列性质.

(1) **有向性** 积分路径 C 为有向曲线, 所以若以 C^- 表示与 C 为方向相反的同一条曲线, 则有

$$\int_C f(z)\mathrm{d}z = -\int_{C^-} f(z)\mathrm{d}z;$$

(2) **线性性质** 若 $f(z), g(z)$ 沿着曲线 C 的积分都存在, 则有

$$\int_C [kf(z) \pm lg(z)]\mathrm{d}z = k\int_C f(z)\mathrm{d}z \pm l\int_C g(z)\mathrm{d}z,$$

其中, k, l 为任意复常数;

(3) **路径可加性** 若 C 是由 C_1 与 C_2 首尾衔接而成, 且在每一段上函数 $f(z)$ 沿曲线的积分都存在, 则有

$$\int_C f(z)\mathrm{d}z = \int_{C_1} f(z)\mathrm{d}z + \int_{C_2} f(z)\mathrm{d}z;$$

(4) **估值性质** 若 $f(z)$ 沿着曲线 C 的积分存在, 设 L 为曲线 C 的弧长, 且 $f(z)$ 在曲线 C 上有界, 即存在 $M > 0$, 使得在 C 上 $|f(z)| \leqslant M$, 则有

$$\left|\int_C f(z)\mathrm{d}z\right| \leqslant \int_C |f(z)|\mathrm{d}s \leqslant ML.$$

事实上, 把每一小段上的弧长记作 Δs_k, 则有 $|\Delta z_k| \leqslant \Delta s_k$, 那么

$$\left|\sum_{k=1}^n f(\varsigma_k)\Delta z_k\right| \leqslant \sum_{k=1}^n |f(\varsigma_k)\Delta z_k|$$
$$= \sum_{k=1}^n |f(\varsigma_k)||\Delta z_k| \leqslant \sum_{k=1}^n |f(\varsigma_k)|\Delta s_k \leqslant M\sum_{k=1}^n \Delta s_k = ML.$$

从上面的性质很容易联想到关于实函数曲线积分的有关性质, 复变函数的积分与多元函数线积分之间有什么联系呢? 下面, 从复变函数积分的存在性来寻找答案.

3.1.2 复变函数积分存在定理

定理 3.1 设 C 是复平面上逐段光滑的曲线, $f(z) = u(x,y) + \mathrm{i}v(x,y)$ 在 C 上连续, 则 $f(z)$ 在 C 上可积, 且有

$$\int_C f(z)\mathrm{d}z = \int_C u(x,y)\mathrm{d}x - v(x,y)\mathrm{d}y + \mathrm{i}\left[\int_C u(x,y)\mathrm{d}y + v(x,y)\mathrm{d}x\right]. \quad (3.3)$$

证明 设 $z_k = x_k + \mathrm{i}y_k, \Delta z_k = \Delta x_k + \mathrm{i}\Delta y_k, \varsigma_k = \alpha_k + \mathrm{i}\beta_k, f(\varsigma_k) = u(\alpha_k, \beta_k) + \mathrm{i}v(\alpha_k, \beta_k)$,那么

$$\sum_{k=1}^{n} f(\varsigma_k)\Delta z_k$$
$$= \sum_{k=1}^{n} [u(\alpha_k, \beta_k) + \mathrm{i}v(\alpha_k, \beta_k)](\Delta x_k + \mathrm{i}\Delta y_k)$$
$$= \sum_{k=1}^{n} [u(\alpha_k, \beta_k)\Delta x_k - v(\alpha_k, \beta_k)\Delta y_k] + \mathrm{i}\sum_{k=1}^{n} [u(\alpha_k, \beta_k)\Delta y_k + v(\alpha_k, \beta_k)\Delta x_k]. \quad (3.4)$$

由于 $f(z) = u(x,y) + \mathrm{i}v(x,y)$ 在 C 上连续,则 $u(x,y), v(x,y)$ 在 C 上也连续,根据二元函数曲线积分的存在定理,当 $n \to \infty$ 且各弧段中最大弧长 $\lambda \to 0$ 时,式 (3.4) 等号右端实部和虚部的极限都存在,且为 $u(x,y), v(x,y)$ 沿 C 的曲线积分,即

$$\lim_{\substack{n \to \infty \\ (\lambda \to 0)}} \sum_{k=1}^{n} [u(\alpha_k, \beta_k)\Delta x_k - v(\alpha_k, \beta_k)\Delta y_k] = \int_C u(x,y)\mathrm{d}x - v(x,y)\mathrm{d}y,$$

$$\lim_{\substack{n \to \infty \\ (\lambda \to 0)}} \sum_{k=1}^{n} [u(\alpha_k, \beta_k)\Delta y_k + v(\alpha_k, \beta_k)\Delta x_k] = \int_C u(x,y)\mathrm{d}y + v(x,y)\mathrm{d}x.$$

根据复变函数积分的定义 $\int_C f(z)\mathrm{d}z = \lim\limits_{\substack{n \to \infty \\ (\lambda \to 0)}} \sum\limits_{k=1}^{n} f(\varsigma_k)\Delta z_k$,从而有

$$\int_C f(z)\mathrm{d}z = \int_C u(x,y)\mathrm{d}x - v(x,y)\mathrm{d}y + \mathrm{i}\left[\int_C u(x,y)\mathrm{d}y + v(x,y)\mathrm{d}x\right],$$

证毕.

定理 3.1 是复变函数积分存在的一个充分条件,从这个结论中可以看到,复变函数的积分与两个二元实函数的曲线积分是对应的,这也就不难理解,复变函数积分的性质与曲线积分的性质比较类似了. 同时, 利用曲线积分的计算方法, 可以计算复变函数的积分.

3.1.3 复变函数积分的计算

若已知光滑 (或逐段光滑) 有向曲线 C 的参数方程为 $z(t) = x(t) + \mathrm{i}y(t), t : \alpha \to \beta$,则式 (3.3) 可写为

$$\int_C f(z)\mathrm{d}z = \int_\alpha^\beta [u(x(t), y(t))x'(t) - v(x(t), y(t))y'(t)]\mathrm{d}t$$
$$+ \mathrm{i}\left[\int_\alpha^\beta [u(x(t), y(t))y'(t) + v(x(t), y(t))x'(t)]\mathrm{d}t\right]$$

$$= \int_\alpha^\beta [u(x(t),y(t)) + iv(x(t),y(t))][x'(t) + iy'(t)]dt,$$

即
$$\int_C f(z)dz = \int_\alpha^\beta f(z(t))z'(t)dt. \tag{3.5}$$

公式 (3.5) 提供了求复变函数积分的一种计算方法, 这种方法称为**曲线积分法**.

例 3.1 计算 $\oint_C \dfrac{dz}{(z-z_0)^{n+1}}$, 其中曲线 C 为以 z_0 为中心, r 为半径的正向圆周

$$z = z_0 + re^{i\theta}, \quad \theta: 0 \to 2\pi,$$

其中, n 为整数.

解 将参数方程代入积分中, 得到

$$\oint_C \frac{dz}{(z-z_0)^{n+1}} = \int_0^{2\pi} \frac{ire^{i\theta}}{r^{n+1}e^{i(n+1)\theta}}d\theta = \frac{i}{r^n}\int_0^{2\pi} e^{-in\theta}d\theta$$
$$= \frac{i}{r^n}\int_0^{2\pi}(\cos n\theta - i\sin n\theta)d\theta$$
$$= \begin{cases} 2\pi i, & n=0, \\ 0, & n\neq 0. \end{cases}$$

注意, 这个积分结果与圆的圆心和半径的具体取值没有关系, 这是一个非常特殊的结果, 以后积分中常会用到.

例 3.2 计算积分 $\int_C zdz$, 其中曲线 C(图 3.2) 为:

(1) 沿着从 $z=0$ 到 $z=2+3i$ 的直线段;

(2) 沿着两段首尾衔接的直线段从 $z=0$ 到 $z=2$, 再从 $z=2$ 到 $z=2+3i$.

解 (1) 从 $z=0$ 到 $z=2+3i$ 直线段的参数方程为 $z(t)=(2+3i)t, t:0\to 1$, 则

$$\int_C zdz = \int_0^1 (2+3i)t[(2+3i)t]'dt$$
$$= \int_0^1 (2+3i)^2 tdt = \frac{(2+3i)^2}{2} = \frac{-5+12i}{2};$$

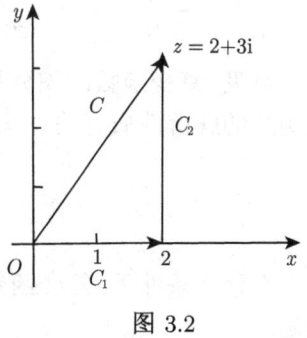

图 3.2

(2) 设 C_1 为从 $z=0$ 到 $z=2$ 的直线段, 参数方程为 $z(t)=2t, t:0\to 1$, 则

$$\int_{C_1} zdz = \int_0^1 2t(2t)'dt = \int_0^1 4tdt = 2,$$

再设 C_2 为从 $z=2$ 到 $z=2+3\mathrm{i}$ 的直线段，参数方程为 $z(t)=2+3\mathrm{i}t, t:0\to 1$，则

$$\int_{C_2} z\mathrm{d}z = \int_0^1 (2+3\mathrm{i}t)(2+3\mathrm{i}t)'\mathrm{d}t = \int_0^1 (2+3\mathrm{i}t)3\mathrm{i}\mathrm{d}t = 6\mathrm{i}-\frac{9}{2},$$

从而

$$\int_C z\mathrm{d}z = \int_{C_1} z\mathrm{d}z + \int_{C_2} z\mathrm{d}z = \frac{-5+12\mathrm{i}}{2}.$$

通过例 3.2 的计算，不难发现这个积分沿着两条端点重合路径互异的曲线进行积分，其结果相同，事实上，

$$\int_C z\mathrm{d}z = \int_C (x+\mathrm{i}y)(\mathrm{d}x+\mathrm{i}\mathrm{d}y) = \int_C x\mathrm{d}x-y\mathrm{d}y+\mathrm{i}\int_C y\mathrm{d}x+x\mathrm{d}y,$$

可以验证，这两个曲线积分都与路径无关，所以 $\int_C z\mathrm{d}z$ 的值，无论路径怎样选取，只要起点和终点不变，积分结果就不变. 是不是复变函数的积分都保持有这样的特性呢？下面的例子就给出了反例.

例 3.3 计算 $\int_C \overline{z}\mathrm{d}z$，其中曲线 C 同例 3.2.

解 (1) 从 $z=0$ 到 $z=2+3\mathrm{i}$ 直线段的参数方程为 $z(t)=(2+3\mathrm{i})t, t:0\to 1$，则有

$$\int_C \overline{z}\mathrm{d}z = \int_0^1 (2-3\mathrm{i})t[(2+3\mathrm{i})t]'\mathrm{d}t = \int_0^1 13t\mathrm{d}t = \frac{13}{2};$$

(2) C_1 为从 $z=0$ 到 $z=2$ 的直线段 $z(t)=2t, t:0\to 1$，C_2 为从 $z=2$ 到 $z=2+3\mathrm{i}$ 的直线段 $z(t)=2+3\mathrm{i}t, t:0\to 1$，则有

$$\int_C \overline{z}\mathrm{d}z = \int_{C_1} \overline{z}\mathrm{d}z + \int_{C_2} \overline{z}\mathrm{d}z = \int_0^1 4t\mathrm{d}t + \int_0^1 (2-3\mathrm{i}t)(2+3\mathrm{i}t)'\mathrm{d}t = \frac{13}{2}+6\mathrm{i}.$$

可见，复变函数的积分与路径无关是需要在一定的条件下才能成立的，这与被积函数的解析性质有关.

3.2 柯西积分定理及其推广

在什么条件下，复变函数的积分与路径无关？本节的柯西积分定理回答了这个问题.

3.2.1 柯西积分定理

定理 3.2 设函数 $f(z)$ 在单连通区域 D 内解析，C 为 D 内任意一条简单闭曲线，则

3.2 柯西积分定理及其推广

$$\oint_C f(z)\mathrm{d}z = 0. \tag{3.6}$$

定理的证明比较复杂,限于篇幅,下面给出在添加条件 "$f'(z)$ 在单连通区域 D 内连续" 下的证明.

证明 由于 $f'(z)$ 在单连通区域 D 内连续,则二元函数 $u(x,y)$ 和 $v(x,y)$ 满足曲线积分的格林公式条件,根据格林公式有

$$\begin{aligned}\oint_C f(z)\mathrm{d}z &= \oint_C u(x,y)\mathrm{d}x - v(x,y)\mathrm{d}y + \mathrm{i}\oint_C u(x,y)\mathrm{d}y + v(x,y)\mathrm{d}x \\ &= -\iint_G \left(\frac{\partial v}{\partial x} + \frac{\partial u}{\partial y}\right)\mathrm{d}x\mathrm{d}y + \mathrm{i}\iint_G \left(\frac{\partial u}{\partial x} - \frac{\partial v}{\partial y}\right)\mathrm{d}x\mathrm{d}y,\end{aligned}$$

其中,G 为封闭曲线 C 所围成的区域. 注意到 $f(z)$ 的解析性,由 C-R 条件可得

$$\oint_C f(z)\mathrm{d}z = 0.$$

定理 3.2 称为柯西积分定理,也常称为柯西–古萨基本定理,经过进一步的分析,定理的条件还可以进一步减弱,得到下面的结论:

(1) 若 $f(z)$ 在封闭曲线 C 上及 C 的内部解析,则 $\oint_C f(z)\mathrm{d}z = 0$;

(2) 若 $f(z)$ 在封闭曲线 C 上连续,在 C 的内部解析,则 $\oint_C f(z)\mathrm{d}z = 0$.

例 3.4 计算积分 $\oint_C \dfrac{\mathrm{e}^z}{(z-4)(z-3)}\mathrm{d}z$,其中 C 为正向简单闭曲线 $|z|=2$.

解 由于被积函数在曲线 C: $|z|=2$ 及其内部解析,故根据柯西积分定理有

$$\oint_C \frac{\mathrm{e}^z}{(z-4)(z-3)}\mathrm{d}z = 0.$$

3.2.2 柯西积分定理的推广——复合闭路定理

复合闭路是由一组封闭曲线共同构成的,假设 $C, C_1, C_2, C_3, \cdots, C_n$ 是一组简单闭曲线,其中 $C_1, C_2, C_3, \cdots, C_n$ 全部含在 C 内,并且 $C_1, C_2, C_3, \cdots, C_n$ 之间互不相交互不包含,那么 $C, C_1, C_2, C_3, \cdots, C_n$ 构成一个复合闭路 $\varGamma$(图 3.3),其正方向为 C 取逆时针方向,$C_1, C_2, C_3, \cdots, C_n$ 分别取顺时针方向,记为

$$\varGamma = C + C_1^- + C_2^- + C_3^- + \cdots + C_n^-,$$

复合闭路的内部则是指由 $C, C_1, C_2, C_3, \cdots, C_n$ 共同围成的部分.

柯西积分定理要求被积函数 $f(z)$ 在简单闭曲线 C 内部解析,假设如图 3.4 所示,在 C 内部有一部分小区域 (阴影部分),函数 $f(z)$ 在此阴影部分不解析,这也就意味着,$f(z)$ 在一个多连通区域内解析. 若包含在 C 内的 C_1 是包含阴影区域在

内的一条简单闭曲线，那么 C 和 C_1 共同构成了一个复合闭路 $\Gamma = C + C_1^-$，并且 $f(z)$ 在复合闭路上及其内部解析.

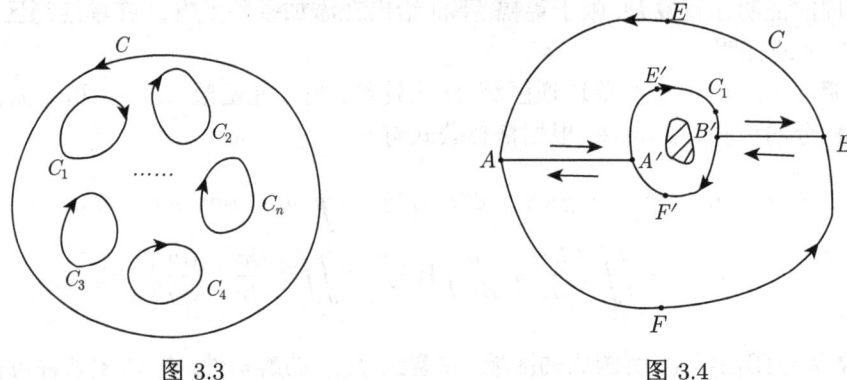

图 3.3　　　　　　　　　　　图 3.4

分别在曲线 C 和 C_1 上取四个点记为 A, F, B, E 和 A', F', B', E'，连接 A, A' 和 B, B'，则根据柯西积分定理，在封闭曲线 $\widehat{AA'E'B'BEA}$ 和 $\widehat{AFBB'F'A'A}$ 上及其内部 $f(z)$ 是解析的，所以

$$\oint_{\widehat{AA'E'B'BEA}} f(z)\mathrm{d}z = \int_{\overline{AA'}} f(z)\mathrm{d}z + \int_{\widehat{A'E'B'}} f(z)\mathrm{d}z$$
$$+ \int_{\overline{B'B}} f(z)\mathrm{d}z + \int_{\widehat{BEA}} f(z)\mathrm{d}z = 0, \tag{3.7}$$

$$\oint_{\widehat{AFBB'F'A'A}} f(z)\mathrm{d}z = \int_{\widehat{AFB}} f(z)\mathrm{d}z + \int_{\overline{BB'}} f(z)\mathrm{d}z$$
$$+ \int_{\widehat{B'F'A'}} f(z)\mathrm{d}z + \int_{\overline{A'A}} f(z)\mathrm{d}z = 0, \tag{3.8}$$

把式 (3.7) 和式 (3.8) 相加得到

$$\oint_{\widehat{A'E'B'F'A'}} f(z)\mathrm{d}z + \oint_{\widehat{BEAFB}} f(z)\mathrm{d}z = \oint_{C_1^-} f(z)\mathrm{d}z + \oint_C f(z)\mathrm{d}z = 0.$$

这个结论说明两点:

(1) $\oint_C f(z)\mathrm{d}z = \oint_{C_1} f(z)\mathrm{d}z.$ \hfill (3.9)

这说明在区域内一个解析函数沿闭曲线的积分，不随着闭曲线在区域内作连续变形而改变，只要曲线变形过程中不经过函数不解析的点. 这个结论称为**闭路变形原理**.

例如，例 3.1 的结论为

$$\oint_C \frac{\mathrm{d}z}{(z-z_0)^{n+1}} = \begin{cases} 2\pi\mathrm{i}, & n = 0, \\ 0, & n \neq 0, \end{cases} \tag{3.10}$$

3.2 柯西积分定理及其推广

其中, 曲线 C 为以 z_0 为中心, r 为半径的正向圆周. 根据闭路变形原理, 只要 C 是一条包含 z_0 在内的任意一条正向简单闭曲线, 这个结论都是成立的.

(2) $\oint_{\Gamma} f(z)\mathrm{d}z = 0$, 其中, $\Gamma = C + C_1^-$. (3.11)

这个结果将柯西积分定理中的封闭曲线推广到了复合闭路上, 用类似的方法, 在曲线间添加连线, 可以将复合闭路的构成推广至多个, 即

$$\Gamma = C + C_1^- + C_2^- + C_3^- + \cdots + C_n^-$$

的情形, 此时即有下面的复合闭路定理.

定理 3.3　设 Γ 为一组简单闭曲线 $C, C_1, C_2, C_3, \cdots, C_n$ 共同构成的一个复合闭路, 且有

$$\Gamma = C + C_1^- + C_2^- + C_3^- + \cdots + C_n^-,$$

若函数 $f(z)$ 在复合闭路 Γ 上及其内部解析, 则

$$\oint_{\Gamma} f(z)\mathrm{d}z = 0,$$

并且

$$\oint_C f(z)\mathrm{d}z = \sum_{k=1}^n \oint_{C_k} f(z)\mathrm{d}z,$$

其中 $C, C_1, C_2, C_3, \cdots, C_n$ 均取正方向 (逆时针方向).

至此, 就把单连通区域上的柯西积分定理推广到了多连通区域, 同时也为求解封闭曲线上的复变函数的积分提供了计算的方法.

例 3.5　计算 $\oint_C \dfrac{1}{z(z-1)}\mathrm{d}z$ 的值, C 为包含 $z=0, z=1$ 在内的任意一条正向简单闭曲线.

解　函数 $f(z) = \dfrac{1}{z(z-1)}$ 的奇点为 $z=0, z=1$, 并且都在 C 内, 所以 $f(z)$ 在 C 内不解析, 但是又因为 $f(z) = \dfrac{1}{z-1} - \dfrac{1}{z}$, 所以利用线性性质及式 (3.10), 有

$$\oint_C \frac{1}{z(z-1)}\mathrm{d}z = \oint_C \left(\frac{1}{z-1} - \frac{1}{z}\right)\mathrm{d}z = \oint_C \frac{1}{z-1}\mathrm{d}z - \oint_C \frac{1}{z}\mathrm{d}z = 2\pi\mathrm{i} - 2\pi\mathrm{i} = 0.$$

本题还可以使用复合闭路定理来做. 首先在 C 内先作两个辅助简单闭曲线 C_1, C_2, 其中 C_1 只包含 $z=0$ 在内, C_2 只包含 $z=1$ 在内, 且 C_1, C_2 互不相交互不包含 (图 3.5),

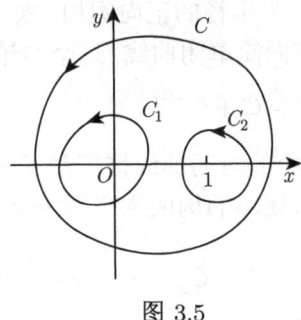

图 3.5

那么 C 与 C_1, C_2 共同构成一个复合闭路 Γ, 并且 $f(z)$ 在 Γ 及其内部解析, 则由定理 3.3 可知

$$\oint_C \frac{1}{z(z-1)}\mathrm{d}z = \oint_C \left(\frac{1}{z-1} - \frac{1}{z}\right)\mathrm{d}z = \oint_{C_1}\left(\frac{1}{z-1} - \frac{1}{z}\right)\mathrm{d}z + \oint_{C_2}\left(\frac{1}{z-1} - \frac{1}{z}\right)\mathrm{d}z,$$

而

$$\oint_{C_1}\left(\frac{1}{z-1} - \frac{1}{z}\right)\mathrm{d}z = \oint_{C_1}\frac{1}{z-1}\mathrm{d}z - \oint_{C_1}\frac{1}{z}\mathrm{d}z = 0 - 2\pi\mathrm{i} = -2\pi\mathrm{i},$$

其中第一个积分是利用柯西积分定理, 第二个积分是利用式 (3.10) 的结果, 同理

$$\oint_{C_2}\left(\frac{1}{z-1} - \frac{1}{z}\right)\mathrm{d}z = \oint_{C_2}\frac{1}{z-1}\mathrm{d}z - \oint_{C_2}\frac{1}{z}\mathrm{d}z = 2\pi\mathrm{i} - 0 = 2\pi\mathrm{i},$$

所以 $\oint_C \frac{1}{z(z-1)}\mathrm{d}z = 0$.

复合闭路定理一般在使用的时候是与其他方法结合在一起使用, 它提供了一种简化计算复变函数积分的方法, 即把"大 C 上的积分转化为若干个小 C 上的积分", 使现有的积分方法变得可行.

3.2.3 积分与路径无关定理

现在回到最开始的问题, 积分与路径无关的条件与柯西积分定理之间又有怎样的关系? 可以先看一个例题:

例 3.6 求 $\int_C (2z^2 + 3z - 1)\mathrm{d}z$, 其中曲线 C: 沿 $y = \sin x$ 从 $z = 0$ 到 $z = \pi$.

解 由图 3.6 可以看到, 直线段 L 与 C 共同围成封闭曲线.

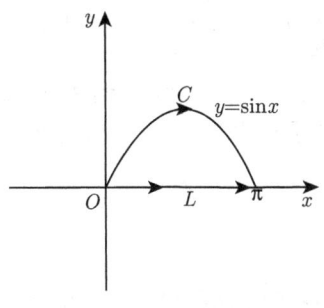

图 3.6

易知 $f(z) = 2z^2 + 3z - 1$ 在整个复平面上解析, 所以有

$$\oint_{C^-+L} (2z^2 + 3z - 1)\mathrm{d}z = 0,$$

即

$$\int_C (2z^2 + 3z - 1)\mathrm{d}z = \int_L (2z^2 + 3z - 1)\mathrm{d}z,$$

这样就把 C 上的积分化为 L 上的积分. 又因为

$$\int_L (2z^2 + 3z - 1)\mathrm{d}z = \int_0^\pi (2x^2 + 3x - 1)\mathrm{d}x = \frac{2}{3}\pi^3 + \frac{3}{2}\pi^2 - \pi,$$

所以

$$\int_C (2z^2 + 3z - 1)\mathrm{d}z = \frac{2}{3}\pi^3 + \frac{3}{2}\pi^2 - \pi.$$

事实上, 不难看出, 只要保证起点和终点不变, 本题可以把 C 上的积分转化为任意一条不同路径上的积分, 即积分与路径无关, 只与起点和终点有关. 这个结论可以推广到一般情形.

定理 3.4 设函数 $f(z)$ 在单连通区域 D 内解析, 曲线 C 为区域 D 内一条光滑或逐段光滑的曲线, 则 $\int_C f(z)\mathrm{d}z$ 与路径无关, 仅与曲线 C 的起点与终点有关.

特别地, 当 C 为封闭曲线时, 则 $\oint_C f(z)\mathrm{d}z = 0$, 即为柯西积分定理.

3.3 解析函数的不定积分

根据积分与路径无关定理, 单连通区域 D 内解析的函数 $f(z)$ 沿 D 内任意一条光滑或逐段光滑曲线 C 的积分 $\int_C f(z)\mathrm{d}z$ 不依赖于曲线 C, 仅与 C 的起点 z_0 与终点 z_1 有关, 即

$$\int_C f(z)\mathrm{d}z = \int_{z_0}^{z_1} f(z)\mathrm{d}z. \tag{3.12}$$

若在式 (3.12) 中, 固定起点 z_0, 那么给定一个终点 z_1, 就有一个积分值与之对应, 因此, 通过积分 (3.12) 定义了一个以终点 z 为自变量的单值函数, 记作

$$F(z) = \int_{z_0}^{z} f(\varsigma)\mathrm{d}\varsigma.$$

定理 3.5 设函数 $f(z)$ 在单连通区域 D 内解析, 则函数 $F(z) = \int_{z_0}^{z} f(\varsigma)\mathrm{d}\varsigma$ (这里 $z_0, z \in D$) 在区域 D 内也解析, 并且 $F'(z) = f(z)$.

证明 设 $z, z + \Delta z \in D$, 则有 $F(z + \Delta z) = \int_{z_0}^{z+\Delta z} f(\varsigma)\mathrm{d}\varsigma$, 那么由积分路径可加性有

$$\begin{aligned} F(z+\Delta z) - F(z) &= \int_{z_0}^{z+\Delta z} f(\varsigma)\mathrm{d}\varsigma - \int_{z_0}^{z} f(\varsigma)\mathrm{d}\varsigma \\ &= \int_{z_0}^{z} f(\varsigma)\mathrm{d}\varsigma + \int_{z}^{z+\Delta z} f(\varsigma)\mathrm{d}\varsigma - \int_{z_0}^{z} f(\varsigma)\mathrm{d}\varsigma \\ &= \int_{z}^{z+\Delta z} f(\varsigma)\mathrm{d}\varsigma. \end{aligned}$$

注意到若取 z 到 $z + \Delta z$ 的路径为直线段, 则 $\int_{z}^{z+\Delta z} \mathrm{d}\varsigma = \Delta z$, 所以

$$\begin{aligned} \frac{F(z+\Delta z) - F(z)}{\Delta z} - f(z) &= \frac{\int_{z}^{z+\Delta z} f(\varsigma)\mathrm{d}\varsigma - \Delta z f(z)}{\Delta z} \\ &= \frac{\int_{z}^{z+\Delta z} f(\varsigma)\mathrm{d}\varsigma - \int_{z}^{z+\Delta z} f(z)\mathrm{d}\varsigma}{\Delta z} \\ &= \frac{\int_{z}^{z+\Delta z} [f(\varsigma) - f(z)]\mathrm{d}\varsigma}{\Delta z}. \end{aligned}$$

由于 $f(z)$ 在区域 D 内解析, 那么必然有 $f(z)$ 在区域 D 内连续, 即任给 $\varepsilon > 0$, 存在一个正数 δ, 使得当 $|\varsigma - z| < \delta$ 时, $|f(\varsigma) - f(z)| < \varepsilon$, 从而当 $|\Delta z| < \delta$ 时, 利用积分估值性质, 有

$$\left|\frac{F(z+\Delta z) - F(z)}{\Delta z} - f(z)\right| = \frac{\left|\int_{z}^{z+\Delta z} [f(\varsigma) - f(z)]\mathrm{d}\varsigma\right|}{|\Delta z|} < \frac{\varepsilon |\Delta z|}{|\Delta z|} = \varepsilon,$$

3.3 解析函数的不定积分

根据函数解析及导数的定义，$F(z)$ 在区域 D 内处处可导、处处解析，并且

$$F'(z) = f(z).$$

这个定理与实函数中积分上限的函数求导定理完全类似，并且利用这个结论进一步可以推导出适用于复变函数积分的牛顿–莱布尼茨公式. 下面先引入原函数与不定积分的概念.

定义 3.2 设在区域 D 内定义的两个函数 $\Phi(z)$ 和 $f(z)$，若 $\Phi'(z) = f(z)$，则称 $\Phi(z)$ 为 $f(z)$ 在区域 D 内的一个**原函数**.

函数 $f(z)$ 的原函数是不唯一的. 易证 $f(z)$ 的任意两个原函数之差为一个常数，那么 $f(z)$ 的所有原函数即为 $\Phi(z) + c$，其中 c 为任意常数.

定义 3.3 若 $\Phi(z)$ 为 $f(z)$ 在区域 D 内的一个原函数，则 $f(z)$ 的所有原函数 $\Phi(z) + c$ 称为 $f(z)$ 的不定积分，记为 $\int f(z)\mathrm{d}z = \Phi(z) + c$，其中 c 为任意常数.

根据定理 3.5，D 内解析函数 $f(z)$ 一定有一个原函数 $F(z) = \int_{z_0}^{z} f(\varsigma)\mathrm{d}\varsigma$，若已知 $\Phi(z)$ 为 $f(z)$ 另一个原函数，那么

$$F(z) = \int_{z_0}^{z} f(\varsigma)\mathrm{d}\varsigma = \Phi(z) + c,$$

其中 c 为某一个确定的常数，又因为 $F(z_0) = 0$，所以 $\Phi(z_0) + c = 0$，即

$$\int_{z_0}^{z} f(\varsigma)\mathrm{d}\varsigma = \Phi(z) - \Phi(z_0). \tag{3.13}$$

式 (3.13) 给出了与牛顿–莱布尼茨公式类似的解析函数的积分计算公式.

定理 3.6 设函数 $f(z)$ 在单连通区域 D 内解析，$\Phi(z)$ 为 $f(z)$ 的一个原函数，那么

$$\int_{z_0}^{z_1} f(z)\mathrm{d}z = \Phi(z_1) - \Phi(z_0),$$

其中 z_0, z_1 均在 D 内.

例 3.7 利用定理 3.6 计算例题 3.6.

解 $f(z) = 2z^2 + 3z - 1$ 在整个复平面上解析，所以积分 $\int_C (2z^2 + 3z - 1)\mathrm{d}z$ 与路径无关，因此

$$\begin{aligned}
\int_C (2z^2 + 3z - 1)\mathrm{d}z &= \int_0^{\pi} (2z^2 + 3z - 1)\mathrm{d}z \\
&= \left(\frac{2z^3}{3} + \frac{3z^2}{2} - z\right)\Big|_0^{\pi} = \frac{2\pi^3}{3} + \frac{3\pi^2}{2} - \pi.
\end{aligned}$$

例 3.8 计算积分 $\int_1^{1+i} \left(\dfrac{1}{z} + e^z\right) dz$.

解 函数 $f(z) = \dfrac{1}{z} + e^z$ 在整个复平面上除 $z = 0$ 以外处处解析, 一定存在一个包含 1 和 $1+i$ 在内的单连通区域, 在此单连通区域内 $f(z) = \dfrac{1}{z} + e^z$ 是解析的, 所以由定理 3.6, 有

$$\int_1^{1+i} \left(\dfrac{1}{z} + e^z\right) dz = (\ln z + e^z)\Big|_1^{1+i} = \ln\sqrt{2} + e\cos 1 - e + \left(\dfrac{\pi}{4} + e\sin 1\right) i.$$

3.4 柯西积分公式与高阶导数公式

3.4.1 柯西积分公式

利用柯西积分定理计算积分虽然比较简单, 但是对被积函数的要求比较高, 如果被积函数在积分曲线 C 内有奇点, 柯西积分定理就不能直接使用, 需要进一步变通.

例如, 积分 $\oint_C \dfrac{f(z)}{z-z_0} dz$, 其中点 z_0 在正向简单闭曲线 C 内 (图 3.7), $f(z)$ 在曲线 C 上及 C 内部解析.

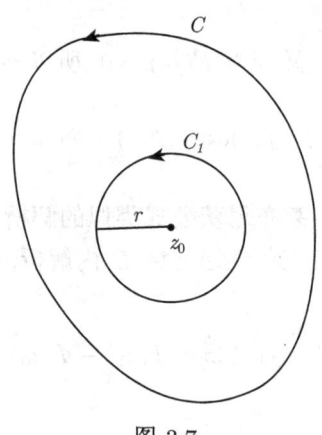

图 3.7

显然这个积分不可以直接使用柯西积分定理, 若取 C_1 为包含在 C 内且以 z_0 为圆心, r 为半径的圆周 $|z - z_0| = r$, 根据闭路变形原理, 有

$$\oint_C \dfrac{f(z)}{z-z_0} dz = \oint_{C_1} \dfrac{f(z)}{z-z_0} dz. \tag{3.14}$$

由于 $f(z)$ 在曲线 C 内解析, 所以在曲线 C_1 上 $f(z)$ 是连续的. 当 $r \to 0$ 时, 有 $z \to z_0$, 在 C_1 连续变化过程中, $f(z)$ 的解析性不变, 因此式 (3.14) 的值依然不变,

3.4 柯西积分公式与高阶导数公式

此时 $f(z) \to f(z_0)$, 所以, 有理由猜想

$$\oint_C \frac{f(z)}{z-z_0}\mathrm{d}z = \oint_{C_1} \frac{f(z)}{z-z_0}\mathrm{d}z = \oint_{C_1} \frac{f(z_0)}{z-z_0}\mathrm{d}z = 2\pi\mathrm{i}f(z_0),$$

这个结论就是柯西积分公式.

定理 3.7 若函数 $f(z)$ 在正向简单闭曲线 C 上及 C 内解析, z_0 为 C 内部区域上任一点, 则

$$f(z_0) = \frac{1}{2\pi\mathrm{i}} \oint_C \frac{f(z)}{z-z_0}\mathrm{d}z. \tag{3.15}$$

证明 设曲线 C_1: $|z-z_0| = r$ 为 C 内的某个圆周, 根据闭路变形原理, 则有 $\oint_C \frac{f(z)}{z-z_0}\mathrm{d}z = \oint_{C_1} \frac{f(z)}{z-z_0}\mathrm{d}z$, 又因为 $f(z)$ 在 z_0 点连续, 所以任给 $\frac{\varepsilon}{2\pi} > 0$, 存在一个正数 δ, 使得当 $|z-z_0| < \delta < r$ 时, $|f(z) - f(z_0)| < \frac{\varepsilon}{2\pi}$ 成立. 于是根据积分估值性质, 有

$$\left|\oint_{C_1} \frac{f(z)}{z-z_0}\mathrm{d}z - \oint_{C_1} \frac{f(z_0)}{z-z_0}\mathrm{d}z\right| = \left|\oint_{C_1} \frac{f(z)-f(z_0)}{z-z_0}\mathrm{d}z\right| < \frac{1}{r} \cdot \frac{\varepsilon}{2\pi} 2\pi r = \varepsilon,$$

故

$$\oint_C \frac{f(z)}{z-z_0}\mathrm{d}z = \oint_{C_1} \frac{f(z_0)}{z-z_0}\mathrm{d}z = f(z_0)\oint_{C_1} \frac{1}{z-z_0}\mathrm{d}z = 2\pi\mathrm{i}f(z_0),$$

即

$$f(z_0) = \frac{1}{2\pi\mathrm{i}} \oint_C \frac{f(z)}{z-z_0}\mathrm{d}z.$$

式 (3.15) 称为**柯西积分公式**, 它告诉我们对于解析函数, 简单闭曲线内部任一点的值可以通过曲线上的值来表示. 换句话来说, 如果解析函数在区域边界上的值确定, 那么在整个区域内部任一点处的值也就确定了. 如果两个解析函数在闭曲线上的值处处相等, 那么在这个闭曲线的内部两个函数值也恒等.

特别地, 若曲线 C: $|z-z_0| = r$, 其参数方程为 $z = z_0 + r\mathrm{e}^{\mathrm{i}\theta}, \theta: 0 \to 2\pi$, 则有

$$f(z_0) = \frac{1}{2\pi\mathrm{i}} \oint_C \frac{f(z)}{z-z_0}\mathrm{d}z = \frac{1}{2\pi}\int_0^{2\pi} f(z_0 + r\mathrm{e}^{\mathrm{i}\theta})\mathrm{d}\theta, \tag{3.16}$$

说明解析函数 $f(z)$ 在圆心处的值, 恰好等于它在圆周上值的平均值, 式 (3.16) 称为**平均值公式**.

定理 3.7 还可以推广到复合闭路 $\Gamma = C + C_1^- + C_2^- + C_3^- + \cdots + C_n^-$ 上, 若 $f(z)$ 在复合闭路 Γ 及 Γ 内解析, z_0 为 Γ 内任一点, 则

$$\begin{aligned}f(z_0) &= \frac{1}{2\pi\mathrm{i}} \oint_\Gamma \frac{f(z)}{z-z_0}\mathrm{d}z = \frac{1}{2\pi\mathrm{i}} \oint_{C+C_1^-+C_2^-+C_3^-+\cdots+C_n^-} \frac{f(z)}{z-z_0}\mathrm{d}z \\ &= \frac{1}{2\pi\mathrm{i}}\left[\oint_C \frac{f(z)}{z-z_0}\mathrm{d}z - \oint_{C_1} \frac{f(z)}{z-z_0}\mathrm{d}z - \cdots - \oint_{C_n} \frac{f(z)}{z-z_0}\mathrm{d}z\right].\end{aligned} \tag{3.17}$$

从计算积分的角度来看,柯西积分公式提供了一个有用的结论,即

$$\oint_C \frac{f(z)}{z-z_0} \mathrm{d}z = 2\pi \mathrm{i} f(z_0), \tag{3.18}$$

其中,$f(z)$ 在简单闭曲线 C 上及 C 内解析,z_0 含于 C 内.

例 3.9 求积分 $\oint_C \dfrac{\sin z}{z} \mathrm{d}z$,其中曲线 C:$|z-1|=2$,取正向.

解 $f(z) = \sin z$ 在曲线 C 上及 C 内解析,$z_0 = 0$ 含于 C 内,根据柯西积分公式,有

$$\oint_C \frac{\sin z}{z} \mathrm{d}z = 2\pi \mathrm{i} \sin z \big|_{z=0} = 0.$$

例 3.10 求积分 $\oint_C \dfrac{2z-1}{z(z-1)} \mathrm{d}z$,其中曲线 C:(均取正向)

(1) $|z| = \dfrac{1}{2}$; (2) $|z-1| = \dfrac{1}{2}$; (3) $|z-1| = 2$.

解 (1) $f(z) = \dfrac{2z-1}{z-1}$ 在曲线 C 上及 C 内解析,$z_0 = 0$ 含于 C 内,根据柯西积分公式

$$\oint_C \frac{2z-1}{z(z-1)} \mathrm{d}z = \oint_C \frac{\frac{2z-1}{z-1}}{z} \mathrm{d}z = 2\pi \mathrm{i} \frac{2z-1}{z-1} \bigg|_{z=0} = 2\pi \mathrm{i}.$$

(2) $f(z) = \dfrac{2z-1}{z}$ 在曲线 C 上及 C 内解析,$z_0 = 1$ 含于 C 内,根据柯西积分公式,有

$$\oint_C \frac{2z-1}{z(z-1)} \mathrm{d}z = \oint_C \frac{\frac{2z-1}{z}}{z-1} \mathrm{d}z = 2\pi \mathrm{i} \frac{2z-1}{z} \bigg|_{z=1} = 2\pi \mathrm{i}.$$

(3) 如图 3.8 所示,在曲线 C:$|z-1|=2$ 内作两个互不相交互不包含的简单闭曲线 C_1 和 C_2,其中 C_1 含 $z=0$ 在内,C_2 含 $z=1$ 在内,根据复合闭路定理,

$$\oint_C \frac{2z-1}{z(z-1)} \mathrm{d}z = \oint_{C_1} \frac{2z-1}{z(z-1)} \mathrm{d}z + \oint_{C_2} \frac{2z-1}{z(z-1)} \mathrm{d}z,$$

在曲线 C_1 和 C_2 上的积分可以类似 (1) 和 (2) 的做法,使用柯西积分公式,则有

$$\oint_{C_1} \frac{2z-1}{z(z-1)} \mathrm{d}z = \oint_{C_1} \frac{\frac{2z-1}{z-1}}{z} \mathrm{d}z = 2\pi \mathrm{i} \frac{2z-1}{z-1} \bigg|_{z=0} = 2\pi \mathrm{i},$$

$$\oint_{C_2} \frac{2z-1}{z(z-1)} \mathrm{d}z = \oint_{C_2} \frac{\frac{2z-1}{z}}{z-1} \mathrm{d}z = 2\pi \mathrm{i} \frac{2z-1}{z} \bigg|_{z=1} = 2\pi \mathrm{i},$$

所以 $\oint_C \dfrac{2z-1}{z(z-1)} \mathrm{d}z = 4\pi\mathrm{i}$.

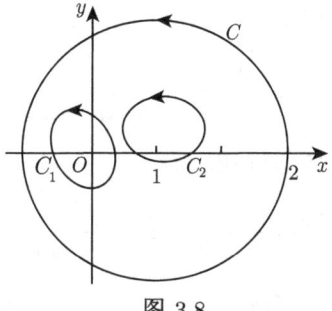

图 3.8

事实上, 例 3.10 还可以把被积函数拆开成两个分式之和, 即

$$\oint_C \dfrac{2z-1}{z(z-1)} \mathrm{d}z = \oint_C \dfrac{1}{z} \mathrm{d}z + \oint_C \dfrac{1}{z-1} \mathrm{d}z,$$

再使用柯西积分定理以及柯西积分公式计算即可得到相同结论.

3.4.2 高阶导数公式

解析函数还有一个重要的特性, 即解析函数的导数依然是解析函数, 这称为解析函数的无穷可微性, 下面给出这个结论.

定理 3.8 解析函数 $f(z)$ 的导数仍为解析函数, 它在 z_0 处的 n 阶导数为

$$f^{(n)}(z_0) = \dfrac{n!}{2\pi\mathrm{i}} \oint_C \dfrac{f(z)}{(z-z_0)^{n+1}} \mathrm{d}z, \tag{3.19}$$

其中 C 为在 $f(z)$ 的解析区域内的任意一条围绕 z_0 的正向简单闭曲线.

当 $n = 1$ 时, 式 (3.19) 即为

$$f'(z_0) = \dfrac{1}{2\pi\mathrm{i}} \oint_C \dfrac{f(z)}{(z-z_0)^2} \mathrm{d}z. \tag{3.20}$$

下面来证明式 (3.20) 成立, 用数学归纳法读者可以证明 n 阶导数结果 (3.19) 也成立.

证明 欲证 $f'(z_0) = \dfrac{1}{2\pi\mathrm{i}} \oint_C \dfrac{f(z)}{(z-z_0)^2} \mathrm{d}z$, 只需证明

$$\lim_{\Delta z \to 0} \dfrac{f(z_0 + \Delta z) - f(z_0)}{\Delta z} = \dfrac{1}{2\pi\mathrm{i}} \oint_C \dfrac{f(z)}{(z-z_0)^2} \mathrm{d}z.$$

由于 $f(z)$ 在曲线 C 上连续, 所以一定有界, 即存在 $M > 0$, 使得 $|f(z)| < M$. 曲线 C 上的点 z 到 z_0 的最小距离记为 d, 即 $d = \inf\limits_{z \in C}\{|z-z_0|\}$. 利用定理 3.7 有

$$f(z_0) = \dfrac{1}{2\pi\mathrm{i}} \oint_C \dfrac{f(z)}{z-z_0} \mathrm{d}z, \quad f(z_0 + \Delta z) = \dfrac{1}{2\pi\mathrm{i}} \oint_C \dfrac{f(z)}{z-z_0-\Delta z} \mathrm{d}z,$$

其中, $z_0, z_0 + \Delta z$ 均在 C 所围成的区域内部, 则

$$\frac{f(z_0+\Delta z)-f(z_0)}{\Delta z}=\frac{1}{2\pi\mathrm{i}}\frac{\oint_C\frac{f(z)}{z-z_0-\Delta z}\mathrm{d}z-\oint_C\frac{f(z)}{z-z_0}\mathrm{d}z}{\Delta z}$$

$$=\frac{1}{2\pi\mathrm{i}}\oint_C\frac{f(z)}{(z-z_0-\Delta z)(z-z_0)}\mathrm{d}z.$$

记 L 为曲线 C 的弧长, 利用估值性质, 得

$$\left|\frac{f(z_0+\Delta z)-f(z_0)}{\Delta z}-\frac{1}{2\pi\mathrm{i}}\oint_C\frac{f(z)}{(z-z_0)^2}\mathrm{d}z\right|$$

$$=\left|\frac{1}{2\pi\mathrm{i}}\oint_C\frac{f(z)}{(z-z_0-\Delta z)(z-z_0)}\mathrm{d}z-\frac{1}{2\pi\mathrm{i}}\oint_C\frac{f(z)}{(z-z_0)^2}\mathrm{d}z\right|$$

$$=\left|\frac{1}{2\pi\mathrm{i}}\oint_C\frac{\Delta z f(z)}{(z-z_0-\Delta z)(z-z_0)^2}\mathrm{d}z\right|$$

$$<\frac{1}{2\pi}\cdot\frac{|\Delta z|}{(d-\Delta z)d^2}\cdot L\to 0\quad (\Delta z\to 0),$$

即

$$f'(z_0)=\lim_{\Delta z\to 0}\frac{f(z_0+\Delta z)-f(z_0)}{\Delta z}=\frac{1}{2\pi\mathrm{i}}\oint_C\frac{f(z)}{(z-z_0)^2}\mathrm{d}z,$$

所以式 (3.20) 成立.

式 (3.19) 称为**高阶导数公式**, 同样这个结论可以推广到复合闭路上, 如果取复合闭路为 $\Gamma = C + C_1^- + C_2^- + C_3^- + \cdots + C_n^-$, 则类似于式 (3.17) 有

$$f^{(n)}(z_0)=\frac{n!}{2\pi\mathrm{i}}\oint_\Gamma\frac{f(z)}{(z-z_0)^{n+1}}\mathrm{d}z=\frac{n!}{2\pi\mathrm{i}}\oint_{C+C_1^-+C_2^-+C_3^-+\cdots+C_n^-}\frac{f(z)}{(z-z_0)^{n+1}}\mathrm{d}z$$

$$=\frac{n!}{2\pi\mathrm{i}}\left[\oint_C\frac{f(z)}{(z-z_0)^{n+1}}\mathrm{d}z-\oint_{C_1}\frac{f(z)}{(z-z_0)^{n+1}}\mathrm{d}z-\cdots-\oint_{C_n}\frac{f(z)}{(z-z_0)^{n+1}}\mathrm{d}z\right].$$

特别地, 当 $n = 0$ 时, 式 (3.19) 变为

$$f(z_0)=\frac{1}{2\pi\mathrm{i}}\oint_C\frac{f(z)}{z-z_0}\mathrm{d}z,$$

可见高阶导数公式不求导, 就是柯西积分公式.

高阶导数公式虽然提供了利用积分求导数的方法, 但是主要的用途却在于利用导数求复变函数的积分, 这个时候将式 (3.19) 变形为

$$\oint_C\frac{f(z)}{(z-z_0)^{n+1}}\mathrm{d}z=\frac{2\pi\mathrm{i}}{n!}f^{(n)}(z_0), \tag{3.21}$$

3.4 柯西积分公式与高阶导数公式

只要 $f(z)$ 在正向简单闭曲线 C 上及 C 内解析, z_0 在 C 所围成的区域内, 就可以利用式 (3.21) 计算积分.

例 3.11 计算积分 $\oint_C \dfrac{\cos z}{z^4} \mathrm{d}z$, 其中 C 为任一条正向简单闭曲线, $z=0$ 在 C 围成的区域内部.

解 $f(z) = \cos z$ 在整个复平面上处处解析, $z=0$ 在曲线 C 的内部, 则可由式 (3.21) 有

$$\oint_C \frac{\cos z}{z^4} \mathrm{d}z = \frac{2\pi \mathrm{i}}{3!} (\cos z)''' \big|_{z=0} = 0.$$

例 3.12 计算积分 $\oint_C \dfrac{\mathrm{e}^z}{z(1-z)^3} \mathrm{d}z$, 其中 C 为不过点 0 和 1 的正向简单闭曲线.

解 被积函数在整个复平面上有两个奇点 $z=0, z=1$, 所以关键在于这两个点在不在 C 的内部, 所以需要讨论:

(1) 若 0 和 1 都不在 C 内, 根据柯西积分定理, $\oint_C \dfrac{\mathrm{e}^z}{z(1-z)^3} \mathrm{d}z = 0$;

(2) 若 0 在 C 内, 1 不在 C 内, 取 $f(z) = \dfrac{\mathrm{e}^z}{(1-z)^3}$, 根据柯西积分公式有

$$\oint_C \frac{\mathrm{e}^z}{z(1-z)^3} \mathrm{d}z = 2\pi \mathrm{i} \, \frac{\mathrm{e}^z}{(1-z)^3} \bigg|_{z=0} = 2\pi \mathrm{i};$$

(3) 若 1 在 C 内, 0 不在 C 内, 取 $f(z) = \dfrac{\mathrm{e}^z}{z}$, 根据高阶导数公式有

$$\oint_C \frac{\mathrm{e}^z}{z(1-z)^3} \mathrm{d}z = -\frac{2\pi \mathrm{i}}{2!} \left(\frac{\mathrm{e}^z}{z} \right)'' \bigg|_{z=1} = -\pi \mathrm{e} \mathrm{i};$$

(4) 若 0 和 1 都在 C 内, 则在 C 内分别作两个正向简单闭曲线 C_1 和 C_2(类似例 3.10(3)), 其中 C_1 包含 $z=0$ 在内, C_2 包含 $z=1$ 在内 (图 3.9),

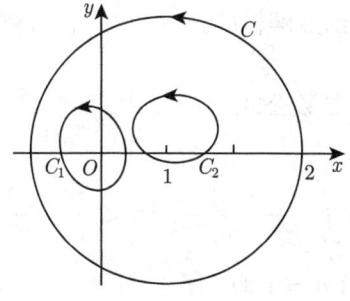

图 3.9

则使用复合闭路定理, 结合 (2), (3) 有

$$\oint_C \frac{e^z}{z(1-z)^3}dz = \oint_{C_1}\frac{e^z}{z(1-z)^3}dz + \oint_{C_2}\frac{e^z}{z(1-z)^3}dz$$

$$= -\frac{2\pi i}{2!}\left(\frac{e^z}{z}\right)''\bigg|_{z=1} + 2\pi i \frac{e^z}{(1-z)^3}\bigg|_{z=0} = (2-e)\pi i.$$

例 3.13 设 $f(z)$ 在单连通域 B 内解析且不为零, C 为 B 内的任一正向简单闭曲线, 求

$$\oint_C \frac{f''(z) + 2f'(z) + 4}{f(z)}dz.$$

解 由于 $f(z)$ 在单连通域 B 内解析, 所以根据高阶导数定理, 解析函数导数依然解析, 则 $f'(z)$ 与 $f''(z)$ 在 B 内也解析, 又因为 $f(z) \neq 0$, 故 $\dfrac{f''(z) + 2f'(z) + 4}{f(z)}$ 在区域 B 内解析, 根据柯西积分定理,

$$\oint_C \frac{f''(z) + 2f'(z) + 4}{f(z)}dz = 0.$$

3.4.3 关于解析函数的几个结论

莫累拉(Morera)定理 若 $f(z)$ 在单连通区域 D 内连续, 并且对于 D 内的任意一条简单闭曲线 C 都有 $\oint_C f(z)dz = 0$, 则 $f(z)$ 在区域 D 内解析.

证明 对于 D 内的任意一条简单闭曲线 C 都有 $\oint_C f(z)dz = 0$, 说明 $f(z)$ 在 D 内的积分与路径无关, 仅与起点与终点有关, 若令

$$F(z) = \int_{z_0}^z f(\varsigma)d\varsigma,$$

同定理 3.5 的证明, 可得 $F'(z) = f(z)$, 所以 $F(z)$ 解析, 解析函数导数依然解析, 从而 $f(z)$ 也解析.

莫累拉定理给出了一个函数解析的充分条件, 它与柯西积分定理一起构成了解析函数的又一个等价条件.

柯西不等式 若在高阶导数公式 (3.20) 中, 取曲线 $C: |z - z_0| = r$, 则利用估值性质有

$$\left|f^{(n)}(z_0)\right| = \left|\frac{n!}{2\pi i}\oint_C \frac{f(z)}{(z-z_0)^{n+1}}dz\right| \leqslant \frac{n!}{2\pi} \cdot \frac{M}{r^{n+1}} 2\pi r = \frac{Mn!}{r^n}, \tag{3.22}$$

称为柯西不等式. 特别地, 当 $n = 1$ 时, 有

$$|f'(z_0)| \leqslant \frac{M}{r}, \tag{3.23}$$

其中 M 为 $f(z)$ 在 C 上的界, 即 $|f(z)| \leqslant M, z \in C$.

刘维尔(Liouville)定理　整个复平面上解析的函数 $f(z)$, 若 $f(z)$ 有界, 则 $f(z)$ 必为常数.

证明　若 z_0 为复平面上任一点, 取 $C: |z - z_0| = r$ 为复平面上任意一个以 z_0 为圆心以 r 为半径的圆, 那么由式 (3.23) 可知, 无论 r 多么大, $|f'(z_0)| \leqslant \dfrac{M}{r}$ 始终成立, 那么必然有 $f'(z_0) = 0$, 故 $f(z_0)$ 恒为常数, 再由 z_0 的任意性, 可知 $f(z)$ 恒为常数.

3.5　解析函数与调和函数

解析函数的导数依然为解析函数, 所以解析函数具有任意阶的导数. 在了解了这个特性后, 本节来揭示解析函数与调和函数的关系.

定义 3.4　设二元函数 $\varphi(x, y)$ 定义在区域 D 内, 若 $\varphi(x, y)$ 在 D 内具有连续的二阶偏导数, 且满足拉普拉斯方程

$$\frac{\partial^2 \varphi(x,y)}{\partial x^2} + \frac{\partial^2 \varphi(x,y)}{\partial y^2} = 0, \tag{3.24}$$

则称 $\varphi(x, y)$ 为区域 D 内的**调和函数**.

若 $u(x, y)$ 与 $v(x, y)$ 为区域 D 内的调和函数, 且满足 C-R 条件

$$\frac{\partial u(x,y)}{\partial x} = \frac{\partial v(x,y)}{\partial y}, \quad \frac{\partial u(x,y)}{\partial y} = -\frac{\partial v(x,y)}{\partial x},$$

则称 $v(x, y)$ 为 $u(x, y)$ 的**共轭调和函数**.

根据调和函数的有关概念, 可以得到解析函数与调和函数的关系如下.

定理 3.9　若函数 $f(z) = u(x, y) + \mathrm{i}v(x, y)$ 为区域 D 内的解析函数, 则

(1) $u(x, y)$ 与 $v(x, y)$ 均为调和函数;

(2) $v(x, y)$ 为 $u(x, y)$ 的共轭调和函数.

证明　因为 $f(z) = u(x, y) + \mathrm{i}v(x, y)$ 为解析函数, 则 $u(x, y)$ 与 $v(x, y)$ 满足 C-R 方程

$$\frac{\partial u(x,y)}{\partial x} = \frac{\partial v(x,y)}{\partial y}, \quad \frac{\partial u(x,y)}{\partial y} = -\frac{\partial v(x,y)}{\partial x},$$

则

$$\frac{\partial^2 u(x,y)}{\partial x^2} = \frac{\partial^2 v(x,y)}{\partial y \partial x}, \quad \frac{\partial^2 u(x,y)}{\partial y^2} = -\frac{\partial^2 v(x,y)}{\partial x \partial y},$$

根据解析函数高阶导数定理, $u(x, y)$ 与 $v(x, y)$ 具有任意阶的连续偏导数, 所以

$$\frac{\partial^2 v(x,y)}{\partial y \partial x} = \frac{\partial^2 v(x,y)}{\partial x \partial y},$$

从而有 $\dfrac{\partial^2 u(x,y)}{\partial x^2} + \dfrac{\partial^2 u(x,y)}{\partial y^2} = 0$, 同理可证 $\dfrac{\partial^2 v(x,y)}{\partial x^2} + \dfrac{\partial^2 v(x,y)}{\partial y^2} = 0$. 因此 $u(x,y)$ 与 $v(x,y)$ 均为调和函数.

根据共轭调和函数的定义, 显然解析函数 $f(z)$ 的虚部 $v(x,y)$ 为实部 $u(x,y)$ 的共轭调和函数.

例 3.14 设 u 为区域 D 中的调和函数, 已知 $f(z) = \dfrac{\partial u}{\partial x} - \mathrm{i}\dfrac{\partial u}{\partial y}$, 则 $f(z)$ 是否是 D 中的解析函数, 为什么?

解 因为 u 为调和函数, 所以

$$\frac{\partial^2 u}{\partial x^2} + \frac{\partial^2 u}{\partial y^2} = 0,$$

设 $f(z) = u_1 + \mathrm{i}v_1$, 则 $u_1 = \dfrac{\partial u}{\partial x}, v_1 = -\dfrac{\partial u}{\partial y}$. 由于 u 具有连续的二阶偏导数, 所以 u_1, v_1 有连续的一阶偏导数, 并且

$$\frac{\partial u_1}{\partial x} = \frac{\partial^2 u}{\partial x^2}, \quad \frac{\partial u_1}{\partial y} = \frac{\partial^2 u}{\partial x \partial y}, \quad \frac{\partial v_1}{\partial x} = -\frac{\partial^2 u}{\partial y \partial x}, \quad \frac{\partial v_1}{\partial y} = -\frac{\partial^2 u}{\partial y^2},$$

所以, $\dfrac{\partial u_1}{\partial x} = \dfrac{\partial v_1}{\partial y}, \dfrac{\partial u_1}{\partial y} = -\dfrac{\partial v_1}{\partial x}$, 故 $f(z)$ 是解析函数.

必须说明的是, 在 C-R 方程中, $u(x,y)$ 与 $v(x,y)$ 的地位并不是对等的, 所以共轭调和函数并不是相互的, 可以验证对于解析函数 $f(z) = u(x,y) + \mathrm{i}v(x,y)$, $u(x,y)$ 并不是 $v(x,y)$ 的共轭调和函数, 而 $v(x,y)$ 的共轭调和函数应该为 $-u(x,y)$.

通过定理 3.9 再一次强调了解析函数实部与虚部之间的联系, 那么已知一个解析函数的实部 (虚部), 就可以基本确定了此函数的虚部 (实部), 并可以进一步写出整个解析函数的表达式.

例 3.15 验证 $u = y^3 - 3x^2y$ 为调和函数, 并求调和函数 v 使得函数 $f(z) = u + \mathrm{i}v$ 为解析函数.

解 求偏导数可得

$$\frac{\partial u}{\partial x} = -6xy, \quad \frac{\partial u}{\partial y} = 3y^2 - 3x^2, \quad \frac{\partial^2 u}{\partial x^2} = -6y, \quad \frac{\partial^2 u}{\partial y^2} = 6y,$$

由于 $u = y^3 - 3x^2y$ 有连续的二阶偏导数, 并且 $\dfrac{\partial^2 u}{\partial x^2} + \dfrac{\partial^2 u}{\partial y^2} = 0$, 因此, $u = y^3 - 3x^2y$ 为调和函数.

由 $\dfrac{\partial u}{\partial x} = \dfrac{\partial v}{\partial y} = -6xy$, 两边对 y 积分, 可得

$$\int \frac{\partial v}{\partial y}\mathrm{d}y = \int (-6xy)\mathrm{d}y, \quad 即 v = -3xy^2 + c(x),$$

3.5 解析函数与调和函数

上式两边对 x 求导, 有
$$\frac{\partial v}{\partial x} = -3y^2 + c'(x),$$
又因为 $\dfrac{\partial v}{\partial x} = -\dfrac{\partial u}{\partial y} = 3x^2 - 3y^2$, 所以 $c'(x) = 3x^2, c(x) = x^3 + c$, 其中 c 为任意常数. 那么,
$$v = -3xy^2 + x^3 + c, \quad f(z) = y^3 - 3x^2y + \mathrm{i}(-3xy^2 + x^3 + c).$$
根据 $z = x + \mathrm{i}y$, 则函数
$$f(z) = y^3 - 3x^2y + \mathrm{i}(-3xy^2 + x^3 + c) = \mathrm{i}(z^3 + c),$$
其中 c 为任意常数.

本题通过对 C-R 方程两边求积分来计算解析函数的虚部, 这个方法称为**偏积分法**. 类似地, 也可以通过积分法计算解析函数的实部. 另外, 这里再介绍一种计算方法
——**不定积分法**.

例 3.16 设 $v = \dfrac{y}{x^2 + y^2}$, 试求解析函数 $f(z) = u + \mathrm{i}v$, 且满足 $f(2) = 0$.

解 (不定积分法) 根据解析函数的导函数 $f'(z) = \dfrac{\partial v}{\partial y} + \mathrm{i}\dfrac{\partial v}{\partial x}$, 对函数 $v = \dfrac{y}{x^2+y^2}$ 求偏导数, 有
$$\frac{\partial v}{\partial x} = \frac{-2xy}{(x^2+y^2)^2}, \quad \frac{\partial v}{\partial y} = \frac{x^2-y^2}{(x^2+y^2)^2},$$
所以,
$$f'(z) = \frac{\partial v}{\partial y} + \mathrm{i}\frac{\partial v}{\partial x} = \frac{x^2-y^2}{(x^2+y^2)^2} + \mathrm{i}\frac{-2xy}{(x^2+y^2)^2} = \frac{1}{z^2}.$$
上式两端求不定积分 $f(z) = \displaystyle\int \frac{1}{z^2} \mathrm{d}z$, 得 $f(z) = -\dfrac{1}{z} + c$, 再根据 $f(2) = 0$, 可得 $c = \dfrac{1}{2}$, 从而 $f(z) = -\dfrac{1}{z} + \dfrac{1}{2}$.

本题直接计算 $f(z) = u + \mathrm{i}v$, 如果要求实部 u, 只需令 $z = x + \mathrm{i}y$ 代入上式即可知
$$u = \frac{-x}{x^2+y^2} + \frac{1}{2}.$$
不定积分法的关键是根据解析函数的导数表达 $f'(z) = \dfrac{\partial u}{\partial x} - \mathrm{i}\dfrac{\partial u}{\partial y} = \dfrac{\partial v}{\partial y} + \mathrm{i}\dfrac{\partial v}{\partial x}$, 在只知道解析函数的实部或虚部的条件下, 就可以求得解析函数 $f(z)$ 的导函数, 最后只需求导函数的不定积分就可以还原函数 $f(z)$.

习 题 3

1. 沿下列路径计算积分 $\int_C (z^2 + 2z - 1)\mathrm{d}z$,

(1) 自原点到 $1 + \mathrm{i}$;

(2) 自原点沿实轴到 1, 再由 1 沿垂直方向到 $1 + \mathrm{i}$;

(3) 自原点沿虚轴到 i, 再由 i 沿水平方向到 $1 + \mathrm{i}$.

2. 求积分 $\int_C (x^2 + 3y\mathrm{i})\mathrm{d}z$, 其中曲线 C: 沿 $y = x$ 从 0 到 $1 + \mathrm{i}$.

3. 计算积分 $\oint_C |z|\bar{z}\mathrm{d}z$, 其中 C 由沿实轴从 -1 到 1 的直线段与上半单位圆周共同构成的封闭曲线, 方向为逆时针.

4. 设函数 $f(z)$ 在简单闭曲线 C 及 C 的内部区域解析, 那么

$$\oint_C \mathrm{Re}[f(z)]\mathrm{d}z = 0, \quad \oint_C \mathrm{Im}[f(z)]\mathrm{d}z = 0$$

是否成立? 成立说明原因, 不成立则举例说明.

5. 利用复数的性质 $z\bar{z} = |z|^2$, 计算下列积分 (其中 C 取正方向):

(1) $\oint_C \bar{z}\mathrm{d}z, \quad C: |z| = 1$;

(2) $\oint_C \dfrac{\bar{z}}{|z|}\mathrm{d}z, \quad C: |z| = 2$;

(3) $\oint_C \dfrac{\bar{z}}{|z|}\mathrm{d}z, \quad C: |z| = 3$;

(4) $\oint_C \dfrac{z + \bar{z}}{|z|}\mathrm{d}z, \quad C: |z| = 3$.

6. 试观察出下列积分的值, 并给出依据, 其中 C 取正方向:

(1) $\oint_C (\sin z + \cos z)\mathrm{d}z, \quad C: |z| = 1$;

(2) $\oint_C \dfrac{1}{z(z-1)}\mathrm{d}z, \quad C: |z| = 2$;

(3) $\oint_C \dfrac{z\mathrm{e}^z}{z^2 + 1}\mathrm{d}z, \quad C: |z| = \dfrac{1}{2}$;

(4) $\oint_C \dfrac{1}{\left(z - \dfrac{\mathrm{i}}{2}\right)(z + 2)}\mathrm{d}z, \quad C: |z| = 1$.

7. 计算积分 $\oint_C \dfrac{\mathrm{e}^z}{z^5}\mathrm{d}z$, 其中 $C: |z| = 3$ 正向与 $|z| = 2$ 反方向共同构成的闭曲线.

8. 沿指定曲线的正向计算下列积分:

(1) $\oint_C \dfrac{z(\sin z + \cos z)}{z - 1}\mathrm{d}z, \quad C: |z| = 2$;

(2) $\oint_C \dfrac{\cos z}{z(z - 1)}\mathrm{d}z, \quad C: |z| = 2$;

(3) $\oint_C \dfrac{\mathrm{e}^{\mathrm{i}z}}{z^2 + 1}\mathrm{d}z, \quad C: |z - 2\mathrm{i}| = \dfrac{3}{2}$;

(4) $\oint_C \dfrac{1}{z^2 - a^2}\mathrm{d}z, \quad C: |z - a| = a (a > 0)$;

(5) $\oint_C \dfrac{1}{(z^2 + 1)(z^2 + 4)}\mathrm{d}z, \quad C: |z| = \dfrac{3}{2}$;

(6) $\oint_C \dfrac{\sin z}{\left(z - \dfrac{\pi}{2}\right)^2}\mathrm{d}z, \quad C: |z| = 2$;

(7) $\oint_C \dfrac{\cos \pi z}{(z - 1)^5}\mathrm{d}z, \quad C: |z| = r > 1$;

(8) $\oint_C \dfrac{3z + 2}{z^4 - 1}\mathrm{d}z, \quad C: |z - (1 + \mathrm{i})| = \sqrt{2}$.

9. 求积分 $\oint_C \dfrac{1}{z^3(z + 1)(z - 2)}\mathrm{d}z$, 其中曲线 $C: |z| = r, r \neq 1, 2$.

习题 3

10. 设 $f(z)$ 与 $g(z)$ 在单连通区域 D 内处处解析，C 为 D 内任何一条简单闭曲线，若在 C 上始终有 $f(z) = g(z)$，试证在 C 内部所有点处，$f(z) = g(z)$ 也成立.

11. 试利用刘维尔定理证明**代数基本定理**：任一复数多项式
$$f(z) = a_0 z^n + a_1 z^{n-1} + \cdots + a_{n-1} z + a_n \quad (n \geqslant 1, a_0 \neq 0)$$
在复平面上必有零点，即方程 $f(z) = 0$ 必有复根 $\left(\text{提示: 利用反正法，证明 }\dfrac{1}{f(z)}\text{ 为常数与题设矛盾}\right)$.

12. 判断下列命题的真伪，若为真，给出证明. 在区域 D 内，
(1) 若 $f(z)$ 为解析函数，则 $f(z)$ 为调和函数；
(2) 若 u, v 均为调和函数，则 $u + \mathrm{i}v$ 解析；
(3) 若 $u + \mathrm{i}v$ 解析，则 u 是 v 的共轭调和函数；
(4) 若 $u + \mathrm{i}v$ 解析，则 $-u$ 是 v 的共轭调和函数；
(5) 若 $u + \mathrm{i}v$ 解析，则 uv 是调和函数.

13. 由下列已知的调和函数求解析函数 $f(z) = u + \mathrm{i}v$.
(1) $u(x,y) = \mathrm{e}^x (x \cos y - y \sin y), f(0) = 0$;
(2) $u(x,y) = (x - y)(x^2 + 4xy + y^2)$;
(3) $v(x,y) = 2xy, f(\mathrm{i}) = -1$;
(4) $v(x,y) = \arctan \dfrac{y}{x}, x > 0$.

14. 设函数 $f(z)$ 在以 z_0 为圆心，R 为半径的圆 C 上及内部区域解析，圆的方程为
$$C: z = z_0 + R\mathrm{e}^{\mathrm{i}\theta}, \quad \theta: 0 \to 2\pi.$$
试证 C 内任一点 z 可以表示为 $z = z_0 + r\mathrm{e}^{\mathrm{i}\varphi}, 0 \leqslant r < R, \varphi \in [0, 2\pi]$，并且有
$$f(z) = \frac{1}{2\pi} \int_0^{2\pi} f(z_0 + R\mathrm{e}^{\mathrm{i}\theta}) \frac{R\mathrm{e}^{\mathrm{i}\theta}}{R\mathrm{e}^{\mathrm{i}\theta} - r\mathrm{e}^{\mathrm{i}\varphi}} \mathrm{d}\theta.$$

15. 在 14 题假设之下，若取 $z_1 = z_0 + \dfrac{R^2}{r}\mathrm{e}^{\mathrm{i}\varphi}, 0 < r < R, \varphi \in [0, 2\pi]$，试证 z_1 在圆 C 的外部，并且有
$$\frac{1}{2\pi} \int_0^{2\pi} f(z_0 + R\mathrm{e}^{\mathrm{i}\theta}) \frac{R\mathrm{e}^{\mathrm{i}\theta}}{r\mathrm{e}^{\mathrm{i}\theta} - R\mathrm{e}^{\mathrm{i}\varphi}} \mathrm{d}\theta = 0.$$

16. 在 14 题假设之下，证明 $f(z) = \dfrac{1}{2\pi} \displaystyle\int_0^{2\pi} f(z_0 + R\mathrm{e}^{\mathrm{i}\theta}) \dfrac{R^2 - r^2}{R^2 - 2Rr\cos(\theta - \varphi) + r^2} \mathrm{d}\theta$. 若记 $f(z) = f(z_0 + r\mathrm{e}^{\mathrm{i}\theta}) = u(r, \theta) + \mathrm{i}v(r, \theta)$，取上述积分的实部有
$$u(r, \theta) = \frac{1}{2\pi} \int_0^{2\pi} u(R, \theta) \frac{R^2 - r^2}{R^2 - 2Rr\cos(\theta - \varphi) + r^2} \mathrm{d}\theta,$$
这个积分称为**泊松**(Poisson)**积分公式**，通过这个公式，一个调和函数在圆内的值可用它在圆周上的值来表示. 当 $z = z_0, r = 0$ 此时泊松积分公式就成为**调和函数的平均值公式**.

第 4 章 复变函数的级数

本章给出复变函数级数的一些基本概念和性质,基于解析函数的柯西积分公式,给出了解析函数的级数表示——泰勒 (Taylor) 级数和洛朗 (Laurent) 级数,得到函数在一点的解析性等价于函数在该点的邻域内可以展开成幂级数,通过对洛朗级数的讨论,对孤立奇点进行分类,也为第 5 章解析函数在孤立奇点留数的计算奠定基础.

4.1 复级数的基本概念与性质

4.1.1 复数列的极限

定义 4.1 设 $\{z_n\}$ $(n=1,2,\cdots)$ 为一复数列,其中 $z_n = a_n + \mathrm{i}b_n$,又设 $z_0 = a_0 + \mathrm{i}b_0$ 为一复常数,如果对于任意给定的 $\varepsilon > 0$,总存在一个正整数 N,当 $n > N$ 时,有 $|z_n - z_0| < \varepsilon$ 成立,则称复数列 $\{z_n\}$ 当 $n \to \infty$ 时极限存在,并称 z_0 为 $\{z_n\}$ 当 $n \to \infty$ 时的极限,记作

$$\lim_{n \to \infty} z_n = z_0 \quad \text{或} \quad z_n \to z_0 (n \to \infty).$$

也称复数列 $\{z_n\}$ 收敛于 z_0;否则称复数列 $\{z_n\}$ 是发散的.

定理 4.1 复数列 $\{z_n\}$ $(n=1,2,\cdots)$ 收敛于 z_0 的充分必要条件是

$$\lim_{n \to \infty} a_n = a_0 \quad \text{且} \quad \lim_{n \to \infty} b_n = b_0.$$

证明 若 $\lim_{n \to \infty} z_n = z_0$,则对于任意给定的 $\varepsilon > 0$,总存在相应的正整数 N,当 $n > N$ 时,有 $|z_n - z_0| < \varepsilon$ 成立,即 $|(a_n + \mathrm{i}b_n) - (a_0 + \mathrm{i}b_0)| < \varepsilon$,因此,当 $n > N$ 时有 $|a_n - a_0| \leqslant |z_n - z_0| < \varepsilon$ 和 $|b_n - b_0| \leqslant |z_n - z_0| < \varepsilon$,所以有

$$\lim_{n \to \infty} a_n = a_0 \quad \text{和} \quad \lim_{n \to \infty} b_n = b_0.$$

反之,如果 $\lim_{n \to \infty} a_n = a_0$ 且 $\lim_{n \to \infty} b_n = b_0$,则对于任意给定的 $\varepsilon > 0$,总有正整数 N_1 存在,当 $n > N_1$ 时,有 $|a_n - a_0| < \dfrac{\varepsilon}{2}$ 和 $|b_n - b_0| < \dfrac{\varepsilon}{2}$. 因此,当 $n > N_1$ 时,有

$$|z_n - z_0| = |(a_n + \mathrm{i}b_n) - (a_0 + \mathrm{i}b_0)| \leqslant |a_n - a_0| + |b_n - b_0| < \varepsilon,$$

从而由定义 4.1 可知 $\lim_{n \to \infty} z_n = z_0$.

定理 4.1 告诉我们, 复数列的极限问题最终可转化为实数列的极限问题, 结合有关实数列极限的运算理论, 读者可自行推出复数列极限的运算性质.

4.1.2 复数项级数

定义 4.2 设复数列 $\{z_n\}$ $(n=1,2,\cdots)$, 其中 $z_n = a_n + \mathrm{i}b_n$, 称表达式

$$z_1 + z_2 + \cdots + z_n + \cdots \tag{4.1}$$

为复数项无穷级数, 简称复数项级数, 记作 $\sum\limits_{n=1}^{\infty} z_n$. 并记其前 n 项和为 $s_n = z_1 + z_2 + \cdots + z_n$, 也称为级数 $\sum\limits_{n=1}^{\infty} z_n$ 的部分和.

定义 4.3 设复数项级数 $\sum\limits_{n=1}^{\infty} z_n$, 其部分和数列为 $\{s_n\}$ $(n=1,2,\cdots)$. 如果部分和数列 $\{s_n\}$ 存在极限, 则称复数项级数 $\sum\limits_{n=1}^{\infty} z_n$ 是收敛的, 并且极限 $s = \lim\limits_{n\to\infty} s_n$ 称为 $\sum\limits_{n=1}^{\infty} z_n$ 的和, 记作 $s = \sum\limits_{n=1}^{\infty} z_n$. 如果 $\{s_n\}$ 极限不存在, 则称复数项级数 $\sum\limits_{n=1}^{\infty} z_n$ 是发散的.

定理 4.2 复数项级数 $\sum\limits_{n=1}^{\infty} z_n (z_n = a_n + \mathrm{i}b_n, n=1,2,\cdots)$ 收敛的充分必要条件是实数项级数 $\sum\limits_{n=1}^{\infty} a_n$ 和 $\sum\limits_{n=1}^{\infty} b_n$ 同时收敛.

证明 因为

$$\begin{aligned} s_n &= z_1 + z_2 + \cdots + z_n \\ &= (a_1 + a_2 + \cdots + a_n) + \mathrm{i}(b_1 + b_2 + \cdots + b_n) \\ &= \sigma_n + \mathrm{i}\tau_n, \end{aligned}$$

其中 $\sigma_n = a_1 + a_2 + \cdots + a_n$, $\tau_n = b_1 + b_2 + \cdots + b_n$ 分别为 $\sum\limits_{n=1}^{\infty} a_n$ 和 $\sum\limits_{n=1}^{\infty} b_n$ 的前 n 项和. 由定理 4.1 及定义 4.3 可知, $\sum\limits_{n=1}^{\infty} z_n$ 收敛的充要条件是 $\{s_n\}$ 收敛, 而 $\{s_n\}$ 收敛的充要条件是 $\{\sigma_n\}$ 和 $\{\tau_n\}$ 同时收敛, 即级数 $\sum\limits_{n=1}^{\infty} a_n$ 和 $\sum\limits_{n=1}^{\infty} b_n$ 都收敛.

由定理 4.2 可知, 复数项级数的审敛问题可以转化为实数项级数的审敛问题. 根据实数项级数收敛的必要条件, 可得如下结论.

定理 4.3 复数项级数 $\sum\limits_{n=1}^{\infty} z_n$ 收敛的必要条件是 $\lim\limits_{n\to\infty} z_n = 0$.

例 4.1 考察下列级数的敛散性：

(1) $\sum_{n=1}^{\infty}\left(\dfrac{1}{n}+\mathrm{i}\dfrac{1}{2^n}\right)$; (2) $\sum_{n=1}^{\infty}\left(\dfrac{1+3\mathrm{i}}{2}\right)^n$.

解 (1) 因为
$$\sum_{n=1}^{\infty}\left(\dfrac{1}{n}+\mathrm{i}\dfrac{1}{2^n}\right)=\sum_{n=1}^{\infty}\dfrac{1}{n}+\mathrm{i}\sum_{n=1}^{\infty}\dfrac{1}{2^n},$$

而调和级数 $\sum_{n=1}^{\infty}\dfrac{1}{n}$ 发散, 故此级数发散.

(2) 因为
$$\lim_{n\to\infty}\left|\left(\dfrac{1+3\mathrm{i}}{2}\right)^n\right|=\lim_{n\to\infty}\left(\dfrac{\sqrt{10}}{2}\right)^n\neq 0,$$

即 $\lim\limits_{n\to\infty}\left(\dfrac{1+3\mathrm{i}}{2}\right)^n\neq 0$, 所以原级数发散.

定义 4.4 若正项级数 $\sum_{n=1}^{\infty}|z_n|$ 收敛, 则复数项级数 $\sum_{n=1}^{\infty}z_n$ 称为**绝对收敛**. 非绝对收敛的复数项级数其收敛称为**条件收敛**.

由于 $\sqrt{a_n^2+b_n^2}\leqslant|a_n|+|b_n|$, 而 $|a_n|\leqslant\sqrt{a_n^2+b_n^2}$, $|b_n|\leqslant\sqrt{a_n^2+b_n^2}$, 所以, 复数项级数 $\sum_{n=1}^{\infty}z_n$ 绝对收敛等价于级数 $\sum_{n=1}^{\infty}a_n$ 和 $\sum_{n=1}^{\infty}b_n$ 都绝对收敛.

定理 4.4 绝对收敛的复数项级数其本身一定是收敛的.

证明过程读者可自行完成.

例 4.2 判别下列级数的敛散性：

(1) $\sum_{n=1}^{\infty}\dfrac{(3+4\mathrm{i})^n}{n!}$; (2) $\sum_{n=1}^{\infty}\dfrac{\mathrm{i}^n}{n}$.

解 (1) 因为级数
$$\sum_{n=1}^{\infty}\left|\dfrac{(3+4\mathrm{i})^n}{n!}\right|=\sum_{n=1}^{\infty}\dfrac{5^n}{n!}$$

收敛, 所以原复数项级数绝对收敛.

(2) 因为
$$\sum_{n=1}^{\infty}\dfrac{\mathrm{i}^n}{n}=\mathrm{i}-\dfrac{1}{2}-\dfrac{\mathrm{i}}{3}+\dfrac{1}{4}+\dfrac{\mathrm{i}}{5}-\dfrac{1}{6}+\cdots$$
$$=\left(-\dfrac{1}{2}+\dfrac{1}{4}-\dfrac{1}{6}+\cdots\right)+\mathrm{i}\left(1-\dfrac{1}{3}+\dfrac{1}{5}-\cdots\right)$$
$$=\sum_{n=1}^{\infty}\dfrac{(-1)^n}{2n}+\mathrm{i}\sum_{n=1}^{\infty}\dfrac{(-1)^{n-1}}{2n-1},$$

而交错级数

$$\sum_{n=1}^{\infty}\frac{(-1)^n}{2n} \quad \text{和} \quad \sum_{n=1}^{\infty}\frac{(-1)^{n-1}}{2n-1}$$

均收敛,所以原复数项级数收敛.但级数

$$\sum_{n=1}^{\infty}\left|\frac{\mathrm{i}^n}{n}\right|=\sum_{n=1}^{\infty}\frac{1}{n}$$

发散,所以原复数项级数条件收敛.

4.2 幂 级 数

4.2.1 复变函数项级数

给定一个复变函数序列 $\{f_n(z)\}$,其中 $f_n(z)$($n=1,2,\cdots$)均在区域 E 内有定义,则称表达式

$$f_1(z)+f_2(z)+\cdots+f_n(z)+\cdots \tag{4.2}$$

为复变函数项级数,记作 $\sum_{n=1}^{\infty}f_n(z)$.

如果对于 E 内的某一点 z_0,复数项级数 $\sum_{n=1}^{\infty}f_n(z_0)$ 收敛,则称复变函数项级数 $\sum_{n=1}^{\infty}f_n(z)$ 在点 z_0 处收敛,z_0 称为其收敛点,复变函数项级数 $\sum_{n=1}^{\infty}f_n(z)$ 的全体收敛点构成它的**收敛域**,记作 D.

$\sum_{n=1}^{\infty}f_n(z)$ 的部分和记为 $s_n(z)=f_1(z)+f_2(z)+\cdots+f_n(z)$,对于收敛点 z_0,显然有 $s(z_0)=\lim\limits_{n\to\infty}s_n(z_0)$. 于是不难得到一个函数 $s(z)=\lim\limits_{n\to\infty}s_n(z), z\in D$,称其为 $\sum_{n=1}^{\infty}f_n(z)$ 的**和函数**,记作 $s(z)=\sum_{n=1}^{\infty}f_n(z)$.

例如,级数 $\sum_{n=0}^{\infty}z^n$ 的部分和 $s_n(z)=1+z+z^2+\cdots+z^{n-1}=\dfrac{1-z^n}{1-z}$ ($z\neq 1$). 当 $|z|<1$ 时,由于 $\lim\limits_{n\to\infty}z^n=0$,从而有 $\lim\limits_{n\to\infty}s_n(z)=\dfrac{1}{1-z}$,即当 $|z|<1$ 时,级数 $\sum_{n=0}^{\infty}z^n$ 收敛,和函数为 $\dfrac{1}{1-z}$,即 $\dfrac{1}{1-z}=1+z+z^2+\cdots+z^n+\cdots(|z|<1)$.

接下来主要研究一种特殊类型的复变函数项级数.

4.2.2 幂级数的敛散性定理

形如
$$a_0 + a_1(z-z_0) + a_2(z-z_0)^2 + \cdots + a_n(z-z_0)^n + \cdots \tag{4.3}$$
的函数项级数称为**幂级数**, 其中 $z_0, a_n (n=0,1,2,\cdots)$ 均为复常数, 简记作
$$\sum_{n=0}^{\infty} a_n(z-z_0)^n,$$
当 $z_0 = 0$ 时, 得到幂级数
$$\sum_{n=0}^{\infty} a_n z^n = a_0 + a_1 z + a_2 z^2 + \cdots + a_n z^n + \cdots. \tag{4.4}$$

实际上, 如果令 $\xi = z - z_0$, 则式 (4.3) 即可写成式 (4.4) 的形式. 为了方便, 这里只讨论幂级数 (4.4), 其有关结论都可以转移到幂级数 (4.3) 上去.

定理 4.5(阿贝尔 (Abel) 定理) 如果级数 (4.4) 在 $z_0(\neq 0)$ 点收敛, 则对于满足不等式 $|z| < |z_0|$ 的点 z, 级数 (4.4) 必收敛且绝对收敛; 如果级数 (4.4) 在 $z_0(\neq 0)$ 处发散, 则对于满足不等式 $|z| > |z_0|$ 的点 z, 级数 (4.4) 必发散.

证明 若 $z_0 \neq 0$ 且级数 $\sum\limits_{n=0}^{\infty} a_n z_0^n$ 收敛, 由级数收敛的必要条件可知 $\lim\limits_{n\to\infty} a_n z_0^n = 0$, 因而存在正数 M, 使得对所有的 n 都有 $|a_n z_0^n| \leqslant M$. 当 $|z| < |z_0|$ 时,
$$|a_n z^n| = \left| a_n z_0^n \frac{z^n}{z_0^n} \right| = |a_n z_0^n| \left| \frac{z}{z_0} \right|^n \leqslant M q^n,$$
这里 $q = \left|\dfrac{z}{z_0}\right| < 1$, 而级数 $\sum\limits_{n=0}^{\infty} M q^n$ 收敛. 根据正项级数的比较审敛法可知, 级数 $\sum\limits_{n=0}^{\infty} a_n z^n$ 在 $|z| < |z_0|$ 内绝对收敛.

若级数 (4.4) 在点 $z_0(\neq 0)$ 发散, 利用反证法可以证明, 对于满足不等式 $|z| > |z_0|$ 的点 z, 级数 (4.4) 必发散. 假设对于 $|z| > |z_0|$ 内的某一点 z' ($|z'| > |z_0|$), 级数 (4.4) 收敛. 由上面的结论可知级数 (4.4) 必在 z_0 点收敛, 这与级数 (4.4) 在 $z_0(\neq 0)$ 处发散相矛盾, 故原命题成立.

4.2.3 收敛圆与收敛半径

根据定理 4.5, 可以确定幂级数的收敛范围. 对于任何一个形如式 (4.4) 的幂级数, 在 $z = 0$ 这一点总是收敛的. $z \neq 0$ 时它的收敛情况不外乎下述三种情形:

(1) 对所有的正实数都是收敛的. 这时, 根据定理 4.5 可知, 级数 (4.4) 在整个复平面上处处收敛.

4.2 幂级数

(2) 除 $z = 0$ 外, 对所有的正实数都是发散的. 这时根据定理 4.5 可知, 级数 (4.4) 在复平面上除原点外处处发散.

(3) 既存在使级数 (4.4) 收敛的点, 也存在使级数 (4.4) 发散的点. 设 $z = a$(正实数) 时, 级数 (4.4) 收敛, $z = b$(正实数) 时级数 (4.4) 发散. 如图 4.1 所示, 则在以原点为中心, a 为半径的圆周 C_a 内, 级数 (4.4) 绝对收敛; 在以原点为中心, b 为半径的圆周 C_b 外, 级数 (4.4) 发散. 由阿贝尔定理可知, 显然 $a < b$. 因而可以设想, 当 a 由小逐渐变大时, C_a 必定逐渐接近圆周 C: $|z| = R$, 这里 R 满足 $0 < a \leqslant R \leqslant b < +\infty$, 即 C 介于 C_a 与 C_b 之间 (图 4.1). 在 C 的内部, 级数绝对收敛; 而在 C 的外部, 级数处处发散. 这样一个收敛与发散的分界圆周 C 称为幂级数 (4.4) 的收敛圆, 其半径 R 称为收敛半径. 幂级数在收敛圆周上的敛散性, 要视具体级数进行具体分析, 不能作出一般的结论.

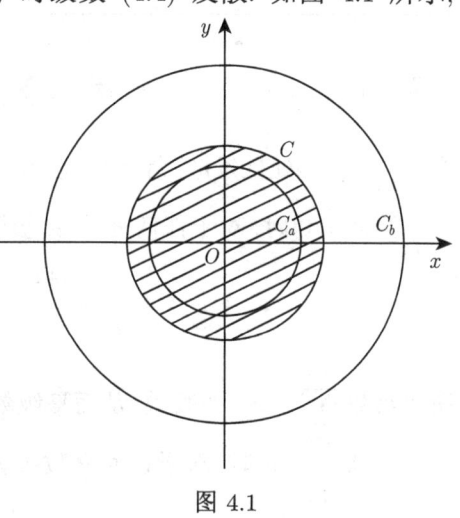

图 4.1

综上所述, 幂级数的收敛半径 R 是可以唯一确定的. 关于收敛半径的求法, 有类似于高等数学中实数项级数的以下两个方法.

定理 4.6(达朗贝尔法则或比值法) 对于幂级数 (4.4), 若极限 $\lim\limits_{n\to\infty}\left|\dfrac{a_{n+1}}{a_n}\right| = \lambda$, 则它的收敛半径

$$R = \begin{cases} +\infty, & \lambda = 0, \\ \dfrac{1}{\lambda}, & 0 < \lambda < +\infty, \\ 0, & \lambda = +\infty. \end{cases} \tag{4.5}$$

证明 当 $0 < \lambda < +\infty$ 时, 由于

$$\lim_{n\to\infty} \frac{|a_{n+1}||z|^{n+1}}{|a_n||z|^n} = \lim_{n\to\infty} \frac{|a_{n+1}|}{|a_n|}|z| = \lambda|z|,$$

故知, 当 $|z| < \dfrac{1}{\lambda}$ 时, 级数 $\sum\limits_{n=0}^{\infty}|a_n||z|^n$ 收敛. 根据定理 4.5, 幂级数 $\sum\limits_{n=0}^{\infty}a_n z^n$ 在圆 $|z| = \dfrac{1}{\lambda}$ 内处处收敛.

再证当 $|z| > \dfrac{1}{\lambda}$ 时, 幂级数 $\sum\limits_{n=0}^{\infty}a_n z^n$ 发散. 设在圆 $|z| = \dfrac{1}{\lambda}$ 外有一点 z_1, 使幂级数 $\sum\limits_{n=0}^{\infty}a_n z_1^n$ 收敛. 在圆外再取一点 z_2, 使 $\dfrac{1}{\lambda} < |z_2| < |z_1|$, 根据定理 4.5, 级数

$\sum_{n=0}^{\infty} |a_n| |z_2|^n$ 收敛. 然而 $|z_2| > \frac{1}{\lambda}$, 所以

$$\lim_{n \to \infty} \frac{|a_{n+1}| |z_2|^{n+1}}{|a_n| |z_2|^n} = \lim_{n \to \infty} \frac{|a_{n+1}|}{|a_n|} |z_2| = \lambda |z_2| > 1.$$

从而 $\lim_{n \to \infty} |a_n| |z_2|^n \neq 0$. 这与级数 $\sum_{n=0}^{\infty} |a_n| |z_2|^n$ 收敛相矛盾, 因而级数 $\sum_{n=0}^{\infty} a_n z^n$ 在圆 $|z| = \frac{1}{\lambda}$ 外处处发散. 综上所述, 可知幂级数 $\sum_{n=0}^{\infty} a_n z^n$ 的收敛半径为 $R = \frac{1}{\lambda}$.

当 $\lambda = 0$ 时, 对于任何复数 z, 极限

$$\lim_{n \to \infty} \frac{|a_{n+1}| |z|^{n+1}}{|a_n| |z|^n} = \lim_{n \to \infty} \frac{|a_{n+1}|}{|a_n|} |z| = \lambda |z| = 0,$$

所以级数 $\sum_{n=0}^{\infty} |a_n| |z|^n$ 收敛, 从而幂级数 $\sum_{n=0}^{\infty} a_n z^n$ 在复平面内处处收敛, 即 $R = +\infty$.

当 $\lambda = +\infty$ 时, 对于任何复数 $z \neq 0$, 极限

$$\lim_{n \to \infty} \frac{|a_{n+1}| |z|^{n+1}}{|a_n| |z|^n} = \lim_{n \to \infty} \frac{|a_{n+1}|}{|a_n|} |z| = +\infty,$$

从而可知 $\lim_{n \to \infty} a_n z^n \neq 0$. 由级数收敛的必要条件可知, 级数 $\sum_{n=0}^{\infty} a_n z^n$ 发散, 即 $R = 0$.

定理 4.7(柯西法则或根值法)　对于幂级数 (4.4), 若极限 $\lim_{n \to \infty} \sqrt[n]{|a_n|} = \lambda$, 则它的收敛半径

$$R = \begin{cases} +\infty, & \lambda = 0, \\ \frac{1}{\lambda}, & 0 < \lambda < +\infty, \\ 0, & \lambda = +\infty. \end{cases} \tag{4.6}$$

证明从略.

例 4.3　试求下列幂级数的收敛半径:

(1) $\sum_{n=0}^{\infty} n! z^n$;　　(2) $\sum_{n=0}^{\infty} \frac{1}{n!} z^n$;　　(3) $\sum_{n=0}^{\infty} n^p z^n (p > 0)$;　　(4) $\sum_{n=1}^{\infty} \frac{(z-1)^n}{n}$.

解　(1) 因为 $\lim_{n \to \infty} \left| \frac{a_{n+1}}{a_n} \right| = \lim_{n \to \infty} \frac{(n+1)!}{n!} = +\infty$, 所以 $R = 0$. 此幂级数只在 $z = 0$ 处收敛.

(2) 因为 $\lim_{n \to \infty} \left| \frac{a_{n+1}}{a_n} \right| = \lim_{n \to \infty} \frac{n!}{(n+1)!} = 0$, 所以 $R = +\infty$. 此幂级数在整个复

平面上处处收敛.

(3) 因为 $\lim\limits_{n\to\infty}\sqrt[n]{|a_n|} = \lim\limits_{n\to\infty}\sqrt[n]{n^p} = \lim\limits_{n\to\infty}\left(\sqrt[n]{n}\right)^p = 1$，所以 $R = 1$. 在圆周 $|z| = 1$ 上，令 $z = e^{i\theta}$ $(0 \leqslant \theta \leqslant 2\pi)$，则由于

$$\sum_{n=0}^{\infty} n^p z^n = \sum_{n=0}^{\infty} n^p \cos n\theta + i\sum_{n=0}^{\infty} n^p \sin n\theta$$

的实部和虚部两个级数都发散，可知此幂级数在收敛圆周 $|z| = 1$ 上都发散.

(4) 因为 $\lim\limits_{n\to\infty}\left|\dfrac{a_{n+1}}{a_n}\right| = \lim\limits_{n\to\infty}\dfrac{n}{n+1} = 1$，所以 $R = 1$. 在收敛圆周 $|z-1| = 1$ 上，当 $z = 2$ 时级数发散，当 $z = 0$ 时级数是收敛的.

从本例可以看出，幂级数在它的收敛圆周上的敛散性是比较复杂的.

4.2.4 幂级数的运算和性质

与实函数幂级数一样，对复函数幂级数也可以进行有理运算和复合运算.

设幂级数 $\sum\limits_{n=0}^{\infty} a_n z^n$ 的收敛半径为 $R_1 > 0$，幂级数 $\sum\limits_{n=0}^{\infty} b_n z^n$ 的收敛半径为 $R_2 > 0$，且有 $\sum\limits_{n=0}^{\infty} a_n z^n = f(z)$ $(|z| < R_1)$，$\sum\limits_{n=0}^{\infty} b_n z^n = g(z)$ $(|z| < R_2)$，定义幂级数的运算如下.

加减法：$\sum\limits_{n=0}^{\infty} a_n z^n \pm \sum\limits_{n=0}^{\infty} b_n z^n = \sum\limits_{n=0}^{\infty} (a_n \pm b_n) z^n = f(z) \pm g(z)$ $(|z| < R)$；

乘法：$\left(\sum\limits_{n=0}^{\infty} a_n z^n\right)\left(\sum\limits_{n=0}^{\infty} b_n z^n\right) = \sum\limits_{n=0}^{\infty} (a_n b_0 + a_{n-1} b_1 + \cdots + a_0 b_n) z^n$ $(|z| < R)$，

其中 $R = \min\{R_1, R_2\}$.

例 4.4 设有幂级数 $\sum\limits_{n=0}^{\infty} z^n$ 与 $\sum\limits_{n=0}^{\infty} \dfrac{z^n}{1-a^n}$ $(0 < a < 1)$，试求 $\sum\limits_{n=0}^{\infty} \dfrac{z^n}{1-a^n} - \sum\limits_{n=0}^{\infty} z^n$ 的收敛半径.

解 容易验证，$\sum\limits_{n=0}^{\infty} z^n$ 与 $\sum\limits_{n=0}^{\infty} \dfrac{z^n}{1-a^n}$ 的收敛半径均等于 1，所以 $\sum\limits_{n=0}^{\infty} \dfrac{z^n}{1-a^n} - \sum\limits_{n=0}^{\infty} z^n$ 的收敛半径为 1.

注意，对 $\sum\limits_{n=0}^{\infty} \dfrac{z^n}{1-a^n} - \sum\limits_{n=0}^{\infty} z^n = \sum\limits_{n=0}^{\infty} \dfrac{a^n z^n}{1-a^n}$ 而言，因为

$$\lim\limits_{n\to\infty}\left|\dfrac{a^{n+1}}{1-a^{n+1}} \bigg/ \dfrac{a^n}{1-a^n}\right| = \lim\limits_{n\to\infty}\dfrac{a^{n+1}(1-a^n)}{a^n(1-a^{n+1})} = a,$$

所以该级数的收敛半径 $R = \dfrac{1}{a} > 1$, 这就是说, $\sum\limits_{n=0}^{\infty} \dfrac{a^n z^n}{1-a^n}$ 自身的收敛圆域大于 $\sum\limits_{n=0}^{\infty} z^n$ 与 $\sum\limits_{n=0}^{\infty} \dfrac{z^n}{1-a^n}$ 的公共收敛圆域 $|z| < 1$. 但是使等式

$$\sum_{n=0}^{\infty} \frac{z^n}{1-a^n} - \sum_{n=0}^{\infty} z^n = \sum_{n=0}^{\infty} \frac{a^n z^n}{1-a^n}$$

成立的收敛圆域仍为 $|z| < 1$, 不能扩大.

复函数的幂级数也可以进行复合运算.

设幂级数 $\sum\limits_{n=0}^{\infty} a_n z^n = f(z)\ (|z| < R)$, 而在 $|z| < r$ 内函数 $g(z)$ 解析, 并且满足 $|g(z)| < R$, 则

$$\sum_{n=0}^{\infty} a_n [g(z)]^n = f[g(z)] \quad (|z| < r).$$

这一运算方法广泛应用在将函数展开成幂级数的运算之中.

幂级数在其收敛圆内具有下列性质 (证明从略).

性质 4.1 设幂级数 (4.4) 的收敛半径为 $R > 0$, 则它的和函数 $s(z) = \sum\limits_{n=0}^{\infty} a_n z^n$ 在 $|z| < R$ 内是解析函数, 且有

$$s^{(k)}(z) = k!a_k + \frac{(k+1)!}{1!}a_{k+1}z + \frac{(k+2)!}{2!}a_{k+2}z^2 + \cdots \quad (k = 1, 2, 3, \cdots),$$

即幂级数在其收敛圆内可以逐项求导.

性质 4.2 设幂级数 (4.4) 的收敛半径为 $R > 0$, C 为收敛圆盘 $|z| < R$ 内的任一条光滑曲线, 则幂级数 (4.4) 的和函数 $s(z)$ 在 C 上可积, 并且

$$\int_C \sum_{n=0}^{\infty} a_n z^n \mathrm{d}z = \int_C s(z) \mathrm{d}z = \sum_{n=0}^{\infty} \int_C a_n z^n \mathrm{d}z,$$

即幂级数在其收敛圆内可以逐项积分. 特别地, 对于收敛圆盘 $|z| < R$ 内的任意一点 z, $\int_0^z s(\xi) \mathrm{d}\xi = \sum\limits_{n=0}^{\infty} \dfrac{a_n z^{n+1}}{n+1}$.

例 4.5 将函数 $\dfrac{1}{(1-z)^2}$ 表示成形如 $\sum\limits_{n=0}^{\infty} a_n z^n$ 的幂级数.

解 由于 $\dfrac{1}{(1-z)^2} = \left(\dfrac{1}{1-z}\right)'$, 并且当 $|z| < 1$ 时有

$$\frac{1}{1-z} = 1 + z + z^2 + \cdots + z^n + \cdots,$$

根据性质 4.1 得

$$\frac{1}{(1-z)^2} = \left(\frac{1}{1-z}\right)' = (1+z+z^2+\cdots+z^n+\cdots)'$$
$$= \sum_{n=0}^{\infty}(z^n)' = \sum_{n=0}^{\infty}(n+1)z^n \quad (|z|<1).$$

例 4.6 将函数 $\ln(1-z)$ 表示成形如 $\sum\limits_{n=0}^{\infty}a_n z^n$ 的幂级数.

解 已知当 $|z|<1$ 时, 有

$$\frac{1}{1-z} = 1+z+z^2+\cdots+z^n+\cdots.$$

C 为从原点出发到点 z 且完全落在圆盘 $|z|<1$ 内的任一光滑曲线, 由性质 4.2 可得

$$\ln(1-z) = -\int_C \frac{\mathrm{d}z}{1-z} = -\int_0^z (1+z+z^2+\cdots+z^n+\cdots)\mathrm{d}z$$
$$= -\sum_{n=0}^{\infty}\int_0^z z^n \mathrm{d}z = -\sum_{n=0}^{\infty}\frac{z^{n+1}}{n+1} \quad (|z|<1).$$

4.3 解析函数的泰勒展开

在 4.2 节中, 已经知道一个幂级数的和函数在其收敛圆内是一个解析函数. 反过来, 一个解析函数是否能用幂级数来表达? 研究这个问题不但具有理论意义, 而且很有实用价值.

4.3.1 泰勒展开定理

定理 4.8(泰勒展开定理) 设函数 $f(z)$ 在区域 D 内解析, z_0 是 D 内的一点, R 为 z_0 到 D 的边界的最短距离, 则当 $|z-z_0|<R$ 时, 有

$$f(z) = a_0 + a_1(z-z_0) + a_2(z-z_0)^2 + \cdots + a_n(z-z_0)^n + \cdots, \tag{4.7}$$

其中

$$a_n = \frac{1}{2\pi\mathrm{i}}\oint_{C_r}\frac{f(z)}{(z-z_0)^{n+1}}\mathrm{d}z = \frac{f^{(n)}(z_0)}{n!} \quad (n=1,2,\cdots),$$

C_r 为以 z_0 为圆心且落在 $|z-z_0|<R$ 内的任一圆周, 并且展开式 (4.7) 是唯一的.

证明 设 z 是 $|z-z_0|<R$ 内的任一点,考虑将 z 包含在其内的以 z_0 为圆心的圆周 $C_{r_1} \subset \{z \mid |z-z_0|<R\}$(图 4.2),由柯西积分公式

$$f(z) = \frac{1}{2\pi i} \oint_{C_{r_1}} \frac{f(\xi)}{\xi - z} d\xi, \quad (4.8)$$

而 $\dfrac{f(\xi)}{\xi - z} = \dfrac{f(\xi)}{\xi - z_0 + z_0 - z} = \dfrac{f(\xi)}{\xi - z_0} \dfrac{1}{1 - \dfrac{z - z_0}{\xi - z_0}}$.

当 $\xi \in C_{r_1}$ 时,$\left| \dfrac{z - z_0}{\xi - z_0} \right| < 1$,所以有

$$\frac{f(\xi)}{\xi - z} = \frac{f(\xi)}{\xi - z_0} \frac{1}{1 - \dfrac{z - z_0}{\xi - z_0}} = \sum_{n=0}^{\infty} \frac{f(\xi)(z - z_0)^n}{(\xi - z_0)^{n+1}},$$

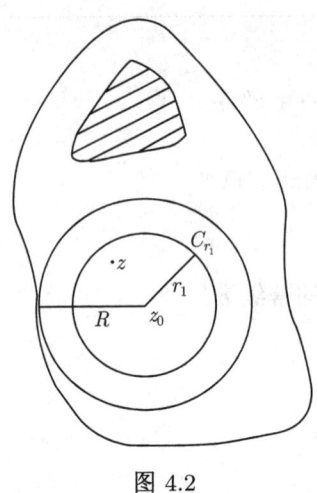

图 4.2

将上式代入式 (4.8),则有

$$f(z) = \frac{1}{2\pi i} \oint_{C_{r_1}} \frac{f(\xi)}{\xi - z} d\xi = \frac{1}{2\pi i} \oint_{C_{r_1}} \sum_{n=0}^{N-1} \frac{f(\xi)(z - z_0)^n}{(\xi - z_0)^{n+1}} d\xi + R_N(z), \quad (4.9)$$

其中 $R_N(z) = \dfrac{1}{2\pi i} \oint_{C_{r_1}} \sum_{n=N}^{\infty} \dfrac{f(\xi)(z-z_0)^n}{(\xi-z_0)^{n+1}} d\xi$.

下证 $\lim\limits_{N \to \infty} R_N(z) = 0$.

因为 $f(z)$ 在 D 内解析,从而在 C_{r_1} 上连续,因此存在 $M > 0$,使得 $|f(\xi)| \leqslant M$ 在 C_{r_1} 上成立,而 $\left| \dfrac{z - z_0}{\xi - z_0} \right| = q < 1$,所以

$$|R_N(z)| \leqslant \frac{1}{2\pi} \oint_{C_{r_1}} \left| \sum_{n=N}^{\infty} \frac{f(\xi)(z-z_0)^n}{(\xi-z_0)^{n+1}} \right| ds \leqslant \frac{1}{2\pi} \oint_{C_{r_1}} \left[\sum_{n=N}^{\infty} \frac{|f(\xi)|}{|\xi - z_0|} \left| \frac{z - z_0}{\xi - z_0} \right|^n \right] ds$$

$$\leqslant \frac{1}{2\pi} \sum_{n=N}^{\infty} \frac{M}{r_1} q^n \cdot 2\pi r_1 = \frac{Mq^N}{1-q} \to 0 \quad \left(\text{因为 } |q| < 1, \lim_{N \to \infty} q^N = 0 \right),$$

再根据幂级数在收敛圆内可逐项积分的性质,有

$$f(z) = \frac{1}{2\pi i} \oint_{C_{r_1}} \frac{f(\xi)}{\xi - z} d\xi = \frac{1}{2\pi i} \oint_{C_{r_1}} \sum_{n=0}^{\infty} \frac{f(\xi)(z - z_0)^n}{(\xi - z_0)^{n+1}} d\xi$$

$$= \sum_{n=0}^{\infty} \frac{1}{2\pi i} \oint_{C_{r_1}} \frac{f(\xi)}{(\xi - z_0)^{n+1}} d\xi \cdot (z - z_0)^n.$$

4.3 解析函数的泰勒展开

上述幂级数系数中的积分不依赖于半径 r_1. 事实上, 若 $r \neq r_1 \ (0 < r < R)$, 则由闭路变形定理可以证明 $\oint_{C_r} \frac{f(\xi)}{(\xi - z_0)^{n+1}} \mathrm{d}\xi = \oint_{C_{r_1}} \frac{f(\xi)}{(\xi - z_0)^{n+1}} \mathrm{d}\xi$.

于是, 对于圆 $|z - z_0| < R$ 内的任意一点, 皆有

$$f(z) = \sum_{n=0}^{\infty} \frac{1}{2\pi \mathrm{i}} \oint_{C_r} \frac{f(\xi)}{(\xi - z_0)^{n+1}} \mathrm{d}\xi \cdot (z - z_0)^n \tag{4.10}$$

成立. 根据解析函数的高阶导数公式, 即完成了定理 4.8 的上半段证明.

下面证明这个展开式是唯一的.

设在 $|z - z_0| < R$ 内, $f(z)$ 另有一展开式 $f(z) = \sum_{n=0}^{\infty} a'_n (z - z_0)^n$. 利用幂级数在收敛圆内可逐项求导, 有

$$a'_n = \frac{f^{(n)}(z_0)}{n!} = a_n \quad (n = 0, 1, 2, \cdots),$$

故展式是唯一的.

称式 (4.10) 为 $f(z)$ 在点 z_0 的**泰勒展开式**, 而式 (4.10) 右端的幂级数称为 $f(z)$ 在点 z_0 的**泰勒级数**.

由定理 4.8 可得到刻画解析函数的又一命题.

定理 4.9 函数 $f(z)$ 在区域 D 内解析的充要条件是 $f(z)$ 在区域 D 内任何一点 z_0 的某个邻域内可展开成 $z - z_0$ 的幂级数.

利用泰勒级数展开的唯一性, 可采用多种方法来求解析函数的幂级数展开式.

4.3.2 初等函数的幂级数展开式

直接展开法 利用泰勒展开定理求解析函数 $f(z)$ 在点 z_0 附近的幂级数展开式, 即计算函数 $f(z)$ 在点 z_0 处的各阶导数.

例 4.7 求 e^z 在 $z = 0$ 处的泰勒展开式.

解 因为 $(\mathrm{e}^z)^{(n)} = \mathrm{e}^z (n = 0, 1, 2, \cdots)$, 所以

$$a_n = \frac{f^{(n)}(0)}{n!} = \frac{1}{n!} \quad (n = 0, 1, 2, \cdots),$$

即

$$\mathrm{e}^z = 1 + \frac{z}{1!} + \frac{z^2}{2!} + \cdots + \frac{z^n}{n!} + \cdots, \tag{4.11}$$

又 e^z 在整个复平面上处处解析, 所以式 (4.11) 在整个复平面上处处成立.

例 4.8 求 $\sin z$ 在点 $z = 0$ 的泰勒展开式.

解 由于

$$(\sin z)' = \cos z = \sin\left(z + \frac{\pi}{2}\right),$$

$$(\sin z)'' = \cos\left(z + \frac{\pi}{2}\right) = \sin\left(z + 2 \cdot \frac{\pi}{2}\right),$$

$$\cdots\cdots$$

$$(\sin z)^{(n)} = \sin\left(z + n \cdot \frac{\pi}{2}\right),$$

$$\cdots\cdots$$

从而

$$(\sin z)^{(n)}\Big|_{z=0} = \begin{cases} 0, & n = 2m, \\ (-1)^m, & n = 2m+1, \end{cases}$$

于是

$$\sin z = z - \frac{z^3}{3!} + \frac{z^5}{5!} - \cdots + (-1)^m \frac{z^{2m+1}}{(2m+1)!} + \cdots, \quad |z| < +\infty.$$

间接展开法 借助已知函数的展开式, 利用幂级数的性质及运算来求函数的泰勒级数.

例如, $\cos z = (\sin z)'$, 由幂级数逐项求导性质可得

$$\cos z = 1 - \frac{z^2}{2!} + \frac{z^4}{4!} - \cdots + (-1)^m \frac{z^{2m}}{(2m)!} + \cdots, \quad |z| < +\infty.$$

还可以利用一些已求得的级数进行展开, 如

$$\frac{1}{1-z} = 1 + z + z^2 + \cdots + z^n + \cdots, \quad |z| < 1,$$

$$\ln(1-z) = -\left(z + \frac{z^2}{2} + \frac{z^3}{3} + \cdots + \frac{z^n}{n} + \cdots\right), \quad |z| < 1.$$

例 4.9 求 $f(z) = \dfrac{1}{z^3 + z^2 - z - 1}$ 在点 $z = 0$ 处的泰勒展开式.

解 由于 $\dfrac{1}{z^3 + z^2 - z - 1} = \dfrac{1}{z-1} \cdot \dfrac{1}{(1+z)^2}$, 且当 $|z| < 1$ 时, 有

$$\frac{1}{1-z} = 1 + z + z^2 + \cdots + z^n + \cdots,$$

$$\frac{-1}{(1+z)^2} = \left(\frac{1}{1+z}\right)' = [1 - z + z^2 - \cdots + (-1)^n z^n + \cdots]'$$

$$= \sum_{n=0}^{\infty} (-1)^{n+1}(n+1) z^n,$$

由幂级数的运算性质得

$$\frac{1}{z^3+z^2-z-1}$$
$$=(1+z+z^2+\cdots+z^n+\cdots)[-1+2z-3z^2+\cdots+(-1)^{n+1}(n+1)z^n+\cdots]$$
$$=-1+z-2z^2+2z^3-3z^4+3z^5+\cdots+(n+1)(z^{2n}-z^{2n+1})+\cdots$$
$$=\sum_{n=0}^{\infty}-(n+1)(z^{2n}-z^{2n+1}),\quad |z|<1.$$

例 4.10 求 $\mathrm{e}^{\frac{z}{1-z}}$ 在点 $z=0$ 的泰勒展开式.

解 令 $F(\xi)=\mathrm{e}^{\xi}$, $g(z)=\dfrac{z}{1-z}$, 它们分别有展开式

$$F(\xi)=\mathrm{e}^{\xi}=1+\frac{\xi}{1!}+\frac{\xi^2}{2!}+\cdots+\frac{\xi^n}{n!}+\cdots,\quad |\xi|<+\infty,$$
$$g(z)=\frac{z}{1-z}=z(1+z+z^2+\cdots+z^n+\cdots),\quad |z|<1 \text{ 且 } |g(z)|<+\infty,$$

所以有

$$\mathrm{e}^{\frac{z}{1-z}}=1+\frac{z}{1!}(1+z+z^2+\cdots+z^n+\cdots)+\frac{z^2}{2!}(1+z+z^2+\cdots+z^n+\cdots)^2$$
$$+\frac{z^3}{3!}(1+z+z^2+\cdots+z^n+\cdots)^3+\cdots$$
$$=1+z+\left(1+\frac{1}{2!}\right)z^2+\left(1+\frac{2}{2!}+\frac{1}{3!}\right)z^3+\left(1+\frac{3}{2!}+\frac{3}{3!}+\frac{1}{4!}\right)z^4+\cdots$$
$$=1+z+\frac{3}{2}z^2+\frac{13}{6}z^3+\frac{73}{24}z^4+\cdots,\quad |z|<1.$$

4.4 解析函数的洛朗展开

在 4.3 节看到, 如果 $f(z)$ 在 z_0 处不解析, 那么 $f(z)$ 在 z_0 的邻域内就不能展开成 $(z-z_0)$ 的幂所表示的泰勒级数, 但是, 在实际问题中却经常遇到的问题是即使 $f(z)$ 在 z_0 处不解析, 也想用 $(z-z_0)$ 的级数来表示 $f(z)$, 因此, 下面将讨论在以 z_0 为中心的圆环域内解析函数 $f(z)$ 的级数表示问题.

4.4.1 洛朗级数

定义 4.5 称形如

$$\sum_{n=-\infty}^{+\infty}a_n(z-z_0)^n \tag{4.12}$$

的级数为洛朗级数, 其中 z_0, a_n $(n = 0, \pm 1, \pm 2, \cdots)$ 均为复常数, 式 (4.12) 也可以写为

$$\sum_{n=-\infty}^{+\infty} a_n(z-z_0)^n = \sum_{n=-\infty}^{-1} a_n(z-z_0)^n + \sum_{n=0}^{+\infty} a_n(z-z_0)^n$$
$$= \cdots + a_{-n}(z-z_0)^{-n} + \cdots + a_{-1}(z-z_0)^{-1}$$
$$+ a_0 + a_1(z-z_0) + \cdots + a_n(z-z_0)^n + \cdots,$$

其中

$$\sum_{n=0}^{+\infty} a_n(z-z_0)^n \tag{4.13}$$

称为正幂项部分,

$$\sum_{n=-\infty}^{-1} a_n(z-z_0)^n \tag{4.14}$$

称为负幂项部分.

显然, 当 $a_{-1} = a_{-2} = \cdots = a_{-n} = \cdots = 0$ 时, 洛朗级数 (4.12) 就是泰勒级数.

因为洛朗级数没有首项, 所以在讨论它的收敛性时就不能像讨论幂级数那样求前 n 项和的极限.

洛朗级数 (4.12) 收敛当且仅当 $\sum_{n=-\infty}^{-1} a_n(z-z_0)^n$ 和 $\sum_{n=0}^{+\infty} a_n(z-z_0)^n$ 同时收敛.

下面讨论洛朗级数 (4.12) 在复平面上的敛散情况.

式 (4.13) 是一个通常的幂级数, 设其收敛半径为 R_2, 即在 $|z - z_0| < R_2$ 内幂级数 (4.13) 收敛于一解析函数, 对于式 (4.14), 若令 $\xi = \dfrac{1}{z - z_0}$, 则式 (4.14) 将化为幂级数

$$\sum_{n=1}^{+\infty} a_{-n}\xi^n = a_{-1}\xi + a_{-2}\xi^2 + \cdots + a_{-n}\xi^n + \cdots. \tag{4.15}$$

设其收敛半径为 r_1, 则在 $|\xi| < r_1$ 内, 幂级数 (4.15) 收敛于一个解析函数, 因此当 $|z - z_0| > R_1 = \dfrac{1}{r_1}$ 时, 式 (4.14) 收敛. 于是, 洛朗级数 (4.12) 只能在这两个圆域的公共部分内收敛. 当 $R_1 \geqslant R_2$ 时, 两圆域没有公共部分, 即洛朗级数 (4.12) 处处发散; 当 $R_1 < R_2$ 时, 洛朗级数 (4.12) 在圆环域 $R_1 < |z - z_0| < R_2$ 内收敛. 在圆环域的边界 $|z - z_0| = R_1$ 及 $|z - z_0| = R_2$ 上可能有收敛点也可能有发散点. 特殊情况, 圆环域的内圆周半径 R_1 可能等于零, 外圆周半径 R_2 可能为无穷大.

综上所述, 有如下定理.

定理 4.10　若洛朗级数 (4.12) 有收敛域,则该域必为圆环域

$$D: R_1 < |z - z_0| < R_2 \quad (0 \leqslant R_1 < R_2 \leqslant +\infty),$$

并且级数 (4.12) 在 D 内绝对收敛,和函数在 D 内解析,而且可以逐项积分、逐项求导.

称式 (4.13) 为洛朗级数 (4.12) 的**解析部分**, 称式 (4.14) 为洛朗级数 (4.12) 的**主要部分**.

例 4.11　求洛朗级数 $\sum\limits_{n=-\infty}^{+\infty} a_n(z-2)^n$ 的收敛圆环域, 其中

$$a_0 = 1, \quad a_n = \frac{n!}{n^n}, \quad a_{-n} = \frac{1}{n} \quad (n = 1, 2, \cdots).$$

解　因为

$$\sum_{n=-\infty}^{+\infty} a_n(z-2)^n = \sum_{n=0}^{+\infty} a_n(z-2)^n + \sum_{n=-\infty}^{-1} a_n(z-2)^n$$

$$= 1 + \sum_{n=1}^{\infty} \frac{n!}{n^n}(z-2)^n + \sum_{n=1}^{\infty} \frac{1}{n} \frac{1}{(z-2)^n},$$

所以

$$R_1 = \lim_{n \to \infty} \frac{n}{n+1} = 1,$$

$$R_2 = \lim_{n \to \infty} \frac{n!}{n^n} \frac{(n+1)^{n+1}}{(n+1)!} = \lim_{n \to \infty} \left(\frac{n+1}{n}\right)^n = \mathrm{e},$$

故原级数的收敛圆域为 $1 < |z-2| < \mathrm{e}$.

4.4.2　洛朗展开定理

定理 4.11(洛朗展开定理)　设函数 $f(z)$ 在圆环域 $D: R_1 < |z-z_0| < R_2$ ($0 \leqslant R_1 < R_2 \leqslant +\infty$) 内解析, 则 $f(z)$ 在此圆环域内可以唯一展开为洛朗级数

$$f(z) = \sum_{n=-\infty}^{+\infty} a_n(z-z_0)^n,$$

其中

$$a_n = \frac{1}{2\pi \mathrm{i}} \oint_C \frac{f(z)}{(z-z_0)^{n+1}} \mathrm{d}z \quad (n = 0, \pm 1, \pm 2, \cdots), \tag{4.16}$$

C 为圆环域内绕 z_0 任意一条正向简单闭曲线.

证明 以点 z_0 为中心, 作圆周 $C_1: |z-z_0|=r_1$ 和圆周 $C_2: |z-z_0|=r_2$, 使 $R_1<r_1<r_2<R_2$. 设点 z 是圆环域 $D': r_1<|z-z_0|<r_2$ 内任意一点 (图 4.3), 则由柯西积分公式, 有

$$f(z)=\frac{1}{2\pi i}\oint_{C_2}\frac{f(\xi)}{\xi-z}\mathrm{d}\xi-\frac{1}{2\pi i}\oint_{C_1}\frac{f(\xi)}{\xi-z}\mathrm{d}\xi, \qquad (4.17)$$

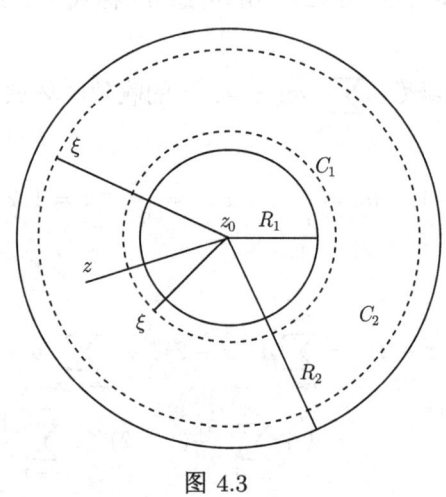

图 4.3

其中 C_1, C_2 都是逆时针方向.

在式 (4.17) 右端的第一个积分中, 因为在 C_2 上有 $\left|\dfrac{z-z_0}{\xi-z_0}\right|=q<1$, 所以与泰勒展开式的证明一样, 可得

$$\frac{1}{2\pi i}\oint_{C_2}\frac{f(\xi)}{\xi-z_0}\mathrm{d}\xi=\sum_{n=0}^{\infty}\left[\frac{1}{2\pi i}\oint_{C_2}\frac{f(\xi)}{(\xi-z)^{n+1}}\mathrm{d}\xi\right](z-z_0)^n,$$

在式 (4.17) 右端的第二个积分中, 因为在 C_1 上有 $\left|\dfrac{\xi-z_0}{z-z_0}\right|=q<1$, 所以

$$\begin{aligned}\frac{1}{\xi-z}&=\frac{1}{(\xi-z_0)-(z-z_0)}=-\frac{1}{z-z_0}\frac{1}{1-\dfrac{\xi-z_0}{z-z_0}}\\ &=-\sum_{n=1}^{\infty}\frac{(\xi-z_0)^{n-1}}{(z-z_0)^n}=-\sum_{n=1}^{\infty}\frac{1}{(\xi-z_0)^{-n+1}}(z-z_0)^{-n}\\ &=-\frac{1}{z-z_0}\sum_{n=0}^{\infty}\left(\frac{\xi-z_0}{z-z_0}\right)^n=-\sum_{n=0}^{\infty}\frac{(\xi-z_0)^n}{(z-z_0)^{n+1}},\end{aligned}$$

于是

4.4 解析函数的洛朗展开

$$-\frac{1}{2\pi i}\oint_{C_1}\frac{f(\xi)}{\xi-z}\mathrm{d}\xi = \sum_{n=1}^{\infty}\left[\frac{1}{2\pi i}\oint_{C_1}\frac{f(\xi)}{(\xi-z_0)^{-n+1}}\mathrm{d}\xi\right](z-z_0)^{-n}.$$

根据多连通区域的柯西定理,对于圆环域内绕点 z_0 的任意一条正向简单曲线 C,有

$$\frac{1}{2\pi i}\oint_{C_2}\frac{f(\xi)}{(\xi-z_0)^{n+1}}\mathrm{d}\xi = \frac{1}{2\pi i}\oint_{C}\frac{f(\xi)}{(\xi-z_0)^{n+1}}\mathrm{d}\xi \quad (n=0,1,2\cdots),$$

$$\frac{1}{2\pi i}\oint_{C_1}\frac{f(\xi)}{(\xi-z_0)^{-n+1}}\mathrm{d}\xi = \frac{1}{2\pi i}\oint_{C}\frac{f(\xi)}{(\xi-z_0)^{-n+1}}\mathrm{d}\xi \quad (n=1,2\cdots).$$

两者可统一用一个式子表示为

$$a_n = \frac{1}{2\pi i}\oint_{C}\frac{f(\xi)}{(\xi-z_0)^{n+1}}\mathrm{d}\xi \quad (n=0,\pm 1,\pm 2\cdots),$$

从而

$$f(z) = \sum_{n=-\infty}^{+\infty}a_n(z-z_0)^n \quad (R_1<|z-z_0|<R_2).$$

下面证明展开式的唯一性.

设 $f(z)$ 又可以展开成

$$f(z) = \sum_{n=-\infty}^{+\infty}a'_n(z-z_0)^n \quad (R_1<|z-z_0|<R_2),$$

将上式两端分别乘以 $\dfrac{1}{2\pi i(z-z_0)^{k+1}}$($k$ 为任意整数),再沿圆周 C 积分,得

$$\frac{1}{2\pi i}\oint_{C}\frac{f(z)}{(z-z_0)^{k+1}}\mathrm{d}z = \sum_{n=-\infty}^{+\infty}a'_n\cdot\frac{1}{2\pi i}\oint_{C}\frac{(z-z_0)^n}{(z-z_0)^{k+1}}\mathrm{d}z = a'_k \quad (\text{当}\,n=k\,\text{时}),$$

即 $a_n = a'_n$(n 为任意整数),因此函数 $f(z)$ 在圆环域 $(R_1<|z-z_0|<R_2)$ 内的展开式是唯一的. 定理证毕.

这个定理再次说明,当 $n\geqslant 0$ 时,虽然洛朗级数的系数与泰勒级数的系数的积分形式是一样的,但它却不等于 $\dfrac{f^{(n)}(z_0)}{n!}$,这是因为函数 $f(z)$ 在曲线 C 所围区域内不是处处解析的. 当函数 $f(z)$ 在圆域 $|z-z_0|<R_2$ 内解析时,主要部分的系数

$$a_{-n} = \frac{1}{2\pi i}\oint_{C}\frac{f(\xi)}{(\xi-z)^{-n+1}}\mathrm{d}\xi = \frac{1}{2\pi i}\oint_{C}f(\xi)(\xi-z)^{n-1}\mathrm{d}\xi = 0,$$

而解析部分的系数 a_n 就是泰勒级数的系数,此时洛朗级数即为泰勒级数,因此,泰勒级数是洛朗级数的一种特殊情形.

4.4.3 求解析函数的洛朗展开式的一些方法

由于求洛朗级数的系数 a_n 的积分计算比较麻烦，所以在求解析函数的洛朗展开式时，常利用展开式的唯一性，通过其他方法来间接获得，避免直接计算 a_n.

例 4.12 将 $f(z) = \dfrac{1}{z-5}$ 在下列指定圆环域内展开成洛朗级数：

(1) $0 < |z-3| < 2$; (2) $2 < |z-3| < +\infty$.

解 (1) 由

$$\frac{1}{1-z} = 1 + z + z^2 + \cdots + z^n + \cdots \quad (|z| < 1)$$

得

$$\frac{1}{z-5} = \frac{1}{-2+(z-3)} = \frac{1}{-2} \cdot \frac{1}{1-\dfrac{z-3}{2}},$$

而 $0 < |z-3| < 2$, 故 $\left|\dfrac{z-3}{2}\right| < 1$, 因此

$$\frac{1}{z-5} = -\frac{1}{2}\frac{1}{1-\dfrac{z-3}{2}} = -\frac{1}{2}\sum_{n=0}^{\infty}\left(\frac{z-3}{2}\right)^n \quad (0 < |z-3| < 2).$$

(2) 因为 $2 < |z-3| < +\infty$, 所以 $0 < \left|\dfrac{2}{z-3}\right| < 1$, 故

$$\frac{1}{z-5} = \frac{1}{-2+(z-3)} = \frac{1}{z-3}\frac{1}{1-\dfrac{2}{z-3}} = \frac{1}{z-3}\sum_{n=0}^{\infty}\left(\frac{2}{z-3}\right)^n$$

$$= \sum_{n=0}^{\infty}\frac{2^n}{(z-3)^{n+1}} \quad (2 < |z-3| < +\infty).$$

例 4.13 将 $f(z) = \dfrac{1}{(z^2+1)(z-2)}$ 在圆环域 $1 < |z| < 2$ 内展开成洛朗级数.

解 首先利用部分分式，可得

$$f(z) = \frac{1}{(z^2+1)(z-2)} = -\frac{1}{5}\frac{z}{z^2+1} - \frac{2}{5}\frac{1}{z^2+1} + \frac{1}{5}\frac{1}{z-2},$$

当 $1 < |z| < 2$ 时，有 $\left|\dfrac{1}{z}\right| < 1$, $\left|\dfrac{1}{z^2}\right| < 1$ 成立，故有

$$f(z) = \frac{1}{(z^2+1)(z-2)} = -\frac{z}{5}\frac{1}{z^2}\frac{1}{1+\dfrac{1}{z^2}} - \frac{2}{5}\frac{1}{z^2}\frac{1}{1+\dfrac{1}{z^2}} - \frac{1}{10}\frac{1}{1-\dfrac{z}{2}}$$

$$= -\frac{z}{5}\frac{1}{z^2}\sum_{n=0}^{\infty}(-1)^n\frac{1}{z^{2n}} - \frac{2}{5}\frac{1}{z^2}\sum_{n=0}^{\infty}(-1)^n\frac{1}{z^{2n}} - \frac{1}{10}\sum_{n=0}^{\infty}\left(\frac{z}{2}\right)^n$$

$$= -\frac{1}{5}\sum_{n=0}^{\infty}(-1)^n\frac{1}{z^{2n+1}} - \frac{2}{5}\sum_{n=0}^{\infty}(-1)^n\frac{1}{z^{2(n+1)}} - \frac{1}{10}\sum_{n=0}^{\infty}\left(\frac{z}{2}\right)^n, \quad 1 < |z| < 2.$$

例 4.14 将 $f(z) = e^{\frac{1}{1-z}}$ 在 $1 < |z| < +\infty$ 内展开成洛朗级数.

解 令 $t = \dfrac{1}{1-z}$, 则

$$f(z) = e^t = 1 + t + \frac{t^2}{2!} + \frac{t^3}{3!} + \cdots,$$

而 $t = \dfrac{1}{1-z}$ 在 $1 < |z| < +\infty$ 内的展开式为

$$\frac{1}{1-z} = \frac{-1}{z}\frac{1}{1-\frac{1}{z}} = -\frac{1}{z}\left(1 + \frac{1}{z} + \frac{1}{z^2} + \cdots\right),$$

所以代入可得

$$f(z) = 1 - \frac{1}{z}\left(1 + \frac{1}{z} + \frac{1}{z^2} + \cdots\right) + \frac{1}{2!}\frac{1}{z^2}\left(1 + \frac{1}{z} + \frac{1}{z^2} + \cdots\right)^2$$
$$- \frac{1}{3!}\frac{1}{z^3}\left(1 + \frac{1}{z} + \frac{1}{z^2} + \cdots\right)^3 + \cdots$$
$$= 1 - \frac{1}{z} - \frac{1}{2z^2} - \frac{1}{6z^3} + \frac{1}{24z^4} + \frac{19}{120z^5} + \cdots, \quad 1 < |z| < +\infty.$$

4.5 解析函数的孤立奇点

孤立奇点是解析函数的奇点中最简单最重要的一种. 本节利用洛朗级数来研究解析函数在孤立奇点附近的性质.

4.5.1 解析函数的孤立奇点及其分类

定义 4.6 如果函数 $f(z)$ 在点 z_0 不解析, 但在点 z_0 的某个去心邻域 $0 < |z - z_0| < R$ $(0 < R \leqslant +\infty)$ 内解析, 则称点 z_0 为 $f(z)$ 的孤立奇点.

例如, $z = 1$ 是 $\dfrac{1}{z-1}$ 的孤立奇点, $z = 0$ 是 $\dfrac{\sin z}{z}$ 的孤立奇点, 而函数 $\dfrac{1}{\sin\frac{1}{z}}$ 虽以 $z = 0$ 为奇点, 但若取点列 $\left\{\dfrac{1}{n\pi}\right\}$ $(n = \pm 1, \pm 2, \cdots)$, 则该函数在 $z = 0$ 的邻域里有无穷多个奇点, 因而 $z = 0$ 不是 $\dfrac{1}{\sin\frac{1}{z}}$ 的孤立奇点.

若点 z_0 为 $f(z)$ 的孤立奇点, 则 $f(z)$ 在圆环域 $0 < |z - z_0| < R$ 内可以展开成洛朗级数, 即

$$f(z) = \cdots + a_{-m}(z-z_0)^{-m} + \cdots + a_{-1}(z-z_0)^{-1}$$
$$+ a_0 + a_1(z-z_0) + \cdots + a_n(z-z_0)^n + \cdots. \tag{4.18}$$

根据 $f(z)$ 展开成洛朗级数的不同情况, 将孤立奇点作如下的分类.

1. 可去奇点

如果 $f(z)$ 的洛朗级数 (4.18) 中不含 $(z-z_0)$ 的负幂项, 即 $(z-z_0)$ 的负幂项系数均为零, 那么孤立奇点 z_0 称为 $f(z)$ 的可去奇点.

此时 $f(z)$ 在 $0 < |z - z_0| < R$ 内的洛朗级数就是一个普通的幂级数

$$a_0 + a_1(z-z_0) + \cdots + a_n(z-z_0)^n + \cdots.$$

若其和函数为 $F(z)$, 则在点 z_0 处解析, 且当 $z \neq z_0$ 时, $F(z) = f(z)$; 当 $z = z_0$ 时, $F(z_0) = a_0$, 由于 $\lim\limits_{z \to z_0} f(z) = \lim\limits_{z \to z_0} F(z) = F(z_0) = a_0$, 所以不论 $f(z)$ 原来在 z_0 是否有定义, 只要重新定义, 令 $f(z_0) = a_0$, 则在 $|z - z_0| < R$ 内就有

$$f(z) = a_0 + a_1(z-z_0) + \cdots + a_n(z-z_0)^n + \cdots.$$

从而函数在点 z_0 就解析了, 由于这个原因, 所以称 z_0 为可去奇点.

例如, $z = 0$ 是 $\dfrac{\sin z}{z}$ 的可去奇点. 因为在 $z = 0$ 的去心邻域内有

$$\frac{1}{z}\left(z - \frac{1}{3!}z^3 + \frac{1}{5!}z^5 + \cdots\right) = 1 - \frac{1}{3!}z^2 + \frac{1}{5!}z^4 - \cdots$$

不含负幂项, 若重新定义令 $\dfrac{\sin z}{z}$ 在 $z = 0$ 的值为 1, 那么 $\dfrac{\sin z}{z}$ 在 $z = 0$ 就解析了.

2. 极点

如果在 $f(z)$ 的洛朗级数 (4.18) 中只有有限多个 $(z-z_0)$ 的负幂项且最高负幂为 $(z-z_0)^{-m}$, 即

$$f(z) = a_{-m}(z-z_0)^{-m} + \cdots + a_{-1}(z-z_0)^{-1}$$
$$+ a_0 + a_1(z-z_0) + \cdots \quad (m \geqslant 1, a_{-m} \neq 0),$$

那么孤立奇点 z_0 称为 $f(z)$ 的 m 阶极点.

例如, $z = 0$ 是 $\dfrac{\sin z}{z^3}$ 的孤立奇点, 在 $0 < |z| < +\infty$ 内,

$$\frac{\sin z}{z^3} = \frac{1}{z^3}\left(z - \frac{1}{3!}z^3 + \frac{1}{5!}z^5 + \cdots\right) = \frac{1}{z^2} - \frac{1}{3!} + \frac{1}{5!}z^2 - \cdots$$

中只含有一个 z 的负幂项, 且为 z^{-2}, 所以 $z = 0$ 为 $\dfrac{\sin z}{z^3}$ 的二阶极点.

3. 本性奇点

如果在 $f(z)$ 的洛朗级数 (4.18) 中有无穷多个 $(z-z_0)$ 的负幂项,那么孤立奇点 z_0 称为 $f(z)$ 的本性奇点.

例如,$z=0$ 是 $\mathrm{e}^{\frac{1}{z}}$ 的本性奇点,因为在 $0<|z|<+\infty$ 内,

$$\mathrm{e}^{\frac{1}{z}} = 1 + z^{-1} + \frac{1}{2!}z^{-2} + \cdots + \frac{1}{n!}z^{-n} + \cdots,$$

其中含有无穷多个 z 的负幂项.

4.5.2 解析函数在孤立奇点的性质

根据孤立奇点的定义知,可利用函数在孤立奇点去心邻域展开的洛朗级数来判断给定孤立奇点的类型,对函数的可去奇点和极点而言,还可以根据函数本身在这些孤立奇点附近的特性来判别.

定理 4.12 若点 z_0 为 $f(z)$ 的孤立奇点,则下面三个条件等价:

(1) z_0 是 $f(z)$ 的可去奇点;

(2) $\lim\limits_{z \to z_0} f(z) = a_0$ (a_0 为有限数);

(3) $f(z)$ 在 z_0 的某去心邻域内有界.

证明 用循环法证明. 由 (1) $\Rightarrow$ (2). 由 (1) 可知,在 $0<|z-z_0|<R$ 内,有

$$f(z) = a_0 + a_1(z-z_0) + \cdots + a_n(z-z_0)^n + \cdots.$$

若右端的幂级数其和函数为 $F(z)$,则在 $|z-z_0|<R$ 内解析,特别在 $z=z_0$ 处连续,且当 $z \neq z_0$ 时,$f(z) = F(z)$,从而

$$\lim_{z \to z_0} f(z) = \lim_{z \to z_0} F(z) = F(z_0) = a_0.$$

由 (2) $\Rightarrow$ (3). 因为 $\lim\limits_{z \to z_0} f(z) = a_0$,从而在 z_0 附近 $f(z)$ 必有界,即存在 δ ($0<\delta<R$),使得当 $0<|z-z_0|<\delta$ 时,有 $|f(z)|<M$.

由 (3) $\Rightarrow$ (1). 由于 $f(z)$ 在 $0<|z-z_0|<\delta$ 内解析,且 $|f(z)|<M$,设 C 为圆周 $|\xi-z_0|=r$ ($0<r<\delta$),则由洛朗级数系数的积分表达式有

$$0 \leqslant |a_{-n}| = \left| \frac{1}{2\pi \mathrm{i}} \oint_C \frac{f(\xi)}{(\xi-z_0)^{-n+1}} \mathrm{d}\xi \right| \leqslant \frac{1}{2\pi} \oint_C \frac{|f(\xi)|}{|\xi-z_0|^{-n+1}} \mathrm{d}s$$

$$\leqslant \frac{1}{2\pi} \cdot M \cdot \frac{2\pi r}{r^{-n+1}} = Mr^n \quad (n=1,2,\cdots).$$

令 $r \to 0$,得 $0 \leqslant |a_{-n}| \leqslant 0$,故必有 $a_{-n} = 0$,所以 z_0 是 $f(z)$ 的可去奇点.

定理 4.13 设函数 $f(z)$ 在 $0<|z-z_0|<R$ ($0<R \leqslant +\infty$) 内解析,则 z_0 是 $f(z)$ 的 m 阶极点的充要条件是 $f(z)$ 在 $0<|z-z_0|<R$ 内可表示为

$$f(z) = \frac{1}{(z-z_0)^m} g(z) \tag{4.19}$$

的形式, 其中函数 $g(z)$ 在 $|z-z_0| < R$ 内解析且 $g(z_0) \neq 0$.

证明 若点 z_0 是 $f(z)$ 的 m 阶极点, 则由式 (4.18) 有 $(z-z_0)^m f(z) = g(z)$, 其中

$$g(z) = a_{-m} + a_{-m+1}(z-z_0) + \cdots + a_0(z-z_0)^m + a_1(z-z_0)^{m+1} + \cdots$$

且 $g(z_0) = a_{-m} \neq 0$, 显然 $g(z)$ 在点 z_0 解析, 即式 (4.19) 成立.

若式 (4.19) 成立, 记 $g(z)$ 的泰勒级数为

$$g(z) = b_0 + b_1(z-z_0) + b_2(z-z_0)^2 + \cdots,$$

则 $f(z)$ 在点 z_0 的邻域内的洛朗级数必为

$$f(z) = \frac{g(z)}{(z-z_0)^m} = \frac{b_0}{(z-z_0)^m} + \frac{b_1}{(z-z_0)^{m-1}} + \cdots,$$

因为 $b_0 = g(z_0) \neq 0$, 上式表明点 z_0 是 $f(z)$ 的 m 阶极点.

由此可得如下推论.

推论 4.1 设函数 $f(z)$ 在 $0 < |z-z_0| < R (0 < R \leqslant +\infty)$ 内解析, 则 z_0 是 $f(z)$ 的极点的充要条件是 $\lim\limits_{z \to z_0} f(z) = \infty$.

还可以利用极点与零点的关系来判断.

定义 4.7 设函数 $f(z)$ 在 z_0 的某邻域 $|z-z_0| < \delta$ 内解析, 并且 $f(z_0) = 0$, 那么称点 z_0 为解析函数 $f(z)$ 的零点.

例如, $z = 0$ 与 $z = 1$ 均为函数 $f(z) = z(z-1)^2$ 的零点.

定义 4.8 设函数 $f(z)$ 在点 z_0 处解析, 并且它在点 z_0 的前 $(m-1)$ 阶导数均为 0, 但 $f^{(m)}(z_0) \neq 0$, 则点 z_0 称为函数 $f(z)$ 的 m 阶零点.

也就是说, 如果点 z_0 为函数 $f(z)$ 的 m 阶零点, 则有 $f(z_0) = f'(z_0) = f''(z_0) = \cdots = f^{(m-1)}(z_0) = 0$, 而 $f^{(m)}(z_0) \neq 0$, 这时, $f(z)$ 在 z_0 处的泰勒展开式为

$$\begin{aligned} f(z) &= a_m(z-z_0)^m + a_{m+1}(z-z_0)^{m+1} + a_{m+2}(z-z_0)^{m+2} + \cdots \\ &= (z-z_0)^m [a_m + a_{m+1}(z-z_0) + a_{m+2}(z-z_0)^2 + \cdots] \\ &= (z-z_0)^m g(z), \end{aligned} \tag{4.20}$$

其中 $a_m = \dfrac{f^{(m)}(z_0)}{m!} \neq 0$, $g(z) = a_m + a_{m+1}(z-z_0) + a_{m+2}(z-z_0)^2 + \cdots$ 在点 z_0 的邻域内解析, 且 $g(z_0) \neq 0$. 反之, 如果 $f(z)$ 具有形如式 (4.20) 的展开式, 则它必具有一个 m 阶零点, 由此有以下的定理.

定理 4.14 设函数 $f(z)$ 在 z_0 处解析, 则点 z_0 成为函数 $f(z)$ 的 m 阶零点的充要条件是 $f(z)$ 可以表示为 $f(z) = (z-z_0)^m g(z)$, 其中 $g(z)$ 在点 z_0 解析, 且 $g(z_0) \neq 0$.

4.5 解析函数的孤立奇点

解析函数的零点与极点有下面的关系.

定理 4.15 点 z_0 为函数 $f(z)$ 的 m 阶零点的充要条件是 z_0 为函数 $\dfrac{1}{f(z)}$ 的 m 阶极点.

证明 充分性 如果 z_0 为函数 $\dfrac{1}{f(z)}$ 的 m 阶极点, 则有 $\dfrac{1}{f(z)} = \dfrac{g(z)}{(z-z_0)^m}$, 其中, $g(z)$ 在点 z_0 解析, $g(z_0) \neq 0$; 因此存在 z_0 的一个邻域 $N(z_0, \delta)$, 使得 $g(z)$ 在 $N(z_0, \delta)$ 内解析且 $g(z_0) \neq 0$, 从而 $\dfrac{1}{g(z)}$ 也在 $N(z_0, \delta)$ 内解析且 $\dfrac{1}{g(z_0)} \neq 0$, 于是

$$f(z) = \frac{1}{g(z)}(z-z_0)^m.$$

由定理 4.14 知 z_0 为函数 $f(z)$ 的 m 阶零点.

必要性 证明只要将上述步骤反推回去即可.

例 4.15 试求函数 $f(z) = \dfrac{1}{\sin z}$ 的极点.

解 由 $\sin z = 0$, 得 $z = k\pi, k = 0, \pm 1, \pm 2, \cdots$, 因为

$$(\sin z)'|_{z=k\pi} = \cos z|_{z=k\pi} = (-1)^k \neq 0,$$

所以 $z = k\pi, k = 0, \pm 1, \pm 2, \cdots$ 都是 $\sin z$ 的一阶零点, 是 $\dfrac{1}{\sin z}$ 的一阶极点.

值得注意的是, 在求函数的极点时, 不能光看表面形式就盲目作出结论. 例如, 函数 $\dfrac{e^z - 1}{z^2}$, 从形式上看 $z = 0$ 似乎是二阶极点, 其实是一阶极点, 这是因为

$$\frac{e^z - 1}{z^2} = \frac{1}{z^2}\left(\sum_{n=0}^{\infty} \frac{z^n}{n!} - 1\right) = \frac{1}{z} + \frac{1}{2!} + \frac{z}{3!} + \cdots.$$

定理 4.16 函数 $f(z)$ 在 $0 < |z - z_0| < R (0 < R \leqslant +\infty)$ 内解析, 则 z_0 是 $f(z)$ 的本性奇点的充要条件是: $\lim\limits_{z \to z_0} f(z)$ 不存在有限或者无穷的极限.

例 4.16 讨论下列各函数在有限复平面的孤立奇点的类型:
(1) $\dfrac{e^z - 1}{z}$; (2) $\dfrac{1}{z^2(z-2)}$; (3) $e^{\frac{1}{z}}$; (4) $\dfrac{\tan z}{z}$.

解 (1) 易知 $\dfrac{e^z - 1}{z}$ 在 $0 < |z| < +\infty$ 内解析, 因而 $z = 0$ 是它的孤立奇点. 而 $\lim\limits_{z \to 0} \dfrac{e^z - 1}{z} = 1$, 故 $z = 0$ 是 $\dfrac{e^z - 1}{z}$ 的可去奇点.

(2) 易知函数 $f(z) = z^2(z-2)$ 的零点为 $z = 0, z = 2$, 因此, $z = 0, z = 2$ 即为函数 $\dfrac{1}{f(z)} = \dfrac{1}{z^2(z-2)}$ 的极点. 由定理 4.13 知, $z = 0, z = 2$ 分别是 $\dfrac{1}{z^2(z-2)}$ 的二

阶和一阶极点.

(3) 因为 $e^{\frac{1}{z}}$ 在 $0 < |z| < +\infty$ 内解析, 所以 $z = 0$ 是 $e^{\frac{1}{z}}$ 的孤立奇点, 而 $\lim\limits_{z=x\to 0^+} e^{\frac{1}{z}} = \infty$, $\lim\limits_{z=x\to 0^-} e^{\frac{1}{z}} = 0$, 所以 $\lim\limits_{z\to 0} e^{\frac{1}{z}}$ 不为有限数也不为 ∞, 因此 $z = 0$ 是 $e^{\frac{1}{z}}$ 的本性奇点.

(4) 由于 $\dfrac{\tan z}{z} = \dfrac{\sin z}{z \cdot \cos z}$, 易知 $z = 0, z_k = k\pi + \dfrac{\pi}{2}(k = 0, \pm 1, \pm 2, \cdots)$ 是它的孤立奇点. 由于 $\lim\limits_{z\to 0} \dfrac{\tan z}{z} = 1$, 所以 $z = 0$ 是 $\dfrac{\tan z}{z}$ 的可去奇点. 由于 $\sin z|_{z_k} \neq 0$, 而 $\cos z|_{z_k} = 0, (\cos z)'|_{z_k} = -\sin z|_{z_k} \neq 0$, 从而 z_k 是 $\cos z$ 的一阶零点, 所以 z_k 是 $\dfrac{\tan z}{z}$ 的一阶极点.

4.6 解析函数在无穷远点的性质

定义 4.9 设函数 $f(z)$ 在无穷远点的去心邻域 $D: R < |z| < +\infty (R \geqslant 0)$ 内解析, 则称点 $z = \infty$ 为 $f(z)$ 的一个孤立奇点.

设 $z = \infty$ 为 $f(z)$ 的一个孤立奇点, 作变换 $\zeta = \dfrac{1}{z}$, 则函数 $g(\zeta) = f\left(\dfrac{1}{\zeta}\right)$ 在区域 $D_\zeta : 0 < |\zeta| < \dfrac{1}{R}$ $\left(\text{若} R = 0, \text{则规定} \dfrac{1}{R} = +\infty\right)$ 内解析. 点 $\zeta = 0$ 即为函数 $g(\zeta)$ 的一个孤立奇点. $g(\zeta)$ 在环形域 D_ζ 内可以展开成洛朗级数

$$g(\zeta) = \sum_{n=1}^{\infty} a_{-n}\zeta^{-n} + a_0 + \sum_{n=1}^{\infty} a_n \zeta^n. \tag{4.21}$$

将 $\zeta = \dfrac{1}{z}$ 代入式 (4.21) 得

$$f(z) = g(\zeta) = \sum_{n=1}^{\infty} a_{-n} z^n + a_0 + \sum_{n=1}^{\infty} a_n z^{-n}. \tag{4.22}$$

同时注意到, 与扩充 z 平面上无穷远点的邻域 D_z 相对应的有 ζ 平面上原点的邻域 D_ζ; 在对应点 z 与 ζ 上, 有 $g(\zeta) = f(z)$, 且 $\lim\limits_{z\to\infty} f(z) = \lim\limits_{\zeta\to 0} g(\zeta)$. 因此, 可以由函数 $g(\zeta)$ 在原点的性态来讨论函数 $f(z)$ 在无穷远点的性态.

定义 4.10 设 $\zeta = 0$ 为 $g(\zeta)$ 的可去奇点、极点 (m 阶) 或本性奇点, 则相应的称 $z = \infty$ 为 $f(z)$ 的可去奇点、极点 (m 阶) 或本性奇点.

对比式 (4.21) 与式 (4.22) 可知, 函数 $f(z)$ 在无穷远点邻域内的展开式中的正幂项就是 $g(\zeta)$ 展开式的负幂项. 所以, 对无穷远点来说, 函数的性态与其在 $R < |z| < +\infty$ 的洛朗展开式之间的关系同有限点的情况一样, 只需把正幂项与负幂项

相互对调即可,即函数 $f(z)$ 在 $R < |z| < +\infty$ 的洛朗展开式中的正幂项决定了点 $z = \infty$ 的奇点类型.

结合式 (4.22) 总结如下:

(1) 若 $f(z)$ 的展开式 (4.22) 中不含正幂项,即当 $a_{-n} = 0, n = 1, 2, \cdots$ 时,则 $z = \infty$ 为 $f(z)$ 的可去奇点;

(2) 若 $f(z)$ 的展开式 (4.22) 中含有有限个正幂项,且最高正幂为 z^m,即当 $a_{-m} \neq 0, a_{-m-1} = a_{-m-2} = \cdots = 0$ $(m \in \mathbf{N})$ 时,则 $z = \infty$ 为 $f(z)$ 的 m 阶极点;

(3) 若 $f(z)$ 的展开式中含有无穷多个正幂项,则 $z = \infty$ 是 $f(z)$ 的本性奇点.
无穷远点的奇点类型同样可以用极限来判定.

定理 4.17 设 $z = \infty$ 是函数 $f(z)$ 的孤立奇点,则 $z = \infty$ 是函数 $f(z)$ 的可去奇点、极点或本性奇点的充分必要条件是:极限 $\lim\limits_{z \to \infty} f(z)$ 存在且为有限值、无穷大或不存在且不为 ∞.

例 4.17 指出下列函数在无穷远点的性质:

(1) $f(z) = \dfrac{z^2}{z^2 + 1}$; (2) $f(z) = \sin z - \cos z$;

(3) $f(z) = 1 + z + z^2 + z^3 + z^4$; (4) $f(z) = \dfrac{1}{e^z - 1}$.

解 (1) 因为 $\lim\limits_{z \to \infty} \dfrac{z^2}{z^2 + 1} = 1$,所以 $z = \infty$ 是函数 $f(z)$ 的可去奇点.

(2) 因为 $\lim\limits_{z \to \infty} (\sin z - \cos z)$ 不存在,也不是 ∞,所以 $z = \infty$ 是函数 $f(z)$ 的本性奇点.

(3) 因为 $f(z)$ 中含有关于 z 的最高正幂项为 z^4,所以 $z = \infty$ 是函数 $f(z)$ 的四阶极点.

(4) 因为 $z_k = 2k\pi i (k = 0, \pm 1, \pm 2, \cdots)$ 为 $e^z - 1$ 的零点,而 $(e^z - 1)'|_{z_k} = 1 \neq 0$,故 $z_k = 2k\pi i$ 是函数 $f(z)$ 的一阶极点,但当 $k \to \infty$ 时 $z_k \to \infty$,所以 $z = \infty$ 不是孤立奇点,是奇点的极限点.

习 题 4

1. 下列复数列是否收敛?如果收敛,求出它们的极限.

(1) $z_n = \dfrac{1 + ni}{1 - ni}$;   (2) $z_n = (-1)^n + \dfrac{i}{n + 1}$;   (3) $z_n = \left(\dfrac{1 + i}{2}\right)^n$.

2. 设 $\lim\limits_{n \to \infty} z_{2n} = a$, $\lim\limits_{n \to \infty} z_{2n+1} = a$,证明:$\lim\limits_{n \to \infty} z_n = a$.

3. 考察下列级数的敛散性:

(1) $\sum\limits_{n=1}^{\infty} \left(\dfrac{1}{n^2} + \dfrac{i}{2^n}\right)$;   (2) $\sum\limits_{n=1}^{\infty} \left(\dfrac{1 + 4i}{3}\right)^n$;   (3) $\sum\limits_{n=1}^{\infty} \dfrac{1 + i^{2n+1}}{n}$;

(4) $\sum_{n=1}^{\infty} \frac{(-1)^n \mathrm{i}^n}{n+1}$;   (5) $\sum_{n=1}^{\infty} \frac{(3+5\mathrm{i})^n}{n!}$;   (6) $\sum_{n=0}^{\infty} \frac{\cos \mathrm{i}n}{2^n}$.

4. 求下列幂级数的收敛半径：

(1) $\sum_{n=0}^{\infty} \frac{n}{2^n} z^n$;   (2) $\sum_{n=0}^{\infty} \frac{z^n}{n!}$;   (3) $\sum_{n=0}^{\infty} \frac{n! z^n}{n^n}$;

(4) $\sum_{n=1}^{\infty} (1+\mathrm{i})^n z^n$;   (5) $\sum_{n=0}^{\infty} \left(\frac{n+2}{3n+1}\right)^n (z-1)^n$.

5. 证明级数 $\sum_{n=1}^{\infty} (-1)^{n-1} \frac{1}{\mathrm{i}+n-1}$ 收敛但不绝对收敛.

6. 幂级数 $\sum_{n=0}^{\infty} a_n (z-2)^n$ 能否在 $z=0$ 收敛而在 $z=3$ 发散？

7. 设幂级数 $\sum_{n=0}^{\infty} a_n z^n$ 的收敛半径为 R $(0 < R < +\infty)$，并且在收敛圆周上某一点绝对收敛，试证明这个级数对于所有的点 $z: |z| \leqslant R$ 为绝对收敛.

8. 下列结论是否正确？为什么？

(1) 每一个幂级数在它的收敛圆内与收敛圆上都收敛；

(2) 每一个幂级数必收敛于一个解析函数；

(3) 每一个在 z_0 连续的函数一定可以在 z_0 的邻域内展开成泰勒级数.

9. 把下列各函数展开成 z 的幂级数，并指出它们的收敛半径：

(1) $\frac{1}{1+z^3}$;   (2) $\frac{1}{(1-z)^2}$;   (3) $\frac{1}{3z-2}$;

(4) $\sin^2 z$;   (5) $\mathrm{e}^z \cos z$;   (6) $\int_1^z \frac{\sin \xi}{\xi} \mathrm{d}\xi$.

10. 求下列函数在指定点处的泰勒展开式，并指出它们的收敛圆.

(1) $\frac{z-1}{1+z}$, $z_0=1$;   (2) $\frac{1}{z^2}$, $z_0=-1$;   (3) $\mathrm{e}^{\frac{1}{1-z}}$, $z_0=0$;

(4) $\frac{1}{4-3z}$, $z_0=1+\mathrm{i}$;   (5) $\frac{1}{(z+2)^2}$, $z_0=1$;   (6) $\tan z$, $z_0=0$.

11. 如果 z 为任一复数，试证 $|\mathrm{e}^z - 1| < \mathrm{e}^{|z|} - 1 < |z| \mathrm{e}^{|z|}$ (提示：利用幂级数展开式).

12. 试证级数 $z^2 + \frac{z^2}{1+z^2} + \frac{z^2}{(1+z^2)^2} + \cdots + \frac{z^2}{(1+z^2)^n} + \cdots$ 沿实轴绝对收敛.

13. 证明 $\sum_{n=1}^{\infty} z^{-n}$ 在 $|z| > 1$ 内解析.

14. 已知级数 $\sum_{n=0}^{\infty} a_n z^n$ 的收敛半径为 R $(0 < R < +\infty)$，试证级数 $\sum_{n=0}^{\infty} (1+z_0^n) a_n z^n$ 的收敛半径为 $\min\left\{R, \frac{R}{|z_0|}\right\}$.

15. 试将下列函数在指定的区域内展开成洛朗级数：

(1) $\dfrac{1}{z(1-z)^2}$, $0<|z|<1$, $0<|z-1|<1$;

(2) $\dfrac{z+1}{z^2(z-1)}$, $0<|z|<1$, $1<|z|<+\infty$;

(3) $\dfrac{1}{1+z^2}$, $0<|z-\mathrm{i}|<2$, $2<|z-\mathrm{i}|<+\infty$;

(4) $\dfrac{1}{z(\mathrm{i}-z)}$, $0<|z-\mathrm{i}|<1$;

(5) $z^2\cos\dfrac{1}{z}$, $0<|z|<+\infty$;

(6) $\sin\dfrac{1}{z-1}$, $0<|z-1|<+\infty$.

16. 讨论函数 $\tan\dfrac{1}{z}$ 能否在 $0<|z|<R$ $(0<R<+\infty)$ 内展开成洛朗级数？

17. 证明 $f(z)=\ln\dfrac{1}{z-1}$ 不能在 $z=\infty$ 的邻域内展开为洛朗级数.

18. 问下列各函数有哪些孤立奇点？各属于哪一类型？如果是极点，指出它的阶数.

(1) $\dfrac{z-1}{z(z^2+4)}$; (2) $\dfrac{1-\cos z}{z^2}$; (3) $\dfrac{1}{\cos z}$;

(4) $\dfrac{\ln(z+1)}{z}$; (5) $\dfrac{z^{2n}}{1+z^n}$ (n 为正整数); (6) $\dfrac{1}{z^2(\mathrm{e}^z-1)}$;

(7) $\cot z-\dfrac{1}{z}$; (8) $\dfrac{1}{z^3-z^2-z+1}$.

19. 讨论下列各函数在扩充的复平面上有哪些孤立奇点？各属于哪一类型？如果是极点，指出它的阶数.

(1) $\dfrac{1}{z-z^3}$; (2) $\dfrac{z^3}{1+z^3}$; (3) $\dfrac{1}{z^2}+\dfrac{1}{z^3}$; (4) $\dfrac{\sin z-z}{z^3}$; (5) $\tan^2 z$; (6) $\mathrm{e}^{\tan\frac{1}{z}}$.

20. 设函数 $f(z)$ 与 $g(z)$ 都以 $z=z_0$ 为孤立奇点，试讨论函数 $f(z)+g(z)$ 在 $z=z_0$ 处的孤立奇点的类型.

21. 若 $f(z)$ 与 $g(z)$ 分别以 $z=z_0$ 为 m 阶与 n 阶极点，试问下列函数在 $z=z_0$ 点有何性质？

(1) $f(z)\cdot g(z)$; (2) $\dfrac{f(z)}{g(z)}$.

22. 证明复变函数的洛比达法则：若 $f(z)$ 与 $g(z)$ 是以 z_0 为零点的两个不恒等于零的解析函数，则 $\lim\limits_{z\to z_0}\dfrac{f(z)}{g(z)}=\lim\limits_{z\to z_0}\dfrac{f'(z)}{g'(z)}$ (或两边均为 ∞).

第 5 章 留数及其应用

本章给出解析函数在孤立奇点处留数的概念. 以复变函数级数为理论基础, 在解析函数孤立奇点分类情况下讨论不同类型奇点处留数的计算方法, 给出留数定理; 同时, 讨论留数在定积分计算中的一些应用问题, 最后简要介绍对数留数和辐角原理.

5.1 留 数

5.1.1 留数的概念

定义 5.1 设函数 $f(z)$ 在区域 $D: 0 < |z - z_0| < R$ 内解析, 点 z_0 是 $f(z)$ 的孤立奇点, C 是包含在 D 内且围绕 z_0 的任意一条正向简单闭曲线, 则积分

$$\frac{1}{2\pi i} \oint_C f(z) dz \tag{5.1}$$

的值称为 $f(z)$ 在点 z_0 处的留数, 记作 $\text{Res}[f(z), z_0]$, 即

$$\text{Res}[f(z), z_0] = \frac{1}{2\pi i} \oint_C f(z) dz.$$

事实上, 若函数 $f(z)$ 在孤立奇点 z_0 的去心邻域 $D: 0 < |z - z_0| < R$ 内解析, 则它可展开成洛朗级数

$$f(z) = \cdots + a_{-1}(z - z_0)^{-1} + a_0 + a_1(z - z_0) + \cdots + a_n(z - z_0)^n + \cdots,$$

对上述等式的两端沿 C 逐项积分, 注意到

$$\oint_C \frac{dz}{(z - z_0)^{n+1}} = \begin{cases} 2\pi i, & n = 0, \\ 0, & n \neq 0, \end{cases}$$

可得 $\oint_C f(z) dz = 2\pi i a_{-1}$.

由此可见, 洛朗展开式中负幂项 $(z - z_0)^{-1}$ 的系数 a_{-1} 是在逐项积分过程中唯一留下来的系数, 且

$$a_{-1} = \frac{1}{2\pi i} \oint_C f(z) dz, \tag{5.2}$$

所以, 在孤立奇点 z_0 处的留数就是 $f(z)$ 在点 z_0 的去心邻域内洛朗展开式中负幂项 $(z-z_0)^{-1}$ 的系数 a_{-1}, 即

$$\text{Res}[f(z), z_0] = a_{-1}. \tag{5.3}$$

例 5.1 设函数 $f(z) = e^{\frac{1}{z}}$, 则 $z = 0$ 是 $f(z)$ 的孤立奇点, 且为本性奇点. 由洛朗展开式

$$f(z) = 1 + \frac{1}{z} + \frac{1}{2!} \cdot \frac{1}{z^2} + \cdots + \frac{1}{n!} \cdot \frac{1}{z^n} + \cdots$$

可知 $\text{Res}[f(z), 0] = a_{-1} = 1$.

例 5.2 设函数 $f(z) = \dfrac{\sin z}{z}$, 则 $z = 0$ 是 $f(z)$ 的可去奇点, 由可去奇点的性质可知 $f(z)$ 在 $z = 0$ 的去心邻域内的洛朗展开式中不含负幂项, 即 $a_{-1} = 0$, 所以

$$\text{Res}[f(z), 0] = a_{-1} = 0.$$

5.1.2 留数的计算

由留数的概念可知, 要计算函数 $f(z)$ 在孤立奇点 z_0 处的留数, 只要求出它在 z_0 去心邻域内的洛朗展开式中负幂项 $(z-z_0)^{-1}$ 的系数 a_{-1} 即可, 因此可以利用函数的洛朗展开式来求留数.

由例 5.2 看到, 如果孤立奇点 z_0 是 $f(z)$ 的可去奇点, 则必有 $\text{Res}[f(z), z_0] = a_{-1} = 0$. 下面讨论 z_0 是极点的情形.

若孤立奇点 z_0 是函数 $f(z)$ 的 m 阶极点, 则 $f(z)$ 在 z_0 的去心邻域内的洛朗展开式为

$$f(z) = a_{-m}(z-z_0)^{-m} + \cdots + a_{-1}(z-z_0)^{-1} + a_0 + a_1(z-z_0) + \cdots,$$

用 $(z-z_0)^m$ 乘展开式的两端, 可得

$$(z-z_0)^m f(z) = a_{-m} + \cdots + a_{-1}(z-z_0)^{m-1} + a_0(z-z_0)^m + a_1(z-z_0)^{m+1} + \cdots,$$

两边对 z 求 $(m-1)$ 阶导数, 并取 $z \to z_0$ 的极限, 得到

$$\lim_{z \to z_0} \frac{d^{m-1}}{dz^{m-1}} \{(z-z_0)^m f(z)\} = (m-1)! a_{-1},$$

根据留数的定义有

$$\text{Res}[f(z), z_0] = a_{-1} = \frac{1}{(m-1)!} \lim_{z \to z_0} \frac{d^{m-1}}{dz^{m-1}} \{(z-z_0)^m f(z)\}.$$

下面用定理的形式给出以上推导所得出的结论.

定理 5.1 如果有限孤立奇点 z_0 是函数 $f(z)$ 的 m 阶极点，则

$$\text{Res}[f(z), z_0] = \frac{1}{(m-1)!} \lim_{z \to z_0} \frac{\mathrm{d}^{m-1}}{\mathrm{d}z^{m-1}} \{(z-z_0)^m f(z)\}. \tag{5.4}$$

由定理 5.1 可得下面两个推论.

推论 5.1 如果 z_0 为 $f(z)$ 的一阶极点，则

$$\text{Res}[f(z), z_0] = \lim_{z \to z_0} (z - z_0) f(z). \tag{5.5}$$

在式 (5.4) 中取 $m = 1$ 即得式 (5.5)

推论 5.2 设 $f(z) = \dfrac{P(z)}{Q(z)}$，其中 $P(z)$，$Q(z)$ 在 z_0 点解析，且 $P(z_0) \neq 0$，$Q(z_0) = 0$，$Q'(z_0) \neq 0$，则 $\text{Res}[f(z), z_0] = \dfrac{P(z_0)}{Q'(z_0)}$.

证明 由已知条件可得点 z_0 为 $f(z)$ 的一阶极点，所以有

$$\text{Res}[f(z), z_0] = \lim_{z \to z_0} (z - z_0) f(z) = \lim_{z \to z_0} \frac{P(z)}{\dfrac{Q(z) - Q(z_0)}{(z - z_0)}} = \frac{P(z_0)}{Q'(z_0)}.$$

例 5.3 求函数 $f(z) = \dfrac{z}{(z-1)(z+1)^2}$ 在 $z = 1$ 及 $z = -1$ 处的留数.

解 $z = 1$ 是 $f(z)$ 的一阶极点，$z = -1$ 是 $f(z)$ 的二阶极点，于是

$$\text{Res}[f(z), 1] = \lim_{z \to 1} (z - 1) \frac{z}{(z-1)(z+1)^2} = \frac{1}{4},$$

$$\text{Res}[f(z), -1] = \lim_{z \to -1} \left[(z+1)^2 \frac{z}{(z-1)(z+1)^2} \right]' = -\frac{1}{4}.$$

例 5.4 求函数 $f(z) = z^2 \sin \dfrac{1}{z}$ 在 $z = 0$ 处的留数.

解 易知，在 $0 < |z| < +\infty$ 内，有

$$z^2 \sin \frac{1}{z} = z^2 \left(\frac{1}{z} - \frac{1}{3!} \frac{1}{z^3} + \frac{1}{5!} \frac{1}{z^5} - \cdots \right),$$

因此，$z = 0$ 为函数 $z^2 \sin \dfrac{1}{z}$ 的本性奇点，所以 $\text{Res}[f(z), 0] = a_{-1} = -\dfrac{1}{3!} = -\dfrac{1}{6}$.

例 5.5 求函数 $f(z) = \dfrac{\sec z}{z^3}$ 在 $z = 0$ 处的留数.

解 因为

$$\sec z = 1 + \frac{1}{2!} z^2 + \frac{5}{4!} z^4 + \cdots,$$

所以
$$\frac{\sec z}{z^3} = \frac{1}{z^3} + \frac{1}{2!}\frac{1}{z} + \frac{5}{4!}z + \cdots,$$

由此可知 $z = 0$ 是 $\frac{\sec z}{z^3}$ 的三阶极点，所以 $\text{Res}[f(z), 0] = \frac{1}{2!} = \frac{1}{2}$.

例 5.6 求函数 $f(z) = \frac{e^{\frac{1}{z}}}{1-z}$ 在 $z = 0$ 处的留数.

解 因为

$$\begin{aligned}\frac{e^{\frac{1}{z}}}{1-z} &= (1 + z + z^2 + \cdots + z^n + \cdots)\left(1 + \frac{1}{z} + \frac{1}{2!}\frac{1}{z^2} + \cdots + \frac{1}{n!}\frac{1}{z^n} + \cdots\right) \\ &= \left(1 + \frac{1}{z} + \frac{1}{2!}\frac{1}{z^2} + \cdots + \frac{1}{n!}\frac{1}{z^n} + \cdots\right) + \left(z + 1 + \frac{1}{2!}\frac{1}{z} + \cdots \right.\\ &\quad \left. + \frac{1}{n!}\frac{1}{z^{n-1}} + \cdots\right) + \cdots + \left(z^{n-1} + z^{n-2} + \cdots + \frac{1}{n!}\frac{1}{z} + \cdots\right) + \cdots \\ &= \cdots + \left(1 + \frac{1}{2!} + \cdots + \frac{1}{n!} + \cdots\right)\frac{1}{z} + \left(1 + 1 + \frac{1}{2!} + \cdots + \frac{1}{n!} + \cdots\right) \\ &\quad + \left(1 + 1 + \frac{1}{2!} + \cdots + \frac{1}{n!} + \cdots\right)z + \cdots,\end{aligned}$$

所以 $z = 0$ 是 $f(z)$ 的本性奇点，且有

$$\text{Res}\left[\frac{e^{\frac{1}{z}}}{1-z}, 0\right] = 1 + \frac{1}{2!} + \cdots + \frac{1}{n!} + \cdots = e - 1.$$

5.1.3 函数在无穷远点的留数

定义 5.2 设 $z = \infty$ 是函数 $f(z)$ 的孤立奇点，即 $f(z)$ 在无穷远点的去心邻域 $R < |z| < +\infty$ 内解析，C 是任意正向圆周 $|z| = r > R$，则积分 $\frac{1}{2\pi i}\oint_{C^-} f(z)\mathrm{d}z$ 的值称为 $f(z)$ 在 $z = \infty$ 处的留数，记为 $\text{Res}[f(z), \infty]$.

设 $f(z)$ 在 $R < |z| < +\infty$ 内的洛朗展开式为

$$f(z) = \cdots + a_{-m}z^{-m} + \cdots + a_{-1}z^{-1} + a_0 + a_1 z + \cdots + a_n z^n + \cdots,$$

其中 $a_n = \frac{1}{2\pi i}\oint_C \frac{f(z)}{z^{n+1}}\mathrm{d}z$，利用逐项积分的方法，可以得到

$$\text{Res}[f(z), \infty] = \frac{1}{2\pi i}\oint_{C^-} f(z)\mathrm{d}z = -a_{-1}.$$

值得注意的是，当 $z = \infty$ 为函数 $f(z)$ 的可去奇点时，与有限点的情况不同，其留数不一定为零.

例 5.7 求函数 $f(z) = \dfrac{1}{1-z}$ 在 $z = \infty$ 处的留数.

解 $f(z)$ 在 $z = \infty$ 的去心邻域 $1 < |z| < +\infty$ 内可展开为洛朗级数

$$f(z) = \frac{1}{1-z} = -\frac{1}{z} - \frac{1}{z^2} - \cdots,$$

因此 $\mathrm{Res}[f(z), \infty] = -a_{-1} = 1$.

值得注意的是虽然 $\lim\limits_{z \to \infty} \dfrac{1}{1-z} = 0$, 即 $z = \infty$ 是 $\dfrac{1}{1-z}$ 的可去奇点. 但是

$$\mathrm{Res}[f(z), \infty] = 1 \neq 0.$$

例 5.8 求函数 $f(z) = \dfrac{5z-2}{z(z-1)}$ 在 $z = \infty$ 处的留数.

解 $f(z)$ 在 $z = \infty$ 的去心邻域 $1 < |z| < +\infty$ 内可展开为洛朗级数

$$f(z) = \frac{5z-2}{z(z-1)} = \left(\frac{5}{z} - \frac{2}{z^2}\right)\frac{1}{1-\dfrac{1}{z}}$$

$$= \left(\frac{5}{z} - \frac{2}{z^2}\right)\left(1 + \frac{1}{z} + \frac{1}{z^2} + \cdots\right) = \frac{5}{z} + \frac{3}{z^2} + \cdots,$$

所以 $\mathrm{Res}[f(z), \infty] = -a_{-1} = -5$.

5.2 留数定理及其应用

5.2.1 留数定理

下面给出关于留数的一个重要定理.

定理 5.2 (留数基本定理) 设 C 是一条正向的简单闭曲线, 若函数 $f(z)$ 在 C 上及 C 内部 D 除去有限个孤立奇点 $z_1, z_2, \cdots, z_n$ 外处处解析, 那么

$$\oint_C f(z)\mathrm{d}z = 2\pi \mathrm{i} \sum_{k=1}^{n} \mathrm{Res}[f(z), z_k]. \tag{5.6}$$

证明 在 D 内分别以 $z_k (k = 1, 2, \cdots, n)$ 为圆心作 n 个互不相交且互不包含的小圆周 C_k (图 5.1), 由复合闭路定理, 可得

$$\oint_C f(z)\mathrm{d}z = \sum_{k=1}^{n} \oint_{C_k} f(z)\mathrm{d}z,$$

从而有

$$\frac{1}{2\pi \mathrm{i}} \oint_C f(z)\mathrm{d}z = \sum_{k=1}^{n} \frac{1}{2\pi \mathrm{i}} \oint_{C_k} f(z)\mathrm{d}z = \sum_{k=1}^{n} \mathrm{Res}[f(z), z_k],$$

5.2 留数定理及其应用

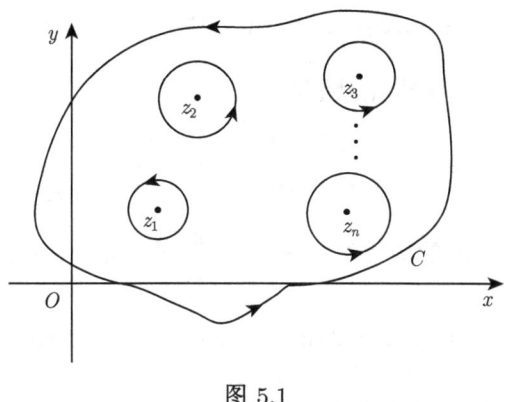

图 5.1

于是

$$\oint_C f(z)\mathrm{d}z = 2\pi\mathrm{i}\sum_{k=1}^{n}\mathrm{Res}[f(z),z_k].$$

例 5.9 计算积分 $\oint_C \dfrac{z\mathrm{e}^z}{z^2-1}\mathrm{d}z$,$C$ 为正向圆周 $|z|=2$.

解 函数 $f(z)=\dfrac{z\mathrm{e}^z}{z^2-1}$ 有两个一阶极点 $z=\pm 1$,且这两个极点均在 $|z|<2$ 内,由定理 5.2 可得

$$\oint_C \dfrac{z\mathrm{e}^z}{z^2-1}\mathrm{d}z = 2\pi\mathrm{i}\left\{\mathrm{Res}[f(z),-1]+\mathrm{Res}[f(z),1]\right\}.$$

由于

$$\mathrm{Res}[f(z),-1]=\lim_{z\to -1}(z+1)f(z)=\lim_{z\to -1}\dfrac{z\mathrm{e}^z}{z-1}=\dfrac{\mathrm{e}^{-1}}{2},$$
$$\mathrm{Res}[f(z),1]=\lim_{z\to 1}(z-1)f(z)=\lim_{z\to 1}\dfrac{z\mathrm{e}^z}{z+1}=\dfrac{\mathrm{e}}{2},$$

所以

$$\oint_C \dfrac{z\mathrm{e}^z}{z^2-1}\mathrm{d}z = 2\pi\mathrm{i}\left(\dfrac{\mathrm{e}^{-1}}{2}+\dfrac{\mathrm{e}}{2}\right)=2\pi\mathrm{i}\mathrm{ch}1.$$

此例题也可以用柯西积分公式来求解,读者可以作为练习题进行练习.

例 5.10 计算积分 $\oint_C \tan z\mathrm{d}z$,其中 C 为正向圆周 $|z|=6$.

解 由于函数 $\tan z=\dfrac{\sin z}{\cos z}$ 的奇点为 $z_k=k\pi+\dfrac{\pi}{2}$ $(k=0,\pm 1,\pm 2,\cdots)$,且

$$\cos z|_{z=z_k}=0,\quad \sin z|_{z=z_k}\neq 0,$$

$$(\cos z)'|_{z=z_k} = -\sin z|_{z=z_k} = -(-1)^k \neq 0 \quad (k = 0, \pm 1, \pm 2, \cdots),$$

所以 $z = z_k$ 为 $\tan z$ 的一阶极点, 因此有

$$\mathrm{Res}[\tan z, z_k] = \frac{\sin z}{(\cos z)'}\bigg|_{z=z_k} = \frac{\sin z}{-\sin z}\bigg|_{z=z_k} = -1,$$

而函数 $\tan z$ 在 $|z| < 6$ 内的极点有 $z = k\pi + \dfrac{\pi}{2}(k = 0, \pm 1, -2)$, 所以

$$\oint_C \tan z \mathrm{d}z = 2\pi\mathrm{i}(-1 - 1 - 1 - 1) = -8\pi\mathrm{i}.$$

定理 5.3 (推广的留数基本定理) 如果函数 $f(z)$ 在扩充复平面内只有有限个孤立奇点, 那么在各孤立奇点 (包括 ∞ 点) 的留数之和等于零.

证明 设函数 $f(z)$ 的有限个孤立奇点依次为 $z_k (k = 1, 2, \cdots, n)$, 作以原点为圆心半径为 R 的充分大的圆周 C, 使得 C 的内部包含 $z_1, z_2, \cdots, z_n$, 从而由留数基本定理可得

$$\oint_C f(z)\mathrm{d}z = 2\pi\mathrm{i}\sum_{k=1}^n \mathrm{Res}[f(z), z_k],$$

又因

$$\frac{1}{2\pi\mathrm{i}}\oint_C f(z)\mathrm{d}z = -\mathrm{Res}[f(z), \infty],$$

所以

$$\mathrm{Res}[f(z), \infty] + \sum_{k=1}^n \mathrm{Res}[f(z), z_k] = -\frac{1}{2\pi\mathrm{i}}\oint_C f(z)\mathrm{d}z + \frac{1}{2\pi\mathrm{i}}\oint_C f(z)\mathrm{d}z = 0.$$

例 5.11 计算积分 $\oint_C \dfrac{z^{2n}}{1+z^n}\mathrm{d}z$ (n 为正整数), C 为正向圆周: $|z| = r > 1$.

解 函数 $f(z) = \dfrac{z^{2n}}{1+z^n}$ 在圆周 C 内部有 n 个孤立奇点 $z_k = \mathrm{e}^{\mathrm{i}\frac{(2k+1)\pi}{n}}$ ($k = 0, 1, \cdots, n-1$), 而在圆周外只有孤立奇点 $z = \infty$, 由定理 5.2 及定理 5.3 可得

$$\oint_C \frac{z^{2n}}{1+z^n}\mathrm{d}z = -2\pi\mathrm{i}\mathrm{Res}[f(z), \infty].$$

而在 $z = \infty$ 的去心邻域 $1 < |z| < +\infty$ 内, 有

$$f(z) = \frac{z^{2n}}{1+z^n} = z^n\left(1 - \frac{1}{z^n} + \frac{1}{z^{2n}} - \frac{1}{z^{3n}} + \cdots\right) = z^n - 1 + \frac{1}{z^n} - \frac{1}{z^{2n}} + \cdots,$$

所以

$$\operatorname{Res}[f(z),\infty] = -a_{-1} = \begin{cases} -1, & n=1, \\ 0, & n>1, \end{cases}$$

故

$$\oint_C \frac{z^{2n}}{1+z^n} \mathrm{d}z = -2\pi\mathrm{i}(-a_{-1}) = \begin{cases} 2\pi\mathrm{i}, & n=1, \\ 0, & n>1. \end{cases}$$

可以看出，在计算积分时，当被积函数在曲线 C 内奇点较多或者含有较高阶的极点时，可以考虑利用 C 外的奇点及无穷远点的留数来计算．

关于无穷远点的留数计算，还有如下定理．

定理 5.4 $\operatorname{Res}[f(z),\infty] = -\operatorname{Res}\left[f\left(\dfrac{1}{z}\right)\dfrac{1}{z^2},0\right].$

事实上，若令 $z = \dfrac{1}{\omega}$，则 $f\left(\dfrac{1}{\omega}\right)$ 在 $0 < |\omega| < \dfrac{1}{R}$ 内的洛朗展开式为

$$f\left(\frac{1}{\omega}\right) = \cdots + c_{-m}\omega^m + \cdots + c_{-1}\omega + c_0 + c_1\omega^{-1} + \cdots + c_n\omega^{-n} + \cdots,$$

$$\frac{1}{\omega^2}f\left(\frac{1}{\omega}\right) = \cdots + c_{-m}\omega^{m-2} + \cdots + c_{-1}\omega^{-1} + c_0\omega^{-2}$$
$$+ c_1\omega^{-3} + \cdots + c_n\omega^{-n-2} + \cdots,$$

所以

$$\operatorname{Res}\left[f\left(\frac{1}{\omega}\right)\frac{1}{\omega^2},0\right] = c_{-1},$$

从而

$$\operatorname{Res}[f(z),\infty] = -c_{-1} = -\operatorname{Res}\left[f\left(\frac{1}{z}\right)\frac{1}{z^2},0\right].$$

例 5.12 求函数 $f(z) = \dfrac{\mathrm{e}^{\frac{1}{z}}}{1-z}$ 在 $z = \infty$ 处的留数.

解
$$\operatorname{Res}[f(z),\infty] = -\operatorname{Res}\left[f\left(\frac{1}{z}\right)\frac{1}{z^2},0\right]$$
$$= -\operatorname{Res}\left[\frac{\mathrm{e}^z}{z(z-1)},0\right] = -\lim_{z\to 0}\frac{\mathrm{e}^z}{z-1} = 1.$$

5.2.2 留数在定积分计算中的应用

利用留数定理可以计算实函数的定积分，要点就是把这些实函数的定积分转化为相关复变函数的曲线积分，从而归结为计算留数的问题．下面来阐述怎样利用留数来求几种特殊形式的定积分的值．

1. 形如 $\int_0^{2\pi} R(\sin\theta, \cos\theta)\mathrm{d}\theta$ 的积分

$R(\sin\theta, \cos\theta)$ 为 $\sin\theta$ 和 $\cos\theta$ 的有理函数, 且在 $[0, 2\pi]$ 上连续. 这类积分可以转化为单位圆周上的复积分. 令 $z = \mathrm{e}^{\mathrm{i}\theta}$, 则

$$\cos\theta = \frac{\mathrm{e}^{\mathrm{i}\theta} + \mathrm{e}^{-\mathrm{i}\theta}}{2} = \frac{1}{2}\left(z + \frac{1}{z}\right), \quad \sin\theta = \frac{\mathrm{e}^{\mathrm{i}\theta} - \mathrm{e}^{-\mathrm{i}\theta}}{2\mathrm{i}} = \frac{1}{2\mathrm{i}}\left(z - \frac{1}{z}\right).$$

由于 $\mathrm{d}z = \mathrm{i}\mathrm{e}^{\mathrm{i}\theta}\mathrm{d}\theta$, 则 $\mathrm{d}\theta = \frac{1}{\mathrm{i}z}\mathrm{d}z$, 当 θ 从 0 变到 2π 时, z 沿单位圆周: $|z| = 1$ 逆时针绕行一周, 于是

$$\int_0^{2\pi} R(\sin\theta, \cos\theta)\mathrm{d}\theta = \oint_{|z|=1} R\left[\frac{1}{2\mathrm{i}}\left(z - \frac{1}{z}\right), \frac{1}{2}\left(z + \frac{1}{z}\right)\right]\frac{1}{\mathrm{i}z}\mathrm{d}z.$$

设 $F(z) = \frac{1}{\mathrm{i}z}R\left[\frac{1}{2\mathrm{i}}\left(z - \frac{1}{z}\right), \frac{1}{2}\left(z + \frac{1}{z}\right)\right]$, 由于 $R(\sin\theta, \cos\theta)$ 在 $[0, 2\pi]$ 上连续, 所以 $F(z)$ 在 $|z| = 1$ 上无奇点, 且为 z 的有理函数. 若 $a_1, a_2, \cdots, a_n$ 是 $F(z)$ 在圆 $|z| < 1$ 内的奇点, 则由留数的基本定理, 可得

$$\int_0^{2\pi} R(\sin\theta, \cos\theta)\mathrm{d}\theta = 2\pi\mathrm{i}\sum_{k=1}^n \mathrm{Res}[F(z), a_k].$$

例 5.13 计算积分 $I = \int_0^{2\pi} \frac{\sin^2\theta}{5 + 4\cos\theta}\mathrm{d}\theta$.

解 令 $z = \mathrm{e}^{\mathrm{i}\theta}$, 则

$$I = \oint_{|z|=1}\left[\frac{-(z^2-1)^2}{4z^2}\right]\frac{1}{5 + 4\left(\dfrac{z^2+1}{2z}\right)}\frac{\mathrm{d}z}{\mathrm{i}z}$$

$$= \frac{\mathrm{i}}{4}\oint_{|z|=1}\frac{(z^2-1)^2}{z^2(2z^2 + 5z + 2)}\mathrm{d}z$$

$$= \frac{\mathrm{i}}{8}\oint_{|z|=1}\frac{(z^2-1)^2}{z^2\left(z + \dfrac{1}{2}\right)(z+2)}\mathrm{d}z.$$

显然, 被积函数 $F(z) = \dfrac{(z^2-1)^2}{z^2\left(z + \dfrac{1}{2}\right)(z+2)}$ 在 $|z| = 1$ 上无奇点, 在单位圆 $|z| < 1$ 内有一个二阶极点 $z = 0$ 和一个一阶极点 $z = -\dfrac{1}{2}$, 而且

$$\mathrm{Res}[F(z), 0] = \lim_{z \to 0}\frac{\mathrm{d}}{\mathrm{d}z}\left[z^2 \cdot \frac{(z^2-1)^2}{z^2\left(z + \dfrac{1}{2}\right)(z+2)}\right] = -\frac{5}{2},$$

$$\operatorname{Res}\left[F(z),-\frac{1}{2}\right]=\lim_{z\to-\frac{1}{2}}\left[\left(z+\frac{1}{2}\right)\cdot\frac{(z^2-1)^2}{z^2\left(z+\frac{1}{2}\right)(z+2)}\right]=\frac{3}{2},$$

于是得到

$$I=\int_0^{2\pi}\frac{\sin^2\theta}{5+4\cos\theta}\mathrm{d}\theta=\frac{\mathrm{i}}{8}\cdot 2\pi\mathrm{i}\left(-\frac{5}{2}+\frac{3}{2}\right)=\frac{\pi}{4}.$$

2. 形如 $\int_{-\infty}^{+\infty}R(x)\mathrm{d}x$ 的积分

当被积函数 $R(x)$ 是 x 的有理函数, 而分母的次数比分子的次数至少高二次, 且在实轴上没有奇点时, 所求积分是存在的. 设 $R(z)$ 在上半平面 $\mathrm{Im}\,z>0$ 的奇点为 $a_1,a_2,\cdots,a_n$, 则

$$\int_{-\infty}^{+\infty}R(x)\mathrm{d}x=2\pi\mathrm{i}\sum_{k=1}^{n}\operatorname{Res}[R(z),a_k].$$

事实上, 不失一般性可设

$$R(z)=\frac{z^n+a_1z^{n-1}+\cdots+a_n}{z^m+b_1z^{m-1}+\cdots+b_m}\quad(m-n\geqslant 2).$$

作充分大的半圆 $C_R: z=R\mathrm{e}^{\mathrm{i}\theta}(0\leqslant\theta\leqslant\pi)$, 把函数 $R(z)$ 在上半平面的孤立奇点都包含在内 (图 5.2).

由留数定理有

$$\int_{-R}^{+R}R(x)\mathrm{d}x+\int_{C_R}R(z)\mathrm{d}z$$
$$=2\pi\mathrm{i}\sum_{k=1}^{n}\operatorname{Res}[R(z),a_k].$$

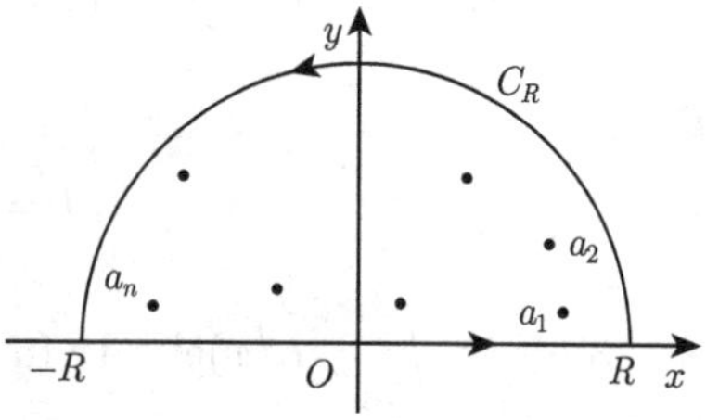

图 5.2

由于 $|R(z)|\leqslant\dfrac{1}{|z|^{m-n}}\dfrac{1+|a_1z^{-1}+\cdots+a_nz^{-n}|}{1-|b_1z^{-1}+\cdots+b_mz^{-m}|},$

当 $|z|$ 足够大时, 可使得

$$|a_1z^{-1}+\cdots+a_nz^{-n}|<\frac{1}{2},\quad|b_1z^{-1}+\cdots+b_mz^{-m}|<\frac{1}{2},$$

从而

$$|R(z)|\leqslant\frac{1}{|z|^{m-n}}\frac{1+\dfrac{1}{2}}{1-\dfrac{1}{2}}<\frac{3}{|z|^2}.$$

因此
$$\left|\int_{C_R} R(z)\mathrm{d}z\right| \leqslant \int_{C_R} |R(z)|\,\mathrm{d}s \leqslant \frac{3}{R^2}\pi R = \frac{3\pi}{R},$$

所以, 当 $R \to +\infty$ 时有 $\int_{C_R} R(z)\mathrm{d}z \to 0$, 从而 $\int_{-\infty}^{+\infty} R(x)\mathrm{d}x = 2\pi\mathrm{i}\sum_{k=1}^{n}\mathrm{Res}[R(z),a_k]$.

例 5.14 计算积分 $\int_{-\infty}^{+\infty}\dfrac{x^2\mathrm{d}x}{(x^2+a^2)(x^2+b^2)}$ $(a>0,b>0)$.

解 当 $a \neq b$ 时, 因为函数 $R(z) = \dfrac{z^2}{(z^2+a^2)(z^2+b^2)}$ 在上半平面只有两个一阶极点 $z = a\mathrm{i}$, $z = b\mathrm{i}$, 且

$$\mathrm{Res}[R(z),a\mathrm{i}] = \lim_{z \to a\mathrm{i}}(z-a\mathrm{i})R(z) = \lim_{z \to a\mathrm{i}}\frac{z^2}{(z+a\mathrm{i})(z^2+b^2)} = \frac{-a}{2\mathrm{i}(b^2-a^2)},$$

$$\mathrm{Res}[R(z),b\mathrm{i}] = \lim_{z \to b\mathrm{i}}(z-b\mathrm{i})R(z) = \lim_{z \to b\mathrm{i}}\frac{z^2}{(z+b\mathrm{i})(z^2+a^2)} = \frac{-b}{2\mathrm{i}(a^2-b^2)},$$

所以
$$I = 2\pi\mathrm{i}\left\{\mathrm{Res}[R(z),a\mathrm{i}] + \mathrm{Res}[R(z),b\mathrm{i}]\right\} = \frac{\pi}{a+b}.$$

当 $a = b$ 时, 因为函数 $R(z) = \dfrac{z^2}{(z^2+a^2)^2}$ 在上半平面只有一个二阶极点 $z = a\mathrm{i}$, 且

$$\mathrm{Res}[R(z),a\mathrm{i}] = \lim_{z \to a\mathrm{i}}\frac{\mathrm{d}}{\mathrm{d}z}\left\{(z-a\mathrm{i})^2 R(z)\right\} = \lim_{z \to a\mathrm{i}}\frac{\mathrm{d}}{\mathrm{d}z}\left\{\frac{z^2}{(z+a\mathrm{i})^2}\right\} = \frac{1}{4a\mathrm{i}},$$

所以
$$I = 2\pi\mathrm{i}\mathrm{Res}[R(z),a\mathrm{i}] = \frac{\pi}{2a}.$$

3. 形如 $\int_{-\infty}^{+\infty} R(x)\mathrm{e}^{\mathrm{i}ax}\mathrm{d}x$ $(a>0)$ 的积分

当被积函数 $R(x)$ 是 x 的有理函数, 而分母次数比分子次数至少高一次, 并且 $R(x)$ 在实轴上没有奇点时, 此积分是存在的. 若设 $R(x)$ 在上半平面 $\mathrm{Im}z > 0$ 内的极点为 $a_1, a_2, \cdots, a_n$, 则

$$\int_{-\infty}^{+\infty} R(x)\mathrm{e}^{\mathrm{i}ax}\mathrm{d}x = 2\pi\mathrm{i}\sum_{k=1}^{n}\mathrm{Res}[R(z)\mathrm{e}^{\mathrm{i}az},a_k],$$

由欧拉公式 $\mathrm{e}^{\mathrm{i}ax} = \cos(ax) + \mathrm{i}\sin(ax)$, 可得

$$\int_{-\infty}^{+\infty} R(x)\mathrm{e}^{\mathrm{i}ax}\mathrm{d}x = \int_{-\infty}^{+\infty} R(x)\cos(ax)\mathrm{d}x + \mathrm{i}\int_{-\infty}^{+\infty} R(x)\sin(ax)\mathrm{d}x,$$

从而
$$\int_{-\infty}^{+\infty} R(x)\cos(ax)\mathrm{d}x = \mathrm{Re}\left\{\int_{-\infty}^{+\infty} R(x)\mathrm{e}^{\mathrm{i}ax}\mathrm{d}x\right\},$$
$$\int_{-\infty}^{+\infty} R(x)\sin(ax)\mathrm{d}x = \mathrm{Im}\left\{\int_{-\infty}^{+\infty} R(x)\mathrm{e}^{\mathrm{i}ax}\mathrm{d}x\right\}.$$

例 5.15 计算积分 $I = \int_{0}^{+\infty} \dfrac{x\sin x}{x^2+1}\mathrm{d}x$.

解 函数 $R(z) = \dfrac{z}{z^2+1}$ 在上半平面内有一阶极点 i, 故
$$\int_{-\infty}^{+\infty} \frac{x\mathrm{e}^{\mathrm{i}x}}{x^2+1}\mathrm{d}x = 2\pi\mathrm{i}\mathrm{Res}[R(z)\mathrm{e}^{\mathrm{i}z}, \mathrm{i}] = 2\pi\mathrm{i}\frac{\mathrm{e}^{-1}}{2} = \pi\mathrm{i}\mathrm{e}^{-1},$$
$$\int_{-\infty}^{+\infty} \frac{x\sin x}{x^2+1}\mathrm{d}x = \mathrm{Im}\left\{\int_{-\infty}^{+\infty} \frac{x\mathrm{e}^{\mathrm{i}x}}{x^2+1}\mathrm{d}x\right\} = \pi\mathrm{e}^{-1},$$
又因为被积函数为偶函数, 故
$$I = \int_{0}^{+\infty} \frac{x\sin x}{x^2+1}\mathrm{d}x = \frac{1}{2}\int_{-\infty}^{+\infty} \frac{x\sin x}{x^2+1}\mathrm{d}x = \frac{1}{2}\pi\mathrm{e}^{-1}.$$

我们应该注意, 应用例 5.14 和例 5.15 中的方法, 求出的是广义积分的主值. 但在实际问题中, 或者只需要求主值, 或者难以预先判断出这一广义积分的收敛性, 在此种情形下, 所求出的那个主值恰好就是所需要的值.

另一方面, 上面所提到的例 5.14 和例 5.15 两类积分中, 都要求被积函数 $R(x)$ 在实轴上无奇点. 对于 $R(x)$ 在实轴上有孤立奇点的情形, 可适当改变积分路径, 使得所求积分是可积的. 有兴趣的读者可以阅读有关参考文献.

5.3 辐角原理及其应用

5.3.1 对数留数

定义 5.3 设函数 $\dfrac{f'(z)}{f(z)}$ 在简单闭曲线 C 上解析, 则形如
$$\frac{1}{2\pi\mathrm{i}}\oint_C \frac{f'(z)}{f(z)}\mathrm{d}z \tag{5.7}$$
的积分称为函数 $f(z)$ 关于 C 的对数留数.

这是因为有 $[\ln f(z)]' = \dfrac{f'(z)}{f(z)}$, 当 C 为正向简单闭曲线时, 对数留数就是函数 $f(z)$ 的对数导数 $\dfrac{f'(z)}{f(z)}$ 在 C 内部各孤立奇点处留数的代数和.

显然, 函数 $f(z)$ 的零点和奇点都可能是 $\dfrac{f'(z)}{f(z)}$ 的奇点, 下面给出 $f(z)$ 的零点、极点与 $\dfrac{f'(z)}{f(z)}$ 的关系.

定理 5.5 (1) 若 $z = z_1$ 是函数 $f(z)$ 的 n 阶零点, 则 z_1 为 $\dfrac{f'(z)}{f(z)}$ 的一阶极点, 且

$$\operatorname{Res}\left[\frac{f'(z)}{f(z)}, z_1\right] = n; \tag{5.8}$$

(2) 若 $z = z_2$ 是函数 $f(z)$ 的 m 阶极点, 则 z_2 为 $\dfrac{f'(z)}{f(z)}$ 的一阶极点, 且

$$\operatorname{Res}\left[\frac{f'(z)}{f(z)}, z_2\right] = -m. \tag{5.9}$$

证明 由于点 z_1 为 $f(z)$ 的 n 阶零点, 则在 z_1 的邻域内有 $f(z) = (z-z_1)^n \varphi(z)$, 其中 $\varphi(z)$ 在 z_1 的邻域内解析, 且 $\varphi(z_1) \neq 0$, 于是当 $z \neq z_1$ 时, $\dfrac{f'(z)}{f(z)} = \dfrac{n}{z - z_1} + \dfrac{\varphi'(z)}{\varphi(z)}$. 由于 $\varphi(z_1) \neq 0$, 所以 z_1 是 $\dfrac{f'(z)}{f(z)}$ 的一阶极点, 且 $\operatorname{Res}\left[\dfrac{f'(z)}{f(z)}, z_1\right] = n$. 若 z_2 点为 $f(z)$ 的 m 阶极点, 则在 z_2 的某个去心邻域内有 $f(z) = \dfrac{\varphi(z)}{(z - z_2)^m}$, 其中 $\varphi(z)$ 在点 z_2 的某一邻域内解析, 且 $\varphi(z_2) \neq 0$, 由此可得

$$\frac{f'(z)}{f(z)} = -\frac{m}{z - z_2} + \frac{\varphi'(z)}{\varphi(z)},$$

这时 z_2 是 $\dfrac{f'(z)}{f(z)}$ 的一阶极点, 且 $\operatorname{Res}\left[\dfrac{f'(z)}{f(z)}, z_2\right] = -m$.

关于对数留数, 有下面的重要定理.

定理 5.6 (对数留数定理) 设 $f(z)$ 在简单正向闭区曲线 C 上解析且不为零, 在 C 内除去有限个极点外处处解析, 则

$$\frac{1}{2\pi \mathrm{i}} \oint_C \frac{f'(z)}{f(z)} \mathrm{d}z = N - P, \tag{5.10}$$

其中 N 与 P 分别表示 $f(z)$ 在 C 内部的零点与极点的总个数 (一个 m 阶零点算作 m 个零点, 一个 n 阶极点算作 n 个极点).

证明 设 $f(z)$ 在曲线 C 所围成的区域内的零点为 $z = a_k (k = 1, 2, 3, \cdots, p)$, 其阶相应的为 n_k, 极点为 $z = b_j (j = 1, 2, \cdots, q)$, 其阶相应的为 p_j. 由留数定理及定理 5.5, 可得

$$\frac{1}{2\pi \mathrm{i}} \oint_C \frac{f'(z)}{f(z)} \mathrm{d}z = \sum_{k=1}^{p} \operatorname{Res}\left[\frac{f'(z)}{f(z)}, a_k\right] + \sum_{j=1}^{q} \operatorname{Res}\left[\frac{f'(z)}{f(z)}, b_j\right]$$

5.3 辐角原理及其应用

$$= \sum_{k=1}^{p} n_k + \sum_{j=1}^{q} (-p_j) = N - P.$$

定理 5.6 给出了函数 $f(z)$ 关于简单正向闭曲线 C 的对数留数与它在 C 的内部零点与极点个数的关系.

例 5.16 利用对数留数定理计算下列积分:

(1) $\dfrac{1}{2\pi i} \oint_{|z|=6} \dfrac{f'(z)}{f(z)} dz$, 其中 $f(z) = \dfrac{z^5(z-5)}{(z-1)^2[z-(2+i)]^3}$;

(2) $\oint_{|z|=4} \dfrac{6z^2 - 14}{z^3 - 7z + 6} dz$.

解 (1) 易知 $f(z)$ 的零点个数 $N = 5 + 1 = 6$. 极点个数 $P = 2 + 3 = 5$, 故

$$\frac{1}{2\pi i} \oint_{|z|=6} \frac{f'(z)}{f(z)} dz = N - P = 1.$$

(2) 令 $f(z) = z^3 - 7z + 6$, 则 $f'(z) = 3z^2 - 7$, 且 $f(z)$ 的零点个数 $N = 3$, 极点个数 $P = 0$, 故

$$\oint_{|z|=4} \frac{6z^2 - 14}{z^3 - 7z + 6} dz = 2 \oint_{|z|=4} \frac{f'(z)}{f(z)} dz = 4\pi i(N - P) = 4\pi i(3 - 0) = 12\pi i.$$

5.3.2 辐角原理

首先讨论对数留数的几何意义.

考虑变换 $w = f(z)$, 当 z 沿上述闭曲线 C 的正向绕行一周时, 对应的点 w 就在 w 平面上画出一条连续的闭曲线 Γ, 它不一定是简单的闭曲线, 可以有重点, 也可以按正向绕原点若干圈. 由于 $w = f(z)$ 在 C 上不为零, 所以 Γ 在 w 平面内不过原点, 如图 5.3 所示.

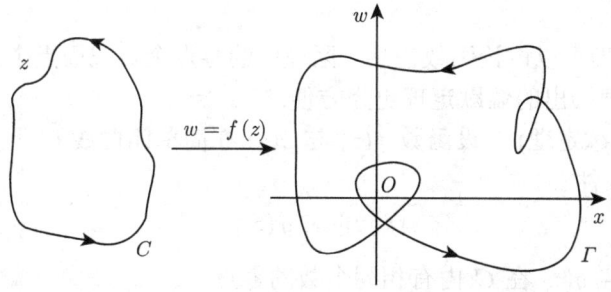

图 5.3

设 $z = z(t)$ $(\alpha \leqslant t \leqslant \beta)$ 为简单闭曲线 C, z_0 为 C 上一点 (当 $t = \alpha$ 及 $t = \beta$ 时), 则函数 $f(z)$ 关于闭曲线 C 的对数留数

$$\begin{aligned}
\frac{1}{2\pi i} \oint_C \frac{f'(z)}{f(z)} dz &= \frac{1}{2\pi i} \int_\alpha^\beta \frac{f'[z(t)]}{f[z(t)]} z'(t) dt = \frac{1}{2\pi i} \int_\alpha^\beta \{\mathrm{Ln} f[z(t)]\}' dt \\
&= \frac{1}{2\pi i} \int_\alpha^\beta \{\ln|f[z(t)]| + i \mathrm{Arg} f[z(t)]\}' dt \\
&= \frac{1}{2\pi i} \ln|f[z(t)]| \Big|_\alpha^\beta + \frac{1}{2\pi} \mathrm{Arg} f[z(t)] \Big|_\alpha^\beta \\
&= \frac{1}{2\pi} \{\mathrm{Arg} f[z(\beta)] - \mathrm{Arg} f[z(\alpha)]\} \\
&= \frac{2k\pi}{2\pi} = k \quad (k\text{为整数}),
\end{aligned}$$

由此可见, 函数 $f(z)$ 关于闭曲线 C 的对数留数的几何意义是曲线 $\varGamma$ 绕原点 $\omega = 0$ 旋转次数的代数和 ($\varGamma$ 绕 $\omega = 0$ 逆时针转一周次数为 1, 顺时针转一周次数为 -1). 如果记 z 沿着 C 的方向由起点回到终点绕行一次后, 其辐角改变量为 $\Delta_C \mathrm{Arg} f(z)$, 则式 (5.10) 可改写为

$$N - P = \frac{1}{2\pi} \Delta_C \mathrm{Arg} f(z). \tag{5.11}$$

若函数 $f(z)$ 在 C 内解析, 则 $P = 0$, 于是有

$$N = \frac{1}{2\pi} \Delta_C \mathrm{Arg} f(z). \tag{5.12}$$

可以利用式 (5.12) 来计算在 C 内解析的函数 $f(z)$ 在 C 内零点的个数, 这就是辐角原理.

定理 5.7(辐角原理) 若 $f(z)$ 在简单闭曲线 C 上及 C 的内部解析, 且在 C 上不等于零, 那么 $f(z)$ 在 C 内零点的个数等于当 z 沿 C 的反方向绕行一周时 $f(z)$ 辐角的改变量除以 2π.

5.3.3 儒歇定理

利用辐角原理可以讨论函数在某一区域内的零点个数或极点个数, 而在具体应用时, 由辐角原理推出的儒歇定理更为方便.

定理 5.8(儒歇定理) 设函数 $f(z)$ 与 $g(z)$ 在简单闭曲线 C 上及 C 内部解析, 且在 C 上满足条件

$$|f(z)| > |g(z)|, \tag{5.13}$$

则 $f(z)$ 和 $f(z) + g(z)$ 在 C 内有相同个数的零点.

证明 由式 (5.13) 可知, $|f(z) + g(z)| \geqslant |f(z) - g(z)| > 0$, 即 $f(z)$ 与 $F(z) = f(z) + g(z)$ 在 C 上无零点, 用 N_f, N_F 分别表示 $f(z)$ 和 $F(z)$ 在 C 内的零点个数.

由于 $f(z)$ 与 $F(z)$ 在 C 内部解析, 根据辐角原理, 有

$$N_f = \frac{1}{2\pi}\Delta_C \mathrm{Arg} f(z),$$

$$\begin{aligned}N_F &= \frac{1}{2\pi}\Delta_C \mathrm{Arg}\left[f(z)+g(z)\right] = \frac{1}{2\pi}\Delta_C \mathrm{Arg}\left[f(z)\left(1+\frac{g(z)}{f(z)}\right)\right]\\ &= \frac{1}{2\pi}\Delta_C \mathrm{Arg} f(z) + \frac{1}{2\pi}\Delta_C \mathrm{Arg}\left[1+\frac{g(z)}{f(z)}\right]\\ &= N_f + \frac{1}{2\pi}\Delta_C \mathrm{Arg}\left[1+\frac{g(z)}{f(z)}\right],\end{aligned}$$

要想证明 $N_F = N_f$, 只需证明 $\Delta_C \mathrm{Arg}\left[1+\frac{g(z)}{f(z)}\right]=0$ 即可.

事实上, 由于在 C 上 $|f(z)|>|g(z)|$, 令 $\omega = 1+\frac{g(z)}{f(z)}$, 则 $|\omega - 1| = \left|\frac{g(z)}{f(z)}\right|<1$, 即 ω 落在以 1 为圆心的单位圆内, 所以 C 的像曲线 $\omega = 1+\frac{g(z)}{f(z)}(z\in C)$ 不围绕原点, 从而有 $\Delta_C \mathrm{Arg}\left(1+\frac{g(z)}{f(z)}\right)=0$, 所以 $N_F = N_f$.

例 5.17 利用儒歇定理证明代数基本定理: n 次方程

$$a_0 z^n + a_1 z^{n-1} + \cdots + a_{n-1} z + a_n = 0, \quad a_0 \neq 0$$

有 n 个根.

证明 设 $f(z) = a_0 z^n, g(z) = a_1 z^{n-1} + a_2 z^{n-2} + \cdots + a_{n-1} z + a_n$. 令 $R>0$ 充分大, 不妨取

$$R = \frac{|a_1|+|a_2|+\cdots+|a_{n-1}|+|a_n|}{|a_0|},$$

则在 $|z|=R>1$ 上有

$$\begin{aligned}|f(z)| &= |a_0 z^n| = |a_0|R^n = (|a_1|+|a_2|+\cdots+|a_{n-1}|+|a_n|)R^{n-1}\\ &> |a_1|R^{n-1}+|a_2|R^{n-2}+\cdots+|a_{n-1}|R+|a_n| \geqslant |g(z)|,\end{aligned}$$

由儒歇定理可知, 函数 $f(z)$ 与 $f(z)+g(z)$ 在 $|z|<R$ 内有一个 n 阶零点, 所以

$$f(z)+g(z) = a_0 z^n + a_1 z^{n-1}+\cdots+a_{n-1}z+a_n$$

在 $|z|<R$ 内有 n 个零点. 又因为当 $|z|\geqslant R$ 时, 有 $|f(z)|>|g(z)|$, 所以当 $|z|\geqslant R$ 时, 有 $f(z)+g(z)\neq 0$. 因此方程

$$a_0 z^n + a_1 z^{n-1}+\cdots+a_{n-1}z+a_n=0$$

只有 n 个根.

例 5.18 求方程 $z^4 - 6z + 3 = 0$ 在 $|z| < 1$ 与 $1 < |z| < 2$ 内根的个数.

解 设 $f(z) = -6z, g(z) = z^4 + 3$,在 $|z| = 1$ 上,有

$$|f(z)| = |-6z| = 6, \quad |g(z)| = |z^4 + 3| \leqslant |z|^4 + 3 = 4,$$

即 $|f(z)| > |g(z)|$. 由儒歇定理知,$f(z)$ 与 $f(z) + g(z)$ 在 $|z| < 1$ 内的零点个数相同. 而 $f(z) = -6z$ 在 $|z| < 1$ 内只有 1 个零点,所以 $f(z) + g(z)$ 在 $|z| < 1$ 内也只有 1 个零点,即方程 $z^4 - 6z + 3 = 0$ 在 $|z| < 1$ 内只有一个根.

另设 $f(z) = z^4, g(z) = z^4 - 6z + 3$,在 $|z| = 2$ 上,有

$$|f(z)| = |z^4| = 16, \quad |g(z) - f(z)| = |-6z + 3| \leqslant 6|z| + 3 = 15,$$

即 $|f(z)| > |g(z) - f(z)|$. 由儒歇定理知,$f(z)$ 与 $g(z) - f(z) + f(z) = g(z)$ 在 $|z| < 2$ 内的零点个数相同. 而 $f(z) = z^4$ 在 $|z| < 2$ 内有 4 个零点,所以 $g(z)$ 在 $|z| < 2$ 内也有 4 个零点. 然而 $g(z)$ 在 $|z| < 1$ 内只有 1 个零点,在 $|z| = 1$ 上无零点. 所以在 $1 < |z| < 2$ 内,$g(z)$ 有 3 个零点,即方程 $z^4 - 6z + 3 = 0$ 在 $1 < |z| < 2$ 内有 3 个根.

习 题 5

1. 求下列各函数在孤立奇点(不考虑无穷远点)的留数:

(1) $f(z) = \dfrac{1}{z^2 - z^4}$;

(2) $f(z) = \dfrac{z+1}{z^2(z+2)}$;

(3) $f(z) = \dfrac{1 - \mathrm{e}^{2z}}{z^4}$;

(4) $f(z) = \mathrm{e}^{\frac{1}{z-1}}$;

(5) $f(z) = \dfrac{1}{\cos z}$;

(6) $f(z) = \tan z$;

(7) $\dfrac{z^{2n}}{1 + z^n}$ (n 为正整数);

(8) $f(z) = \cot^2 z$.

2. 求 $\mathrm{Res}[f(z), \infty]$ 的值,如果 $f(z)$ 为

(1) $f(z) = \dfrac{\mathrm{e}^z}{z^2 - 1}$;

(2) $f(z) = \dfrac{z}{z^3 - 1}$;

(3) $f(z) = \dfrac{z^2 + 1}{\mathrm{e}^z}$;

(4) $f(z) = \cos z - \sin z$.

3. 设 $\varphi(z)$ 在 z_0 点解析,点 z_0 为 $f(z)$ 的一阶极点,且 $\mathrm{Res}[f(z), z_0] = A$. 证明:

$$\mathrm{Res}[f(z)\varphi(z), z_0] = A\varphi(z_0).$$

4. 利用留数计算下列积分(圆周 C 均取正向):

(1) $\oint_C \dfrac{\sin z}{z} \mathrm{d}z, \quad C: |z| = \dfrac{3}{2}$;

(2) $\oint_C \dfrac{5z - 2}{z(z-1)^2} \mathrm{d}z, \quad C: |z| = 2$;

(3) $\oint_C \dfrac{\mathrm{e}^{\mathrm{i}z}}{1 + z^2} \mathrm{d}z, \quad C: |z| = 2$;

(4) $\oint_C \dfrac{1}{z \sin z} \mathrm{d}z, \quad C: |z| = 1$;

(5) $\oint_C z\mathrm{e}^{\frac{1}{z}}\mathrm{d}z$, $C:|z|=1$;

(6) $\oint_C \tan\pi z\mathrm{d}z$, $C:|z|=3$;

(7) $\oint_C \dfrac{1}{1+z^4}\mathrm{d}z$, $C:|z|=2$;

(8) $\oint_C \dfrac{1}{z^2-a^2}\mathrm{d}z$, $C:|z-a|=a\,(a>0)$;

(9) $\oint_C \dfrac{1-\cos z}{z^m}\mathrm{d}z$, $C:|z|=\dfrac{3}{2}$, m 为正整数;

(10) $\oint_C \dfrac{z^3}{1+z}\mathrm{e}^{\frac{1}{z}}\mathrm{d}z$, $C:|z|=2$.

5. 求下列各积分的值：

(1) $\displaystyle\int_0^{2\pi} \dfrac{\mathrm{d}\theta}{a+\cos\theta}\quad(a>1)$;

(2) $\displaystyle\int_0^{\pi} \dfrac{\mathrm{d}\theta}{a+\sin^2\theta}\quad(a>0)$;

(3) $\displaystyle\int_{-\infty}^{+\infty} \dfrac{\mathrm{d}x}{x^2+2x+2}$;

(4) $\displaystyle\int_0^{+\infty} \dfrac{x^2\mathrm{d}x}{1+x^4}$;

(5) $\displaystyle\int_0^{+\infty} \dfrac{x\sin x}{1+x^2}\mathrm{d}x$;

(6) $\displaystyle\int_{-\infty}^{+\infty} \dfrac{\cos x}{(x^2+1)(x^2+9)}\mathrm{d}x$.

6. 利用公式 $\dfrac{1}{2\pi\mathrm{i}}\oint_C \dfrac{f'(z)}{f(z)}\mathrm{d}z = N-P$, 计算下列积分:

(1) $\oint_C \dfrac{1}{z}\mathrm{d}z$, $C:|z|=3$;

(2) $\oint_C \dfrac{z}{z^2-1}\mathrm{d}z$, $C:|z|=3$;

(3) $\oint_C \tan z\mathrm{d}z$, $C:|z|=3$;

(4) $\oint_C \dfrac{1}{z(z-1)}\mathrm{d}z$, $C:|z|=3$.

7. 设 $f(z)=(z-1)(z-2)^2(z-4)$, $C:|z|=3$, 试验证辐角原理.

8. 试证：当 $|a|>\mathrm{e}$ 时, 方程 $\mathrm{e}^z-az^n=0$ 在单位圆 $|z|<1$ 内有 n 个根.

9. 求方程 $z^2-3z+2=0$ 在圆域 $|z|<\dfrac{3}{2}$ 内根的个数.

10. 证明方程 $z^7-z^3+12=0$ 的根都在圆环域 $1\leqslant|z|\leqslant 2$ 内.

第 6 章 保 形 映 射

由第 1 章知识可知,函数 $w = f(z)$ 可以看成是把 z 平面上的定义集合 G 变到 w 平面上的函数值集合 W 的映射或变换. 对解析函数来说,这种映射在实际问题中有很多应用,因此,有必要作进一步的研究. 本章首先分析解析函数所构成映射的特性,给出保形映射的概念;其次,研究分式线性函数和几个初等函数所构成的保形映射的性质,最后简要介绍保形映射的两个一般性定理——黎曼定理和边界对应原理.

6.1 保形映射的概念

解析函数所确定的映射是保形映射,它是复变函数理论中最重要的概念之一,与物理中的概念有着密切的联系,而且对物理学中许多领域有重要的应用. 例如,应用保形映射成功地解决了流体力学与空气动力学、弹性力学、磁场、电场与热场理论以及其他方面的许多实际问题. 20 世纪中亚音速及超音速飞机的研制促进了保形映射理论到拟保形映射理论的快速发展.

在给出保形映射概念之前,先对曲线上切线正向给出规定.

如果 z 平面上的一条连续曲线 C,它的参数方程为 $z = z(t), \alpha \leqslant t \leqslant \beta$,假设 $z'(t_0) \neq 0, \alpha < t_0 < \beta$,那么,把起点取在 $z_0 = z(t_0)$,表示 $z'(t_0)$ 的向量与曲线 C 相切于点 z_0.

如果规定:通过曲线 C 上两点 P_0 和 P 的割线 P_0P 的正向对应于参数 t 增大的方向,那么,这个方向和表示向量

$$\frac{z(t_0 + \Delta t) - z(t_0)}{\Delta t}$$

的方向是相同的. 此处,$z(t_0)$ 和 $z(t_0 + \Delta t)$ 分别为点 P_0 和 P 所对应的复数 (图 6.1(a)).

当点 P 沿着曲线 C 无限趋近于点 P_0 时,割线 P_0P 的极限位置就是曲线 C 上点 P_0 处的切线,因此,表示

$$z'(t_0) = \lim_{\Delta t \to 0} \frac{z(t_0 + \Delta t) - z(t_0)}{\Delta t}$$

的向量与曲线 C 相切于点 $z_0 = z(t_0)$,从而这个向量与 x 轴正向之间的夹角为 $\operatorname{Arg} z'(t_0)$.

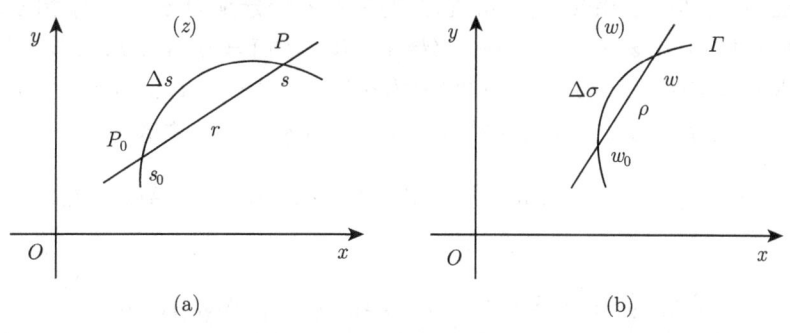

图 6.1

再规定: 表示 $z'(t_0) \neq 0$ 的向量的方向作为在曲线 C 上点 z_0 处的切线的正向, 那么, ①$\operatorname{Arg} z'(t_0)$ 就是在曲线 C 上点 z_0 处的切线的正向与 x 轴正向之间的夹角; ②相交于点 z_0 的两条曲线 C_1 与 C_2 之间的夹角就是 C_1 与 C_2 上点 z_0 处的两条切线的正向之间的夹角.

有了上面对曲线切线正向以及两条曲线相交点处夹角的规定, 下面来讨论解析函数导数的几何意义, 并由此给出保形映射的概念.

6.1.1 解析函数导数的几何意义

假设复变函数 $w = f(z)$ 在 z_0 处解析, 且 $f'(z_0) \neq 0$, 又设 C 为 z 平面上通过点 z_0 的曲线 (图 6.1(a)), 它的参数方程为: $z = z(t)$, $\alpha \leqslant t \leqslant \beta$, 并且 $z_0 = z(t_0)$, $z'(t_0) \neq 0$, $\alpha < t_0 < \beta$, 映射 $w = f(z)$ 将曲线 C 映射成 w 平面上通过点 $w_0 = f(z_0)$ 的一条曲线 Γ (图 6.1(b)), 它的参数方程为: $w = f(z(t)) = w(t)$, $\alpha \leqslant t \leqslant \beta$. 由于 $w'(t_0) = f'(z_0)z'(t_0) \neq 0$, 所以, 根据前面的讨论可知, 在 Γ 上点 w_0 处的切线正向与 u 轴 (即 w 平面上的实轴) 正向之间的夹角为

$$\operatorname{Arg} w'(t_0) = \operatorname{Arg} f'(z_0) + \operatorname{Arg} z'(t_0),$$

也就是

$$\operatorname{Arg} f'(z_0) = \operatorname{Arg} w'(t_0) - \operatorname{Arg} z'(t_0). \tag{6.1}$$

如果假设 x 轴和 u 轴、y 轴和 v 轴 (即 w 平面上的虚轴) 的正向相同, 并且将原来的切线的正向与映射后的切线的正向之间的夹角理解为曲线 C 的转动角, 那么式 (6.1) 就表示:

导数 $f'(z_0) \neq 0$ 的辐角 $\operatorname{Arg} f'(z_0)$ 是经过映射 $w = f(z)$ 后曲线 C 的转动角, 它与曲线 C 的形状和方向无关.

下面考虑两条曲线相交点处的夹角.

假设曲线 C_1 与 C_2 相交于点 z_0, 它们的参数方程分别为 $z = z_1(t)$ 和 $z = z_2(t)$, $\alpha \leqslant t \leqslant \beta$; 并且 $z_0 = z_1(t_0) = z_2(t_0)$, $z_1'(t_0) \neq 0$, $z_2'(t_0) \neq 0$, $\alpha < t_0 < \beta$. 又设映射 $w = f(z)$ 将两条曲线 C_1 与 C_2 分别映射为相较于点 $w_0 = f(z_0)$ 的曲线 Γ_1 与 Γ_2, 它们的参数方程分别为 $w = w_1(t)$ 和 $w = w_2(t)$, $\alpha \leqslant t \leqslant \beta$, 由式 (6.1) 有

$$\operatorname{Arg} f'(z_0) = \operatorname{Arg} w_1'(t_0) - \operatorname{Arg} z_1'(t_0) = \operatorname{Arg} w_2'(t_0) - \operatorname{Arg} z_2'(t_0),$$

即

$$\operatorname{Arg} w_2'(t_0) - \operatorname{Arg} w_1'(t_0) = \operatorname{Arg} z_2'(t_0) - \operatorname{Arg} z_1'(t_0). \tag{6.2}$$

式 (6.2) 左端是曲线 Γ_1 与 Γ_2 之间的夹角, 右端是曲线 C_1 与 C_2 之间的夹角, 因此, 式 (6.2) 表示: 相交于点 z_0 的任何两条曲线 C_1 与 C_2 之间的夹角, 在其大小和方向上都等于经过 $w = f(z)$ 映射后跟 C_1 与 C_2 对应的曲线 Γ_1 与 Γ_2 之间的夹角 (图 6.2). 这就是这种映射具有保持两曲线间夹角的大小和方向不变的性质, 这种性质称为**保角性**.

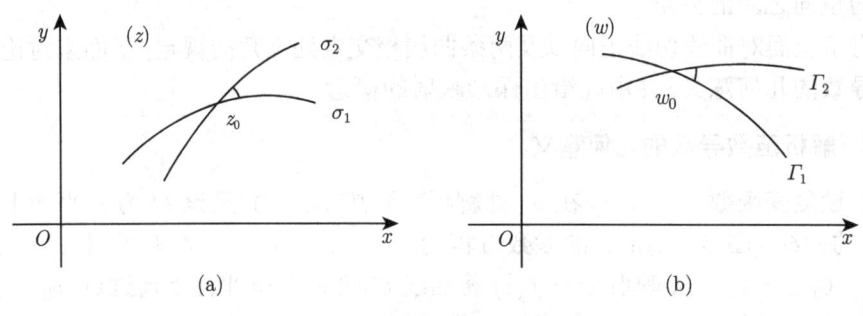

图 6.2

下面再来解释函数 $w = f(z)$ 在点 z_0 导数的模 $|f'(z_0)|$ 的几何意义.

设 $z - z_0 = re^{i\theta}$, $w - w_0 = \rho e^{i\varphi}$, 并且用 Δs 表示曲线 C 上对应点 z_0 与 z 之间的一段弧长, $\Delta\sigma$ 表示曲线 Γ 上对应点 w_0 与 w 之间的一段弧长 (图 6.1), 由于

$$\frac{w - w_0}{z - z_0} = \frac{f(z) - f(z_0)}{z - z_0} = \frac{\rho e^{i\varphi}}{re^{i\theta}} = \frac{\Delta\sigma}{\Delta s} \cdot \frac{\rho}{\Delta\sigma} \cdot \frac{\Delta s}{r} \cdot e^{i(\varphi - \theta)}, \tag{6.3}$$

而 $\lim\limits_{z \to z_0} \dfrac{\rho}{\Delta\sigma} = 1$, $\lim\limits_{z \to z_0} \dfrac{\Delta s}{r} = 1$, 所以得到

$$|f'(z_0)| = \lim_{z \to z_0} \frac{\Delta\sigma}{\Delta s}, \tag{6.4}$$

这个极限值称为曲线 C 在点 z_0 的伸缩率. 因此, 式 (6.4) 表明: $|f'(z_0)|$ 是经过映射 $w = f(z)$ 后通过点 z_0 的任何曲线 C 在 z_0 的伸缩率, 它与曲线 C 的形状及方向无关. 所以, 这种映射又具有**伸缩率不变性**.

6.1.2 保形映射的概念

定义 6.1 凡是具有保角性和伸缩率不变性的映射称为保形映射,或称为第一类保形映射.

基于上面讨论和定义,可以得到如下定理.

定理 6.1 如果函数 $w = f(z)$ 在 z_0 处解析,且 $f'(z_0) \neq 0$,则映射 $w = f(z)$ 在 z_0 处是保形的,而且 $\mathrm{Arg}\, f'(z_0)$ 表示这个映射在 z_0 的转动角,$|f'(z_0)|$ 表示伸缩率.

与第一类保形映射不同,仅保持角度的绝对值不变而方向相反的映射,称为第二类保形映射.

例如,在第 1 章讲过,函数 $w = \bar{z}$ 是关于实轴的对称映射 (图 6.3),由 $w = \bar{z} = r\mathrm{e}^{-\mathrm{i}\theta}$ 可知,以 z 为顶点的角,经过该映射后,仅仅改变了方向,因此,$w = \bar{z}$ 是第二类保形映射.

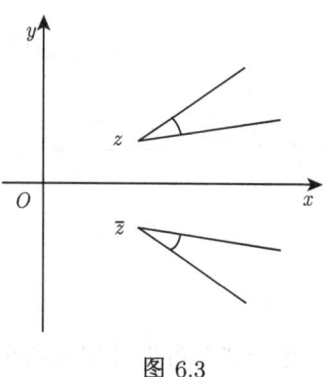

图 6.3

6.2 分式线性映射

分式线性映射的一般形式是

$$w = \frac{az+b}{cz+d} \quad (ad-bc \neq 0), \tag{6.5}$$

其中 a, b, c, d 均为常数,它是保形映射中比较简单但又是非常重要的一类映射.

由于

$$\frac{\mathrm{d}w}{\mathrm{d}z} = \frac{ad-bc}{(cz+d)^2},$$

所以,为了保证映射的保角性,必须要求 $ad-bc \neq 0$,否则由 $\dfrac{\mathrm{d}w}{\mathrm{d}z} = 0$ 可得 $w \equiv$ 常数,这个映射将整个 z 平面映射到 w 平面上的一个点.

下面讨论分式线性映射一般形式的几种特殊情况. 为了方便起见,把 z 平面和 w 平面重合在一起.

1. $w = z + b$

这是一个平移映射. z 沿向量 b(复数 b 表示的向量) 的方向平行移动一段距离 $|b|$ 后,就得到 w(图 6.4).

2. $w = az$

这是一个旋转与伸长或缩短的映射. 设 $z = r\mathrm{e}^{\mathrm{i}\theta}$, $a = \lambda\mathrm{e}^{\mathrm{i}\alpha}$, 那么 $w = r\lambda\mathrm{e}^{\mathrm{i}(\alpha+\theta)}$. 因此,把 z 先旋转一个角度 α,再将 $|z|$ 伸长或缩短 λ 倍后,就得到 w(图 6.5).

1.和 2.两种映射在整个复平面上是保形映射、一一对应映射,将圆周变为圆周的映射.

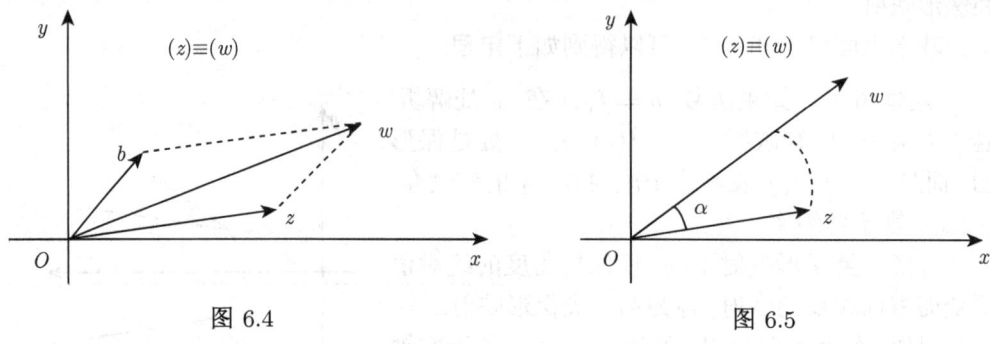

图 6.4   图 6.5

3. $w = \dfrac{1}{z}$

这个映射可以分解为两个映射的复合:

$$w_1 = \frac{1}{\bar{z}}, \quad w = \overline{w}_1.$$

为了以几何的方法从 z 得到 w,我们来研究关于已知圆周对称的一对点. 设 C 是以原点为圆心、r 为半径的圆周. 在以圆心为起点的射线上,如果 P 和 P' 两个点满足关系式:

$$OP \cdot OP' = r^2,$$

那么就称 P 和 P' 是关于圆周 C 相互对称的两个点.

根据平面几何知识,可以作出关于圆周 C 相互对称的两个点 P 和 P'. 设 P 在圆周 C 外,过点 P 作圆周 C 的两条切线 PT 和 PT',T 和 T' 为切点,连接 OT,OT' 和 OP,TT' 和 OP 垂直相交于点 P',那么,P 和 P' 就是关于圆周 C 相互对称的两个点 (图 6.6).

这是因为,$\triangle OP'T \sim \triangle OTP$,所以,$OP':OT = OT:OP$,即

$$OP \cdot OP' = OT^2 = r^2.$$

规定:圆心 O 的对称点是无穷远点.

设 $z = re^{i\theta}$,那么 $w_1 = \dfrac{1}{\bar{z}} = \dfrac{1}{r}e^{i\theta}$,$w = \overline{w}_1 = \dfrac{1}{r}e^{-i\theta}$,由此可知,$z$ 与 w_1 是关于单位圆周 $|z| = 1$ 相互对称的点,w_1 和 w 是关于实轴相互对称的点. 因此,要从 z 作出 $w = \dfrac{1}{z}$,首先作出 z 关于单位圆周 $|z| = 1$ 对称的点 w_1,然后再作出 w_1 关于实轴对称的点 w(图 6.7).

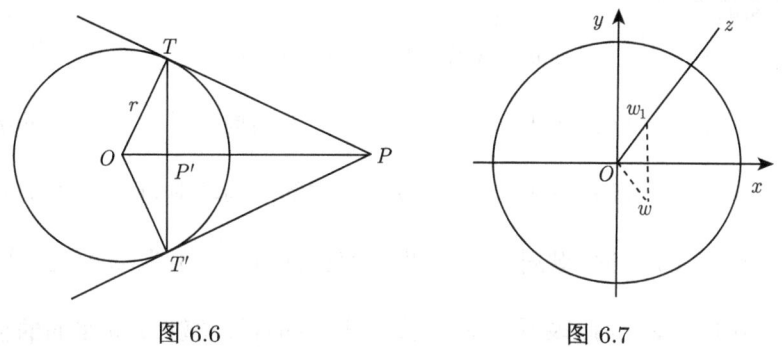

图 6.6　　　　　　　图 6.7

容易看出, 映射 $w = \dfrac{1}{z}$ 除原点外, 在复平面上是保形映射, 也是一一对应映射.

映射 $w = \dfrac{1}{z}$ 把圆周 $|z| = R$ 外一点 z_0 映射成圆周 $|w| = \dfrac{1}{R}$ 内一点 w_0, 但是, $w = 0$ 不与 z 平面内任何有限远点相对应. 显然, 当 R 充分大时, 圆周 $|z| = R$ 外的点相应地落在 $w = 0$ 的任意小邻域内. 为了方便起见, 规定: 在映射 $w = \dfrac{1}{z}$ 下, w 平面内 $w = 0$ 对应于 z 平面的无穷远点 $z = \infty$. 也就是说, 在映射 $w = \dfrac{1}{z}$ 下, $w = 0$ 与 $z = \infty$ 对应. 如果把 $w = \dfrac{1}{z}$ 改写成 $z = \dfrac{1}{w}$, 则 $z = 0$ 与 $w = \infty$ 对应. 这样, $w = \dfrac{1}{z}$ 在扩充复平面上也是一一对应的.

再规定: 两条伸向无穷远的曲线在无穷远点的交角, 等于它们在映射 $w = \dfrac{1}{z}$ 下所变成的通过坐标原点的两条曲线的交角. 这样, 映射 $w = \dfrac{1}{z}$ 在扩充复平面上也是处处保角的.

如果令 $x + \mathrm{i}y$, 那么对映射 $w = \dfrac{1}{z}$ 来说, 由于 $w = \dfrac{1}{z} = u + \mathrm{i}v$, 所以

$$w = \frac{1}{z} = \frac{1}{x + \mathrm{i}y} = \frac{x}{x^2 + y^2} - \mathrm{i}\frac{y}{x^2 + y^2},$$

即有

$$u = \frac{x}{x^2 + y^2}, \quad v = \frac{-y}{x^2 + y^2},$$

也就有

$$x = \frac{u}{u^2 + v^2}, \quad y = \frac{-v}{u^2 + v^2}.$$

因此, 映射 $w = \dfrac{1}{z}$ 将 z 平面的方程

$$a(x^2 + y^2) + bx + cy + d = 0$$

变为 w 平面的方程
$$d(u^2+v^2)+bu-cv+a=0.$$

当 $a\neq 0$ 且 $d\neq 0$ 时, 映射 $w=\dfrac{1}{z}$ 将 z 平面的圆周映射为 w 平面的圆周;

当 $a\neq 0$ 且 $d=0$ 时, 映射 $w=\dfrac{1}{z}$ 将 z 平面的圆周映射为 w 平面的直线;

当 $a=0$ 且 $d\neq 0$ 时, 映射 $w=\dfrac{1}{z}$ 将 z 平面的直线映射为 w 平面的圆周;

当 $a=0$ 且 $d=0$ 时, 映射 $w=\dfrac{1}{z}$ 将 z 平面的直线映射为 w 平面的直线;

如果把直线看成是直径为无穷大的圆, 那么映射 $w=\dfrac{1}{z}$ 把 z 平面的圆周映射为 w 平面的圆周, 即映射 $w=\dfrac{1}{z}$ 具有保圆性.

对于一般形式的分式线性映射 $w=\dfrac{az+b}{cz+d}\,(ad-bc\neq 0)$, 如果 $c=0$, 那么 $w=\mu z+\lambda\left(\mu=\dfrac{a}{d},\lambda=\dfrac{b}{d}\right)$ 就可以看成是 $w=w_1+\lambda$ 与 $w_1=\mu z$ 的复合; 如果 $c\neq 0$, 那么
$$w=\frac{a}{c}+\frac{bc-ad}{c^2}\cdot\frac{1}{z+\dfrac{d}{c}},$$

令 $A=\dfrac{a}{c},B=\dfrac{bc-ad}{c^2},C=\dfrac{d}{c}$, 则有
$$w=A+\frac{B}{z+C},$$

因此, 分式线性映射 $w=\dfrac{az+b}{cz+d}$ 可以看成是由上面已经讨论过的三个映射复合而成的.

总结: 分式线性映射在扩充复平面上是一一对应的, 并且是具有保圆性的保形映射.

6.3 唯一决定分式线性映射的条件

在一般形式的分式线性映射 $w=\dfrac{az+b}{cz+d}\,(ad-bc\neq 0)$ 中含有四个常数 a, b, c 和 d. 由于 $ad-bc\neq 0$, 所以 a, b, c 和 d 不全为零, 用其中一个去除分子和分母, 就可将分式中四个常数化为三个常数, 所以, 分式线性映射 $w=\dfrac{az+b}{cz+d}\,(ad-bc\neq 0)$ 中仅含有三个独立常数, 因此, 只需三个条件就可以唯一确定一个分式线性映射.

6.3 唯一决定分式线性映射的条件

定理 6.2 在 z 平面上任意给定三个互异的点 z_1, z_2, z_3, 在 w 平面上也任意给定三个互异的点 w_1, w_2, w_3, 那么就存在唯一分式线性映射, 将 z_1, z_2, z_3 依次映射为 w_1, w_2, w_3.

证明 设 $w = \dfrac{az+b}{cz+d}(ad-bc \neq 0)$, 将 z_1, z_2, z_3 依次映射为 w_1, w_2, w_3, 则

$$w_k = \frac{az_k+b}{cz_k+d} \quad (k=1,2,3),$$

因此有

$$w - w_k = \frac{(z-z_k)(ad-bc)}{(cz+d)(cz_k+d)} \quad (k=1,2)$$

及

$$w_3 - w_k = \frac{(z_3-z_k)(ad-bc)}{(cz_3+d)(cz_k+d)} \quad (k=1,2),$$

由此可得

$$\frac{w-w_1}{w-w_2} : \frac{w_3-w_1}{w_3-w_2} = \frac{z-z_1}{z-z_2} : \frac{z_3-z_1}{z_3-z_2}. \tag{6.6}$$

这就是所求得的分式线性映射, 唯一性是显然的, 证毕.

定理 6.2 说明, 把三个不同的点映射成另外三个不同的点的分式线性映射是存在唯一的, 因此, 在两个已知圆周 C 和 C' 上, 分别取定三个不同的点, 必能找到一个分式线性映射将圆周 C 映射成圆周 C'. 同时, 这个分式线性映射将圆周 C 的内部映射成圆周 C' 的内部或者映射成圆周 C' 的外部, 即这个分式线性映射不可能将 C 的内部的一部分映射成 C' 的内部的一部分, 而将 C 的内部的另一部分映射成 C' 的外部的一部分.

这是因为, 如果设 z_1, z_2 为 C 内的任意两点, 用直线段把这两点连接起来, 在分式线性映射下, 如果线段 $\overline{z_1z_2}$ 的像为圆弧 $\overparen{w_1w_2}$(或直线段 $\overline{w_1w_2}$), 且 w_1 在 C' 的外部, w_2 在 C' 的内部, 那么, 圆弧 $\overparen{w_1w_2}$(或直线段 $\overline{w_1w_2}$) 必和 C' 相交于一点 Q (图 6.8), 点 Q 在 C' 上, 因此, 必在 C 上能找到点 Q 的原像, 但是, 由于分式线性映射是一一对应的, 故点 Q 的原像在线段 $\overline{z_1z_2}$ 上, 产生矛盾, 因此, 我们的论断成立.

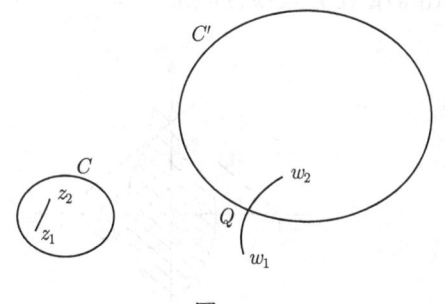

图 6.8

得到以下结论: 在分式线性映射下, 如果在圆周 C 内任取一点 z_0, 而点 z_0 的像在圆周 C' 的内部, 那么就把 C 的内部映射成 C' 的内部; 如果点 z_0 的像在 C'

的外部, 那么就把 C 的内部映射成 C' 的外部. 也可以这样来确定: 在圆周 C 上依次取定三点 z_1, z_2 和 z_3, 它们在 C' 上的像依次为 w_1, w_2 和 w_3, 则分式线性映射把 C 沿 $z_1 \to z_2 \to z_3$ 方向的左侧部分 (右侧部分) 映射成 C' 上沿 $w_1 \to w_2 \to w_3$ 方向的左侧部分 (右侧部分)(图 6.9).

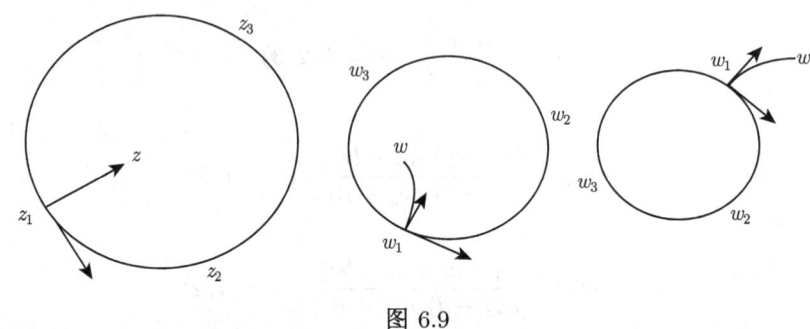

图 6.9

需要指出的是, 上述结论对 C 或 C' 是直线的情形也是正确的.

总结前面的讨论, 可以得到, 在分式线性映射下, 有如下性质:

(1) 当两圆周上没有点映射成无穷远点时, 这两圆周的弧所围成的域映射成两圆弧所围成的域;

(2) 当两圆周上有一个点映射成无穷远点时, 这两圆周的弧所围成的域映射成一个圆弧与一条直线所围成的域;

(3) 当两圆周交点中的一个点映射成无穷远点时, 这两圆周的弧所围成的域映射成角形域.

例 6.1 中心分别在 $z = 1$ 与 $z = -1$, 半径为 $\sqrt{2}$ 的两个圆弧所围成的域 (图 6.10(a)), 在分式线性映射 $w = \dfrac{z - i}{z + i}$ 下映射成什么域?

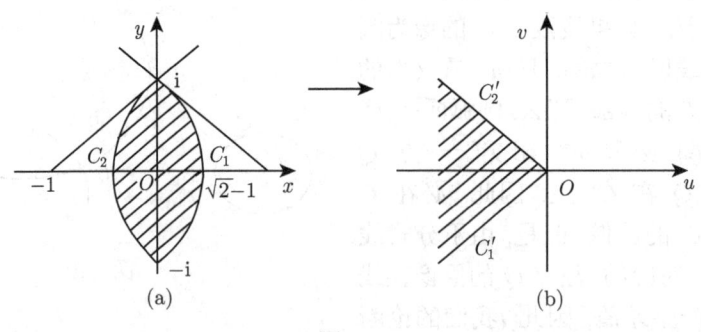

图 6.10

解 由题设可知, 两个圆弧的交点为 $-i$ 和 i, 且互相直交, 交点 $-i$ 映成无穷远点, 交点 i 映成坐标原点, 因此, 所给域映成以原点为顶点的角形域, 张角等于 $\dfrac{\pi}{2}$.

6.3 唯一决定分式线性映射的条件

要确定角形域的位置, 只要确定几个点的位置就可以了. 取所给圆弧 C_1 与正实轴的交点 $z_1 = \sqrt{2} - 1$, 它对应的点为

$$w_1 = \frac{\sqrt{2} - 1 - \mathrm{i}}{\sqrt{2} - 1 + \mathrm{i}} = \frac{(\sqrt{2} - 1 - \mathrm{i})^2}{(\sqrt{2} - 1)^2 + 1} = \frac{(1 - \sqrt{2}) + \mathrm{i}(1 - \sqrt{2})}{2 - \sqrt{2}},$$

这一点在第三象限的角平分线上. 取所给圆弧 C_2 与负实轴的交点 $z_2 = 1 - \sqrt{2}$, 它对应的点为

$$w_2 = \frac{-\sqrt{2} + 1 - \mathrm{i}}{-\sqrt{2} + 1 + \mathrm{i}} = \frac{(1 - \sqrt{2} - \mathrm{i})^2}{(1 - \sqrt{2})^2 + 1} = \frac{(1 - \sqrt{2}) - \mathrm{i}(1 - \sqrt{2})}{2 - \sqrt{2}},$$

这一点在第二象限的角平分线上. 取域内的点原点 $z_3 = 0$, 它对应的点为

$$w_3 = \frac{-\mathrm{i}}{\mathrm{i}} = -1,$$

这一点在负实轴上. 从而映射所形成的角形域如图 6.10(b) 所示.

例 6.2 求将上半平面 $\operatorname{Im} z > 0$ 映射成单位圆 $|w| < 1$ 的分式线性映射.

解法一 把 x 轴看成是半径为无穷大的圆周, 在它上面任取三点 $-1, 0, 1$, 使它们依次对应于 $|w| = 1$ 上的三点 $1, \mathrm{i}, -1$, 那么, 因为侧向相同 (图 6.11), 所以由式 (6.6) 可得所求分式线性映射为

$$\frac{w - 1}{w - \mathrm{i}} : \frac{-1 - 1}{-1 - \mathrm{i}} = \frac{z + 1}{z - 0} : \frac{1 + 1}{1 - 0},$$

即

$$w = \frac{z - \mathrm{i}}{\mathrm{i}z - 1}. \tag{6.7}$$

值得注意的是, 如果选择其他三对不同的点, 也能得出满足要求的分式线性映射, 但是不同于式 (6.7). 由此可以看出, 把上半平面映射成单位圆内的分式线性映射不是唯一, 而是有无穷多个.

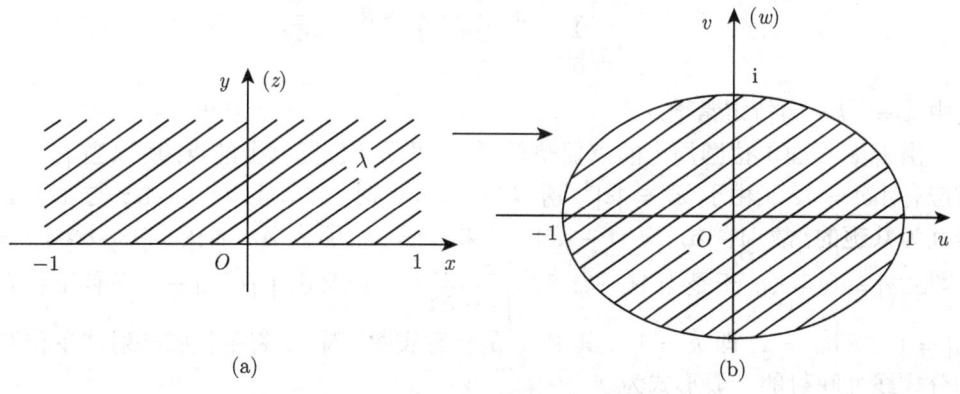

图 6.11

解法二 因为上半平面总要有一点 $z = \lambda$ 要映射成单位圆周 $|w| = 1$ 的圆心 $w = 0$, 而实轴映射成单位圆周, 又由于 $w = 0$ 和 $w = \infty$ 是关于单位圆周 $|w| = 1$ 的一对对称点, 而 $z = \lambda$ 与 $z = \overline{\lambda}$ 是关于实轴的一对对称点, 根据分式线性映射的对称性, $z = \overline{\lambda}$ 必定映射成 $w = \infty$, 故所求分式线性映射应具有下列形式

$$w = k\frac{z - \lambda}{z - \overline{\lambda}},$$

其中 k 为待定的复常数. 因为实轴上的点 z 对应于 $|w| = 1$ 上的点, 而 $\left|\frac{z - \lambda}{z - \overline{\lambda}}\right| = 1$, 故应有 $|k| = 1$, 即 $k = \mathrm{e}^{\mathrm{i}\theta}$(此处 θ 为任意实数), 因此所求分式线性映射的一般表示式为

$$w = \mathrm{e}^{\mathrm{i}\theta}\frac{z - \lambda}{z - \overline{\lambda}}. \tag{6.8}$$

在式 (6.8) 中, 如果取 $\lambda = \mathrm{i}$, $\theta = -\frac{\pi}{2}$, 则可以得到式 (6.7); 如果取 $\lambda = \mathrm{i}$, $\theta = 0$, 则可以得到分式线性映射

$$w = \frac{z - \mathrm{i}}{z + \mathrm{i}}. \tag{6.9}$$

这是一个把上半平面 $\mathrm{Im}\, z > 0$ 映射成单位圆 $|w| < 1$, 并且将 $z = \mathrm{i}$ 映射成圆心的分式线性映射.

例 6.3 求将单位圆映射成单位圆的分式线性映射 (图 6.12(a) 和 (b)).

解 设 z 平面上单位圆 $|z| < 1$ 内部的一点 α 映射成 w 平面上单位圆 $|w| < 1$ 的中心 $w = 0$, 这时与点 α 关于单位圆周 $|z| = 1$ 对称的点 $\frac{1}{\overline{\alpha}}$ 应该被映射成 w 平面上的无穷远点 (即 $w = 0$ 关于单位圆 $|w| = 1$ 对称的点), 因此, 当 $z = \alpha$ 时 $w = 0$, 当 $z = \frac{1}{\overline{\alpha}}$ 时 $w = \infty$, 满足这些条件的分式线性映射具有如下形式

$$w = k\frac{z - \alpha}{z - \frac{1}{\overline{\alpha}}} = k\overline{\alpha}\frac{z - \alpha}{\overline{\alpha}z - 1} = \tilde{k}\frac{z - \alpha}{1 - \overline{\alpha}z},$$

其中 $\tilde{k} = -k\overline{\alpha}$ 为待定常数.

由于 z 平面单位圆周上的点要映射成 w 平面单位圆周上的点, 所以当 $|z| = 1$ 时应有 $|w| = 1$, 又由于 $z\overline{z} = |z|^2$, 所以当 $|z| = 1$ 时, $z\overline{z} = 1$, 数 $1 - \overline{\alpha}z$ 与 $1 - \alpha\overline{z}$ 是互为共轭的, 故 $|1 - \overline{\alpha}z| = |1 - \alpha\overline{z}|$. 如果 $|z| = 1$, 那么 $|1 - \overline{\alpha}z| = |1 - \alpha\overline{z}||z| = |z - \alpha\overline{z}z| = |z - \alpha|$. 于是当 $|z| = 1$ 时, $\left|\frac{z - \alpha}{1 - \overline{\alpha}z}\right| = 1$, 又由于在 $|z| = 1$ 条件下要有 $|w| = 1$, 故 $|\tilde{k}| = 1$, 即 $\tilde{k} = \mathrm{e}^{\mathrm{i}\varphi}$, 其中 φ 是任意实数, 因而, 将单位圆映射成单位圆的分式线性映射的一般形式为

$$w = \mathrm{e}^{\mathrm{i}\varphi}\frac{z - \alpha}{1 - \overline{\alpha}z}.$$

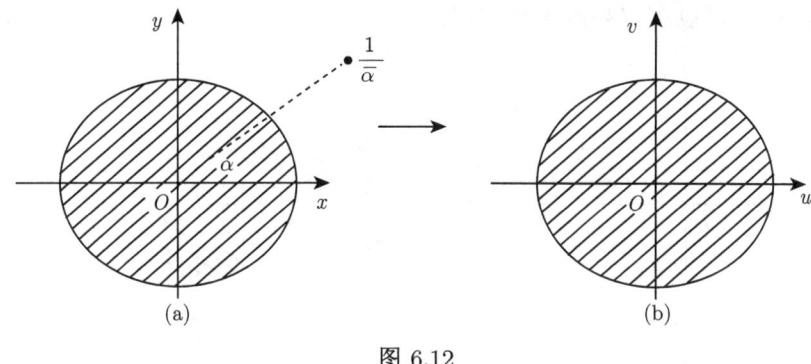

图 6.12

6.4 几个初等函数所构成的映射

6.4.1 幂函数 $w = z^n$ (n 是不小于2 的自然数)

这个函数在 z 平面上处处可导, 且除去原点外导数不为零, 因此, 在 z 平面上除去原点外, 由 $w = z^n$ 所构成的映射是保形映射.

令
$$z = re^{i\theta}, \quad w = \rho e^{i\varphi},$$
那么
$$\rho = r^n, \quad \varphi = n\theta.$$

由此可见, 映射 $w = z^n$ 把 z 平面上的圆周 $|z| = r$ 映射成 w 平面上的圆周 $|w| = r^n$, 特别地, 把 z 平面上的单位圆周 $|z| = 1$ 映射成 w 平面上的单位圆周 $|w| = 1$; 把 z 平面上的射线 $\theta = \theta_0$ 映射成 w 平面上的射线 $\varphi = n\theta_0$; 把 z 平面上的正实轴 $\theta = 0$ 映射成 w 平面上的正实轴 $\varphi = 0$; 把 z 平面上的角域 $0 < \theta < \theta_0 \left(\theta_0 < \dfrac{2\pi}{n} \right)$ 映射成 w 平面上的角域 $0 < \varphi < n\theta_0$, 即 z 平面上在 $z = 0$ 处的角形域映射到 w 平面上张角扩大了 n 倍. 特别地, 把 z 平面上的角形域 $0 < \theta < \dfrac{2\pi}{n}$ 映射成 w 平面上的角形域 $0 < \varphi < 2\pi$(图 6.13(a) 和 (b)), 这里需要指出的是, 把 z 平面上的射线 $\theta = 0$ 映射成 w 平面上正实轴的上沿, 把 z 平面上的射线 $\theta = \dfrac{2\pi}{n}$ 映射成 w 平面上正实轴的下沿, 在这两个区域内, 映射 $w = z^n$ 或者 $z = \sqrt[n]{w}$ 是一一对应的.

由上面的讨论可以看出, 幂函数 $w = z^n$ 所构成的映射, 把以原点为顶尖的角形域映射成以原点为顶尖的角形域, 但其张角扩大了 n 倍, 因此, 如果要把角形域映射成角形域，可以利用幂函数来完成.

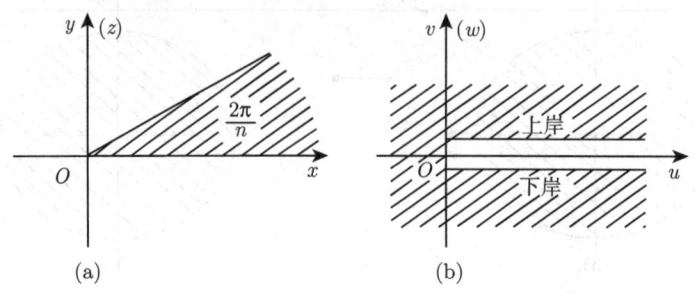

图 6.13

例 6.4 求把角形域 $0 < \arg z < \dfrac{\pi}{4}$ 映射成单位圆 $|w| < 1$ 的一个映射.

解 从例 6.2 知道，映射 $w = \dfrac{\xi - \mathrm{i}}{\xi + \mathrm{i}}$ 是把上半平面 $\operatorname{Im}\xi > 0$ 映射成单位圆 $|w| < 1$ 的映射 (图 6.14(b) 和 (c))，从本节可以知道，$\xi = z^4$ 可以将角形域 $0 < \arg z < \dfrac{\pi}{4}$ 映射成上半平面 $\operatorname{Im}\xi > 0$ (图 6.14(a) 和 (b))，因此，把角形域 $0 < \arg z < \dfrac{\pi}{4}$ 映射成单位圆 $|w| < 1$ 的一个映射是 $w = \dfrac{z^4 - \mathrm{i}}{z^4 + \mathrm{i}}$.

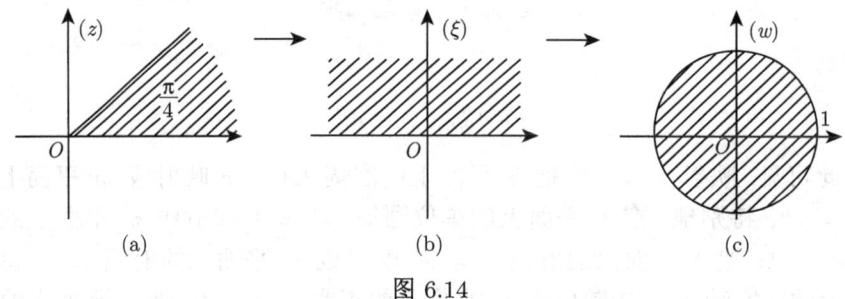

图 6.14

例 6.5 求把下图中由圆弧 C_1 和 C_2 所围成的交角为 α 的月牙域映射成角形域 $\varphi_0 < \arg w < \varphi_0 + \alpha$ 的一个映射 (图 6.15(a) 和 (c)).

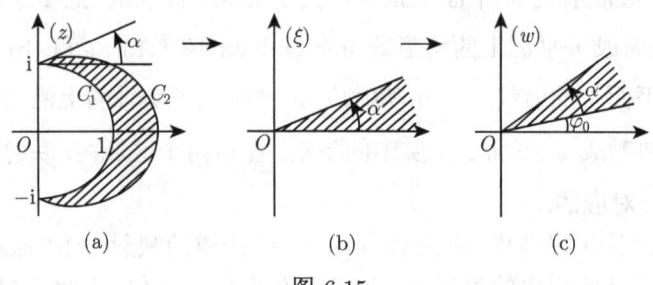

图 6.15

6.4 几个初等函数所构成的映射

分析 先求出把 C_1 和 C_2 的交点 i 和 $-$i 分别映射成 ξ 平面中的 $\xi = 0$ 和 $\xi = \infty$，并使交角为 α 的月牙域映射成角形域 $0 < \arg \xi < \alpha$ 的一个映射；再把这个角形域通过映射 $w = \mathrm{e}^{\mathrm{i}\varphi_0}\xi$ 转动一个角度 φ_0（图 6.15(b) 和 (c)），即就可以得到把交角为 α 的月牙域映射成角形域 $\varphi_0 < \arg w < \varphi_0 + \alpha$ 的映射.

解 将所给月牙域映射成 ξ 平面中角形域 $0 < \arg \xi < \alpha$ 的映射是具有如下形式的分式线性映射

$$\xi = k\frac{z-\mathrm{i}}{z+\mathrm{i}},$$

其中 k 为待定的复常数. 这个映射把 C_1 上的点 $z = 1$ 映射成 $\xi = k\dfrac{1-\mathrm{i}}{1+\mathrm{i}} = -\mathrm{i}k$，取 $k = \mathrm{i}$ 使 $\xi = 1$，这样，映射 $\xi = \mathrm{i}\dfrac{z-\mathrm{i}}{z+\mathrm{i}}$ 就把 C_1 映射成 ξ 平面的正实轴，根据保角性，这个映射把所给月牙域映射成 ξ 平面中角形域 $0 < \arg \xi < \alpha$，由此可得所求的映射为

$$w = \mathrm{i}\mathrm{e}^{\mathrm{i}\varphi_0} \cdot \frac{z-\mathrm{i}}{z+\mathrm{i}} = \mathrm{e}^{\mathrm{i}(\varphi_0 + \frac{\pi}{2})} \cdot \frac{z-\mathrm{i}}{z+\mathrm{i}}.$$

例 6.6 求把具有割痕 $\mathrm{Re}z = a$，$0 \leqslant \mathrm{Im}z \leqslant h$ 的上半平面映射成上半平面的一个映射 (图 6.16(a) 和 (b)).

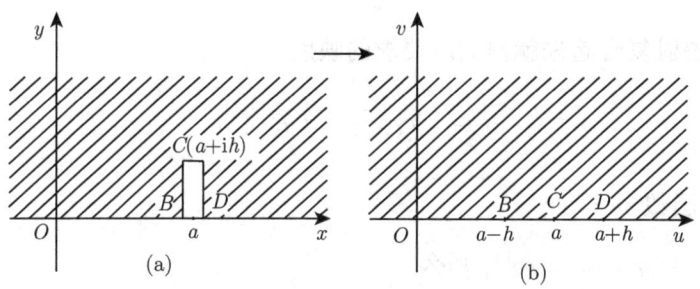

图 6.16

分析 我们知道映射 $w = z^2$ 能把在坐标原点处的角度扩大两倍，因此，可以把这个割痕与 x 轴之间的夹角展平.

解 分以下五个步骤来完成.

第一，把上半 z 平面 (图 6.16(a)) 向左平移 a：$z_1 = z - a$，得 z_1 平面上的图形 (图 6.17(a)).

第二，应用映射 $z_2 = z_1^2$，得到一个具有割痕 $-h^2 \leqslant \mathrm{Re}z_2 < +\infty$ 的 z_2 平面 (图 6.17(b)).

第三，把 z_2 平面向右作一距离为 h^2 的平移：$z_3 = z_2 + h^2$，得到去掉了正实轴的 z_3 平面 (图 6.17(c)).

第四，通过映射 $z_4 = \sqrt{z_3}$，得到上半 z_4 平面 (图 6.17(d)).

第五, 把 z_4 平面向右平移 a: $w = z_4 + a$, 便得到 w 平面中的上半平面 (图 6.16(b)).

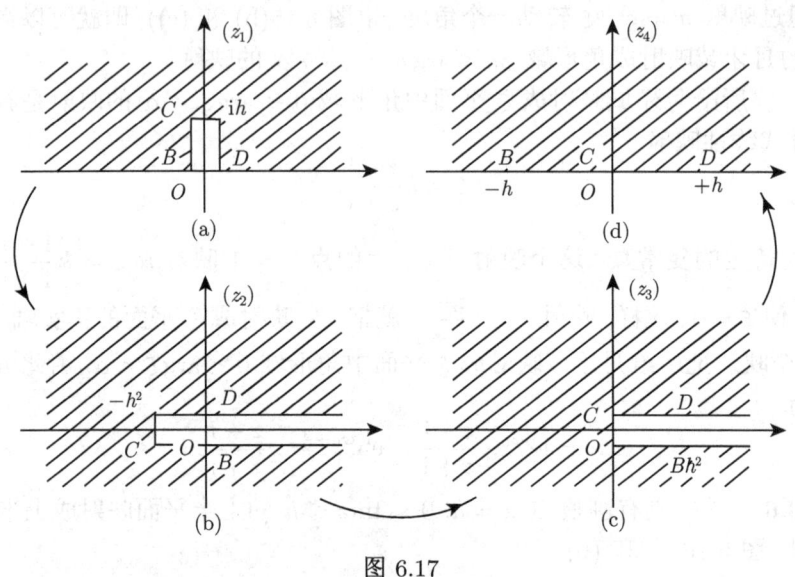

图 6.17

把所有映射复合起来就得到所要求的映射

$$w = \sqrt{(z-a)^2 + h^2} + a.$$

6.4.2 指数函数 $w = e^z$

设 $z = x + iy$, $w = \rho e^{i\varphi}$, 那么

$$\rho = e^x, \quad \varphi = y. \tag{6.10}$$

由此可知: z 平面上的直线 $x = $ 常数, 被映射成 w 平面上的圆周 $\rho = $ 常数; z 平面上的直线 $y = $ 常数, 被映射成 w 平面上的射线 $\varphi = $ 常数.

当实轴 $y = 0$ 平行移动到直线 $y = \alpha (0 < \alpha \leqslant 2\pi)$ 时, 带型域 $0 < \text{Im} z < \alpha$ 映射成角形域 $0 < \arg w < \alpha$. 特别地, 带型域 $0 < \text{Im} z < 2\pi$(图 6.18(a)) 映射成沿正实轴剪开的 w 平面: $0 < \arg w < 2\pi$(图 6.18(b)), 它们之间的点是一一对应的. 由于 $(e^z)' = e^z \neq 0$, 所以映射 $w = e^z$ 是保形映射.

指数函数所构成的映射的特点是: 把水平带型域 $0 < \text{Im} z < \alpha (\alpha \leqslant 2\pi)$ 映射成角形域 $0 < \arg w < \alpha$, 因此, 如果要把带型域映射成角形域可以利用指数函数.

6.4 几个初等函数所构成的映射

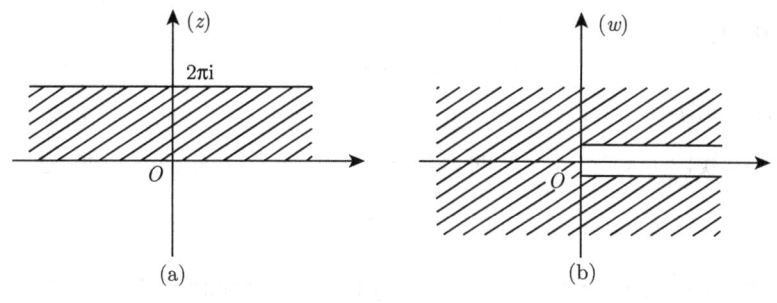

图 6.18

例 6.7 求把带型域 $0 < \mathrm{Im}\, z < \pi$ 映射成单位圆 $|w| < 1$ 的一个映射.

解 映射 $\xi = \mathrm{e}^z$ 将带型域 $0 < \mathrm{Im}\, z < \pi$ 映射成 ξ 平面的上半平面 $\mathrm{Im}\,\xi > 0$, 而映射 $w = \dfrac{\xi - \mathrm{i}}{\xi + \mathrm{i}}$ 是把上半平面 $\mathrm{Im}\,\xi > 0$ 映射成单位圆 $|w| < 1$, 因此所求映射为

$$w = \frac{\mathrm{e}^z - \mathrm{i}}{\mathrm{e}^z + \mathrm{i}}.$$

例 6.8 求把带型域 $a < \mathrm{Re}\, z < b$ 映射成上半平面 $\mathrm{Im}\, w > 0$ 的一个映射.

解 带型域 $a < \mathrm{Re}\, z < b$ 经过平移、放大或缩小及旋转映射

$$\xi = \frac{\pi \mathrm{i}}{b - a}(z - a)$$

以后, 可以映射成带型域 $0 < \mathrm{Im}\, z < \pi$(图 6.19(a) 和 (b)), 再用映射 $w = \mathrm{e}^{\xi}$, 就可以把带型域 $0 < \mathrm{Im}\, z < \pi$ 映射成上半平面 $\mathrm{Im}\, w > 0$(图 6.19(c)), 因此所求映射为

$$w = \mathrm{e}^{\frac{\pi \mathrm{i}}{b-a}(z-a)}.$$

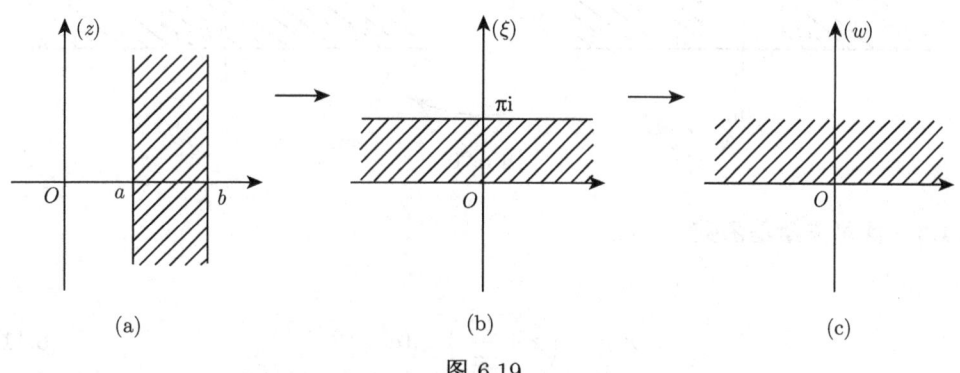

图 6.19

例 6.9 求把具有割痕 $-\infty < \mathrm{Re}\, z \leqslant a,\ \mathrm{Im}\, z = H$ 的带型域 $0 < \mathrm{Im}\, z < 2H$ 映射成带型域 $0 < \mathrm{Im}\, w < 2H$ 的一个映射 (图 6.20(a)—(d)).

解 函数
$$z_1 = e^{\frac{\pi z}{2H}}$$

把平面上具有割痕 $-\infty < \mathrm{Re}\, z \leqslant a$, $\mathrm{Im}\, z = H$ 的带型域 $0 < \mathrm{Im}\, z < 2H$ 映射成去掉了虚轴上一段线段 $0 < \mathrm{Im}\, z_1 < b$ 的上半 z_1 平面, 其中 $b = e^{\frac{\pi a}{2H}}$, 而映射

$$z_2 = \sqrt{z_1^2 + b^2}$$

把去掉了虚轴上一段线段 $0 < \mathrm{Im}\, z_1 < b$ 的上半 z_1 平面映射成上半 z_2 平面, 利用对数函数, 可以得到所求映射为

$$w = \frac{2H}{\pi} \ln z_2 = \frac{H}{\pi} \ln\left(e^{\frac{\pi z}{H}} + e^{\frac{\pi a}{H}}\right).$$

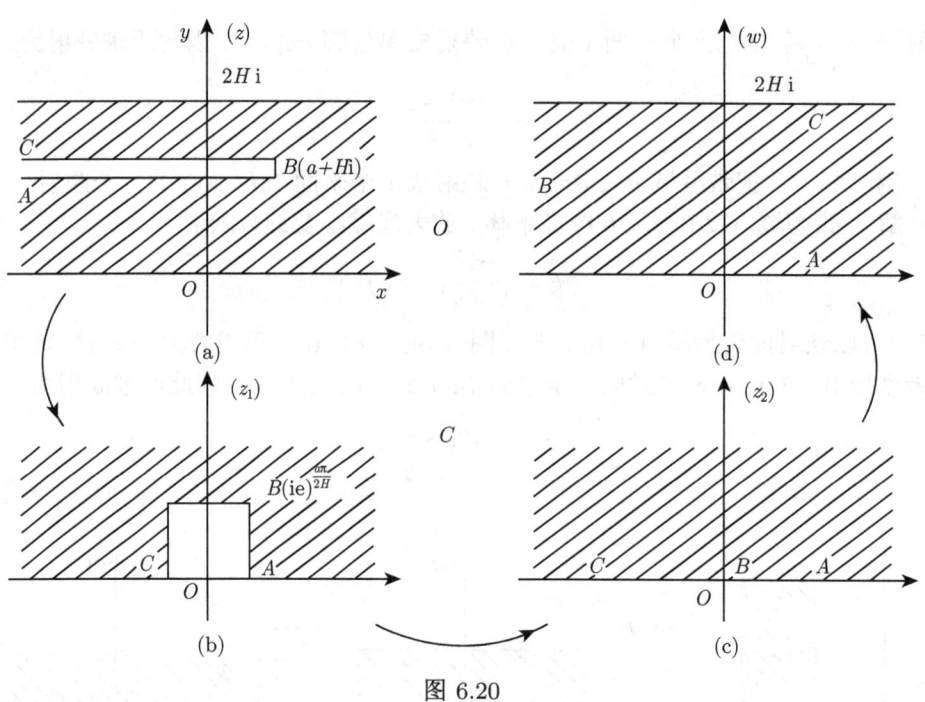

图 6.20

6.4.3 儒可夫斯基函数

函数

$$w = \frac{1}{2}\left(z + \frac{a^2}{z}\right) \quad (a > 0) \tag{6.11}$$

称为儒可夫斯基函数. 由式 (6.11) 可得

$$w - a = \frac{z^2 - 2az + a^2}{2z} = \frac{(z-a)^2}{2z},$$

6.4 几个初等函数所构成的映射

以及

$$w + a = \frac{z^2 + 2az + a^2}{2z} = \frac{(z+a)^2}{2z},$$

所以

$$\frac{w-a}{w+a} = \left(\frac{z-a}{z+a}\right)^2.$$

这个映射可以分解成

$$\xi = \frac{z-a}{z+a}, \quad t = \xi^2, \quad \frac{w-a}{w+a} = t. \tag{6.12}$$

对于第一个映射：$\xi = \dfrac{z-a}{z+a}$，它把点 $z = a$ 和 $z = -a$ 分别映射成 $\xi = 0$ 和 $\xi = \infty$，从而把过 $z = a$ 和 $z = -a$ 的圆周 C 映射成过点 $\xi = 0$ 的直线. 当 z 取实数时 ξ 也为实数，这时，由于 $\dfrac{\mathrm{d}\xi}{\mathrm{d}z} = \dfrac{2a}{(z+a)^2} > 0$，所以，当 z 点沿实轴由 $z = a$ 向右移动时，点 ξ 也沿实轴由 $\xi = 0$ 向右移动，因此，这个映射把圆周 C 的外部映射成包含正实轴的 ξ 半平面；同时，根据保角性，这个半平面的边界直线的倾角等于圆周 C 在 $z = a$ 处的切线的倾角 α(图 6.21(a) 和 (b)).

对于第二个映射：$t = \xi^2$，它把 ξ 半平面映射成沿射线 $\arg t = 2\alpha$ 剪开的 t 平面 (图 6.21(c)).

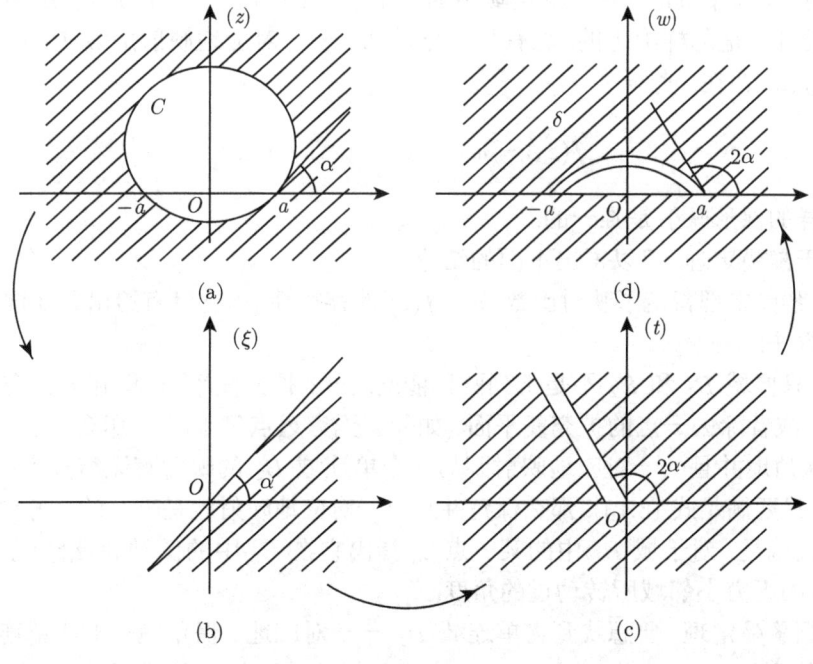

图 6.21

对于第三个映射：$\dfrac{w-a}{w+a} = t$，把沿射线 $\arg t = 2\alpha$ 剪开的 t 平面映射成沿连接点 $w = a$ 和 $w = -a$ 的圆弧割开的 w 平面 (图 6.21(d)).

由于这些映射都是一一对应的保形映射，因而有下面的结论：

映射 $w = \dfrac{1}{2}\left(z + \dfrac{a^2}{z}\right)$ 将一个过点 $z = a$ 和 $z = -a$ 的圆周 C 的外部一一对应地、保角地映射成除去一个连接点 $w = a$ 和 $w = -a$ 的圆弧 δ 的平面 (图 6.21(a) 和 (d)).

特别地，当 C 为圆周 $|z| = a$ 时，δ 将退化为线段 $-a \leqslant \operatorname{Re} w \leqslant a$.

6.5 关于保形映射的两个一般性定理

6.1 节已经证明了，解析函数在导数不为零的点处所构成的映射是保形映射.

不加证明地给出：如果函数 $w = f(z)$ 把域 D 保角地、一一对应地映射成域 G，那么函数 $w = f(z)$ 在 D 上是单值且解析的函数，它的导数在 D 上必不为零，而且它的反函数 $z = \varphi(w)$ 在 G 上也是单值且解析的函数.

下面，再介绍关于保形映射理论的两个一般性定理.

定理 6.3 (黎曼定理)   不论两个单连域 B_1 和 B_2(它们的边界由多于一个的点所构成) 是怎样的，也不论这两域中的两个点 z_0(在 B_1 中) 与 w_0(在 B_2 中) 以及一个实数 α_0 是怎样给定的，总有一个把域 B_1 一一对应地映射成域 B_2 的保形映射 $w = f(z)$ 存在，使得

$$f(z_0) = w_0, \quad \arg f'(z_0) = \alpha_0, \tag{6.13}$$

并且这样的保形映射是唯一的.

关于黎曼定理，可以得出下面的结论：

(1) 黎曼定理肯定了映射函数 $w = f(z)$ 的存在性，但它没有给出寻找这个函数的具体方法.

(2) 只要域 B_1 和 B_2 不是下列两种情况之一：扩充复平面 (即包含无穷远点的复平面) 或者除去一点的扩充复平面 (如除去无穷远点复平面). 那么，把一个单连域 B_1 保角地并且一一对应地映射到另一个单连域 B_2 的映射有无穷多个.

(3) 只要满足式 (6.13)，那么保角并且一一对应地映射就是唯一的. 式 (6.13) 的几何意义就是：对于域 B_1 中的某一点 z_0 指出它在 B_2 中的像，同时给出在此映射下点 z_0 的无穷小邻域所转动过的角度.

根据黎曼定理，要想找到将单连域 B_1 一一对应地、保角地映射成单连域 B_2，只要能找到将 B_1 和 B_2 分别一一对应地、保角地映射成某一标准域 (如单位圆

$|z| < 1)$ 就可以了．这是因为，如果 $\xi = f(z)$ 是将 B_1 映射成 $|\xi| < 1$ 的映射，$\tilde{\xi} = F(w)$ 是将 B_2 映射成 $|\tilde{\xi}| < 1$ 的映射 (也就是说它的反函数 $w = F^{-1}(\tilde{\xi})$ 是将 $|\tilde{\xi}| < 1$ 映射成 B_2 的映射)，那么，由 6.3 节的例子可以知道，$\tilde{\xi} = \mathrm{e}^{\mathrm{i}\varphi} \dfrac{\xi - \alpha}{1 - \overline{\alpha}\xi}$ 是将 $|\xi| < 1$ 映射成 $|\tilde{\xi}| < 1$ 的映射，由于这些映射都是一一对应并且是保角的，所以，将这些映射复合起来就得到将 B_1 映射成 B_2 的映射．

定理 6.4 (边界对应原理) 设有由光滑闭曲线 (或按段光滑闭曲线)Γ 所围成的域 D，而 Γ' 所围成的域为 D'，在 D 内及 Γ 上存在解析的函数 $w = f(z)$，假设函数 $w = f(z)$ 将 Γ 一一对应地映射成闭曲线 Γ'，并且当 z 沿 Γ 移动使得域 D 留在左边时，它的对应点 w 就沿 Γ' 移动且使域 D' 也留在左边，那么 $w = f(z)$ 将 D 一一对应地、保角地映射为 D'.

边界对应原理说明，要想求出已给区域 D 被函数 $w = f(z)$ 映射成的区域 D'，只要沿 D 的边界绕行，并求出此边界被函数 $w = f(z)$ 所映射成的闭曲线，这个闭曲线所围成的区域就是 D'.

习 题 6

1. 求 $w = z^2$ 在 $z = \mathrm{i}$ 处的伸缩率和旋转角．问 $w = z^2$ 将经过点 $z = \mathrm{i}$ 且平行于实轴正向的曲线的切线方向映射成 w 平面上那一个方向？并作图给予说明．

2. 一个解析函数所构成的映射在什么条件下具有伸缩率和旋转角不变性？映射 $w = z^2$ 在 z 平面上每一点都具有这个性质吗？

3. 设 $w = f(z)$ 在 z_0 解析，且 $f'(z_0) \neq 0$，为什么说曲线 C 经过映射 $w = f(z)$ 后在 z_0 的转动角与伸缩率与曲线 C 的形状和方向无关？

4. 在映射 $w = \mathrm{i}z$ 下，下列图形映射成什么图形？

   (1) 以 $z = \mathrm{i}, z = -\mathrm{i}, z = 1$ 为顶点的三角形；

   (2) 圆域 $|z - 1| \leqslant 1$；

5. 证明：映射 $w = z + \dfrac{1}{z}$ 把圆周 $|z| = c$ 映射成椭圆：
$$u = \left(c + \frac{1}{c}\right)\cos\theta, \quad v = \left(c - \frac{1}{c}\right)\sin\theta.$$

6. 证明：在映射 $w = \mathrm{e}^{\mathrm{i}z}$ 下，相互正交的直线族 $\mathrm{Re}\, z = c_1$ 与 $\mathrm{Im}\, z = c_2$ 依次映射成相互正交的直线族 $v = u\tan c_1$ 与圆族 $u^2 + v^2 = \mathrm{e}^{-2c_2}$.

7. 映射 $w = z^2$ 把上半个圆域 $|z| < R, \mathrm{Im}\, z > 0$ 映射成什么？

8. 下列区域在指定映射下映射成什么？

   (1) $\mathrm{Re}\, z > 0, \quad w = \mathrm{i}z + \mathrm{i}$；

   (2) $\mathrm{Im}\, z > 0, \quad w = (1 + \mathrm{i})z$；

   (3) $0 < \mathrm{Im}\, z < \dfrac{1}{2}, \quad w = \dfrac{1}{z}$；

(4) $\text{Re} z > 1$, $\text{Im} z > 0$, $w = \dfrac{1}{z}$;

(5) $\text{Re} z > 0$, $0 < \text{Im} z < 1$, $w = \dfrac{i}{z}$.

9. 求把上半平面 $\text{Im} z > 0$ 映射成单位圆 $|z| < 1$ 的分式线性映射 $w = f(z)$, 且满足条件:

(1) $f(i) = 0$, $f(-1) = 1$;

(2) $f(i) = 0$, $\arg f'(i) = 0$;

(3) $f(1) = 1$, $f(i) = \dfrac{1}{\sqrt{5}}$.

10. 求把单位圆映射成单位圆的分式线性映射, 并且满足条件:

(1) $f\left(\dfrac{1}{2}\right) = 0$, $f(-1) = 1$;

(2) $f\left(\dfrac{1}{2}\right) = 0$, $\arg f'\left(\dfrac{1}{2}\right) = \dfrac{\pi}{2}$.

11. 把点 $z = 1$, $z = i$, $z = -i$ 分别映射成 $w = 1$, $w = 0$, $w = -1$ 的分式线性映射把单位圆 $|z| < 1$ 映射成什么? 并求出这个映射.

12. 求出一个把右半平面 $\text{Re} z > 0$ 映射成单位圆 $|z| < 1$ 的映射.

13. 把下列各图形 (1)—(10) 中阴影部分所示的域保角地且互为单值地映射成上半平面, 求出实现各个映射的任一个函数.

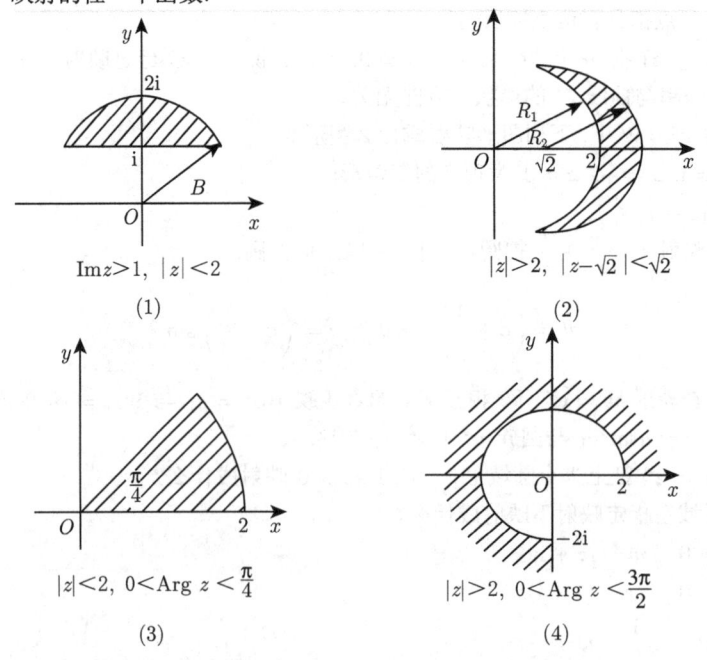

习题 6 · 125 ·

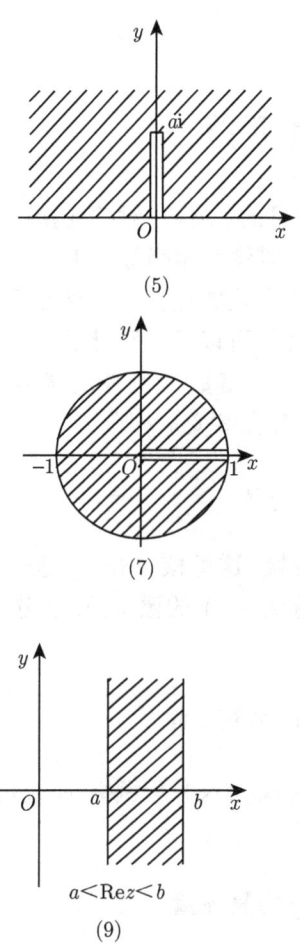

(5)

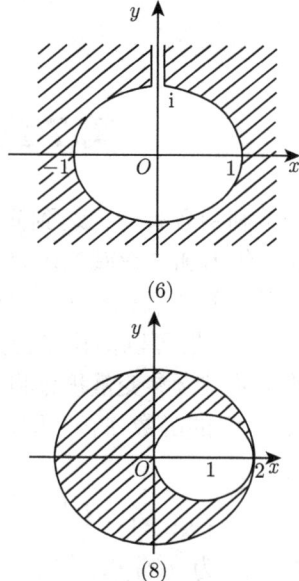

(6)

(7)

(8)

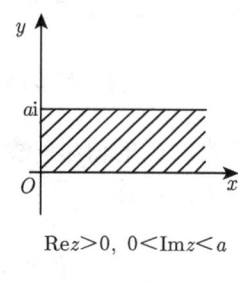

$a < \mathrm{Re}\, z < b$

(9)

$\mathrm{Re}\, z > 0,\ 0 < \mathrm{Im}\, z < a$

(10)

第7章 傅里叶变换

人们经常利用各种变换达到简化复杂运算的目的. 例如, 对数变换可以将乘法或除法运算转化为加法或减法运算, 极坐标变换可以将直角坐标系下的二重积分转化为极坐标系下的二重积分等. 同样地, 在工程技术领域也存在一种变换——积分变换. 利用积分变换可以简化微分方程的求解过程, 可以把卷积化为乘积等. 所谓积分变换就是通过含参变量积分将一个已知的属于某函数类 A 中的函数 $f(t)$ 变为另一函数类 B 中的函数 $F(\tau)$, 即已知函数 $f(t)$, 若含参变量积分

$$F(\tau) = \int_a^b f(t) K(t,\tau) \mathrm{d}t$$

存在, 则称 $F(\tau)$ 为 $f(t)$ 以 $K(t,\tau)$ 为核的积分变换. 这里核 $K(t,\tau)$ 是一个确定的二元函数, 函数 $f(t)$ 称为像原函数, 函数 $F(\tau)$ 称为 $f(t)$ 的像函数. 当选取的积分域和核函数不同时, 得到的积分变换也不同. 称

$$F(\omega) = \int_{-\infty}^{+\infty} f(t) \mathrm{e}^{-\mathrm{i}\omega t} \mathrm{d}t \quad (\omega \text{为实参量})$$

为像原函数 $f(t)$ 的傅里叶变换. 这时, 积分域为 $(-\infty, +\infty)$, 核函数 $K(t,\omega) = \mathrm{e}^{-\mathrm{i}\omega t}$, 像函数为 $F(\omega)$. 称

$$F(s) = \int_0^{+\infty} f(t) \mathrm{e}^{-st} \mathrm{d}t \quad (s \text{为复参量})$$

为像原函数 $f(t)$ 的拉普拉斯变换. 这时, 积分域为 $(0, +\infty)$, 核函数 $K(t,s) = \mathrm{e}^{-st}$, 像函数为 $F(s)$. 在实际应用中, 除这两种积分变换外, 还存在其他形式的积分变换, 如梅林变换、汉克尔变换等. 本章主要讨论傅里叶变换和逆变换的定义、性质和简单应用.

7.1 傅里叶积分

1807 年, 法国数学家、物理学家傅里叶 (Joseph Fourier, 1768—1830) 在其论文《热的传播》中推导出著名的热传导方程, 并在求解该方程时发现解函数可以表示为三角级数的形式, 从而提出任一函数都可以展开成三角级数的论断[1]. 1822 年,

---

[1] 事实上, 只有满足特定条件的函数才可以展成三角级数. 由于这一想法由傅里叶提出, 所以将三角级数命名为傅里叶级数.

7.1 傅里叶积分

傅里叶在其专著《热的解析理论》中将欧拉、伯努利等在一些特殊情况下应用的三角级数方法发展成内容丰富的一般理论, 并且导出了傅里叶积分.

本节首先回顾一下傅里叶级数的三角展开定理, 然后将傅里叶级数的三角形式转化为复指数形式, 最后导出傅里叶积分定理. 为了便于大家理解, 先介绍一些关于信号的基本知识.

7.1.1 两种重要的周期信号

有时信号可以看成时间 t 的函数. 例如, 一个语音信号就可以表示为声压随时间变化的函数. 如果表示信号的函数是以 T 为周期的函数 $f_T(t)$, 也就是函数 $f_T(t)$ 满足

$$f_T(t+T) = f_T(t) \quad (T > 0), \tag{7.1}$$

那么称该信号为周期信号. 而函数 $f_T(t)$ 的最小正周期 T 称为该信号的基波周期, $\omega = \dfrac{2\pi}{T}$ 称为该信号的基波频率. 如果表示信号的函数不是周期函数, 那么称该信号为非周期信号.

下面介绍两种重要的周期信号.

1. 正弦信号

如果表示信号的函数为

$$f(t) = A\cos(\omega_0 t + \varphi), \tag{7.2}$$

那么称该信号为正弦信号或简谐波. 它的基波周期 $T = \dfrac{2\pi}{\omega_0}$, A 为振幅, ω_0 为角频率, φ 为相位. 实际应用中会遇到很多正弦信号, 如 LC 电路的自然响应, 机械系统的简谐振动, 音乐中的单音声压振动等.

2. 复指数信号

如果表示信号的函数为

$$f(t) = e^{i\omega_0 t}, \tag{7.3}$$

则称该信号为复指数信号. 它也是一种周期信号. 为了证明这一事实, 依据式 (7.1), 只要证明存在正数 T, 使

$$e^{i\omega_0 t} = e^{i\omega_0 (t+T)}$$

成立, 即

$$e^{i\omega_0 T} = 1. \tag{7.4}$$

如果 $\omega_0 = 0$, 则 $f(t) = 1$. 这时, 任何正数 T 的值都是它的周期; 如果 $\omega_0 \neq 0$, 则使

式 (7.4) 成立的基波周期 $T = \left|\dfrac{2\pi}{\omega_0}\right|$.

由于复指数信号可以作为基本构造单元构造出很多其他信号，所以复指数信号在讨论信号与系统的问题中起到非常重要的作用. 式 (7.2) 表示的正弦信号就可以用相同基波周期的复指数信号构造，即

$$A\cos(\omega_0 t + \varphi) = \left(\dfrac{A}{2}\mathrm{e}^{\mathrm{i}\varphi}\right)\mathrm{e}^{\mathrm{i}\omega_0 t} + \left(\dfrac{A}{2}\mathrm{e}^{-\mathrm{i}\varphi}\right)\mathrm{e}^{-\mathrm{i}\omega_0 t}. \tag{7.5}$$

7.1.2 傅里叶级数

1. 傅里叶级数的三角形式

高等数学讨论过函数的傅里叶展开问题，并得到下面定理.

定理 7.1 如果函数 $f_T(t)$ 是以 T 为周期的非正弦函数[①]，并且在区间 $\left[-\dfrac{T}{2}, \dfrac{T}{2}\right]$ 上满足狄利克雷条件，即 $f_T(t)$ 在区间 $\left[-\dfrac{T}{2}, \dfrac{T}{2}\right]$ 上满足：

(1) 连续或只有有限个第一类间断点；

(2) 只有有限个极值点，

那么在 $f_T(t)$ 的连续点处有

$$f_T(t) = \dfrac{a_0}{2} + \sum_{n=1}^{+\infty}(a_n\cos n\omega_0 t + b_n\sin n\omega_0 t), \tag{7.6}$$

其中

$$\omega_0 = \dfrac{2\pi}{T}, \quad a_0 = \dfrac{2}{T}\int_{-T/2}^{T/2} f_T(t)\mathrm{d}t,$$

$$a_n = \dfrac{2}{T}\int_{-T/2}^{T/2} f_T(t)\cos n\omega_0 t\,\mathrm{d}t \quad (n = 1, 2, 3, \cdots),$$

$$b_n = \dfrac{2}{T}\int_{-T/2}^{T/2} f_T(t)\sin n\omega_0 t\,\mathrm{d}t \quad (n = 1, 2, 3, \cdots). \tag{7.7}$$

称式 (7.6) 为傅里叶级数的三角形式. 事实上，式 (7.6) 还可化为

$$f_T(t) = \dfrac{a_0}{2} + \sum_{n=1}^{+\infty}\left\{\sqrt{a_n^2 + b_n^2}\left[\dfrac{a_n}{\sqrt{a_n^2 + b_n^2}}\cos n\omega_0 t - \left(\dfrac{-b_n}{\sqrt{a_n^2 + b_n^2}}\right)\sin n\omega_0 t\right]\right\}. \tag{7.8}$$

---

① 这里指通常所说的正弦函数与余弦函数.

在式 (7.8) 中, 若令

$$A_n = \sqrt{a_n^2 + b_n^2}, \quad \cos\varphi_n = \frac{a_n}{\sqrt{a_n^2 + b_n^2}}, \quad \sin\varphi_n = \frac{-b_n}{\sqrt{a_n^2 + b_n^2}} \quad (n = 1, 2, 3, \cdots), \tag{7.9}$$

则式 (7.8) 可化为

$$f_T(t) = \frac{a_0}{2} + \sum_{n=1}^{+\infty} A_n(\cos\varphi_n \cos n\omega_0 t - \sin\varphi_n \sin n\omega_0 t).$$

最后, 根据两角和的余弦公式, 有

$$f_T(t) = \frac{a_0}{2} + \sum_{n=1}^{+\infty} A_n \cos(n\omega_0 t + \varphi_n). \tag{7.10}$$

如果 $f_T(t)$ 是一个信号, 那么式 (7.10) 表明: 一个满足狄利克雷条件的非正弦周期信号可以分解为它所包含的直流分量 $\frac{a_0}{2}$ 与一些简谐波 $A_n \cos(n\omega_0 t + \varphi_n)(n = 1, 2, 3, \cdots)$ 之和. 这些简谐波的角频率都是基波频率 ω_0 的整数倍, 并且角频率为 $n\omega_0$ 的谐波, 其振幅是 A_n, 相位是 φ_n. 将 A_n, φ_n 都看成是各次谐波角频率 $n\omega_0(n = 1, 2, 3, \cdots)$ 的函数, 并记

$$A_n = A(n\omega_0), \quad \varphi_n = \varphi(n\omega_0) \quad (n = 1, 2, 3, \cdots),$$

其中 $A(n\omega_0)$ 反映了第 n 次谐波在信号中所占的份额, $\varphi(n\omega_0)$ 反映了第 n 次谐波沿时间轴移动的大小, 它们完全刻画了信号 $f_T(t)$ 的性态. 称 $A(n\omega_0)$ 为周期信号 $f_T(t)$ 的振幅谱, 称 $\varphi(n\omega_0)$ 为周期信号 $f_T(t)$ 的相位谱, 称它们的图像为振幅频谱图和相位频谱图. 由于这两个函数的图像是右半平面上的离散点, 所以其频谱称为单边离散频谱[①].

2. 傅里叶级数的复指数形式

通过前面学习, 我们知道一个满足狄利克雷条件的非正弦周期信号可以分解为一些正弦信号的和, 而正弦信号又可以由复指数信号线性表示. 由此猜想, 该信号也可以分解为一些复指数信号的和. 在数学上这就是傅里叶级数的复指数形式.

[①] 如何得到振幅频谱图? 首先, 建立以频率 ω 为横轴, 幅值为纵轴的直角坐标系; 其次, 求出函数 $A(n\omega_0)$ 当自变量取 $\omega_0, 2\omega_0, \cdots, n\omega_0, \cdots$ 时所对应的幅值 $A_1, A_2, \cdots, A_n, \cdots$, 在这个坐标系中描出点 $(\omega_0, A_1), (2\omega_0, A_2), \cdots, (n\omega_0, A_n), \cdots$; 最后, 添加在 $\omega = 0$ 的幅值, 也就是直流分量对应的幅值, 其值为 $|a_0|/2$. 这样就得到了振幅频谱图. 类似地, 可以得到相位频谱图. 需要注意的是相位频谱图一般不用作出在 $\omega = 0$ 时的相位.

下面将傅里叶级数的三角形式改写成复数形式. 注意到应用欧拉公式可以将式 (7.6) 中的正弦函数与余弦函数用复指数函数表示, 即

$$\cos n\omega_0 t = \frac{1}{2}(e^{in\omega_0 t} + e^{-in\omega_0 t}), \tag{7.11}$$

$$\sin n\omega_0 t = \frac{i}{2}(e^{-in\omega_0 t} - e^{in\omega_0 t}), \tag{7.12}$$

将式 (7.11)、式 (7.12) 代入式 (7.6) 并化简得

$$f_T(t) = \frac{a_0}{2} + \sum_{n=1}^{+\infty}\left(\frac{a_n - ib_n}{2}e^{in\omega_0 t} + \frac{a_n + ib_n}{2}e^{-in\omega_0 t}\right). \tag{7.13}$$

在式 (7.13) 中, 若令

$$c_0 = \frac{a_0}{2}, \quad c_n = \frac{a_n - ib_n}{2}, \quad c_{-n} = \frac{a_n + ib_n}{2} \quad (n = 1, 2, 3, \cdots), \tag{7.14}$$

则结合式 (7.7) 中 a_n 与 b_n 的计算公式得

$$c_0 = \frac{a_0}{2} = \frac{1}{T}\int_{-T/2}^{T/2} f_T(t)dt,$$

$$c_n = \frac{a_n - ib_n}{2} = \frac{1}{T}\int_{-T/2}^{T/2} f_T(t)(\cos n\omega_0 t - i\sin n\omega_0 t)dt$$

$$= \frac{1}{T}\int_{-T/2}^{T/2} f_T(t)e^{-in\omega_0 t}dt \quad (n = 1, 2, 3, \cdots),$$

$$c_{-n} = \frac{a_n + ib_n}{2} = \frac{1}{T}\int_{-T/2}^{T/2} f_T(t)e^{in\omega_0 t}dt \quad (n = 1, 2, 3, \cdots), \tag{7.15}$$

将式 (7.15) 中的三个关系式合写成一个式子得

$$c_n = \frac{1}{T}\int_{-T/2}^{T/2} f_T(t)e^{-in\omega_0 t}dt \quad (n = 0, \pm 1, \pm 2, \cdots). \tag{7.16}$$

最终, 式 (7.6) 可以写成

$$f_T(t) = c_0 + \sum_{n=1}^{+\infty}\left(c_n e^{in\omega_0 t} + c_{-n}e^{-in\omega_0 t}\right) = \sum_{n=-\infty}^{+\infty} c_n e^{in\omega_0 t}. \tag{7.17}$$

7.1 傅里叶积分

式 (7.17) 就是傅里叶级数的复指数形式，或者表示为

$$f_T(t) = \sum_{n=-\infty}^{+\infty} \left[\frac{1}{T} \int_{-T/2}^{T/2} f_T(\tau) e^{-in\omega_0 \tau} d\tau \right] e^{in\omega_0 t}. \tag{7.18}$$

如果这里的函数 $f_T(t)$ 是一个信号，则式 (7.18) 表明：一个满足狄利克雷条件的非正弦周期信号可以表示为一些复指数信号的和，并且该周期信号的第 n 次谐波

$$A_n \cos(n\omega_0 t + \varphi_n) = c_{-n} e^{-in\omega_0 t} + c_n e^{in\omega_0 t} \quad (n = 1, 2, 3, \cdots). \tag{7.19}$$

进一步，由式 (7.9) 与式 (7.14) 中的关系式得

$$\begin{aligned} &|c_0| = \frac{|a_0|}{2}, \\ &2|c_n| = 2|c_{-n}| = \sqrt{a_n^2 + b_n^2} = A_n \quad (n = 1, 2, 3, \cdots), \\ &\arg c_n = -\arg c_{-n} = \varphi_n \quad (n = 1, 2, 3, \cdots)^{①}, \end{aligned} \tag{7.20}$$

由式 (7.20) 中的几个关系式与式 (7.19) 可以看出：周期信号 $f_T(t)$ 的第 n 次谐波可以表示为两个复指数信号 $e^{-in\omega_0 t}$ 与 $e^{in\omega_0 t}$ 的线性组合，而复系数 c_n 的模与辐角恰好反映了周期信号 $f_T(t)$ 中的 n 次谐波的振幅 A_n 与相位 φ_n，其中振幅 A_n 被平均分配到正频率信号 $e^{in\omega_0 t}$ 与负频率信号 $e^{-in\omega_0 t}$ 上 (这里引入负频率只是为了数学上处理的方便). 由此可见，仅由 c_n 就可以完全地刻画周期信号 $f_T(t)$ 的频率特性. 为了进一步明确 c_n 与 $n\omega_0$ 的函数关系，记

$$c_n = F(n\omega_0) \quad (n = 0, \pm 1, \pm 2, \cdots),$$

并将

$$|c_n| = \begin{cases} |F(n\omega_0)| = \dfrac{A_n}{2}, & n = \pm 1, \pm 2, \cdots, \\ |F(0)| = \dfrac{|a_0|}{2}, & n = 0, \end{cases}$$

$$\arg c_n = \arg F(n\omega_0) \quad (n = \pm 1, \pm 2, \cdots)$$

分别称为周期信号 $f_T(t)$ 的振幅谱和相位谱，它们的图像称为振幅频谱图和相位频谱图. 由于这两个函数的图像是关于竖轴对称的离散点，所以其频谱称为双边离散频谱[②].

[①] 对于式 (7.20)，只讨论 c_n 在第一象限 (即 $a_n > 0, b_n < 0$) 时的情况. 由式 (7.14) 中的关系式知：这时，c_{-n} 在第四象限. 因此，$\arg c_n = -\arg c_{-n} = -\arctan \dfrac{b_n}{a_n}$. 而由式 (7.9) 中的关系知 $\varphi_n = -\arctan \dfrac{b_n}{a_n}$，所以式 (7.20) 成立.

[②] 单边离散频谱与双边离散频谱都是用来描述周期信号的频谱的. 单边频谱对应的是傅里叶级数的三角形式，双边频谱对应的是傅里叶级数的复指数形式. 读者可以自己总结一下两种频谱图的差异.

例 7.1 已知周期函数 $f_T(t)$ 在一个周期内的表达式是

$$f_T(t) = \begin{cases} 0, & -\dfrac{T}{2} < t < 0, \\ E, & 0 < t < \dfrac{T}{2}, \end{cases}$$

其中 $E > 0$(图 7.1(a)),求该函数的离散频谱及傅里叶级数的复指数形式.

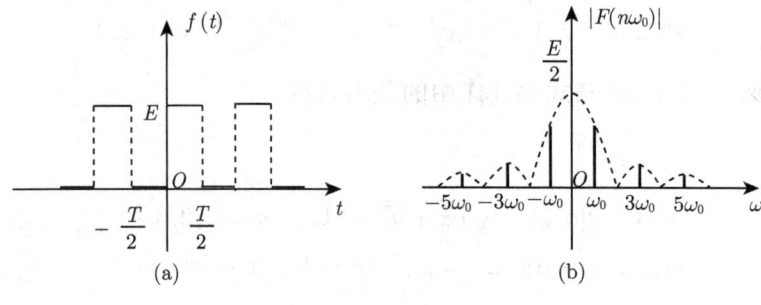

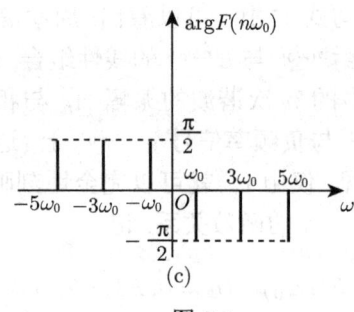

图 7.1

解 由于当 $n = 0$ 时,

$$c_0 = \frac{1}{T}\int_{-T/2}^{T/2} f_T(t) e^{-i0\omega_0 t} dt = \frac{1}{T}\int_0^{T/2} E dt = \frac{E}{2};$$

当 $n \neq 0$ 时,

$$\begin{aligned} c_n &= \frac{1}{T}\int_{-T/2}^{T/2} f_T(t) e^{-in\omega_0 t} dt \\ &= \frac{E}{T}\int_0^{T/2} e^{-in\omega_0 t} dt \quad \left(\omega_0 = \frac{2\pi}{T}\right) \\ &= \frac{E}{T}\int_0^{T/2} e^{-in\frac{2\pi}{T}t} dt = \frac{E i}{2n\pi}(e^{-n\pi i} - 1) \\ &= \begin{cases} 0, & n = \pm 2, \pm 4, \pm 6, \cdots, \\ -\dfrac{E i}{n\pi}, & n = \pm 1, \pm 3, \pm 5, \cdots, \end{cases} \end{aligned}$$

所以 $f_T(t)$ 的傅里叶级数的复指数形式为

$$f_T(t) = \frac{E}{2} + \sum_{n=-\infty}^{+\infty}\left[-\frac{E\mathrm{i}}{(2n-1)\pi}\mathrm{e}^{\mathrm{i}(2n-1)\frac{2\pi}{T}t}\right],$$

振幅谱

$$|c_n| = |F(n\omega_0)| = \begin{cases} \dfrac{E}{2}, & n = 0, \\ 0, & n = \pm 2, \pm 4, \pm 6, \cdots, \\ \dfrac{E}{|n|\pi}, & n = \pm 1, \pm 3, \pm 5, \cdots, \end{cases}$$

相位谱

$$\arg c_n = \arg F(n\omega_0) = \begin{cases} 0, & n = \pm 2, \pm 4, \cdots, \\ -\dfrac{\pi}{2}, & n = 1, 3, 5, \cdots, \\ \dfrac{\pi}{2}, & n = -1, -3, -5, \cdots. \end{cases}$$

将振幅谱与相位谱用表格表示出来, 见表 7.1 和表 7.2. 利用表 7.1 和表 7.2 就可以画出振幅频谱图与相位频谱图, 如图 7.1(b) 和 (c) 所示.

表 7.1 振幅谱

$n\omega_0$	$\cdots$	$-3\omega_0$	$-2\omega_0$	$-\omega_0$	0	ω_0	$2\omega_0$	$3\omega_0$	$\cdots$
$|F(n\omega_0)|$	$\cdots$	$\dfrac{E}{3\pi}$	0	$\dfrac{E}{\pi}$	$\dfrac{E}{2}$	$\dfrac{E}{\pi}$	0	$\dfrac{E}{3\pi}$	$\cdots$

表 7.2 相位谱

$n\omega_0$	$\cdots$	$-3\omega_0$	$-2\omega_0$	$-\omega_0$	ω_0	$2\omega_0$	$3\omega_0$	$\cdots$
$\arg F(n\omega_0)$	$\cdots$	$\dfrac{\pi}{2}$	0	$\dfrac{\pi}{2}$	$-\dfrac{\pi}{2}$	0	$-\dfrac{\pi}{2}$	$\cdots$

7.1.3 傅里叶积分定理

1. 傅里叶积分定理

在 7.1.2 节中, 我们已经知道一个非正弦周期函数 $f_T(t)$ 可以分解为一些复指数函数的和, 那么一个非周期函数 $f(t)$ 是否也有类似的分解呢?

下面讨论这个问题. 设 $f(t)$ 是在实数轴上处处有定义的非周期函数, 将 $f(t)$ 在 $\left[-\dfrac{T}{2}, \dfrac{T}{2}\right)$ 的这部分函数图像, 以周期 T 向左右两端延拓得到一个以 T 为周期的函

数 $f_T(t)$, 如图 7.2 所示. 显然, 在 $\left[-\dfrac{T}{2}, \dfrac{T}{2}\right)$ 上 $f_T(t)$ 与 $f(t)$ 完全相等, 并且当 T 越大时, $f_T(t)$ 与 $f(t)$ 相等的范围也越大. 因此, 当 $T \to +\infty$ 时, 周期函数 $f_T(t)$ 就转化为 $f(t)$, 即
$$\lim_{T \to +\infty} f_T(t) = f(t).$$

结合式 (7.18) 得
$$f(t) = \lim_{T \to +\infty} \frac{1}{T} \sum_{n=-\infty}^{+\infty} \left(\int_{-T/2}^{T/2} f_T(\tau) e^{-in\omega_0 \tau} d\tau \right) e^{in\omega_0 t}. \tag{7.21}$$

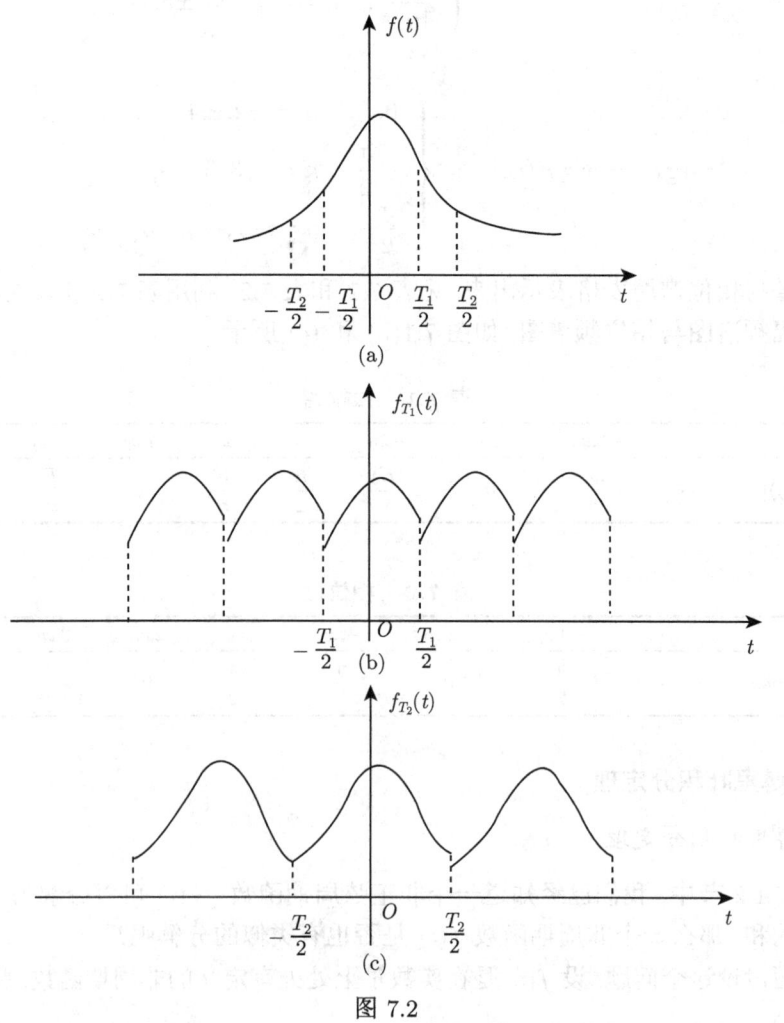

图 7.2

若在式 (7.21) 中令 $\omega_n = n\omega_0$, 则当 n 取一切整数时, ω_n 所对应的点便均匀地分布在整个数轴上, 如图 7.3 所示. 将相邻两点的距离记为 $\Delta\omega_n$, 即有

$$\Delta\omega_n = \omega_n - \omega_{n-1} = \omega_0 = \frac{2\pi}{T}, \tag{7.22}$$

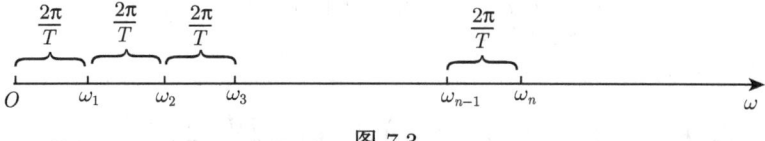

图 7.3

并且当 $T \to +\infty$ 时, $\Delta\omega_n \to 0$, 所以

$$f(t) = \frac{1}{2\pi} \lim_{\Delta\omega_n \to 0} \sum_{n=-\infty}^{+\infty} \left[\left(\int_{-(\pi/\Delta\omega_n)}^{\pi/\Delta\omega_n} f_T(\tau) \mathrm{e}^{-\mathrm{i}\omega_n \tau} \mathrm{d}\tau \right) \mathrm{e}^{\mathrm{i}\omega_n t} \right] \Delta\omega_n. \tag{7.23}$$

记

$$\Phi_T(\omega_n) = \left[\int_{-(\pi/\Delta\omega_n)}^{\pi/\Delta\omega_n} f_T(\tau) \mathrm{e}^{-\mathrm{i}\omega_n \tau} \mathrm{d}\tau \right] \mathrm{e}^{\mathrm{i}\omega_n t}, \tag{7.24}$$

将式 (7.24) 代入式 (7.23) 得

$$f(t) = \frac{1}{2\pi} \lim_{\Delta\omega_n \to 0} \sum_{n=-\infty}^{+\infty} \Phi_T(\omega_n) \Delta\omega_n. \tag{7.25}$$

当 $\Delta\omega_n \to 0$ 时, 离散的 ω_n 之间的距离变得无限小, 离散变量 ω_n 变成了连续变量 ω. 这时, 对式 (7.24) 两边同时取 $\Delta\omega_n \to 0$ 的极限得

$$\lim_{\Delta\omega_n \to 0} \Phi_T(\omega_n) = \left(\int_{-\infty}^{+\infty} f(\tau) \mathrm{e}^{-\mathrm{i}\omega\tau} \mathrm{d}\tau \right) \mathrm{e}^{\mathrm{i}\omega t} = \Phi(\omega). \tag{7.26}$$

所以由积分的定义, 式 (7.25) 可以化为下面的积分形式

$$f(t) = \frac{1}{2\pi} \int_{-\infty}^{+\infty} \Phi(\omega) \mathrm{d}\omega = \frac{1}{2\pi} \int_{-\infty}^{+\infty} \left(\int_{-\infty}^{+\infty} f(\tau) \mathrm{e}^{-\mathrm{i}\omega\tau} \mathrm{d}\tau \right) \mathrm{e}^{\mathrm{i}\omega t} \mathrm{d}\omega^{①}. \tag{7.27}$$

这样得到了 $f(t)$ 的一个积分形式的展开式, 称式 (7.27) 为非周期函数 $f(t)$ 的傅里叶积分公式 (或者称为指数形式的傅里叶积分公式). 事实上, 上面推导过程只是形式上的, 并不严格. 而且在推导过程中, 并没有说明满足什么条件的非周期函数 $f(t)$ 可以用傅里叶积分表示. 是不是所有的非周期函数都可以用傅里叶积分表示呢? 下面的定理给出了明确的解答.

---

① 式中的广义积分都是主值意义下的积分, 即 $\int_{-\infty}^{+\infty} f(t)\mathrm{d}t = \lim_{R \to +\infty} \int_{-R}^{+R} f(t)\mathrm{d}t$.

定理 7.2　如果函数 $f(t)$ 在 $(-\infty,+\infty)$ 上满足:

(1) $f(t)$ 在任一有限区间上满足狄利克雷条件;

(2) $f(t)$ 绝对可积①,

那么 $f(t)$ 的傅里叶积分公式收敛, 并且在连续点处

$$\frac{1}{2\pi}\int_{-\infty}^{+\infty}\left(\int_{-\infty}^{+\infty}f(\tau)\mathrm{e}^{-\mathrm{i}\omega\tau}\mathrm{d}\tau\right)\mathrm{e}^{\mathrm{i}\omega t}\mathrm{d}\omega = f(t),$$

在间断点处

$$\frac{1}{2\pi}\int_{-\infty}^{+\infty}\left(\int_{-\infty}^{+\infty}f(\tau)\mathrm{e}^{-\mathrm{i}\omega\tau}\mathrm{d}\tau\right)\mathrm{e}^{\mathrm{i}\omega t}\mathrm{d}\omega = \frac{f(t+0)+f(t-0)}{2}.$$

定理 7.2 称为傅里叶积分定理. 这个定理的条件是充分的, 证明从略.

2. 傅里叶积分公式的三角形式

在实际应用中, 经常把式 (7.27) 转化为三角形式. 因为

$$\begin{aligned}f(t) &= \frac{1}{2\pi}\int_{-\infty}^{+\infty}\left(\int_{-\infty}^{+\infty}f(\tau)\mathrm{e}^{-\mathrm{i}\omega\tau}\mathrm{d}\tau\right)\mathrm{e}^{\mathrm{i}\omega t}\mathrm{d}\omega \\ &= \frac{1}{2\pi}\int_{-\infty}^{+\infty}\left(\int_{-\infty}^{+\infty}f(\tau)\mathrm{e}^{\mathrm{i}\omega(t-\tau)}\mathrm{d}\tau\right)\mathrm{d}\omega \\ &= \frac{1}{2\pi}\int_{-\infty}^{+\infty}\left[\int_{-\infty}^{+\infty}f(\tau)\cos\omega(t-\tau)\mathrm{d}\tau + \mathrm{i}\int_{-\infty}^{+\infty}f(\tau)\sin\omega(t-\tau)\mathrm{d}\tau\right]\mathrm{d}\omega \\ &= \frac{1}{2\pi}\int_{-\infty}^{+\infty}\left[\int_{-\infty}^{+\infty}f(\tau)\cos\omega(t-\tau)\mathrm{d}\tau\right]\mathrm{d}\omega \\ &\quad + \mathrm{i}\frac{1}{2\pi}\int_{-\infty}^{+\infty}\left[\int_{-\infty}^{+\infty}f(\tau)\sin\omega(t-\tau)\mathrm{d}\tau\right]\mathrm{d}\omega,\end{aligned}$$

而 $\int_{-\infty}^{+\infty}f(\tau)\sin\omega(t-\tau)\mathrm{d}\tau$ 是关于 ω 的奇函数, $\int_{-\infty}^{+\infty}f(\tau)\cos\omega(t-\tau)\mathrm{d}\tau$ 是关于 ω 的偶函数, 所以

$$f(t) = \frac{1}{\pi}\int_{0}^{+\infty}\left[\int_{-\infty}^{+\infty}f(\tau)\cos\omega(t-\tau)\mathrm{d}\tau\right]\mathrm{d}\omega \quad ②$$

---

① 指 $\int_{-\infty}^{+\infty}|f(t)|\mathrm{d}t < +\infty.$

② 由于 $\int_{-\infty}^{+\infty}f(\tau)\sin\omega(t-\tau)\mathrm{d}\tau$ 是关于 ω 的奇函数, $\int_{-\infty}^{+\infty}f(\tau)\cos\omega(t-\tau)\mathrm{d}\tau$ 是关于 ω 的偶函数, 所以

$$\int_{-\infty}^{+\infty}\left[\int_{-\infty}^{+\infty}f(\tau)\sin\omega(t-\tau)\mathrm{d}\tau\right]\mathrm{d}\omega = 0,$$

$$\int_{-\infty}^{+\infty}\left[\int_{-\infty}^{+\infty}f(\tau)\cos\omega(t-\tau)\mathrm{d}\tau\right]\mathrm{d}\omega = 2\int_{0}^{+\infty}\left[\int_{-\infty}^{+\infty}f(\tau)\cos\omega(t-\tau)\mathrm{d}\tau\right]\mathrm{d}\omega.$$

$$=\frac{1}{\pi}\int_0^{+\infty}\left(\int_{-\infty}^{+\infty}f(\tau)\cos\omega t\cos\omega\tau\mathrm{d}\tau\right)\mathrm{d}\omega$$
$$+\frac{1}{\pi}\int_0^{+\infty}\left(\int_{-\infty}^{+\infty}f(\tau)\sin\omega t\sin\omega\tau\mathrm{d}\tau\right)\mathrm{d}\omega$$
$$=\frac{1}{\pi}\int_0^{+\infty}\left[\left(\int_{-\infty}^{+\infty}f(\tau)\cos\omega\tau\mathrm{d}\tau\right)\cos\omega t\right]\mathrm{d}\omega$$
$$+\frac{1}{\pi}\int_0^{+\infty}\left[\left(\int_{-\infty}^{+\infty}f(\tau)\sin\omega\tau\mathrm{d}\tau\right)\sin\omega t\right]\mathrm{d}\omega.$$

若令
$$a(\omega)=\int_{-\infty}^{+\infty}f(\tau)\cos\omega\tau\mathrm{d}\tau,\quad b(\omega)=\int_{-\infty}^{+\infty}f(\tau)\sin\omega\tau\mathrm{d}\tau, \tag{7.28}$$

则
$$f(t)=\frac{1}{\pi}\int_0^{+\infty}[a(\omega)\cos\omega t+b(\omega)\sin\omega t]\mathrm{d}\omega. \tag{7.29}$$

称式 (7.29) 为非周期函数 $f(t)$ 的傅里叶积分公式的三角形式, 它与周期函数的傅里叶级数的三角形式 (7.6) 十分相似. 继续将式 (7.29) 变形如下

$$f(t)=\frac{1}{\pi}\int_0^{+\infty}[a(\omega)\cos\omega t+b(\omega)\sin\omega t]\mathrm{d}\omega$$
$$=\frac{1}{\pi}\int_0^{+\infty}\sqrt{a(\omega)^2+b(\omega)^2}\left[\frac{a(\omega)}{\sqrt{a(\omega)^2+b(\omega)^2}}\cos\omega t-\frac{-b(\omega)}{\sqrt{a(\omega)^2+b(\omega)^2}}\sin\omega t\right]\mathrm{d}\omega,$$

若令
$$|F(\omega)|=\sqrt{a(\omega)^2+b(\omega)^2},\quad \cos\varphi(\omega)=\frac{a(\omega)}{|F(\omega)|},\quad \sin\varphi(\omega)=-\frac{b(\omega)}{|F(\omega)|}, \tag{7.30}$$

则最终得到了 $f(t)$ 的另外一种积分表达形式

$$f(t)=\frac{1}{\pi}\int_0^{+\infty}|F(\omega)|\cos[\omega t+\varphi(\omega)]\mathrm{d}\omega. \tag{7.31}$$

我们发现式 (7.31) 与式 (7.10) 也惊人的相似. 如果 $f(t)$ 是一个非周期信号, 那么式 (7.31) 表明: 一个非周期信号可以由频率为不同的$\omega(\omega\in(0,+\infty))$ 的正弦信号叠加而成. 这些正弦信号的振幅为 $\dfrac{1}{\pi}|F(\omega)||\mathrm{d}\omega|$, 相位为 $\varphi(\omega)$. 称 $F(\omega)$ 为 $f(t)$ 的振幅频谱函数, $|F(\omega)|$ 为 $f(t)$ 的振幅频谱, $|F(\omega)|$ 的图像为振幅频谱图; 称 $\varphi(\omega)$ 为 $f(t)$ 的相位频谱函数, $\varphi(\omega)$ 的图像为相位频谱图. 由于 $|F(\omega)|$, $\varphi(\omega)$ 都是关于频率 ω 的连续函数, 所以 $f(t)$ 的振幅频谱图与相位频谱图也都是连续变化的.

进一步, 在式 (7.28) 中, 若 $f(t)$ 为奇函数, 则

$$a(\omega) = 0, \quad b(\omega) = 2\int_0^{+\infty} f(\tau)\sin\omega\tau d\tau,$$

这时式 (7.29) 可化为

$$f(t) = \frac{2}{\pi}\int_0^{+\infty}\left[\int_0^{+\infty} f(\tau)\sin\omega\tau d\tau\right]\sin\omega t d\omega; \qquad (7.32)$$

若 $f(t)$ 为偶函数, 则

$$a(\omega) = 2\int_0^{+\infty} f(\tau)\cos\omega\tau d\tau, \quad b(\omega) = 0,$$

这时式 (7.29) 可化为

$$f(t) = \frac{2}{\pi}\int_0^{+\infty}\left[\int_0^{+\infty} f(\tau)\cos\omega\tau d\tau\right]\cos\omega t d\omega. \qquad (7.33)$$

式 (7.32) 与式 (7.33) 分别称为傅里叶正弦积分公式和傅里叶余弦积分公式.

特别地, 如果 $f(t)$ 仅在 $(0,+\infty)$ 上有定义, 且满足傅里叶积分定理的条件, 可以采用类似于傅里叶级数中的奇延拓或偶延拓的方法, 得到 $f(t)$ 相应的傅里叶积分正弦展开式或傅里叶积分余弦展开式.

例 7.2 求指数衰减函数

$$f(t) = \begin{cases} 0, & t < 0, \\ e^{-\beta t}, & t \geqslant 0 \end{cases} \quad (\beta > 0)$$

的傅里叶积分表达式.

解 函数 $f(t)$ 满足傅里叶积分定理的条件, 故在 $f(t)$ 的连续点 $t \neq 0$ 处有

$$\begin{aligned}
f(t) &= \frac{1}{2\pi}\int_{-\infty}^{+\infty}\left(\int_0^{+\infty} e^{-\beta\tau}e^{-i\omega\tau}d\tau\right)e^{i\omega t}d\omega \\
&= \frac{1}{2\pi}\int_{-\infty}^{+\infty} -\frac{e^{-(\beta+i\omega)\tau}}{\beta+i\omega}\bigg|_0^{+\infty} e^{i\omega t}d\omega \\
&= \frac{1}{2\pi}\int_{-\infty}^{+\infty}\frac{1}{\beta+i\omega}(\cos\omega t + i\sin\omega t)d\omega \\
&= \frac{1}{2\pi}\int_{-\infty}^{+\infty}\frac{\beta-i\omega}{\beta^2+\omega^2}(\cos\omega t + i\sin\omega t)d\omega \\
&= \frac{1}{\pi}\int_0^{+\infty}\frac{\beta\cos\omega t + \omega\sin\omega t}{\beta^2+\omega^2}d\omega,
\end{aligned}$$

7.1 傅里叶积分

而在 $f(t)$ 的间断点 $t=0$ 处,

$$\frac{1}{\pi}\int_0^{+\infty}\frac{\beta\cos\omega t+\omega\sin\omega t}{\beta^2+\omega^2}\mathrm{d}\omega=\frac{1}{\pi}\int_0^{+\infty}\frac{\beta}{\beta^2+\omega^2}\mathrm{d}\omega=\frac{f(0+0)+f(0-0)}{2}=\frac{1}{2}.$$

例 7.3 求函数

$$f(t)=\begin{cases}1,&|t|\leqslant 1,\\0,&|t|>1\end{cases}$$

的傅里叶积分表达式, 并推证下列积分结果

$$\int_0^{+\infty}\frac{\sin\omega\cos\omega t}{\omega}\mathrm{d}\omega=\begin{cases}\dfrac{\pi}{2},&|t|<1,\\[4pt]\dfrac{\pi}{4},&|t|=1,\\[4pt]0,&|t|>1.\end{cases}$$

解 由于 $f(t)$ 为偶函数, 所以由式 (7.33) 知, 在 $f(t)$ 的连续点 $|t|\neq 1$ 处, 有

$$\begin{aligned}f(t)&=\frac{2}{\pi}\int_0^{+\infty}\left[\int_0^{+\infty}f(\tau)\cos\omega\tau\mathrm{d}\tau\right]\cos\omega t\mathrm{d}\omega\\&=\frac{2}{\pi}\int_0^{+\infty}\left[\int_0^1\cos\omega\tau\mathrm{d}\tau\right]\cos\omega t\mathrm{d}\omega\\&=\frac{2}{\pi}\int_0^{+\infty}\frac{\sin\omega}{\omega}\cos\omega t\mathrm{d}\omega,\end{aligned}$$

即

$$\int_0^{+\infty}\frac{\sin\omega}{\omega}\cos\omega t\mathrm{d}\omega=\frac{\pi}{2}f(t)=\begin{cases}\dfrac{\pi}{2},&|t|<1,\\[4pt]0,&|t|>1;\end{cases}$$

而在 $f(t)$ 的间断点 $t=\pm 1$ 处, 有

$$\frac{2}{\pi}\int_0^{+\infty}\frac{\sin\omega}{\omega}\cos\omega t\mathrm{d}\omega=\frac{f(\pm 1+0)+f(\pm 1-0)}{2}=\frac{1}{2},$$

即

$$\int_0^{+\infty}\frac{\sin\omega}{\omega}\cos\omega t\mathrm{d}\omega=\frac{\pi}{4}.$$

综合上面结果得

$$\int_0^{+\infty}\frac{\sin\omega\cos\omega t}{\omega}\mathrm{d}\omega=\begin{cases}\dfrac{\pi}{2},&|t|<1,\\[4pt]\dfrac{\pi}{4},&|t|=1,\\[4pt]0,&|t|>1.\end{cases}$$

特别地, 当 $t = 0$ 时有 $\int_0^{+\infty} \frac{\sin \omega}{\omega} d\omega = \frac{\pi}{2}$, 这就是著名的狄利克雷积分.

例 7.4 求函数

$$f(t) = \begin{cases} -1, & -1 < t < 0, \\ 1, & 0 < t < 1, \\ 0, & \text{其他} \end{cases}$$

的傅里叶积分表达式.

解 由于 $f(t)$ 是奇函数, 所以由式 (7.32) 知, 在 $f(t)$ 的连续点处, 有

$$\begin{aligned} f(t) &= \frac{2}{\pi} \int_0^{+\infty} \left[\int_0^{+\infty} f(\tau) \sin \omega \tau d\tau \right] \sin \omega t d\omega \\ &= \frac{2}{\pi} \int_0^{+\infty} \left(\int_0^1 \sin \omega \tau d\tau \right) \sin \omega t d\omega \\ &= \frac{2}{\pi} \int_0^{+\infty} \frac{1 - \cos \omega}{\omega} \sin \omega t d\omega, \end{aligned}$$

而在 $f(t)$ 的间断点 $t_0 = -1, 0, 1$ 处, 有

$$\frac{2}{\pi} \int_0^{+\infty} \frac{1 - \cos \omega}{\omega} \sin \omega t d\omega = \frac{f(t_0 + 0) + f(t_0 - 0)}{2}.$$

7.2 傅里叶变换及其性质

7.2.1 傅里叶变换的概念

在前面的讨论中, 得到结论: 如果非周期函数 $f(t)$ 满足傅里叶积分定理的条件, 那么在 $f(t)$ 的连续点处, 有

$$f(t) = \frac{1}{2\pi} \int_{-\infty}^{+\infty} \left(\int_{-\infty}^{+\infty} f(\tau) e^{-i\omega \tau} d\tau \right) e^{i\omega t} d\omega.$$

若令

$$F(\omega) = \int_{-\infty}^{+\infty} f(t) e^{-i\omega t} dt, \tag{7.34}$$

则

$$f(t) = \frac{1}{2\pi} \int_{-\infty}^{+\infty} F(\omega) e^{i\omega t} d\omega. \tag{7.35}$$

观察式 (7.34) 和式 (7.35) 发现, $f(t)$ 与 $F(\omega)$ 可以用类似的积分运算相互表示. 式 (7.34) 称为 $f(t)$ 的傅里叶变换式, 记作

$$F(\omega) = \mathcal{F}[f(t)],$$

$F(\omega)$ 称为 $f(t)$ 的像函数. 式 (7.35) 称为 $F(\omega)$ 的傅里叶逆变换, 记作

$$f(t) = \mathcal{F}^{-1}[F(\omega)],$$

$f(t)$ 称为 $F(\omega)$ 的像原函数[①].

另外, 若 $f(t)$ 为奇函数, 则依据式 (7.32),

$$F_s(\omega) = \int_0^{+\infty} f(t) \sin \omega t \mathrm{d}t \tag{7.36}$$

称为 $f(t)$ 的傅里叶正弦变换式, 即

$$F_s(\omega) = \mathcal{F}_s[f(t)],$$

而

$$f(t) = \frac{2}{\pi} \int_0^{+\infty} F_s(\omega) \sin \omega t \mathrm{d}\omega$$

称为 $F(\omega)$ 的傅里叶正弦逆变式, 即

$$f(t) = \mathcal{F}_s^{-1}[F_s(\omega)].$$

类似地, 若 $f(t)$ 为偶函数, 则依据式 (7.33),

$$F_c(\omega) = \int_0^{+\infty} f(t) \cos \omega t \mathrm{d}t \tag{7.37}$$

称为 $f(t)$ 的傅里叶余弦变换式, 即

$$F_c(\omega) = \mathcal{F}_c[f(t)],$$

而

$$f(t) = \frac{2}{\pi} \int_0^{+\infty} F_c(\omega) \cos \omega t \mathrm{d}\omega$$

称为 $F(\omega)$ 的傅里叶余弦逆变式, 即

$$f(t) = \mathcal{F}_c^{-1}[F_c(\omega)].$$

---

① 傅里叶变换及其逆变换还有其他两种常见的定义: 这里 $f(t)$ 为实函数. 若令

$$F_1(\omega) = \int_{-\infty}^{+\infty} f(t) \mathrm{e}^{-\mathrm{i}2\pi\omega t} \mathrm{d}t, \quad f(t) = \int_{-\infty}^{+\infty} F_1(\omega) \mathrm{e}^{\mathrm{i}2\pi\omega t} \mathrm{d}\omega;$$

$$F_c(\omega) = \frac{1}{\sqrt{2\pi}} \int_{-\infty}^{+\infty} f(t) \mathrm{e}^{-\mathrm{i}\omega t} \mathrm{d}t, \quad f(t) = \frac{1}{\sqrt{2\pi}} \int_{-\infty}^{+\infty} F_c(\omega) \mathrm{e}^{\mathrm{i}\omega t} \mathrm{d}\omega;$$

可以看出这两个定义与本书中的定义, 只是形式上略有区别.

7.2.2 傅里叶变换的意义

由傅里叶变换的定义得

$$F(\omega) = \int_{-\infty}^{+\infty} f(t)\mathrm{e}^{-\mathrm{i}\omega t}\mathrm{d}t = \int_{-\infty}^{+\infty} f(t)(\cos\omega t - \mathrm{i}\sin\omega t)\mathrm{d}t$$

$$= \int_{-\infty}^{+\infty} f(t)\cos\omega t\mathrm{d}t - \mathrm{i}\int_{-\infty}^{+\infty} f(t)\sin\omega t\mathrm{d}t,$$

显然, $F(\omega)$ 是一个复值函数. 它的模

$$|F(\omega)| = \sqrt{\left[\int_{-\infty}^{+\infty} f(t)\cos\omega t\mathrm{d}t\right]^2 + \left[\int_{-\infty}^{+\infty} f(t)\sin\omega t\mathrm{d}t\right]^2},$$

辐角 $\varphi(\omega)$ 满足

$$\tan[\varphi(\omega)] = \tan[\arg F(\omega)] = \frac{-\int_{-\infty}^{+\infty} f(t)\sin\omega t\mathrm{d}t}{\int_{-\infty}^{+\infty} f(t)\cos\omega t\mathrm{d}t}.$$

容易验证 $|F(\omega)|$ 是频率 ω 的偶函数, $\varphi(\omega)$ 是频率 ω 的奇函数[①]. 需要说明的是, 这里的 $F(w)$ 与式 (7.31) 中的 $F(w)$ 就是同一个函数. 也就是说 $f(t)$ 的傅里叶变换的像函数 $F(w)$ 就是 $f(t)$ 的频谱函数. 因此, 对一个信号 $f(t)$ 取傅里叶变换就是求这个信号 $f(t)$ 的频谱函数.

例 7.5 求如图 7.4(a) 所示的单个矩形脉冲函数

$$f(t) = \begin{cases} E, & |t| \leqslant \dfrac{\tau}{2}, \\ 0, & |t| > \dfrac{\tau}{2} \end{cases} \quad (\tau > 0, E > 0)$$

的傅里叶变换, 并画出频谱图.

解 由于当 $\omega \neq 0$ 时,

$$F(\omega) = \mathcal{F}[f(t)] = \int_{-\infty}^{+\infty} f(t)\mathrm{e}^{-\mathrm{i}\omega t}\mathrm{d}t = \int_{-\frac{\tau}{2}}^{\frac{\tau}{2}} E\mathrm{e}^{-\mathrm{i}\omega t}\mathrm{d}t = \frac{2E}{\omega}\sin\frac{\omega\tau}{2};$$

---

① 因为

$$a(\omega) = \int_{-\infty}^{+\infty} f(t)\cos\omega t\mathrm{d}t, \quad b(\omega) = \int_{-\infty}^{+\infty} f(t)\sin\omega t\mathrm{d}t, \quad -\frac{\pi}{2} < \arctan\frac{b(\omega)}{a(\omega)} < \frac{\pi}{2},$$

则 $a(\omega)$ 为关于 ω 的偶函数, $b(\omega)$ 为关于 ω 的奇函数. 当 $a(\omega) < 0, b(\omega) < 0$ 时, $F(\omega) = a(\omega) - \mathrm{i}b(\omega)$ 在第二象限, $F(-\omega) = a(\omega) + \mathrm{i}b(\omega)$ 在第三象限, 这时

$$\varphi(\omega) = \arg F(\omega) = \pi - \arctan\frac{b(\omega)}{a(\omega)}, \quad \varphi(-\omega) = \arg F(-\omega) = \arctan\frac{b(\omega)}{a(\omega)} - \pi,$$

即 $\varphi(-\omega) = -\varphi(\omega)$. 类似地, 可以证明 $F(\omega)$ 取其他值时的结论.

当 $\omega = 0$ 时,
$$F(0) = \lim_{\omega \to 0} F(\omega) = \lim_{\omega \to 0} \frac{2E}{\omega} \sin \frac{\omega \tau}{2} = E\tau,$$

所以振幅谱
$$|F(\omega)| = \begin{cases} \dfrac{2E}{|\omega|} \left|\sin \dfrac{\omega\tau}{2}\right|, & \omega \neq 0, \\ E\tau, & \omega = 0, \end{cases}$$

相位谱
$$\arg F(\omega) = \begin{cases} 0, & \dfrac{4n\pi}{\tau} \leqslant |\omega| \leqslant \dfrac{4n\pi + 2\pi}{\tau}, \\ \pi, & \dfrac{4n\pi + 2\pi}{\tau} < |\omega| < \dfrac{4n\pi + 4\pi}{\tau}, \end{cases} \quad n = 0, 1, 2, \cdots.$$

振幅频谱图与相位频谱图如图 7.4 (b) 和 (c) 所示.

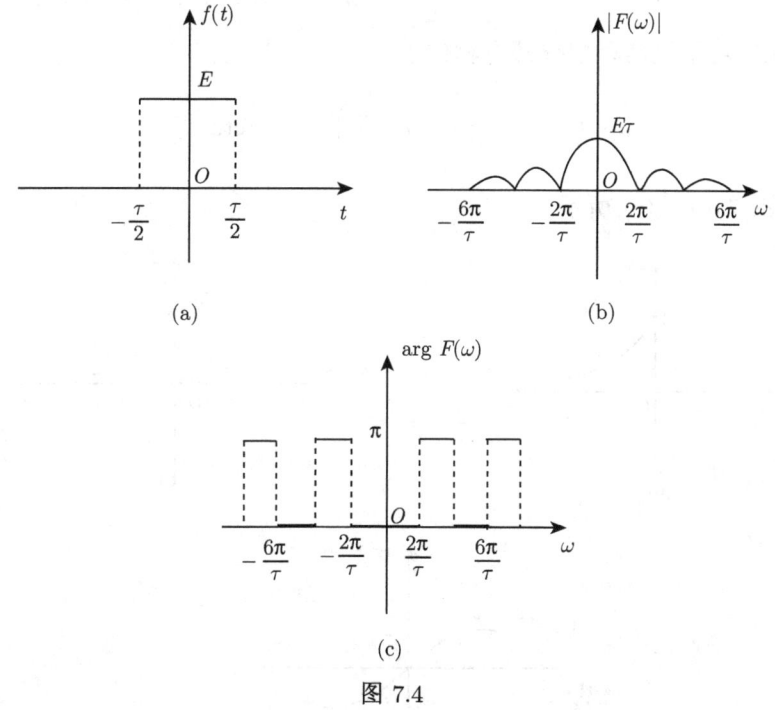

图 7.4

例 7.6 求如图 7.5(a) 所示的指数衰减函数
$$f(t) = \begin{cases} 0, & t < 0, \\ e^{-\beta t}, & t \geqslant 0 \end{cases} \quad (\beta > 0)$$

的傅里叶变换, 并画出频谱图.

解 由于当 $\omega \neq 0$ 时,

$$F(\omega) = \mathcal{F}[f(t)] = \int_{-\infty}^{+\infty} f(t)e^{-i\omega t}dt = \int_{0}^{+\infty} e^{-\beta t}e^{-i\omega t}dt = \frac{1}{\beta + i\omega} = \frac{\beta - i\omega}{\beta^2 + \omega^2};$$

当 $\omega = 0$ 时,

$$F(0) = \lim_{\omega \to 0} F(\omega) = \lim_{\omega \to 0} \frac{1}{\beta + i\omega} = \frac{1}{\beta},$$

所以振幅谱

$$|F(\omega)| = \begin{cases} \dfrac{1}{\sqrt{\beta^2 + \omega^2}}, & \omega \neq 0, \\ \dfrac{1}{\beta}, & \omega = 0, \end{cases}$$

又 $\beta > 0$, 则当 $\omega < 0$ 时, $F(\omega) = \dfrac{\beta - i\omega}{\beta^2 + \omega^2}$ 在第一象限; 当 $\omega > 0$ 时, $F(\omega) = \dfrac{\beta - i\omega}{\beta^2 + \omega^2}$ 在第四象限. 对于这两种情况都有相位谱

$$\arg F(\omega) = \arctan\left(\frac{-\omega}{\beta}\right) = -\arctan\frac{\omega}{\beta}.$$

频谱图如图 7.5(b), (c) 所示.

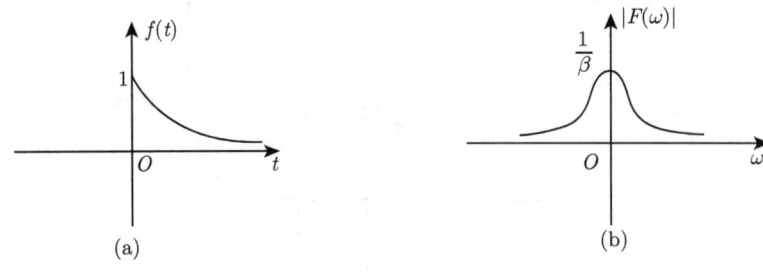

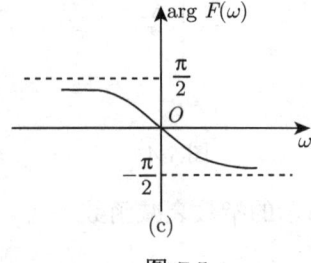

图 7.5

例 7.7 求如图 7.6(a) 所示的钟形脉冲函数 $f(t) = Ee^{-\beta t^2}(E > 0, \beta > 0)$ 的傅里叶变换, 并画出振幅频谱图.

解 当 $\omega \neq 0$ 时,

$$F(\omega) = \mathcal{F}[f(t)] = \int_{-\infty}^{+\infty} E\mathrm{e}^{-\beta(t^2+\frac{\mathrm{i}\omega}{\beta}t)}\mathrm{d}t = E\mathrm{e}^{-\frac{\omega^2}{4\beta}}\int_{-\infty}^{+\infty}\mathrm{e}^{-\beta(t+\frac{\mathrm{i}\omega}{2\beta})^2}\mathrm{d}t,$$

若令 $z = t + \dfrac{\mathrm{i}\omega}{2\beta}$, 则

$$\int_{-\infty}^{+\infty}\mathrm{e}^{-\beta(t+\frac{\mathrm{i}\omega}{2\beta})^2}\mathrm{d}t = \int_{-\infty+\frac{\mathrm{i}\omega}{2\beta}}^{+\infty+\frac{\mathrm{i}\omega}{2\beta}}\mathrm{e}^{-\beta z^2}\mathrm{d}z.$$

利用复变函数围线积分可以计算出 (证明从略) $\displaystyle\int_{-\infty+\frac{\mathrm{i}\omega}{2\beta}}^{+\infty+\frac{\mathrm{i}\omega}{2\beta}}\mathrm{e}^{-\beta z^2}\mathrm{d}z = \sqrt{\dfrac{\pi}{\beta}}$, 所以

$$F(\omega) = \sqrt{\dfrac{\pi}{\beta}}E\mathrm{e}^{-\frac{\omega^2}{4\beta}}.$$

当 $\omega = 0$ 时,

$$F(0) = \lim_{\omega\to 0}F(\omega) = \lim_{\omega\to 0}\sqrt{\dfrac{\pi}{\beta}}E\mathrm{e}^{-\frac{\omega^2}{4\beta}} = \sqrt{\dfrac{\pi}{\beta}}E.$$

因此, 振幅谱

$$|F(\omega)| = \begin{cases} \sqrt{\dfrac{\pi}{\beta}}E\mathrm{e}^{-\frac{\omega^2}{4\beta}}, & \omega \neq 0, \\ \sqrt{\dfrac{\pi}{\beta}}E, & \omega = 0, \end{cases}$$

相位谱

$$\arg F(\omega) = \arg\sqrt{\dfrac{\pi}{\beta}}E\mathrm{e}^{-\frac{\omega^2}{4\beta}} = 0.$$

振幅频谱图如图 7.6 (b) 所示.

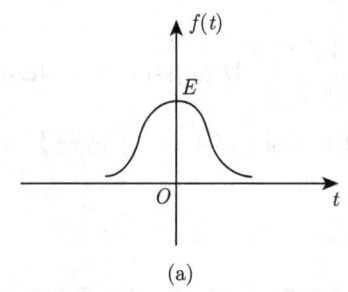
(a)

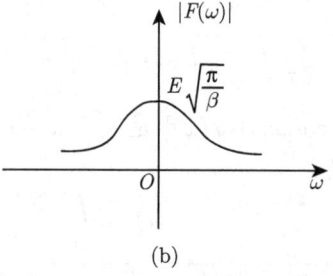
(b)

图 7.6

例 7.8　求函数 $f(t) = \begin{cases} 1, & 0 \leqslant t < 1, \\ 0, & t \geqslant 1 \end{cases}$ 的正弦变换和余弦变换.

解　由式 (7.36) 和式 (7.37) 可得

$$F_s(\omega) = \mathcal{F}_s[f(t)] = \int_0^{+\infty} f(t)\sin\omega t\,\mathrm{d}t = \frac{1-\cos\omega}{\omega},$$

$$F_c(\omega) = \mathcal{F}_c[f(t)] = \int_0^{+\infty} f(t)\cos\omega t\,\mathrm{d}t = \frac{\sin\omega}{\omega}.$$

由例 7.8 可以看出, 同一个函数 $f(t)$ 的正弦变换与余弦变换的结果是不同的.

7.2.3　傅里叶逆变换的意义

$F(\omega)$ 的傅里叶逆变换式为

$$f(t) = \frac{1}{2\pi}\int_{-\infty}^{+\infty} F(\omega)\mathrm{e}^{\mathrm{i}\omega t}\,\mathrm{d}\omega.$$

显然, 这个等式就是前面讨论过的傅里叶积分公式的指数形式, 只不过是将傅里叶积分公式中的积分 $\int_{-\infty}^{+\infty} f(\tau)\mathrm{e}^{-\mathrm{i}\omega\tau}\,\mathrm{d}\tau$ 用一个关于 ω 的函数 $F(\omega)$ 替换后的形式. 如果 $f(t)$ 是定义在 $(-\infty, +\infty)$ 上的满足傅里叶积分定理条件的非周期信号, 则 $F(\omega)$ 的傅里叶逆变换式表明: 信号 $f(t)$ 可以由频率为任意值的复指数信号 $\mathrm{e}^{\mathrm{i}\omega t}$ 叠加而成, $\frac{1}{2\pi}|F(\omega)||\mathrm{d}\omega|$ 就是频率为 ω 的复指数信号的振幅. 对一个函数 $F(\omega)$ 取傅里叶逆变换, 实质上是求一些以 $F(\omega)$ 为频谱的复指数信号 $\mathrm{e}^{\mathrm{i}\omega t}$ 叠加后产生的信号 $f(t)$.

例 7.9　非周期函数 $f(t)$ 满足傅里叶积分定理的条件, 试用傅里叶逆变换式推导等式

$$f(t) = \frac{1}{\pi}\int_0^{+\infty} |F(\omega)|\cos[\omega t + \varphi(\omega)]\,\mathrm{d}\omega.$$

解　由于

$$f(t) = \frac{1}{2\pi}\int_{-\infty}^{+\infty} F(\omega)\mathrm{e}^{\mathrm{i}\omega t}\,\mathrm{d}\omega = \frac{1}{2\pi}\int_{-\infty}^{+\infty} |F(\omega)|\mathrm{e}^{\mathrm{i}\varphi(\omega)}\mathrm{e}^{\mathrm{i}\omega t}\,\mathrm{d}\omega$$

$$= \frac{1}{2\pi}\int_{-\infty}^{+\infty} |F(\omega)|\cos[\omega t + \varphi(\omega)]\,\mathrm{d}\omega + \frac{\mathrm{i}}{2\pi}\int_{-\infty}^{+\infty} |F(\omega)|\sin[\omega t + \varphi(\omega)]\,\mathrm{d}\omega,$$

而 $|F(\omega)|\cos[\omega t + \varphi(\omega)]$ 是关于 ω 的偶函数, $|F(\omega)|\sin[\omega t + \varphi(\omega)]$ 是关于 ω 的奇函数[1], 所以

$$f(t) = \int_0^{+\infty} \frac{1}{\pi}|F(\omega)|\cos[\omega t + \varphi(\omega)]\,\mathrm{d}\omega.$$

---

[1] 若令 $G(\omega) = |F(\omega)|\cos[\omega t + \varphi(\omega)]$, 由于 $|F(\omega)|$ 是频率 ω 的偶函数, $\varphi(\omega)$ 是频率 ω 的奇函数, 所以 $G(-\omega) = |F(-\omega)|\cos[-\omega t + \varphi(-\omega)] = |F(\omega)|\cos[-\omega t - \varphi(\omega)] = |F(\omega)|\cos[\omega t + \varphi(\omega)] = G(\omega)$. 类似地, 可以证明函数 $H(\omega) = |F(\omega)|\sin[\omega t + \varphi(\omega)]$ 是频率 ω 的奇函数.

7.2 傅里叶变换及其性质

用更加简洁的方法又一次得到了式 (7.31).

例 7.10 已知函数 $f(t)$ 的频谱为 $F(\omega) = \begin{cases} 1, & |\omega| < 1, \\ 0, & |\omega| \geqslant 1, \end{cases}$ 求 $f(t)$.

解 由 $F(\omega)$ 的傅里叶逆变换式知

$$f(t) = \mathcal{F}^{-1}[F(\omega)] = \frac{1}{2\pi} \int_{-\infty}^{+\infty} F(\omega) e^{i\omega t} d\omega = \frac{1}{2\pi} \int_{-1}^{1} e^{i\omega t} d\omega = \frac{1}{\pi} \frac{\sin t}{t}.$$

如果令 $Sa(t) = \dfrac{\sin t}{t}$, 那么 $f(t) = \dfrac{1}{\pi} Sa(t)$. 当 $t = 0$ 时, 添加定义 $f(0) = \dfrac{1}{\pi}$. 称 $Sa(t) = \dfrac{\sin t}{t}$ 为抽样信号, 它在信号处理中发挥了重要的作用.

7.2.4 傅里叶变换的性质

傅里叶变换有很多重要性质, 这些性质广泛应用于工程技术中. 下面一一介绍这些性质. 为方便起见, 假定本节中需要进行傅里叶变换的函数都满足傅里叶积分定理的条件, 在证明时不再赘述. 另外, 在 7.5 节中有更多的关于傅里叶变换性质的应用举例[①].

线性性质 设 $F_1(\omega) = \mathcal{F}[f_1(t)]$, $F_2(\omega) = \mathcal{F}[f_2(t)]$, k_1, k_2 为常数, 则

$$\mathcal{F}[k_1 f_1(t) + k_2 f_2(t)] = k_1 F_1(\omega) + k_2 F_2(\omega),$$
$$\mathcal{F}^{-1}[k_1 F_1(\omega) + k_2 F_2(\omega)] = k_1 f_1(t) + k_2 f_2(t).$$

本性质可以直接由积分的线性性质证明.

例 7.11 利用线性性质求函数

$$f(t) = \begin{cases} 0, & t < 0, \\ 3e^{-2t} - 2e^{-3t}, & t \geqslant 0 \end{cases}$$

的傅里叶变换.

解 若令

$$f_1(t) = \begin{cases} 0, & t < 0, \\ e^{-2t}, & t \geqslant 0, \end{cases} \quad f_2(t) = \begin{cases} 0, & t < 0, \\ e^{-3t}, & t \geqslant 0, \end{cases}$$

则

$$f(t) = 3f_1(t) - 2f_2(t).$$

因此,

$$F(\omega) = \mathcal{F}[3f_1(t) - 2f_2(t)] = 3\mathcal{F}[f_1(t)] - 2\mathcal{F}[f_2(t)] = \frac{3}{2 + i\omega} - \frac{2}{3 + i\omega}.$$

---

① 这些例子可以在学完 7.3 节后学习.

位移性质 设 $F(\omega) = \mathcal{F}[f(t)]$, t_0, ω_0 为实常数, 则

$$\mathcal{F}[f(t-t_0)] = \mathrm{e}^{-\mathrm{i}\omega t_0} F(\omega), \tag{7.38}$$

$$\mathcal{F}^{-1}[F(\omega - \omega_0)] = \mathrm{e}^{\mathrm{i}\omega_0 t} f(t). \tag{7.39}$$

证明 由傅里叶变换的定义知

$$\mathcal{F}[f(t-t_0)] = \int_{-\infty}^{+\infty} f(t-t_0) \mathrm{e}^{-\mathrm{i}\omega t} \mathrm{d}t.$$

若令 $\tau = t - t_0$, 则上面积分可化为

$$\mathcal{F}[f(t-t_0)] = \int_{-\infty}^{+\infty} f(\tau) \mathrm{e}^{-\mathrm{i}\omega(t_0+\tau)} \mathrm{d}\tau = \mathrm{e}^{-\mathrm{i}\omega t_0} \int_{-\infty}^{+\infty} f(\tau) \mathrm{e}^{-\mathrm{i}\omega \tau} \mathrm{d}\tau = \mathrm{e}^{-\mathrm{i}\omega t_0} F(\omega).$$

类似地, 可以证明傅里叶逆变换的位移性质. 位移性质表明: 若将函数 $f(t)$ 平移 $|t_0|$ 个单位, 则其傅里叶变换的像函数 $\mathcal{F}[f(t-t_0)]$ 等于 $f(t)$ 的傅里叶变换的像函数乘以因子 $\mathrm{e}^{-\mathrm{i}\omega t_0}$; 若将 $f(t)$ 乘以 $\mathrm{e}^{\mathrm{i}\omega_0 t}$, 则像函数相应的平移 $|\omega_0|$ 个单位. 由位移性质的式 (7.39) 容易得到下面推论.

推论 设 $F(\omega) = \mathcal{F}[f(t)]$, 则

$$\mathcal{F}[f(t)\cos\omega_0 t] = \frac{1}{2}[F(\omega+\omega_0) + F(\omega-\omega_0)], \tag{7.40}$$

$$\mathcal{F}[f(t)\sin\omega_0 t] = \frac{\mathrm{i}}{2}[F(\omega+\omega_0) - F(\omega-\omega_0)]. \tag{7.41}$$

例 7.12 求矩形单脉冲函数

$$f(t) = \begin{cases} E, & 0 \leqslant t \leqslant \tau, \\ 0, & \text{其他} \end{cases} \quad (\tau > 0, E > 0)$$

的傅里叶变换.

解 若令

$$f_1(t) = \begin{cases} E, & |t| \leqslant \dfrac{\tau}{2}, \\ 0, & |t| > \dfrac{\tau}{2} \end{cases} \quad (\tau > 0, E > 0),$$

则由例 7.5 知

$$F_1(\omega) = \mathcal{F}[f_1(t)] = \frac{2E}{\omega} \sin\frac{\omega\tau}{2}.$$

而将 $f_1(t)$ 向右移动 $\dfrac{\tau}{2}$ 就得到了 $f(t)$, 即 $f(t) = f_1\left(t - \dfrac{\tau}{2}\right)$. 因此, 由位移性质的式 (7.38) 知

$$F(\omega) = \mathcal{F}[f(t)] = \mathcal{F}\left[f_1\left(t-\frac{\tau}{2}\right)\right] = \mathrm{e}^{-\frac{\omega\tau}{2}\mathrm{i}} \mathcal{F}[f_1(t)] = \mathrm{e}^{-\frac{\omega\tau}{2}\mathrm{i}} \frac{2E}{\omega} \sin\frac{\omega\tau}{2}.$$

7.2 傅里叶变换及其性质

读者可以用傅里叶变换的定义验证该结论.

相似性质 设 $F(\omega) = \mathcal{F}[f(t)]$, a 为非零的实常数, 则

$$\mathcal{F}[f(at)] = \frac{1}{|a|} F\left(\frac{\omega}{a}\right). \tag{7.42}$$

证明 由傅里叶变换的定义知

$$\mathcal{F}[f(at)] = \int_{-\infty}^{+\infty} f(at) e^{-i\omega t} dt.$$

若令 $\tau = at$, 则当 $a > 0$ 时,

$$\mathcal{F}[f(at)] = \frac{1}{a} \int_{-\infty}^{+\infty} f(\tau) e^{-i\omega\left(\frac{\tau}{a}\right)} d\tau = \frac{1}{a} F\left(\frac{\omega}{a}\right);$$

当 $a < 0$ 时,

$$\mathcal{F}[f(at)] = \frac{1}{a} \int_{+\infty}^{-\infty} f(\tau) e^{-i\omega\left(\frac{\tau}{a}\right)} d\tau = -\frac{1}{a} F\left(\frac{\omega}{a}\right).$$

因此,

$$\mathcal{F}[f(at)] = \frac{1}{|a|} F\left(\frac{\omega}{a}\right).$$

相似性质表明: 当 $|a| > 1$ 时, $f(at)$ 表示将 $f(t)$ 压缩变窄. 这时, 其像函数将变宽变矮; 而当 $|a| < 1$ 时, $f(at)$ 表示将 $f(t)$ 扩展变宽. 这时, 其像函数将变窄变高.

微分性质 设 $F(\omega) = \mathcal{F}[f(t)]$, 若 $f(t)$ 在 $(-\infty, +\infty)$ 上连续或只有有限个可去间断点, 且 $\lim\limits_{|t| \to +\infty} f(t) = 0$, 则

$$\mathcal{F}[f'(t)] = i\omega F(\omega). \tag{7.43}$$

更一般地, 若 $f^{(k)}(t)$ 在 $(-\infty, +\infty)$ 上连续或只有有限个可去间断点, 且 $\lim\limits_{|t| \to +\infty} f^{(k)}(t) = 0, k = 0, 1, 2, \cdots, n-1$[①], 则

$$\mathcal{F}[f^{(n)}(t)] = (i\omega)^n F(\omega). \tag{7.44}$$

同样地, 还能得到像函数的导数公式

$$\frac{dF(\omega)}{d\omega} = \mathcal{F}[-itf(t)]. \tag{7.45}$$

---

① 为了使证明简单才附加条件 $\lim\limits_{|t| \to +\infty} f^{(k)}(t) = 0, k = 0, 1, 2, \cdots, n-1$. 事实上, 若 $f^{(k)}(t), k = 0, 1, 2, \cdots, n-1$ 满足傅里叶积分定理的条件, 则这个附加条件一定是成立的.

更一般地, 有
$$\frac{\mathrm{d}^n F(\omega)}{\mathrm{d}\omega^n} = (-\mathrm{i})^n \mathcal{F}[t^n f(t)]. \tag{7.46}$$

下面只证明 $\mathcal{F}[f'(t)] = \mathrm{i}\omega F(\omega)$.

证明 由傅里叶变换的定义, 有

$$\begin{aligned}\mathcal{F}[f'(t)] &= \int_{-\infty}^{+\infty} f'(t)\mathrm{e}^{-\mathrm{i}\omega t}\mathrm{d}t = \int_{-\infty}^{+\infty} \mathrm{e}^{-\mathrm{i}\omega t}\mathrm{d}f(t) \\ &= f(t)\mathrm{e}^{-\mathrm{i}\omega t}\big|_{-\infty}^{+\infty} + \mathrm{i}\omega \int_{-\infty}^{+\infty} f(t)\mathrm{e}^{-\mathrm{i}\omega t}\mathrm{d}t = \mathrm{i}\omega F(\omega).\end{aligned}$$

傅里叶变换的微分性质表明, $f'(t)$ 的像函数等于像原函数 $f(t)$ 的像函数乘以一个因子 $\mathrm{i}\omega$.

例 7.13 已知 $f(t) = \begin{cases} 0, & t < 0, \\ \mathrm{e}^{-\beta t}, & t \geqslant 0 \end{cases}$ $(\beta > 0)$, 求 $\mathcal{F}[t^2 f(t)]$.

解 由例 7.6 的结论有 $F(\omega) = \mathcal{F}[f(t)] = \dfrac{1}{\beta + \mathrm{i}\omega}$. 再结合导数公式 (7.46) 有

$$\mathcal{F}[t^2 f(t)] = -\frac{\mathrm{d}^2 F(\omega)}{\mathrm{d}\omega^2} = -\left(\frac{1}{\beta + \mathrm{i}\omega}\right)'' = \frac{2}{(\beta + \mathrm{i}\omega)^3}.$$

积分性质 设 $F(\omega) = \mathcal{F}[f(t)]$, 若 $\displaystyle\lim_{t\to+\infty}\int_{-\infty}^{t} f(\tau)\mathrm{d}\tau = 0$ [①], 则

$$\mathcal{F}\left[\int_{-\infty}^{t} f(\tau)\mathrm{d}\tau\right] = \frac{1}{\mathrm{i}\omega} F(\omega). \tag{7.47}$$

证明 因为

$$\mathcal{F}\left[\frac{\mathrm{d}\int_{-\infty}^{t} f(\tau)\mathrm{d}\tau}{\mathrm{d}t}\right] = \mathcal{F}[f(t)] = F(\omega),$$

[①] 如果去掉条件 $\displaystyle\lim_{t\to+\infty}\int_{-\infty}^{t} f(\tau)\mathrm{d}\tau = 0$, 则有更一般地结论

$$\mathcal{F}\left[\int_{-\infty}^{t} f(\tau)\mathrm{d}\tau\right] = \frac{1}{\mathrm{i}\omega} F(\omega) + \pi F(0)\delta(\omega).$$

将在 7.4.2 节中证明. 这里添加 $\displaystyle\lim_{t\to+\infty}\int_{-\infty}^{t} f(\tau)\mathrm{d}\tau = 0$ 是为了使关于变量 t 的函数 $\displaystyle\int_{-\infty}^{t} f(\tau)\mathrm{d}\tau$ 满足傅里叶变换微分性质 (7.43) 成立所要求的条件.

7.2 傅里叶变换及其性质

而由条件 $\lim\limits_{t\to+\infty}\int_{-\infty}^{t}f(\tau)\mathrm{d}\tau=0$，并利用傅里叶变换的微分性质 (7.43) 可得

$$\mathcal{F}\left[\frac{\mathrm{d}\int_{-\infty}^{t}f(\tau)\mathrm{d}\tau}{\mathrm{d}t}\right]=\mathrm{i}\omega\mathcal{F}\left[\int_{-\infty}^{t}f(t)\mathrm{d}t\right],$$

所以

$$\mathcal{F}\left[\int_{-\infty}^{t}f(\tau)\mathrm{d}\tau\right]=\frac{1}{\mathrm{i}\omega}F(\omega).$$

傅里叶变换的积分性质表明：$\int_{-\infty}^{t}f(t)\mathrm{d}t$ 的像函数等于像原函数 $f(t)$ 的像函数 $F(\omega)$ 除以一个因子 $\mathrm{i}\omega$。

乘积定理 设 $F_1(\omega)=\mathcal{F}[f_1(t)]$，$F_2(\omega)=\mathcal{F}[f_2(t)]$，这里 $f_1(t)$，$f_2(t)$ 为实函数，则有

$$\int_{-\infty}^{+\infty}f_1(t)f_2(t)\mathrm{d}t=\frac{1}{2\pi}\int_{-\infty}^{+\infty}\overline{F_1(\omega)}F_2(\omega)\mathrm{d}\omega=\frac{1}{2\pi}\int_{-\infty}^{+\infty}F_1(\omega)\overline{F_2(\omega)}\mathrm{d}\omega. \quad (7.48)$$

证明 由傅里叶逆变换的定义知

$$f_2(t)=\frac{1}{2\pi}\int_{-\infty}^{+\infty}F_2(\omega)\mathrm{e}^{\mathrm{i}\omega t}\mathrm{d}\omega.$$

因此，

$$\int_{-\infty}^{+\infty}f_1(t)f_2(t)\mathrm{d}t=\int_{-\infty}^{+\infty}f_1(t)\left[\frac{1}{2\pi}\int_{-\infty}^{+\infty}F_2(\omega)\mathrm{e}^{\mathrm{i}\omega t}\mathrm{d}\omega\right]\mathrm{d}t. \quad (7.49)$$

交换式 (7.49) 右端的积分次序得

$$\int_{-\infty}^{+\infty}f_1(t)f_2(t)\mathrm{d}t=\frac{1}{2\pi}\int_{-\infty}^{+\infty}\left[\int_{-\infty}^{+\infty}f_1(t)\mathrm{e}^{\mathrm{i}\omega t}\mathrm{d}t\right]F_2(\omega)\mathrm{d}\omega.$$

注意到 $\mathrm{e}^{\mathrm{i}\omega t}=\overline{\mathrm{e}^{-\mathrm{i}\omega t}}$，并且 $f_1(t)$ 是 t 的实函数，所以

$$f_1(t)\mathrm{e}^{\mathrm{i}\omega t}=\overline{f_1(t)}\cdot\overline{\mathrm{e}^{-\mathrm{i}\omega t}}=\overline{f_1(t)\mathrm{e}^{-\mathrm{i}\omega t}}.$$

最终得到

$$\int_{-\infty}^{+\infty}f_1(t)f_2(t)\mathrm{d}t=\frac{1}{2\pi}\int_{-\infty}^{+\infty}\overline{\left[\int_{-\infty}^{+\infty}f_1(t)\mathrm{e}^{-\mathrm{i}\omega t}\mathrm{d}t\right]}F_2(\omega)\mathrm{d}\omega$$

$$=\frac{1}{2\pi}\int_{-\infty}^{+\infty}\overline{F_1(\omega)}F_2(\omega)\mathrm{d}\omega.$$

同理可得
$$\int_{-\infty}^{+\infty} f_1(t)f_2(t)\mathrm{d}t = \frac{1}{2\pi}\int_{-\infty}^{+\infty} F_1(\omega)\overline{F_2(\omega)}\mathrm{d}\omega.$$
利用乘积定理可以得到 Parseval 等式.

能量积分 在物理学中经常遇到与能量有关的物理量. 例如, 如果 $v(t)$ 和 $i(t)$ 分别是阻值为 R 的某一电阻上的电压与电流强度, 那么其瞬时功率为
$$p(t) = v(t)i(t) = v(t)\frac{v(t)}{R} = \frac{1}{R}v^2(t).$$
并且从 t_1 时刻到 t_2 时刻, 这一时间间隔所消耗的总能量为
$$\int_{t_1}^{t_2} p(t)\mathrm{d}t = \int_{t_1}^{t_2}\frac{1}{R}v^2(t)\mathrm{d}t = \frac{1}{R}\int_{t_1}^{t_2}v^2(t)\mathrm{d}t.$$
因此, 把形如 $\int_{t_1}^{t_2} f^2(t)\mathrm{d}t$ 的积分称为能量积分, 需要注意的是这里的积分区间可以是任意区间[①].利用傅里叶变换可以将能量积分用另一种形式表示出来. 若 $F(\omega) = \mathcal{F}[f(t)]$, 则
$$\int_{-\infty}^{+\infty}[f(t)]^2\mathrm{d}t = \frac{1}{2\pi}\int_{-\infty}^{+\infty}|F(\omega)|^2\mathrm{d}\omega. \tag{7.50}$$
式 (7.50) 称为 Parseval 等式. Parseval 等式说明时域的能量与频域的能量是守恒的. 若令 $S(\omega) = |F(\omega)|^2$, 则称 $S(\omega)$ 为能量密度函数或能量谱密度. 因为 $|F(\omega)|^2$ 越大 (越小), 说明该频率的振幅越大 (越小), 振幅越大 (越小) 说明该信号所具有的能量越大 (越小), 所以 $S(\omega)$ 描述了信号函数 $f(t)$ 的能量分布规律. 如果将所有频率的能量累加就得到 $f(t)$ 的总能量 $\int_{-\infty}^{+\infty} f^2(t)\mathrm{d}t$. 下面证明这个等式.

证明 设 $F(\omega) = \mathcal{F}[f(t)]$, 并且在式 (7.48) 中令 $f_1(t) = f_2(t) = f(t)$, 则
$$\int_{-\infty}^{+\infty} f^2(t)\mathrm{d}t = \frac{1}{2\pi}\int_{-\infty}^{+\infty}\overline{F(\omega)}\,F(\omega)\mathrm{d}\omega = \frac{1}{2\pi}\int_{-\infty}^{+\infty}|F(\omega)|^2\mathrm{d}\omega.$$

---

① 如果我们关心的是一个无穷区间内 (即 $t \in (-\infty, \infty)$) 的功率与能量, 则总能量被定义为
$$E_\infty = \int_{-\infty}^{+\infty}[f(t)]^2\mathrm{d}t = \lim_{T\to\infty}\int_{-T}^{+T}[f(t)]^2\mathrm{d}t;$$
平均功率被定义为 $P_\infty = \lim_{T\to\infty}\frac{1}{2T}\int_{-T}^{+T}[f(t)]^2\mathrm{d}t$. 在信号与系统中, 根据 E_∞ 与 P_∞ 的不同将信号分为三类:

(1) $E_\infty < +\infty$ 时, $P_\infty = \lim_{T\to\infty}\frac{1}{2T}\cdot\lim_{T\to\infty}\int_{-T}^{+T}[f(t)]^2\mathrm{d}t = 0$, 这样的信号称为能量信号;

(2) $P_\infty > 0$ 时, 即 $P_\infty = \lim_{T\to\infty}\dfrac{\int_{-T}^{+T}[f(t)]^2\mathrm{d}t}{2T} > 0$, 因此, $E_\infty = \lim_{T\to\infty}\int_{-T}^{+T}[f(t)]^2\mathrm{d}t = \infty$, 这样的信号称为功率信号;

(3) $E_\infty = \infty, P_\infty = \infty$.

Parseval 等式给出了傅里叶变换像函数与像原函数的关系. 除此之外, 利用这个等式还可以计算一些比较复杂的实积分.

例 7.14 计算 $\int_{-\infty}^{+\infty} \dfrac{\sin^2 t}{t^2} \mathrm{d}t$.

解法一 若令 $f(t) = \dfrac{\sin t}{t}$, 则由例 7.10 的结论知

$$F(\omega) = \mathcal{F}[f(t)] = \begin{cases} \pi, & |\omega| < 1, \\ 0, & |\omega| \geqslant 1, \end{cases}$$

因此, 由 Parseval 等式有

$$\int_{-\infty}^{+\infty} \left(\dfrac{\sin t}{t}\right)^2 \mathrm{d}t = \dfrac{1}{2\pi} \int_{-\infty}^{+\infty} |F(\omega)|^2 \mathrm{d}\omega = \dfrac{1}{2\pi} \int_{-1}^{1} \pi^2 \mathrm{d}\omega = \pi.$$

解法二 若令 $F(\omega) = \dfrac{\sin \omega}{\omega}$, 则在例 7.5 中令 $E = \dfrac{1}{2}, \tau = 2$ 得

$$\mathcal{F}^{-1}[F(\omega)] = f(t) = \begin{cases} \dfrac{1}{2}, & |t| \leqslant 1, \\ 0, & |t| > 1, \end{cases}$$

因此, 由 Parseval 等式有

$$\int_{-\infty}^{+\infty} \left(\dfrac{\sin \omega}{\omega}\right)^2 \mathrm{d}\omega = 2\pi \int_{-\infty}^{+\infty} [f(t)]^2 \mathrm{d}t = 2\pi \int_{-1}^{1} \dfrac{1}{4} \mathrm{d}t = \pi.$$

从上面解法可以看出, 对于这种类型的积分, 即可以将被积函数看成变量 t 的函数又可以将它看成变量 ω 的函数, 这两种方法得到的结果是相同的.

7.3 脉 冲 函 数

7.3.1 单位脉冲函数的概念

在物理学中, 将一个物理量在短持续时间内突变后迅速回到其初始状态的变化过程称为脉冲. 例如, 脉冲信号、电磁脉冲、瞬时冲激力、点电荷、质点的质量、光通量点光源等. 为了描述这些物理量的突变现象, 引入了单位脉冲函数的概念.

例 7.15 原来电流为零的电路中, 在 $t = 0$ 时刻进入一个单位电量的脉冲, 现在确定电路上的电流强度 $i = i(t)$.

解 若用 $q(t)$ 表示电路中的电荷函数, 则由题知

$$q(t) = \begin{cases} 0, & t \neq 0, \\ 1, & t = 0. \end{cases}$$

因为电流强度 $i(t)$ 是电荷函数 $q(t)$ 关于时间 t 的导数,即

$$i(t) = q'(t) = \lim_{\Delta t \to 0} \frac{q(t + \Delta t) - q(t)}{\Delta t},$$

所以,当 $t \neq 0$ 时,

$$i(t) = q'(t) = \lim_{\Delta t \to 0} \frac{q(t + \Delta t) - q(t)}{\Delta t} = \lim_{\Delta t \to 0} \frac{0}{\Delta t} = 0;$$

当 $t = 0$ 时,

$$i(0) = q'(0) = \lim_{\Delta t \to 0} \frac{q(0 + \Delta t) - q(0)}{\Delta t} = \lim_{\Delta t \to 0} \frac{-1}{\Delta t} = \infty.$$

除此之外,电路中在 $t = 0$ 时刻后的总电量

$$q = \int_{-\infty}^{+\infty} i(t)\mathrm{d}t = 1.$$

可以看出,上例中的电流强度函数不是通常意义下的函数. 从形式上定义如下.

定义 7.1 称一个函数 $\delta(t)$ 为 δ 函数,如果它满足

$$\delta(t) = \begin{cases} 0, & t \neq 0, \\ \infty, & t = 0, \end{cases} \qquad \int_{-\infty}^{+\infty} \delta(t)\mathrm{d}t = 1.$$

这里需要指出,定义 7.1 只是直观上的描述,理论上是不严格的. 在实际应用中,并不太关注 δ 函数的取值,而更关注的是关于 δ 函数的积分问题. 正如上例中更想知道的是脉冲对整个系统的影响,而不是它所产生的电流强度的大小. 但是,若用经典函数理论计算该积分会得到 $\int_{-\infty}^{+\infty} \delta(t)\mathrm{d}t = 0$. 原因是改变有限个点处的函数值不会影响积分的值. 这显然与实际情况相违背. 那么到底如何解决对 δ 函数的积分问题呢?下面引入一种形式上的积分运算加以解决,并且就将它作为 δ 函数的定义.

定义 7.2 对于任何一个定义在 $-\infty < t < +\infty$ 上无穷次可微且在某有限区间以外为 0 的函数 $f(t)$[①] (对于每个这样的函数,有限区间可以是不同的),如果都满足

---

① 满足定义 7.2 中条件的函数是存在的. 容易验证

$$f(t) = \begin{cases} 0, & |t| \geqslant 1, \\ \exp\left(-\dfrac{1}{1-t^2}\right), & |t| < 1 \end{cases}$$

在 $-\infty < t < +\infty$ 上无穷次可微. 事实上,当条件减弱为 $f(t)$ 在 $t = 0$ 处连续时,定义中的等式仍然成立.

7.3 脉冲函数

$$\int_{-\infty}^{+\infty} \delta(t)f(t)\mathrm{d}t = f(0), \tag{7.51}$$

那么称其中的函数 $\delta(t)$ 为 δ 函数.

定义 7.2 解决了对 δ 函数的积分问题. 若在上式中令 $f(t) = 1$, 则

$$\int_{-\infty}^{+\infty} \delta(t)\mathrm{d}t = \int_{-\infty}^{+\infty} [\delta(t) \cdot 1]\mathrm{d}t = 1|_{t=0} = 1.$$

δ 函数积分形式的定义表明: 若将任意一个满足定义 7.2 条件的函数 $f(t)$ 输入到积分运算符 $\int_{-\infty}^{+\infty} \delta(t)[\ ]\mathrm{d}t$ 中, 则运算后得到的结果为数 $f(0)$[①]. 在信号与系统中, 称 δ 函数为单位脉冲函数, 并且用 $t = 0$ 处的单位向量表示 δ 函数 (图 7.7(a)); 称 δ 函数的积分值也就是单位向量的长度为冲激强度. 更为一般地, $k\delta(t)$ 的冲激强度为 k, 即 $\int_{-\infty}^{+\infty} k\delta(t)\mathrm{d}t = k$.

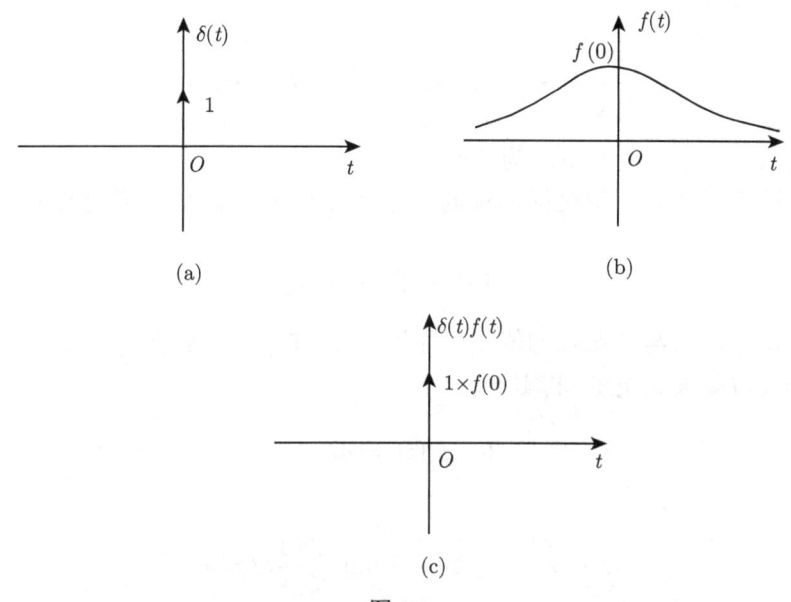

图 7.7

下面结合图 7.7 验证一下定义中的式 (7.51). 由于 $\delta(t)$ 的冲激强度集中在 $t = 0$, 而 $t \neq 0$ 时 $\delta(t) = 0$, 所以 $\delta(t)f(t)$ 在 $(-\infty, +\infty)$ 上的冲激强度也集中在 $t = 0$ 处, 并且大小为 $1 \times f(0)$, 即

$$\int_{-\infty}^{+\infty} \delta(t)f(t)\mathrm{d}t = \int_{-\infty}^{+\infty} \delta(t)f(0)\mathrm{d}t = f(0)\int_{-\infty}^{+\infty} \delta(t)\mathrm{d}t = f(0).$$

---
① 一般情况下不同的 $f(t)$ 对应的结果 $f(0)$ 是不同的. 也就是说这里的 $f(t)$ 是性质很好的一类函数.

更一般地, 应用类似的方法可以证明

$$\int_{-\infty}^{+\infty} \delta(t-t_0)f(t)\mathrm{d}t = f(t_0). \tag{7.52}$$

有时, 也将式 (7.52) 称为 δ 函数的筛选性质[①]. 定义 7.2 中的式 (7.51) 是筛选性质在 $t_0 = 0$ 时的特殊情况.

除定义 7.1 与定义 7.2 外, 还可以将 δ 函数看成是一种积分意义下的极限.

定义 7.3 已知单个方脉冲函数

$$\delta_\varepsilon(t) = \begin{cases} 0, & t < 0, \\ \dfrac{1}{\varepsilon}, & 0 \leqslant t \leqslant \varepsilon, \\ 0, & t > \varepsilon, \end{cases}$$

如果对于任何一个定义在 $-\infty < t < +\infty$ 上无穷次可微且在某有限区间以外为 0 的函数 $f(t)$, 都有

$$\int_{-\infty}^{+\infty} \delta(t)f(t)\,\mathrm{d}t = \lim_{\varepsilon \to 0} \int_{-\infty}^{+\infty} \delta_\varepsilon(t)f(t)\mathrm{d}t, \tag{7.53}$$

那么称式 (7.53) 中的函数 $\delta(t)$ 为 δ 函数.

有些读者可能会产生这样的疑问, 为什么不将 δ 函数直接定义为 $\lim\limits_{\varepsilon \to 0} \delta_\varepsilon(t)$ 呢? 即

$$\delta(t) = \lim_{\varepsilon \to 0} \delta_\varepsilon(t).$$

因为 $\lim\limits_{\varepsilon \to 0} \delta_\varepsilon(t)$ 的值与 δ 函数的值是一样的[②], 即在 $t = 0$ 时, 为 ∞; 在 $t \neq 0$ 时, 为 0. 这样定义好像天衣无缝, 其实不然. 若令

$$\lim_{\varepsilon \to 0} \delta_\varepsilon(t) = \widetilde{\delta}(t),$$

尽管

$$\lim_{\varepsilon \to 0} \int_{-\infty}^{+\infty} \delta_\varepsilon(t)\mathrm{d}t = \lim_{\varepsilon \to 0} \int_0^\varepsilon \frac{1}{\varepsilon}\mathrm{d}t = 1,$$

但是

$$\int_{-\infty}^{+\infty} \widetilde{\delta}(t)\mathrm{d}t = \int_{-\infty}^{+\infty} \left[\lim_{\varepsilon \to 0} \delta_\varepsilon(t)\right]\mathrm{d}t \neq \lim_{\varepsilon \to 0} \int_{-\infty}^{+\infty} \delta_\varepsilon(t)\mathrm{d}t = 1[③].$$

上面推导过程说明: 虽然 $\lim\limits_{\varepsilon \to 0} \delta_\varepsilon(t)$ 的值与 δ 函数的值一样, 但是这样定义无法使定义 7.1 中的积分等式成立. 因此, 才有了定义 7.3. 我们还用冲激强度去理解式

[①] 这里的 $f(t)$ 要满足定义 7.2 的条件. 当然, 条件可以减弱为 $f(t)$ 在 t_0 处连续.
[②] 事实上, 我们一般并不关注 δ 函数在某点的函数值.
[③] 这里等号不成立是因为积分与极限不能交换次序.

(7.53). 等式右边的积分 $\int_{-\infty}^{+\infty} \delta_\varepsilon(t)f(t)\mathrm{d}t$ 表示的是 $\delta_\varepsilon(t)f(t)$ 产生的冲激强度, 左边的积分 $\int_{-\infty}^{+\infty} \delta(t)f(t)\mathrm{d}t$ 表示的是 $\delta(t)f(t)$ 产生的冲激强度, 其值为 $f(0)$(定义 7.2). 定义 7.3 表明: 由函数 $\delta(t)f(t)$ 产生的冲激强度和由函数 $\delta_\varepsilon(t)f(t)$ 产生的在 $\varepsilon \to 0$ 时的极限冲激强度相等, 都为 $f(0)$. 事实上,

$$\lim_{\varepsilon\to 0}\int_{-\infty}^{+\infty}\delta_\varepsilon(t)f(t)\mathrm{d}t = \lim_{\varepsilon\to 0}\int_0^\varepsilon \frac{1}{\varepsilon}f(t)\mathrm{d}t = \lim_{\varepsilon\to 0}\frac{1}{\varepsilon}\int_0^\varepsilon f(t)\mathrm{d}t,$$

由于 $f(t)$ 在 $t=0$ 的邻域内连续, 所以, 根据积分中值定理有

$$\lim_{\varepsilon\to 0}\frac{1}{\varepsilon}\int_0^\varepsilon f(t)\mathrm{d}t = \lim_{\varepsilon\to 0}\frac{1}{\varepsilon}f(\varepsilon\theta)(\varepsilon - 0) = \lim_{\varepsilon\to 0}f(\varepsilon\theta) = f(0) \quad (0 < \theta < 1).$$

需要说明的是, 除用函数序列 $\delta_\varepsilon(t)$ 可以定义 δ 函数外, 还可以用其他形式的函数序列 $g_\varepsilon(t)$ 去定义 δ 函数, 只要函数序列 $g_\varepsilon(t)$ 满足下面两个条件:

(1) 对于任意的 $M > 0$, 存在常数 C_M, 使得对于一切 a, b, ε, 当 $|a| \leqslant M$, $|b| \leqslant M$ 时, 有 $\left|\int_a^b g_\varepsilon(t)\mathrm{d}t\right| \leqslant C_M$;

(2) 对于任意两个固定的且为非零的 a, b 都有

$$\lim_{\varepsilon\to 0}\int_a^b g_\varepsilon(t)\mathrm{d}t = \begin{cases} 0, & a < b < 0 \text{ 或} 0 < a < b, \\ 1, & a < 0 < b. \end{cases}$$

容易验证函数序列

$$G_\varepsilon(t) = \begin{cases} 0, & |t| > \varepsilon, \\ \dfrac{1}{2\varepsilon}, & |t| < \varepsilon, \end{cases} \qquad H_\varepsilon(t) = \frac{1}{\pi}\frac{\varepsilon}{t^2+\varepsilon^2}, \qquad K_\omega(t) = \frac{\sin\omega t}{\pi t}$$

都满足上面两个条件, 其中 $\varepsilon > 0, \omega > 0$, 因此, 下面等式成立:

$$\int_{-\infty}^{+\infty}\delta(t)f(t)\mathrm{d}t = \lim_{\varepsilon\to 0}\int_{-\infty}^{+\infty}G_\varepsilon(t)f(t)\mathrm{d}t$$
$$= \lim_{\varepsilon\to 0}\int_{-\infty}^{+\infty}H_\varepsilon(t)f(t)\mathrm{d}t$$
$$= \lim_{\omega\to \infty}\int_{-\infty}^{+\infty}K_\omega(t)f(t)\mathrm{d}t.$$

7.3.2 单位脉冲函数的性质

定义 7.4 如果对于一个定义在 $-\infty < t < +\infty$ 上无穷次可微且在某有限区间以外为 0 的函数 $f(t)$, 都有

$$\int_{-\infty}^{+\infty}\varphi(t)f(t)\mathrm{d}t = \int_{-\infty}^{+\infty}\psi(t)f(t)\mathrm{d}t, \tag{7.54}$$

则称函数 $\varphi(t)$ 与 $\psi(t)$ 在弱意义下相等, 简记为 $\varphi(t) = \psi(t)$. 定义中的等式说明 $\varphi(t)$ 与 $\psi(t)$ 作用于 $f(t)$ 的效果相同. 下面性质中的等号都是弱意义下的相等, 证明中出现的函数 $f(t)$ 为任意一个定义在 $-\infty < t < +\infty$ 上无穷次可微且在某有限区间以外为 0 的函数.

性质 7.1　$a_1\delta(t) + a_2\delta(t) = (a_1 + a_2)\delta(t)$.

证明　由于

$$\int_{-\infty}^{+\infty} [a_1\delta(t) + a_2\delta(t)]f(t)\mathrm{d}t = (a_1 + a_2)\int_{-\infty}^{+\infty} \delta(t)f(t)\mathrm{d}t = (a_1 + a_2)f(0),$$

而

$$\int_{-\infty}^{+\infty} (a_1 + a_2)\delta(t)f(t)\mathrm{d}t = (a_1 + a_2)\int_{-\infty}^{+\infty} \delta(t)f(t)\mathrm{d}t = (a_1 + a_2)f(0),$$

所以

$$\int_{-\infty}^{+\infty} [a_1\delta(t) + a_2\delta(t)]f(t)\mathrm{d}t = \int_{-\infty}^{+\infty} (a_1 + a_2)\delta(t)f(t)\mathrm{d}t,$$

即 $a_1\delta(t) + a_2\delta(t) = (a_1 + a_2)\delta(t)$.

性质 7.2　$g(t)\delta(t) = g(0)\delta(t)$.

证明　由于

$$\int_{-\infty}^{+\infty} f(t)[g(t)\delta(t)]\mathrm{d}t = \int_{-\infty}^{+\infty} [f(t)g(t)]\delta(t)\mathrm{d}t = f(0)g(0),$$

而

$$\int_{-\infty}^{+\infty} f(t)[g(0)\delta(t)]\mathrm{d}t = g(0)\int_{-\infty}^{+\infty} f(t)\delta(t)\mathrm{d}t = g(0)f(0),$$

所以

$$\int_{-\infty}^{+\infty} f(t)[g(t)\delta(t)]\mathrm{d}t = \int_{-\infty}^{+\infty} f(t)[g(0)\delta(t)]\mathrm{d}t,$$

即 $g(t)\delta(t) = g(0)\delta(t)$.

性质 7.3　若 a 为非零实数, 则 $\delta(at) = \dfrac{1}{|a|}\delta(t)$.

证明　若令 $\tau = at$, 则当 $a > 0$ 时,

$$\int_{-\infty}^{+\infty} \delta(at)f(t)\mathrm{d}t = \int_{-\infty}^{+\infty} \delta(\tau)f\left(\frac{\tau}{a}\right)\frac{1}{a}\mathrm{d}\tau$$

$$= \frac{1}{a}\int_{-\infty}^{+\infty} \delta(\tau)f\left(\frac{\tau}{a}\right)\mathrm{d}\tau = \frac{1}{a}f(0) = \frac{f(0)}{|a|};$$

7.3 脉冲函数

当 $a < 0$ 时,
$$\int_{-\infty}^{+\infty} \delta(at)f(t)\mathrm{d}t = \int_{+\infty}^{-\infty} \delta(\tau)f\left(\frac{\tau}{a}\right)\frac{1}{a}\mathrm{d}\tau$$
$$= -\frac{1}{a}\int_{-\infty}^{+\infty} \delta(\tau)f\left(\frac{\tau}{a}\right)\mathrm{d}\tau = -\frac{1}{a}f(0) = \frac{f(0)}{|a|}.$$

因此,
$$\int_{-\infty}^{+\infty} \delta(at)f(t)\mathrm{d}t = \int_{-\infty}^{+\infty} \frac{1}{|a|}\delta(t)f(t)\mathrm{d}t,$$

即 $\delta(at) = \frac{1}{|a|}\delta(t)$. 当 $a = -1$ 时, 则有 $\delta(-t) = \delta(t)$. 这时, 称 $\delta(t)$ 是弱意义下的偶函数.

性质 7.4 $\int_{-\infty}^{t} \delta(\tau)\mathrm{d}\tau = u(t)$ 或 $\frac{\mathrm{d}u(t)}{\mathrm{d}t} = \delta(t)$[①], 其中函数 $u(t) = \begin{cases} 0, & t < 0, \\ 1, & t > 0, \end{cases}$ 称函数 $u(t)$ 为单位阶跃函数.

证法一 如图 7.8(a) 所示, 由于 $\delta(\tau)$ 的冲激强度集中在 $\tau = 0$, 所以, 当 $t < 0$ 时, 积分 $\int_{-\infty}^{t} \delta(\tau)\mathrm{d}\tau$ 没有包含任何冲激, 这时冲激强度 $\int_{-\infty}^{t} \delta(\tau)\mathrm{d}\tau = 0$. 如图 7.8(b) 所示, 当 $t > 0$ 时, 积分 $\int_{-\infty}^{t} \delta(\tau)\mathrm{d}\tau$ 包含了单位脉冲产生的冲激, 这时冲激强度 $\int_{-\infty}^{t} \delta(\tau)\mathrm{d}\tau = 1$.

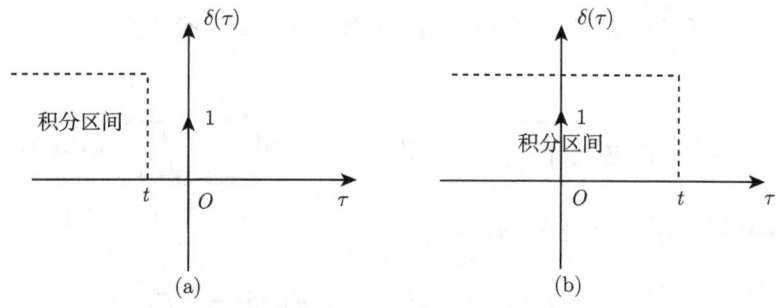

图 7.8

证法二 只要证明 $\int_{-\infty}^{+\infty}\left[\int_{-\infty}^{t} \delta(\tau)\mathrm{d}\tau\right]f(t)\mathrm{d}t = \int_{-\infty}^{+\infty} u(t)f(t)\mathrm{d}t$. 将等式左边积分交换次序得

$$\int_{-\infty}^{+\infty} f(t)\left[\int_{-\infty}^{t} \delta(\tau)\mathrm{d}\tau\right]\mathrm{d}t = \int_{-\infty}^{+\infty} \delta(\tau)\left[\int_{\tau}^{+\infty} f(t)\mathrm{d}t\right]\mathrm{d}\tau,$$

[①] 在通常意义下单位阶跃函数 $u(t)$ 在 $t = 0$ 处的导数是不存在的. 但是引入 δ 函数后, 用 δ 函数就可以表示 $u(t)$ 的导数了. 事实上, 在泛函分析中将 δ 函数称为函数 $u(t)$ 的广义导数.

再应用筛选性质有

$$\int_{-\infty}^{+\infty}\delta(\tau)\left[\int_{\tau}^{+\infty}f(t)\mathrm{d}t\right]\mathrm{d}\tau = \int_{\tau}^{+\infty}f(t)\mathrm{d}t\bigg|_{\tau=0} = \int_{0}^{+\infty}f(t)\mathrm{d}t = \int_{-\infty}^{+\infty}u(t)f(t)\mathrm{d}t.$$

证法三 只要证明 $\int_{-\infty}^{+\infty}u'(t)f(t)\mathrm{d}t = \int_{-\infty}^{+\infty}\delta(t)f(t)\mathrm{d}t$. 对左边的积分应用分部积分法得

$$\begin{aligned}\int_{-\infty}^{+\infty}u'(t)f(t)\mathrm{d}t &= f(t)u(t)\bigg|_{-\infty}^{+\infty} - \int_{-\infty}^{+\infty}u(t)f'(t)\mathrm{d}t \\ &= -\int_{-\infty}^{+\infty}u(t)f'(t)\mathrm{d}t = -\int_{0}^{+\infty}f'(t)\mathrm{d}t \\ &= -f(t)\bigg|_{0}^{+\infty} = -\left(\lim_{t\to+\infty}f(t) - f(0)\right) = f(0)\text{①}.\end{aligned}$$

而由筛选性质知

$$\int_{-\infty}^{+\infty}\delta(t)f(t)\mathrm{d}t = f(0).$$

因此,

$$\int_{-\infty}^{+\infty}u'(t)f(t)\mathrm{d}t = \int_{-\infty}^{+\infty}\delta(t)f(t)\mathrm{d}t.$$

性质 7.5 $\int_{-\infty}^{+\infty}\delta^{(n)}(t)f(t)\mathrm{d}t = (-1)^n f^{(n)}(0)(n=1,2,3,\cdots).$

性质 7.5 也称为 δ 函数的微分性质. 下面只证 $n=1$ 时的结论.

证明 由于

$$\int_{-\infty}^{+\infty}\delta'(t)f(t)\mathrm{d}t = \int_{-\infty}^{+\infty}f(t)\mathrm{d}\delta(t) = f(t)\delta(t)\bigg|_{-\infty}^{+\infty} - \int_{-\infty}^{+\infty}\delta(t)\mathrm{d}f(t),$$

注意到 $t\neq 0$ 时, $\delta(t)=0$, 所以有

$$\int_{-\infty}^{+\infty}\delta'(t)f(t)\mathrm{d}t = -\int_{-\infty}^{+\infty}\delta(t)f'(t)\mathrm{d}t = -f'(0).$$

类似地, 还能得到

$$\int_{-\infty}^{+\infty}\delta^{(n)}(t-t_0)f(t)\mathrm{d}t = (-1)^n f^{(n)}(t_0) \quad (n=1,2,3,\cdots).$$

性质 7.6 $\delta'(-t) = -\delta'(t).$

---

① 因为 $f(t)$ 在 $(-\infty,+\infty)$ 上无穷可微且在某有限区间以外为 0, 所以使分部积分成为可能, 并且使 $f(t)u(t)\bigg|_{-\infty}^{+\infty} = 0, \lim_{t\to+\infty}f(t)=0.$ 这里显示了 $f(t)$ 具有非常好的性质.

证明　令 $\tau = -t$, 并且结合性质 7.5 得

$$\int_{-\infty}^{+\infty} \delta'(-t)f(t)\mathrm{d}t = \int_{+\infty}^{-\infty} \delta'(\tau)f(-\tau)(-\mathrm{d}\tau)$$
$$= \int_{-\infty}^{+\infty} \delta'(\tau)f(-\tau)\mathrm{d}\tau$$
$$= -[f(-\tau)]'\Big|_{\tau=0} = f'(0),$$

而

$$\int_{-\infty}^{+\infty} [-\delta'(t)]f(t)\mathrm{d}t = -\int_{-\infty}^{+\infty} \delta'(t)f(t)\mathrm{d}t = -[-f'(0)] = f'(0).$$

因此

$$\int_{-\infty}^{+\infty} \delta'(-t)f(t)\mathrm{d}t = \int_{-\infty}^{+\infty} [-\delta'(t)]f(t)\mathrm{d}t,$$

即 $\delta'(-t) = -\delta'(t)$.

更一般地, 用类似的方法可以得到

$$\delta^{(n)}(-t) = (-1)^n \delta^{(n)}(t).$$

7.3.3 单位脉冲函数的傅里叶变换

通过上节讨论, 应用 δ 函数的性质容易得到

$$\mathcal{F}[\delta(t)] = \int_{-\infty}^{+\infty} \delta(t)\mathrm{e}^{-\mathrm{i}\omega t}\mathrm{d}t = \mathrm{e}^{-\mathrm{i}\omega t}\Big|_{t=0} = 1.$$

那么是否有 $\mathcal{F}^{-1}[1] = \delta(t)$ 呢? 下面验证在弱意义下 $\mathcal{F}^{-1}[1] = \delta(t)$. 设 $f(t)$ 连续且 $F(\omega) = \mathcal{F}[f(t)]$ 存在, 由 $\mathcal{F}[\delta(t)] = 1$ 及傅里叶逆变换的定义有

$$\mathcal{F}^{-1}[1] = \frac{1}{2\pi}\int_{-\infty}^{+\infty} \mathrm{e}^{\mathrm{i}\omega t}\mathrm{d}\omega.$$

因此,

$$\int_{-\infty}^{+\infty} \mathcal{F}^{-1}[1]f(t)\mathrm{d}t = \int_{-\infty}^{+\infty} \left(\frac{1}{2\pi}\int_{-\infty}^{+\infty} \mathrm{e}^{\mathrm{i}\omega t}\mathrm{d}\omega\right) f(t)\mathrm{d}t$$
$$= \frac{1}{2\pi}\int_{-\infty}^{+\infty} \left(\int_{-\infty}^{+\infty} f(t)\mathrm{e}^{\mathrm{i}\omega t}\mathrm{d}t\right)\mathrm{d}\omega$$
$$= \frac{1}{2\pi}\int_{-\infty}^{+\infty} F(-\omega)\mathrm{d}\omega.$$

若令 $\omega = -\omega'$,则

$$\int_{-\infty}^{+\infty} \mathcal{F}^{-1}[1]f(t)\,\mathrm{d}t = \frac{1}{2\pi}\int_{+\infty}^{-\infty} F(\omega')\mathrm{d}(-\omega') = \frac{1}{2\pi}\int_{-\infty}^{+\infty} F(\omega')\mathrm{d}\omega'$$
$$= \frac{1}{2\pi}\int_{-\infty}^{+\infty} F(\omega')\mathrm{e}^{\mathrm{i}\omega'0}\mathrm{d}\omega'^{①} = f(0),$$

而由筛选性质知

$$f(0) = \int_{-\infty}^{+\infty} \delta(t)f(t)\mathrm{d}t.$$

因此,

$$\int_{-\infty}^{+\infty} \mathcal{F}^{-1}[1]f(t)\,\mathrm{d}t = \int_{-\infty}^{+\infty} \delta(t)f(t)\,\mathrm{d}t.$$

上式说明在弱意义下 $\mathcal{F}^{-1}[1] = \delta(t)$. 仔细观察上面的讨论过程,虽然 δ 函数的傅里叶变换形式上与通常的傅里叶变换一致,但我们是利用 δ 函数的性质直接得到的. 其实 δ 函数并不满足傅里叶积分定理中要求的条件. 所以将与 δ 函数有关的傅里叶变换称为广义傅里叶变换,称 $\delta(t)$ 与 1 构成广义傅里叶变换对. 类似地,还可以得到

$$\mathcal{F}[\delta(t-t_0)] = \int_{-\infty}^{+\infty} \delta(t-t_0)\mathrm{e}^{-\mathrm{i}\omega t}\mathrm{d}t = \mathrm{e}^{-\mathrm{i}\omega t_0}, \quad \mathcal{F}^{-1}[\mathrm{e}^{-\mathrm{i}\omega t_0}] = \delta(t-t_0),$$

此外,若令 $F_1(\omega) = 2\pi\delta(\omega)$,则

$$f_1(t) = \mathcal{F}^{-1}[F_1(\omega)] = \frac{1}{2\pi}\int_{-\infty}^{+\infty} 2\pi\delta(\omega)\mathrm{e}^{\mathrm{i}\omega t}\mathrm{d}\omega = \mathrm{e}^{\mathrm{i}\omega t}\mid_{\omega=0} = 1.$$

因此,

$$\mathcal{F}[1] = 2\pi\delta(\omega), \quad \mathcal{F}^{-1}[2\pi\delta(\omega)] = 1.$$

类似地,若令 $F_2(\omega) = 2\pi\delta(\omega-\omega_0)$,则

$$\mathcal{F}[\mathrm{e}^{\mathrm{i}\omega_0 t}] = 2\pi\delta(\omega-\omega_0), \quad \mathcal{F}^{-1}[2\pi\delta(\omega-\omega_0)] = \mathrm{e}^{\mathrm{i}\omega_0 t}.$$

这样得到了一些常用的广义傅里叶变换对: $\delta(t)$ 与 1, $\delta(t-t_0)$ 与 $\mathrm{e}^{-\mathrm{i}\omega t_0}$, 1 与 $2\pi\delta(\omega)$, $\mathrm{e}^{\mathrm{i}\omega_0 t}$ 与 $2\pi\delta(\omega-\omega_0)$. 除 δ 函数外,还有一些常见的简单函数如常函数、正弦函数、余弦函数、符号函数等也不满足傅里叶积分定理中绝对可积的条件,但是这些函数的广义傅里叶变换是存在的. 以后将古典的傅里叶变换与广义傅里叶变换统称为傅里叶变换.

---

① 由于 $f(t) = \frac{1}{2\pi}\int_{-\infty}^{+\infty} F(\omega)\mathrm{e}^{\mathrm{i}\omega t}\mathrm{d}\omega$,所以 $\frac{1}{2\pi}\int_{-\infty}^{+\infty} F(\omega')\mathrm{e}^{\mathrm{i}\omega'0}\mathrm{d}\omega' = f(0)$.

7.3 脉冲函数

例 7.16 求正弦函数 $f(t) = \sin\omega_0 t$ 的傅里叶变换.

解 由傅里叶变换的定义得

$$F(\omega) = \mathcal{F}[f(t)] = \int_{-\infty}^{+\infty} \sin\omega_0 t \, e^{-i\omega t} dt$$

$$= \int_{-\infty}^{+\infty} \frac{e^{i\omega_0 t} - e^{-i\omega_0 t}}{2i} e^{-i\omega t} dt$$

$$= \frac{1}{2i} \int_{-\infty}^{+\infty} e^{-i(\omega-\omega_0)t} dt - \frac{1}{2i} \int_{-\infty}^{+\infty} e^{-i(\omega_0+\omega)t} dt$$

$$= \frac{1}{2i}[2\pi\delta(\omega - \omega_0)] - \frac{1}{2i}[2\pi\delta(\omega + \omega_0)]$$

$$= i\pi[\delta(\omega + \omega_0) - \delta(\omega - \omega_0)].$$

例 7.17 证明符号函数 $\operatorname{sgn} t = \begin{cases} -1, & t < 0, \\ 1, & t > 0 \end{cases}$ 的傅里叶变换为 $\dfrac{2}{i\omega}$.

解 只要验证 $F(\omega) = \dfrac{2}{i\omega}$ 的傅里叶逆变换为 $\operatorname{sgn} t$.

$$\mathcal{F}^{-1}[F(\omega)] = \mathcal{F}^{-1}\left[\frac{2}{i\omega}\right] = \frac{1}{2\pi} \int_{-\infty}^{+\infty} \frac{2}{i\omega} e^{i\omega t} d\omega$$

$$= \frac{1}{\pi} \int_{-\infty}^{+\infty} \frac{\cos\omega t + i\sin\omega t}{i\omega} d\omega$$

$$= \frac{1}{\pi} \int_{-\infty}^{+\infty} \frac{\sin\omega t}{\omega} d\omega - \frac{i}{\pi} \int_{-\infty}^{+\infty} \frac{\cos\omega t}{\omega} d\omega.$$

由于 $\dfrac{\cos\omega t}{\omega}$ 为关于 ω 的奇函数, 所以

$$\mathcal{F}^{-1}\left[\frac{2}{i\omega}\right] = \frac{1}{\pi} \int_{-\infty}^{+\infty} \frac{\sin\omega t}{\omega} d\omega.$$

若令 $u = \omega t$, 则当 $t > 0$ 时, 结合狄利克雷积分的结果有

$$\int_{-\infty}^{+\infty} \frac{\sin\omega t}{\omega} d\omega = \int_{-\infty}^{+\infty} \frac{\sin u}{u} du = \pi;$$

当 $t < 0$ 时,

$$\int_{-\infty}^{+\infty} \frac{\sin\omega t}{\omega} d\omega = \int_{+\infty}^{-\infty} \frac{\sin u}{u} du = -\pi.$$

所以

$$\mathcal{F}^{-1}\left[\frac{2}{i\omega}\right] = \begin{cases} -1, & t < 0 \\ 1, & t > 0 \end{cases} = \operatorname{sgn} t.$$

例 7.18 求单位阶跃函数 $u(t) = \begin{cases} 0, & t < 0, \\ 1, & t > 0 \end{cases}$ 的傅里叶变换.

解 由于 $u(t) = \dfrac{1}{2}[1 + \mathrm{sgn}\, t]$, 所以

$$\mathcal{F}[u(t)] = \dfrac{1}{2}\{\mathcal{F}[1] + \mathcal{F}[\mathrm{sgn}\, t]\} = \dfrac{1}{2}\left[2\pi\delta(\omega) + \dfrac{2}{\mathrm{i}\omega}\right] = \pi\delta(\omega) + \dfrac{1}{\mathrm{i}\omega}.$$

7.4 卷积与相关函数

7.4.1 卷积的概念

定义 7.5 若 $f_1(t), f_2(t)$ 为定义在 $(-\infty, +\infty)$ 上的函数, 则称积分

$$\int_{-\infty}^{+\infty} f_1(\tau) f_2(t-\tau) \mathrm{d}\tau$$

为函数 $f_1(t)$ 与 $f_2(t)$ 的卷积, 记为 $f_1(t) * f_2(t)$. 从形式上看, 两个函数 $f_1(t)$ 与 $f_2(t)$ 的卷积是一个含参量 t 积分, 积分得到的结果是关于 t 的函数. 为了帮助大家理解, 用比较直观的图解法来计算卷积. 计算过程可以分为以下几个步骤:

(1) 如图 7.10(a) 所示, 将 $f_1(t)$ 的自变量 t 换为积分变量 τ 得到 $f_1(\tau)$;

(2) 如图 7.9 所示, 先将 $f_2(t)$ 的自变量 t 换为积分变量 τ 得到 $f_2(\tau)$, 再将 $f_2(\tau)$ 翻转得到 $f_2(-\tau)$, 最后将 $f_2(-\tau)$ 沿 τ 轴向左或向右平移 $|t|$ 的单位得到 $f_2(t-\tau)$;

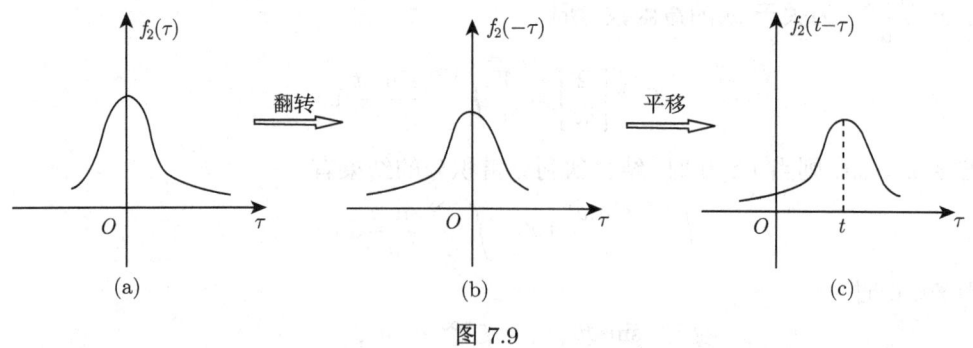

图 7.9

(3) 如图 7.10(b) 所示, 求出 $f_1(\tau) f_2(t-\tau)$, 它是关于 τ 的函数;

(4) 求出 $\displaystyle\int_{-\infty}^{+\infty} f_1(\tau) f_2(t-\tau) \mathrm{d}\tau$. 其值为图 7.10(b) 中阴影部分的面积. 如果这里的函数 $f_1(\tau)$ 与函数 $f_2(t-\tau)$ 至少有一个是分段函数, 则只需在 $f_1(\tau) f_2(t-\tau) \neq 0$ 的区间内积分就可以了.

7.4 卷积与相关函数

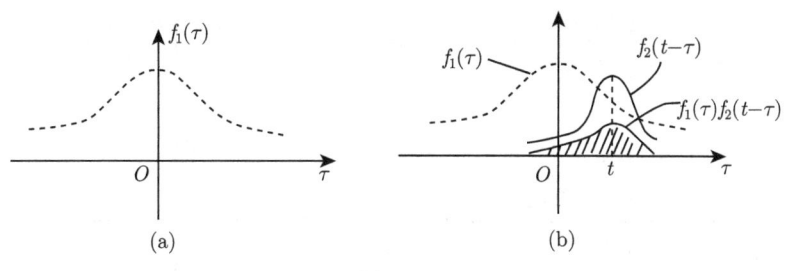

图 7.10

例 7.19 已知

$$f_1(t) = \begin{cases} 0, & t < 0, \\ 1, & t > 0, \end{cases} \qquad f_2(t) = \begin{cases} 0, & t < 0, \\ e^{-t}, & t > 0, \end{cases}$$

求 $f_1(t) * f_2(t)$.

解 由图 7.11(c)(e)(f) 知,当 $t < 0$ 时,$f_1(\tau)f_2(t-\tau) = 0$,故当 $t < 0$ 时,

$$f_1(t) * f_2(t) = \int_{-\infty}^{+\infty} f_1(\tau)f_2(t-\tau)\mathrm{d}\tau = 0;$$

由图 7.11(d)(e)(g) 知,当 $t > 0$ 时,$f_1(\tau)f_2(t-\tau) \neq 0$ 的区间是 $(0,t)$,故当 $t > 0$ 时,

$$f_1(t) * f_2(t) = \int_{-\infty}^{+\infty} f_1(\tau)f_2(t-\tau)\mathrm{d}\tau = \int_0^t 1 \cdot e^{-(t-\tau)}\mathrm{d}\tau = 1 - e^{-t}.$$

将上面结论写成一个式子得

$$f_1(t) * f_2(t) = \begin{cases} 0, & t < 0, \\ 1 - e^{-t}, & t > 0. \end{cases}$$

从上例可看出,当作卷积的两个函数 $f_1(t)$,$f_2(t)$ 至少有一个是分段函数时,只要能够确定出 $f_1(\tau)f_2(t-\tau) \neq 0$ 的区间,就可以求出卷积. 除应用图像的方法可以确定积分区间外,还可以应用解含参量不等式的方法确定. 下面重做例 7.19. 由于

$$f_1(\tau) = \begin{cases} 0, & \tau < 0, \\ 1, & \tau > 0, \end{cases} \qquad f_2(t-\tau) = \begin{cases} 0, & t-\tau < 0, \\ e^{-(t-\tau)}, & t-\tau > 0, \end{cases}$$

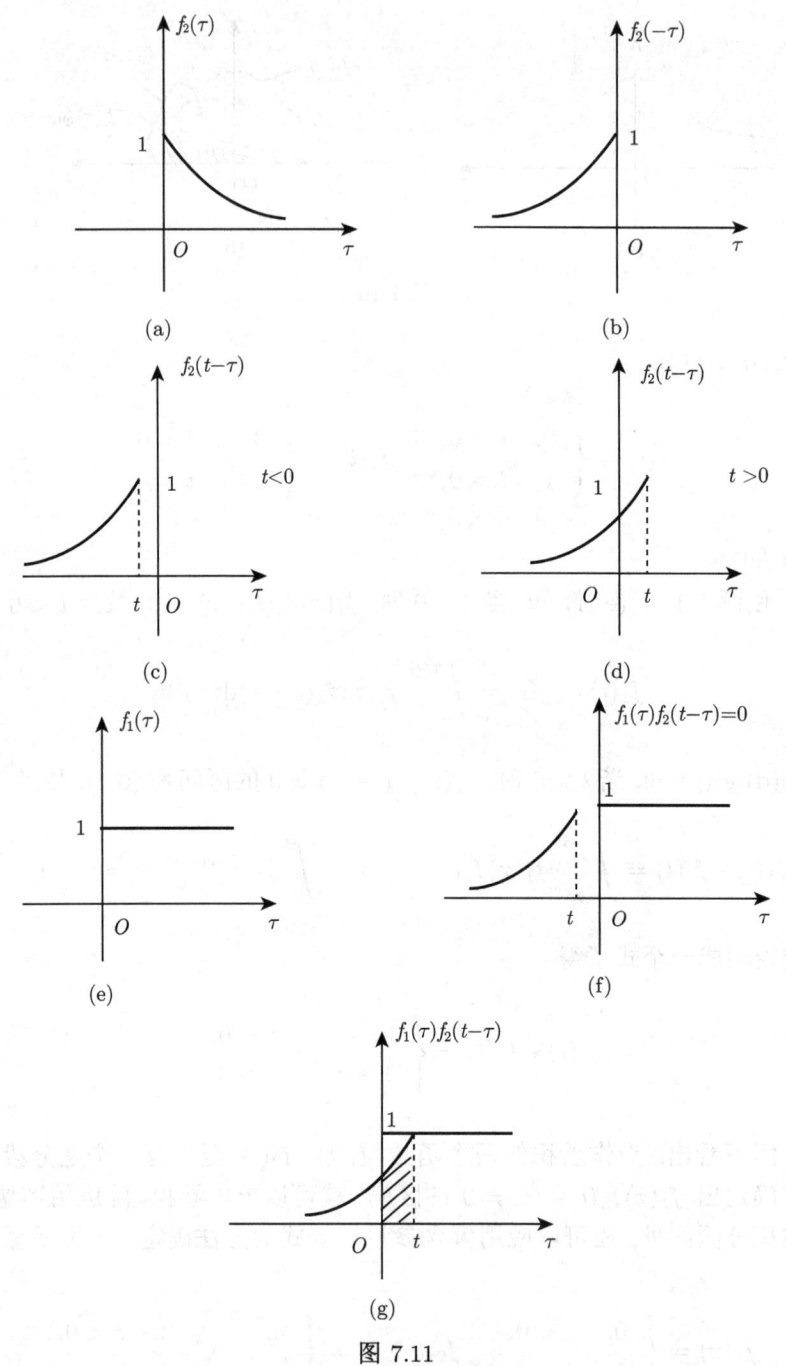

图 7.11

7.4 卷积与相关函数

所以, 要使 $f_1(\tau)f_2(t-\tau) \neq 0$, 只要 $f_1(\tau)$ 与 $f_2(t-\tau)$ 同时不等于零, 即不等式组

$$\begin{cases} \tau > 0, \\ t - \tau > 0 \end{cases}$$

成立. 这个不等式组是含参变量 t 的关于变量 τ 的不等式组. 稍作变形得

$$\begin{cases} 0 < \tau < +\infty, \\ -\infty < \tau < t. \end{cases}$$

若令上面两不等式边边相等, 则解得 t 的分界点为 0 与 $+\infty$. 所以当 $t < 0$ 时, 不等式组无解, $f_1(t) * f_2(t) = 0$; 当 $0 < t < +\infty$ 时, 不等式组的解为 $0 < \tau < t$, $f_1(t) * f_2(t) = 1 - \mathrm{e}^{-t}$.

例 7.20 设

$$f_1(t) = \begin{cases} 1, & 0 < t < 1, \\ 0, & \text{其他}, \end{cases} \qquad f_2(t) = \begin{cases} t, & 0 < t < 2, \\ 0, & \text{其他}, \end{cases}$$

求 $f_1(t) * f_2(t)$.

解 由已知得

$$f_1(\tau) = \begin{cases} 1, & 0 < \tau < 1, \\ 0, & \text{其他}, \end{cases} \qquad f_2(t-\tau) = \begin{cases} t-\tau, & 0 < t-\tau < 2, \\ 0, & \text{其他}. \end{cases}$$

下面用不等式法求卷积. 要使 $f_1(\tau)f_2(t-\tau) \neq 0$, 只要 $f_1(\tau)$ 与 $f_2(t-\tau)$ 同时不为零, 即不等式组

$$\begin{cases} 0 < \tau < 1, \\ 0 < t - \tau < 2 \end{cases}$$

成立. 稍作变形得

$$\begin{cases} 0 < \tau < 1, \\ t - 2 < \tau < t. \end{cases}$$

若令这两个不等式边边相等, 即

$$t - 2 = 0, \quad t - 2 = 1, \quad t = 0, \quad t = 1,$$

则可以得到参变量 t 的分界点为 $t = 0, 1, 2, 3$. 这些分界点将 t 的取值分成五部分, 即 $-\infty < t < 0, 0 < t < 1, 1 < t < 2, 2 < t < 3, t > 3$. 因此, 下面分五种情况讨论.

(1) 当 $-\infty < t < 0$ 时, 如图 7.12(a) 所示不等式组的解为空集. 这时不存在使 $f_1(\tau)$ 与 $f_2(t-\tau)$ 同时不为零的区间. 因此, 被积函数 $f_1(\tau)f_2(t-\tau) = 0$, 从而

$$f_1(t) * f_2(t) = \int_{-\infty}^{+\infty} f_1(\tau) f_2(t-\tau) \mathrm{d}\tau = 0.$$

(2) 当 $0 < t < 1$ 时, 如图 7.12(b) 所示, 不等式组的解为 $0 < \tau < t$, 也就是说当 $0 < \tau < t$ 时, $f_1(\tau)$ 与 $f_2(t-\tau)$ 同时不为零, 且 $f_1(\tau) = 1, f_2(t-\tau) = t - \tau$. 因此,

$$f_1(t) * f_2(t) = \int_{-\infty}^{+\infty} f_1(\tau)f_2(t-\tau)\mathrm{d}\tau = \int_0^t (t-\tau)\mathrm{d}\tau = \frac{t^2}{2}.$$

(3) 当 $1 < t < 2$ 时, 如图 7.12(c) 所示, 不等式组的解为 $0 < \tau < 1$. 因此,

$$f_1(t) * f_2(t) = \int_{-\infty}^{+\infty} f_1(\tau)f_2(t-\tau)\mathrm{d}\tau = \int_0^1 (t-\tau)\mathrm{d}\tau = t - \frac{1}{2}.$$

(4) 当 $2 < t < 3$ 时, 如图 7.12(d) 所示, 不等式组的解为 $t-2 < \tau < 1$. 因此,

$$f_1(t) * f_2(t) = \int_{-\infty}^{+\infty} f_1(\tau)f_2(t-\tau)\mathrm{d}\tau = \int_{t-2}^1 (t-\tau)\mathrm{d}\tau = -\frac{t^2}{2} + t + \frac{3}{2}.$$

(5) 当 $t > 3$ 时, 如图 7.12(e) 所示, 不等式组的解为空集. 因此,

$$f_1(t) * f_2(t) = \int_{-\infty}^{+\infty} f_1(\tau)f_2(t-\tau)\mathrm{d}\tau = 0.$$

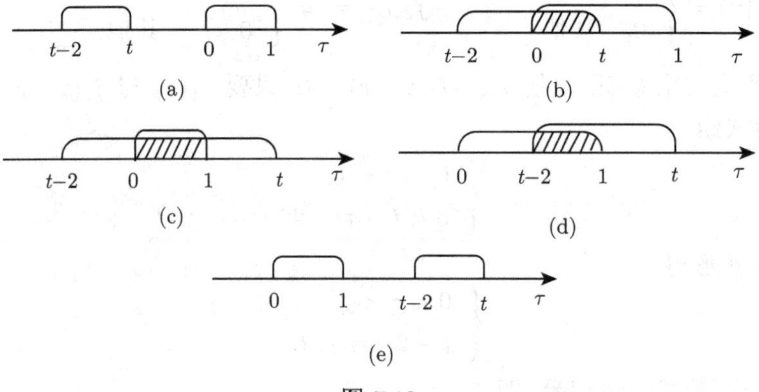

图 7.12

例 7.21 证明下列等式:

(1) $\delta(t - t_0) * f(t) = f(t - t_0)$; (2) $\delta'(t) * f(t) = f'(t)$;

(3) $f(t) * u(t) = \int_{-\infty}^t f(\tau)\mathrm{d}\tau$.

证明 (1) 由卷积的定义有

$$\delta(t - t_0) * f(t) = \int_{-\infty}^{+\infty} \delta(\tau - t_0)f(t-\tau)\mathrm{d}\tau.$$

7.4 卷积与相关函数

令 $G(\tau) = f(t - \tau)$, 并结合 δ 函数的筛选性质有

$$\delta(t - t_0) * f(t) = \int_{-\infty}^{+\infty} \delta(\tau - t_0) G(\tau) \mathrm{d}\tau = G(t_0) = f(t - t_0).$$

特别地, 当 $t_0 = 0$ 时, 有 $\delta(t) * f(t) = f(t)$.

(2) 由卷积的定义有

$$\delta'(t) * f(t) = \int_{-\infty}^{+\infty} \delta'(\tau) f(t - \tau) \mathrm{d}\tau,$$

令 $G(\tau) = f(t - \tau)$, 并结合 δ 函数的导数性质有

$$\delta'(t) * f(t) = \int_{-\infty}^{+\infty} \delta'(\tau) G(\tau) \mathrm{d}\tau = -G'(0) = -\left[f(t - \tau)\right]'\big|_{\tau=0} = f'(t).$$

(3) 由于当 $\tau > t$ 时, $u(t - \tau) = 0$; 当 $\tau < t$ 时, $u(t - \tau) = 1$. 所以

$$\begin{aligned} f(t) * u(t) &= \int_{-\infty}^{+\infty} f(\tau) u(t - \tau) \mathrm{d}\tau \\ &= \int_{-\infty}^{t} f(\tau) u(t - \tau) \mathrm{d}\tau + \int_{t}^{+\infty} f(\tau) u(t - \tau) \mathrm{d}\tau \\ &= \int_{-\infty}^{t} f(\tau) u(t - \tau) \mathrm{d}\tau = \int_{-\infty}^{t} f(\tau) \mathrm{d}\tau. \end{aligned}$$

7.4.2 卷积的性质

交换律 $f_1(t) * f_2(t) = f_2(t) * f_1(t)$.
结合律 $[f_1(t) * f_2(t)] * f_3(t) = f_1(t) * [f_2(t) * f_3(t)]$.
分配律 $f_1(t) * [f_2(t) + f_3(t)] = f_1(t) * f_2(t) + f_1(t) * f_3(t)$.
数乘 $a[f_1(t) * f_2(t)] = [af_1(t)] * f_2(t) = f_1(t) * [af_2(t)]$, a 为常数.
导数 $\dfrac{\mathrm{d}}{\mathrm{d}t}[f_1(t) * f_2(t)] = \left[\dfrac{\mathrm{d}}{\mathrm{d}t} f_1(t)\right] * f_2(t) + f_1(t) * \left[\dfrac{\mathrm{d}}{\mathrm{d}t} f_2(t)\right]$.

这里只证交换律.

证明 由卷积的定义知

$$\begin{aligned} f_1(t) * f_2(t) &= \int_{-\infty}^{+\infty} f_1(\tau) f_2(t - \tau) \mathrm{d}\tau \\ &= \int_{+\infty}^{-\infty} f_1(t - \sigma) f_2(\sigma) \mathrm{d}(t - \sigma) \quad (\diamondsuit\, \sigma = t - \tau) \\ &= \int_{-\infty}^{+\infty} f_2(\sigma) f_1(t - \sigma) \mathrm{d}\sigma = f_2(t) * f_1(t). \end{aligned}$$

卷积定理　如果已知两个函数 $f_1(t), f_2(t)$,且 $\mathcal{F}[f_1(t)] = F_1(\omega)$, $\mathcal{F}[f_2(t)] = F_2(\omega)$,那么

$$\mathcal{F}[f_1(t) * f_2(t)] = F_1(\omega)F_2(\omega), \tag{7.55}$$

$$\mathcal{F}[f_1(t)f_2(t)] = \frac{1}{2\pi}F_1(\omega) * F_2(\omega). \tag{7.56}$$

证明　由傅里叶变换的定义与卷积的定义得

$$\mathcal{F}[f_1(t) * f_2(t)] = \int_{-\infty}^{+\infty} \left[\int_{-\infty}^{+\infty} f_1(\tau)f_2(t-\tau)\mathrm{d}\tau\right] \mathrm{e}^{-\mathrm{i}\omega t}\mathrm{d}t.$$

交换上式右端的积分次序得

$$\mathcal{F}[f_1(t) * f_2(t)] = \int_{-\infty}^{+\infty} f_1(\tau) \left[\int_{-\infty}^{+\infty} f_2(t-\tau)\mathrm{e}^{-\mathrm{i}\omega t}\mathrm{d}t\right] \mathrm{d}\tau$$

$$= \int_{-\infty}^{+\infty} f_1(\tau) \left[\int_{-\infty}^{+\infty} f_2(t-\tau)\mathrm{e}^{-\mathrm{i}\omega(t-\tau)}\mathrm{d}t\right] \mathrm{e}^{-\mathrm{i}\omega\tau}\mathrm{d}\tau.$$

令 $\sigma = t - \tau$ 得

$$\mathcal{F}[f_1(t) * f_2(t)] = \int_{-\infty}^{+\infty} f_1(\tau) \left[\int_{-\infty}^{+\infty} f_2(\sigma)\mathrm{e}^{-\mathrm{i}\omega\sigma}\mathrm{d}\sigma\right] \mathrm{e}^{-\mathrm{i}\omega\tau}\mathrm{d}\tau$$

$$= \int_{-\infty}^{+\infty} f_1(\tau)\mathrm{e}^{-\mathrm{i}\omega\tau}\mathrm{d}\tau \int_{-\infty}^{+\infty} f_2(\sigma)\mathrm{e}^{-\mathrm{i}\omega\sigma}\mathrm{d}\sigma$$

$$= F_1(\omega)F_2(\omega).$$

同理,可以得到

$$\mathcal{F}[f_1(t)f_2(t)] = \frac{1}{2\pi}F_1(\omega) * F_2(\omega).$$

另外,卷积定理还可以推广到 n 个函数的情形. 若已知 n 个函数 $f_k(t)(k=1,2,\cdots,n)$,且 $\mathcal{F}[f_k(t)] = F_k(\omega)(k=1,2,\cdots,n)$,则有

$$\mathcal{F}[f_1(t) * f_2(t) * \cdots * f_n(t)] = F_1(\omega)F_2(\omega)\cdots F_n(\omega),$$

$$\mathcal{F}[f_1(t)f_2(t)\cdots f_n(t)] = \frac{1}{(2\pi)^{n-1}}F_1(\omega) * F_2(\omega) * \cdots * F_n(\omega).$$

例 7.22　已知 $f(t) = u(t)\cos\omega_0 t$,求 $\mathcal{F}[f(t)]$.

解　由卷积定理中的式 (7.56) 有

$$\mathcal{F}[u(t)\cos\omega_0 t] = \frac{1}{2\pi}\mathcal{F}[u(t)] * \mathcal{F}[\cos\omega_0 t],$$

而

7.4 卷积与相关函数

$$\mathcal{F}[u(t)] = \frac{1}{\mathrm{i}\omega} + \pi\delta(\omega), \quad \mathcal{F}[\cos\omega_0 t] = \pi[\delta(\omega-\omega_0) + \delta(\omega+\omega_0)],$$

因此,

$$\begin{aligned}\mathcal{F}[u(t)\cos\omega_0 t] =& \frac{1}{2\pi}\left[\frac{1}{\mathrm{i}\omega} + \pi\delta(\omega)\right] * \pi\left[\delta(\omega-\omega_0) + \delta(\omega+\omega_0)\right] \\ =& \frac{1}{2}\Big[\delta(\omega-\omega_0) * \frac{1}{\mathrm{i}\omega} + \delta(\omega+\omega_0) * \frac{1}{\mathrm{i}\omega} \\ & + \delta(\omega-\omega_0) * \pi\delta(\omega) + \delta(\omega+\omega_0) * \pi\delta(\omega)\Big].\end{aligned}$$

利用卷积定理中的式 (7.55) 容易得到

$$\delta(\omega\pm\omega_0) * \frac{1}{\mathrm{i}\omega} = \frac{1}{\mathrm{i}(\omega\pm\omega_0)}, \quad \delta(\omega\pm\omega_0) * \pi\delta(\omega) = \pi\delta(\omega\pm\omega_0).$$

所以

$$\mathcal{F}[u(t)\cos\omega_0 t] = \frac{\mathrm{i}\omega}{\omega_0^2 - \omega^2} + \frac{\pi}{2}[\delta(\omega-\omega_0) + \delta(\omega+\omega_0)].$$

例 7.23 利用卷积定理证明傅里叶变换的微分性质与积分性质. 设 $F(\omega) = \mathcal{F}[f(t)]$, 则

(1) $\mathcal{F}[f^{(n)}(t)] = (\mathrm{i}\omega)^n F(\omega);\quad$ (2) $\mathcal{F}^{-1}[F^{(n)}(\omega)] = (-\mathrm{i}t)^n f(t);$

(3) $\mathcal{F}[\int_{-\infty}^{t} f(\tau)\mathrm{d}\tau] = \frac{F(\omega)}{\mathrm{i}\omega} + \pi F(0)\delta(\omega).$

证明 (1) 由例 7.21 结论知

$$\delta'(t) * f(t) = f'(t).$$

因此, 结合卷积定理中的式 (7.55) 与 δ 函数的导数性质有

$$\begin{aligned}\mathcal{F}[f'(t)] &= \mathcal{F}[\delta'(t) * f(t)] = \mathcal{F}[\delta'(t)]\mathcal{F}[f(t)] \\ &= \mathcal{F}[\delta'(t)]F(\omega) = \left[\int_{-\infty}^{+\infty}\delta'(t)\mathrm{e}^{-\mathrm{i}\omega t}\mathrm{d}t\right]F(\omega) \\ &= -(-\mathrm{i}\omega)\mathrm{e}^{-\mathrm{i}\omega t}\big|_{t=0} F(\omega) = \mathrm{i}\omega F(\omega).\end{aligned}$$

类似地, 可以得到

$$\mathcal{F}[f^{(n)}(t)] = (\mathrm{i}\omega)^n F(\omega).$$

(2) 由例 7.21 结论知

$$\delta'(\omega) * F(\omega) = F'(\omega).$$

利用卷积定理中的式 (7.56) 得

$$\mathcal{F}^{-1}[F'(\omega)] = \mathcal{F}^{-1}[\delta'(\omega) * F(\omega)] = 2\pi\mathcal{F}^{-1}[\delta'(\omega)]\mathcal{F}^{-1}[F(\omega)].$$

而
$$\mathcal{F}^{-1}[\delta'(\omega)] = \frac{1}{2\pi}\int_{-\infty}^{+\infty}\delta'(\omega)e^{i\omega t}d\omega = \frac{1}{2\pi}\left[-(e^{i\omega t})'\right]\Big|_{\omega=0} = -\frac{it}{2\pi}.$$
因此,
$$\mathcal{F}^{-1}[F'(\omega)] = 2\pi\left(-\frac{it}{2\pi}\right)\mathcal{F}^{-1}[F(\omega)] = -itf(t).$$

(3) 由例 7.21 结论知
$$f(t)*u(t) = \int_{-\infty}^{t}f(\tau)d\tau.$$
上式两端同时取傅里叶变换并应用卷积定理得
$$\mathcal{F}\left[\int_{-\infty}^{t}f(\tau)d\tau\right] = \mathcal{F}[f(t)*u(t)] = \mathcal{F}[f(t)]\mathcal{F}[u(t)]$$
$$= F(\omega)\left[\frac{1}{i\omega} + \pi\delta(\omega)\right] = \frac{F(\omega)}{i\omega} + \pi F(0)\delta(\omega)^{①}.$$

7.4.3 相关函数

1. 相关函数的概念

定义 7.6 已知定义在 $(-\infty, +\infty)$ 上的两个不同函数 $f_1(t)$ 与 $f_2(t)$, 称含参量 τ 的积分
$$\int_{-\infty}^{+\infty}f_1(t)f_2(t+\tau)dt$$
为 $f_1(t)$ 与 $f_2(t)$ 的互相关函数, 并用记号 $R_{12}(\tau)$ 表示; 而积分 $\int_{-\infty}^{+\infty}f_2(t)f_1(t+\tau)dt$ 可以类似地记为 $R_{21}(\tau)$. 若 $f_1(t) = f_2(t) = f(t)$, 则积分
$$\int_{-\infty}^{+\infty}f(t)f(t+\tau)dt$$
称为函数 $f(t)$ 的自相关函数 (简称相关函数), 并用记号 $R(\tau)$ 表示. 利用定义, 容易验证
$$R(-\tau) = R(\tau), \quad R_{21}(\tau) = R_{12}(-\tau).$$

---

① 由性质 7.2 知 $F(\omega)\delta(\omega) = F(0)\delta(\omega)$. 因此最后一个等式成立. 需要注意的是这里的结论与 7.2.4 节中的积分性质是一致的. 当 $\lim\limits_{t\to+\infty}\int_{-\infty}^{t}f(\tau)d\tau = 0$ 时, 即 $\int_{-\infty}^{+\infty}f(\tau)d\tau = 0$ 时, 由于 $f(t)$ 是绝对可积的, 所以
$$F(0) = \lim_{\omega\to 0}F(\omega) = \lim_{\omega\to 0}\int_{-\infty}^{+\infty}f(t)e^{-i\omega t}dt = \int_{-\infty}^{+\infty}\lim_{\omega\to 0}[f(t)e^{-i\omega t}]dt = \int_{-\infty}^{+\infty}f(t)dt = 0,$$
故 $\mathcal{F}\left[\int_{-\infty}^{t}f(\tau)d\tau\right] = \dfrac{F(\omega)}{i\omega}.$

7.4 卷积与相关函数

2. 相关函数与能量谱密度的关系

若 $F(\omega) = \mathcal{F}[f(t)]$,则

$$\begin{aligned}
R(\tau) &= \int_{-\infty}^{+\infty} f(t)f(t+\tau)\,\mathrm{d}t \\
&= \frac{1}{2\pi}\int_{-\infty}^{+\infty} \overline{F(\omega)}\mathcal{F}[f(t+\tau)]\,\mathrm{d}\omega \quad (\text{乘积定理}) \\
&= \frac{1}{2\pi}\int_{-\infty}^{+\infty} \overline{F(\omega)}F(\omega)\mathrm{e}^{\mathrm{i}\omega\tau}\,\mathrm{d}\omega \quad (\text{位移性质}) \\
&= \frac{1}{2\pi}\int_{-\infty}^{+\infty} |F(\omega)|^2\,\mathrm{e}^{\mathrm{i}\omega\tau}\,\mathrm{d}\omega \quad (\text{共轭复数性质}) \\
&= \frac{1}{2\pi}\int_{-\infty}^{+\infty} S(\omega)\mathrm{e}^{\mathrm{i}\omega\tau}\,\mathrm{d}\omega, \quad (\text{能量谱密度的定义})
\end{aligned}$$

即

$$R(\tau) = \frac{1}{2\pi}\int_{-\infty}^{+\infty} S(\omega)\mathrm{e}^{\mathrm{i}\omega\tau}\,\mathrm{d}\omega. \tag{7.57}$$

而由相关函数的定义得

$$\begin{aligned}
\int_{-\infty}^{+\infty} R(\tau)\mathrm{e}^{-\mathrm{i}\omega\tau}\,\mathrm{d}\tau &= \int_{-\infty}^{+\infty}\left[\int_{-\infty}^{+\infty} f(t)f(t+\tau)\,\mathrm{d}t\right]\mathrm{e}^{-\mathrm{i}\omega\tau}\,\mathrm{d}\tau \\
&= \int_{-\infty}^{+\infty} f(t)\left[\int_{-\infty}^{+\infty} f(t+\tau)\mathrm{e}^{-\mathrm{i}\omega\tau}\,\mathrm{d}\tau\right]\mathrm{d}t \quad (\text{交换积分次序}) \\
&= \int_{-\infty}^{+\infty} f(t)\left[\int_{-\infty}^{+\infty} f(\sigma)\mathrm{e}^{-\mathrm{i}\omega(\sigma-t)}\,\mathrm{d}\sigma\right]\mathrm{d}t \quad (\text{令}\,\sigma = t+\tau) \\
&= \int_{-\infty}^{+\infty} f(t)\mathrm{e}^{\mathrm{i}\omega t}\,\mathrm{d}t\left[\int_{-\infty}^{+\infty} f(\sigma)\mathrm{e}^{-\mathrm{i}\omega\sigma}\,\mathrm{d}\sigma\right] \\
&= \overline{F(\omega)}F(\omega) = |F(\omega)|^2 = S(\omega),
\end{aligned}$$

即

$$S(\omega) = \int_{-\infty}^{+\infty} R(\tau)\mathrm{e}^{-\mathrm{i}\omega\tau}\,\mathrm{d}\tau. \tag{7.58}$$

由式 (7.57) 与式 (7.58) 可以看出,自相关函数 $R(\tau)$ 和能量谱密度 $S(\omega)$ 构成一个傅里叶变换对,即

$$S(\omega) = \mathcal{F}[R(\tau)], \quad R(\tau) = \mathcal{F}^{-1}[S(\omega)].$$

在式 (7.57) 中,若令 $\tau = 0$,则

$$R(0) = \frac{1}{2\pi}\int_{-\infty}^{+\infty} S(\omega)\,\mathrm{d}\omega,$$

即
$$\int_{-\infty}^{+\infty} [f(t)]^2 dt = \frac{1}{2\pi} \int_{-\infty}^{+\infty} |F(\omega)|^2 d\omega.$$

这就是 Parseval 不等式.

另外，若 $F_1(\omega) = \mathcal{F}[f_1(t)]$, $F_2(\omega) = \mathcal{F}[f_2(t)]$，则由乘积定理及傅里叶变换的位移性质得

$$\begin{aligned} R_{12}(\tau) &= \int_{-\infty}^{+\infty} f_1(t) f_2(t+\tau) dt \\ &= \frac{1}{2\pi} \int_{-\infty}^{+\infty} \overline{F_1(\omega)} \mathcal{F}[f_2(t+\tau)] d\omega \\ &= \frac{1}{2\pi} \int_{-\infty}^{+\infty} \overline{F_1(\omega)} F_2(\omega) e^{i\omega\tau} d\omega. \end{aligned}$$

若令 $S_{12}(\omega) = \overline{F_1(\omega)} F_2(\omega)$，则上式可以化为

$$R_{12}(\tau) = \frac{1}{2\pi} \int_{-\infty}^{+\infty} S_{12}(\omega) e^{i\omega\tau} d\omega,$$

称 $S_{12}(\omega)$ 为互能量谱密度. 容易证明

$$S_{12}(\omega) = \int_{-\infty}^{+\infty} R_{12}(\tau) e^{-i\omega\tau} d\tau.$$

显然，互相关函数 $R_{12}(\tau)$ 与互能量谱密度 $S_{12}(\omega)$ 构成一个傅里叶变换对，即

$$S_{12}(\omega) = \mathcal{F}[R_{12}(\tau)], \quad R_{12}(\tau) = \mathcal{F}^{-1}[S_{12}(\omega)].$$

例 7.24 求指数衰减函数

$$f(t) = \begin{cases} 0, & t < 0, \\ e^{-\beta t}, & t \geqslant 0 \end{cases} \quad (\beta > 0)$$

的自相关函数与能量谱密度.

解 由自相关函数的定义有

$$R(\tau) = \int_{-\infty}^{+\infty} f(t) f(t+\tau) dt,$$

和卷积类似，要求上面积分，只需在 $f(t)f(t+\tau) \neq 0$ 的区间上计算积分. 下面用解方程组的方法求解. 由题知

$$f(t) = \begin{cases} 0, & t < 0, \\ e^{-\beta t}, & t \geqslant 0, \end{cases} \quad f(t+\tau) = \begin{cases} 0, & t+\tau < 0, \\ e^{-\beta(t+\tau)}, & t+\tau \geqslant 0. \end{cases}$$

要使 $f(t)f(t+\tau) \neq 0$, 只要满足下面含参变量 τ 的不等式组

$$\begin{cases} t \geqslant 0, \\ t \geqslant -\tau. \end{cases}$$

若令上面不等式边边相等, 则得分界点为 $\tau = 0$. 因此, 当 $\tau \geqslant 0$ 时, 不等式的解为 $t \geqslant 0$. 这时

$$R(\tau) = \int_{-\infty}^{+\infty} f(t)f(t+\tau)\mathrm{d}t = \int_0^{+\infty} \mathrm{e}^{-\beta t}\mathrm{e}^{-\beta(t+\tau)}\mathrm{d}t = \frac{\mathrm{e}^{-\beta\tau}}{2\beta};$$

当 $\tau < 0$ 时, 不等式的解为 $t \geqslant -\tau$. 这时

$$R(\tau) = \int_{-\infty}^{+\infty} f(t)f(t+\tau)\mathrm{d}t = \int_{-\tau}^{+\infty} \mathrm{e}^{-\beta t}\mathrm{e}^{-\beta(t+\tau)}\mathrm{d}t = \frac{\mathrm{e}^{\beta\tau}}{2\beta}.$$

将上面两式合写在一起得到 $R(\tau) = \dfrac{\mathrm{e}^{-\beta|\tau|}}{2\beta}$. 进一步, 将 $R(\tau) = \dfrac{\mathrm{e}^{-\beta|\tau|}}{2\beta}$ 代入式 (7.58) 可以得到能量谱密度

$$S(\omega) = \int_{-\infty}^{+\infty} \frac{\mathrm{e}^{-\beta|\tau|}}{2\beta}\mathrm{e}^{-\mathrm{i}\omega\tau}\mathrm{d}\tau = \frac{1}{\beta}\int_0^{+\infty} \mathrm{e}^{-\beta\tau}\cos\omega\tau\mathrm{d}\tau = \frac{1}{\beta^2+\omega^2}.$$

上面方法是先求出自相关函数 $R(\tau)$, 再利用 $S(\omega) = \displaystyle\int_{-\infty}^{+\infty} R(\tau)\mathrm{e}^{-\mathrm{i}\omega\tau}\mathrm{d}\tau$ 求出能量谱密度 $S(\omega)$. 有时也可先求 $f(t)$ 的傅里叶变换 $F(\omega)$, 再根据公式 $S(\omega) = |F(\omega)|^2$ 得到能量谱密度 $S(\omega)$, 最后利用 $R(\tau) = \dfrac{1}{2\pi}\displaystyle\int_{-\infty}^{+\infty} S(\omega)\mathrm{e}^{\mathrm{i}\omega\tau}\mathrm{d}\omega$ 得到自相关函数 $R(\tau)$.

7.5 傅里叶变换的应用

7.5.1 非周期函数的频谱

在 7.1 节和 7.2 节中, 已经知道如果一个非周期信号 $f(t)$ 满足傅里叶积分定理的条件, 那么对信号 $f(t)$ 取傅里叶变换就得到它的连续频谱函数 $F(\omega)$. 在 7.3 节中, 还知道一些不满足傅里叶积分定理的条件的非周期信号 $f(t)$, 例如, 符号函数, 单位阶跃函数, δ 函数等, 可以通过取广义傅里叶变换得到它的频谱函数. 下面再举一些例子.

例 7.25 求如图 7.13(a) 所示的三角脉冲函数

$$f(t) = \begin{cases} E\left(1 - \dfrac{2}{\tau}|t|\right), & |t| < \dfrac{\tau}{2}, \\ 0, & |t| \geqslant \dfrac{\tau}{2} \end{cases}$$

的频谱, 其中 $E > 0, \tau > 0$, 并画出振幅频谱图.

解 由于三角脉冲函数是偶函数, 所以, 当 $\omega \neq 0$ 时,
$$F(\omega) = \mathcal{F}[f(t)] = 2\int_0^{+\infty} f(t)\cos\omega t dt$$
$$= 2\int_0^{\frac{\tau}{2}}\left(E - \frac{2E}{\tau}t\right)\cos\omega t dt = \frac{8E}{\tau\omega^2}\sin^2\frac{\omega\tau}{4};$$

当 $\omega = 0$ 时,
$$F(0) = \lim_{\omega \to 0} F(\omega) = \frac{\tau E}{2}.$$

故振幅谱
$$|F(\omega)| = \begin{cases} \dfrac{8E}{\tau\omega^2}\sin^2\dfrac{\omega\tau}{4}, & \omega \neq 0, \\ \dfrac{\tau E}{2}, & \omega = 0. \end{cases}$$

振幅频谱图如图 7.13(b) 所示.

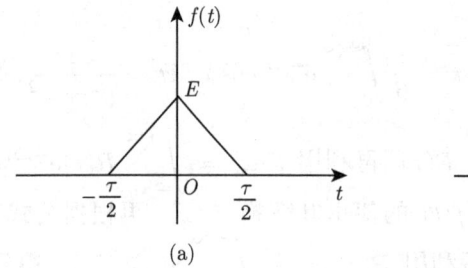
(a)

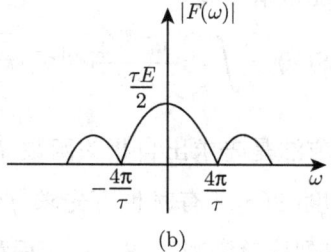
(b)

图 7.13

例 7.26 求如图 7.14(a) 所示的高斯分布函数 $f(t) = \dfrac{1}{\sqrt{2\pi}\sigma}e^{-\frac{t^2}{2\sigma^2}}$ 的频谱并画出振幅频谱图.

解 由于钟形脉冲函数 $f(t) = Ee^{-\beta t^2}$ 的傅里叶变换为
$$F(\omega) = \sqrt{\frac{\pi}{\beta}}Ee^{-\frac{\omega^2}{4\beta}},$$

而这里的 $f(t)$ 是 $E = \dfrac{1}{\sqrt{2\pi}\sigma}, \beta = \dfrac{1}{2\sigma^2}$ 时的钟形脉冲函数, 所以, 当 $\omega \neq 0$ 时,
$$F(\omega) = \sqrt{\frac{\pi}{\frac{1}{2\sigma^2}}}\frac{1}{\sqrt{2\pi}\sigma}e^{-\frac{\omega^2}{4\left(\frac{1}{2\sigma^2}\right)}} = e^{-\frac{\sigma^2\omega^2}{2}};$$

当 $\omega = 0$ 时, $F(\omega) = \lim\limits_{\omega \to 0} e^{-\frac{\sigma^2\omega^2}{2}} = 1.$ 综合上面讨论, 振幅谱
$$|F(\omega)| = \begin{cases} e^{-\frac{\sigma^2\omega^2}{2}}, & \omega \neq 0, \\ 1, & \omega = 0. \end{cases}$$

振幅频谱图如 7.14 (b) 所示.

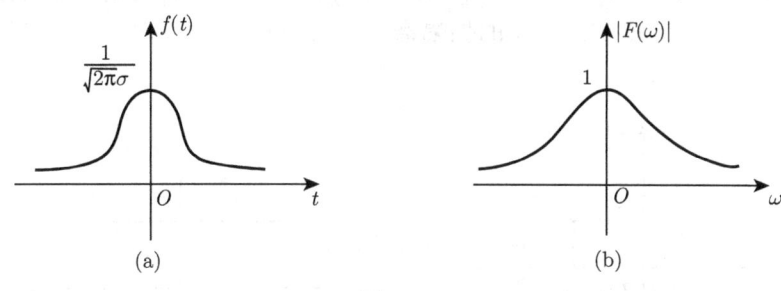

图 7.14

例 7.27   求符号函数、单位阶跃函数的频谱并画出频谱图.

解   由例 7.17, 例 7.18 结论知, 符号函数与单位阶跃函数的频谱分别为

$$F_1(\omega) = \frac{2}{\mathrm{i}\omega}, \quad F_2(\omega) = \pi\delta(\omega) + \frac{1}{\mathrm{i}\omega}.$$

振幅频谱图如图 7.15 所示.

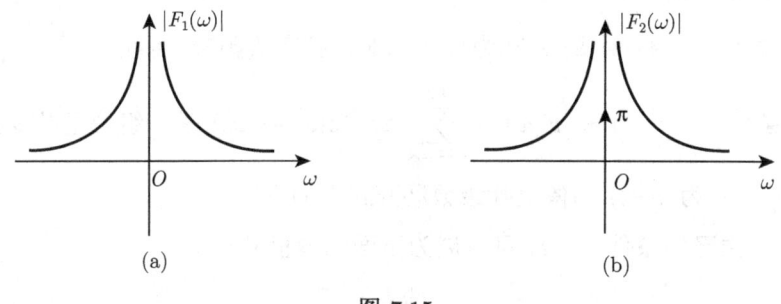

图 7.15

例 7.28   求如图 7.16(a) 所示的单位脉冲函数 $\delta(t)$ 的频谱并画出频谱图.

解   由 7.3.3 节结论知 $\delta(t)$ 的振幅谱 $|F(\omega)| = |\mathcal{F}[\delta(t)]| = 1$. 这一结果表明, 单位脉冲函数的各频率分量都有相同的振幅. 因此, 称单位脉冲函数的频谱为 "均匀谱" 或 "白色谱". 频谱图如图 7.16(b) 所示.

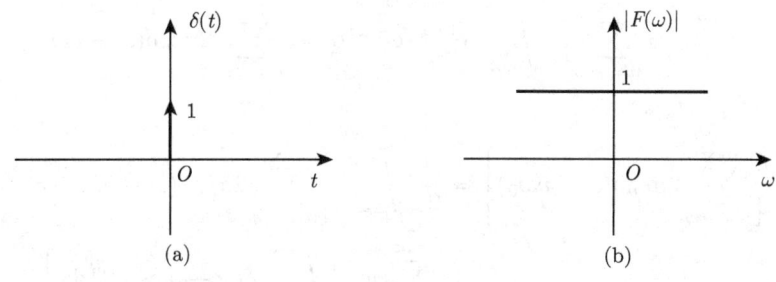

图 7.16

例 7.29 求如图 7.17(a) 所示的函数 $f(t) = \delta(t - t_0)$ 的离散频谱及频谱图.

解 由 7.3.3 节知 $\delta(t-t_0)$ 的振幅谱 $|F(\omega)| = |\mathcal{F}[\delta(t-t_0)]| = \left|e^{-i\omega t_0}\right| = 1$. 频谱图如图 7.17(b) 所示.

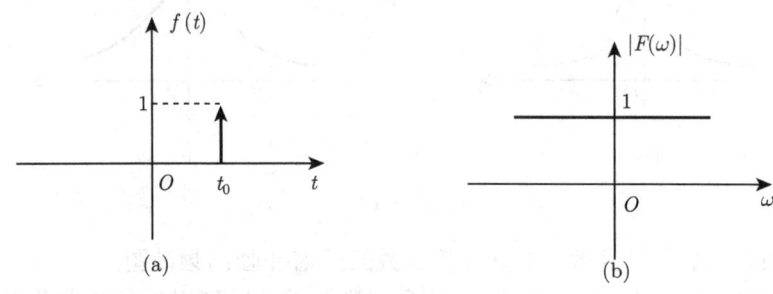

图 7.17

7.5.2 周期函数的频谱

1. 非正弦周期函数的频谱

定理 7.3 若 $f_T(t)$ 是以 T 为周期的非正弦实值函数,且在 $\left[-\dfrac{T}{2}, \dfrac{T}{2}\right]$ 上满足狄利克雷条件,则 $f_T(t)$ 和 $F(\omega) = \sum\limits_{n=-\infty}^{+\infty} 2\pi c_n \delta(\omega - n\omega_0)$ 是一组傅里叶变换对,其中 $\omega_0 = \dfrac{2\pi}{T}$, c_n 为 $f_T(t)$ 的傅里叶级数展开式中的系数.

证明 由已知条件, $f_T(t)$ 可以展为下面的傅里叶级数

$$f_T(t) = \sum_{n=-\infty}^{+\infty} c_n e^{in\omega_0 t}.$$

因此,

$$\mathcal{F}[f_T(t)] = \int_{-\infty}^{+\infty} \left(\sum_{n=-\infty}^{+\infty} c_n e^{in\omega_0 t}\right) e^{-i\omega t} dt$$

$$= \sum_{n=-\infty}^{+\infty} c_n \int_{-\infty}^{+\infty} e^{in\omega_0 t} e^{-i\omega t} dt = \sum_{n=-\infty}^{+\infty} 2\pi c_n \delta(\omega - n\omega_0),$$

而

$$\mathcal{F}^{-1}\left[\sum_{n=-\infty}^{+\infty} 2\pi c_n \delta(\omega - n\omega_0)\right] = \frac{1}{2\pi} \int_{-\infty}^{+\infty} \left[\sum_{n=-\infty}^{+\infty} 2\pi c_n \delta(\omega - n\omega_0)\right] e^{i\omega t} d\omega$$

$$= \sum_{n=-\infty}^{+\infty} c_n \left[\int_{-\infty}^{+\infty} \delta(\omega - n\omega_0) e^{i\omega t} d\omega\right]$$

$$= \sum_{n=-\infty}^{+\infty} c_n e^{in\omega_0 t} = f_T(t),$$

由上面讨论知 $f_T(t)$ 和 $\sum_{n=-\infty}^{+\infty} 2\pi c_n \delta(\omega - n\omega_0)$ 是一组傅里叶变换对. 定理说明: 一个非正弦周期函数也可以作广义傅里叶变换, 得到的频谱仍是离散的, 只不过现在的频谱是由一些脉冲函数来表示的, 并且这些脉冲函数位于信号的谐波角频率的整数倍 $n\omega_0$ 处, 其强度为 $2\pi|c_n|$.

例 7.30 求如图 7.18(a) 所示的函数 $f(t) = 1$ 的离散频谱及振幅频谱图.

解 由 7.3.3 节知 $f(t) = 1$ 的振幅谱 $F(\omega) = \mathcal{F}[1] = 2\pi\delta(\omega)$. 频谱图如图 7.18(b) 所示.

例 7.31 求复值函数 $f(t) = e^{i\omega_0 t}$ 的离散频谱及频谱图[①].

解 由 7.3.3 节知 $F(\omega) = \mathcal{F}[e^{i\omega_0 t}] = 2\pi\delta(\omega - \omega_0)$. 频谱图如图 7.18(c) 所示.

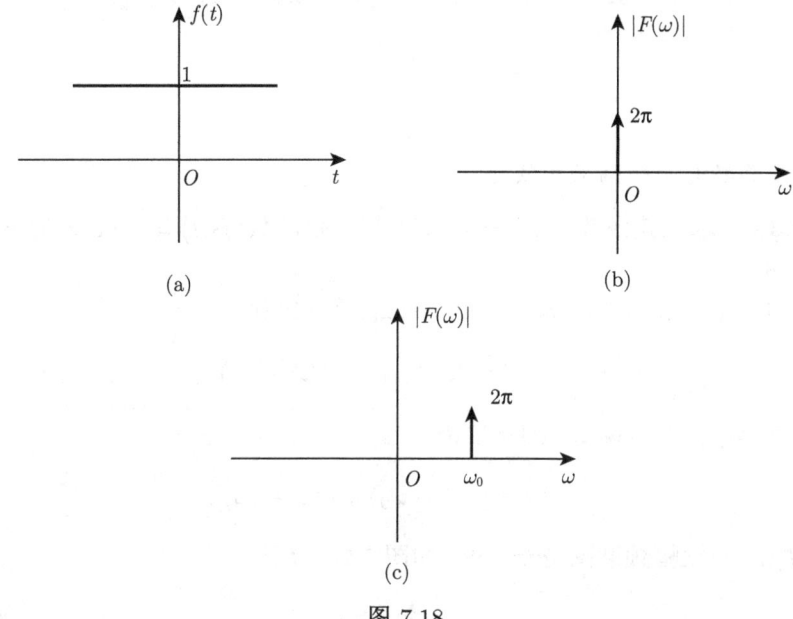

图 7.18

例 7.32 求例 7.1 中的周期函数 $f_T(t)$ 的离散频谱及频谱图.

解 由定理 7.3 知 $f_T(t)$ 的振幅谱

$$F(\omega) = \sum_{n=-\infty}^{+\infty} 2\pi c_n \delta(\omega - n\omega_0)$$

---

① 这里复函数 $f(t) = e^{i\omega_0 t}$ 是周期函数, 虽然不满足定理 7.3 的条件, 但其频谱也是由冲激函数表示的. 另外, 在实际应用中, 复函数也是可以取傅里叶变换的. 本书中主要讨论的是关于实函数的傅里叶变换.

$$= E\pi\delta(\omega) + \sum_{n=-\infty}^{+\infty}\left\{-\frac{2E\mathrm{i}}{(2n-1)}\delta[\omega-(2n-1)\omega_0]\right\}.$$

频谱图如图 7.19 所示. 由例 7.32 发现, 利用定理 7.3 得到的频谱图与利用傅里叶展开式得到的频谱图在形状上完全相似. 这也恰好印证了周期函数的频谱是可以用一些脉冲信号来表示的.

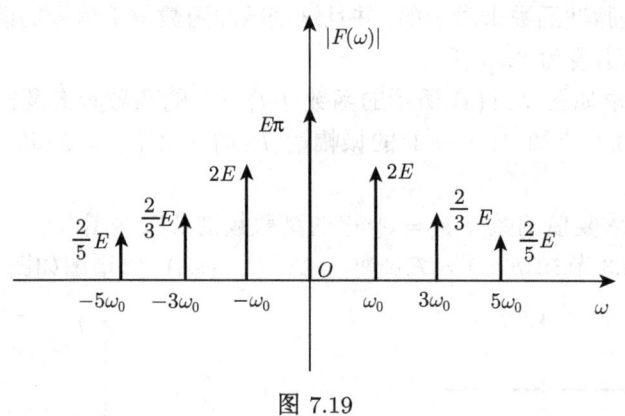

图 7.19

2. 正弦函数与余弦函数的频谱

例 7.33 求正弦函数 $f_1(t) = \sin\omega_0 t$ 与余弦函数 $f_2(t) = \cos\omega_0 t$ 的振幅谱及振幅频谱图.

解 由 7.3.3 节例 7.16 知 $f_1(t) = \sin\omega_0 t$ 的振幅谱

$$F_1(\omega) = \mathrm{i}\pi[\delta(\omega+\omega_0) - \delta(\omega-\omega_0)],$$

并且容易求出 $f_2(t) = \cos\omega_0 t$ 的振幅谱

$$F_2(\omega) = \pi[\delta(\omega-\omega_0) + \delta(\omega+\omega_0)].$$

$f_1(t)$ 与 $f_2(t)$ 的振幅频谱图是一样的, 如图 7.20 所示.

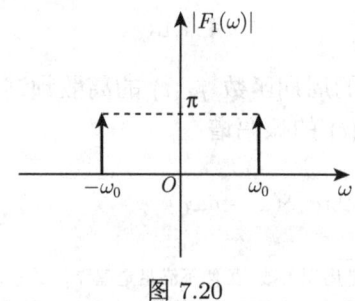

图 7.20

7.5.3 傅里叶变换性质的应用

在 7.2.4 节中, 介绍并证明了傅里叶变换的一些常用性质. 这些性质的证明都是在假设 ——"进行傅里叶变换的函数都满足傅里叶积分定理的条件" 下进行的. 实质上, 只要进行傅里叶变换的函数的傅里叶变换存在 (这里包括广义傅里叶变换), 这些性质都是成立的.

例 7.34 利用 7.2.4 节中傅里叶变换的线性性质求下列函数的频谱:

(1) $f(t) = 2 + 2\sin\omega_0 t + 3\cos\omega_0 t$; (2) $f(t) = \dfrac{1}{2}[\delta(t+a) + \delta(t-a)](a \in \mathbf{R})$.

解 (1) 由于

$$\mathcal{F}[1] = 2\pi\delta(\omega),$$
$$\mathcal{F}[\sin\omega_0 t] = \mathrm{i}\pi[\delta(\omega+\omega_0) - \delta(\omega-\omega_0)],$$
$$\mathcal{F}[\cos\omega_0 t] = \pi[\delta(\omega+\omega_0) + \delta(\omega-\omega_0)],$$

所以, 结合线性性质有

$$\begin{aligned} F(\omega) &= \mathcal{F}[2 + 2\sin\omega_0 t + 3\cos\omega_0 t] \\ &= 2\mathcal{F}[1] + 2\mathcal{F}[\sin\omega_0 t] + 3\mathcal{F}[\cos\omega_0 t] \\ &= 4\pi\delta(\omega) + 2\pi\mathrm{i}[\delta(\omega+\omega_0) - \delta(\omega-\omega_0)] + 3\pi[\delta(\omega-\omega_0) + \delta(\omega+\omega_0)] \\ &= 4\pi\delta(\omega) + (3+2\mathrm{i})\pi\delta(\omega+\omega_0) + (3-2\mathrm{i})\pi\delta(\omega-\omega_0). \end{aligned}$$

(2) 由 $\mathcal{F}[\delta(t-t_0)] = \mathrm{e}^{-\mathrm{i}\omega t_0}$ 知

$$\mathcal{F}[\delta(t+a)] = \mathrm{e}^{\mathrm{i}\omega a}, \quad \mathcal{F}[\delta(t-a)] = \mathrm{e}^{-\mathrm{i}\omega a}.$$

因此, 结合线性性质有

$$\begin{aligned} F(\omega) &= \mathcal{F}\left\{\frac{1}{2}[\delta(t+a) + \delta(t-a)]\right\} \\ &= \frac{1}{2}\mathcal{F}[\delta(t+a)] + \frac{1}{2}\mathcal{F}[\delta(t-a)] \\ &= \frac{1}{2}\mathrm{e}^{\mathrm{i}\omega a} + \frac{1}{2}\mathrm{e}^{-\mathrm{i}\omega a} = \cos\omega a. \end{aligned}$$

例 7.34 说明: 信号叠加后相应的频谱也叠加. 因此, 如果一个复杂信号可以分解为一些简单信号的线性组合, 那么这个复杂信号的频谱等于这些简单信号频谱的叠加.

例 7.35 利用 7.2.4 节中的位移性质求下列函数的频谱.

(1) $f(t) = u(t-\tau)$; (2) $F(\omega) = \mathrm{e}^{\mathrm{i}\omega_0 t}u(t)$.

解 (1) 由于 $\mathcal{F}[u(t)] = \pi\delta(\omega) + \dfrac{1}{i\omega}$, 所以结合位移性质的式 (7.38), 有

$$F(\omega) = \mathcal{F}[u(t-\tau)] = e^{-i\omega\tau}\left[\dfrac{1}{i\omega} + \pi\delta(\omega)\right]$$

$$= \dfrac{1}{i\omega}e^{-i\omega\tau} + \pi\delta(\omega)e^{-i\omega\tau}$$

$$= \dfrac{1}{i\omega}e^{-i\omega\tau} + \pi\delta(\omega)\left.e^{-i\omega\tau}\right|_{\omega=0}$$

$$= \dfrac{1}{i\omega}e^{-i\omega\tau} + \pi\delta(\omega).$$

(2) 由于 $F(\omega) = \mathcal{F}[u(t)] = \pi\delta(\omega) + \dfrac{1}{i\omega}$, 所以, 结合位移性质的式 (7.39), 有

$$\mathcal{F}[e^{i\omega_0 t}u(t)] = F(\omega - \omega_0) = \pi\delta(\omega - \omega_0) + \dfrac{1}{i(\omega - \omega_0)}.$$

例 7.36 利用 7.2.4 节中位移性质的推论求下列函数的频谱.

(1) $f(t) = \cos\omega_0 t$; \qquad (2) $f(t) = \begin{cases} 0, & t < 0, \\ e^{-\beta t}\sin\omega_0 t, & t \geqslant 0 \end{cases}$ $(\beta > 0).$

解 (1) 由 $\mathcal{F}[1] = 2\pi\delta(\omega)$, 并结合位移性质的推论的式 (7.40), 有

$$\mathcal{F}[\cos\omega_0 t] = \mathcal{F}[1 \cdot \cos\omega_0 t] = \dfrac{1}{2}[2\pi\delta(\omega + \omega_0) + 2\pi\delta(\omega - \omega_0)]$$

$$= \pi[\delta(\omega + \omega_0) + \delta(\omega - \omega_0)].$$

(2) 若令

$$f_1(t) = \begin{cases} 0, & t < 0, \\ e^{-\beta t}, & t \geqslant 0 \end{cases} \quad (\beta > 0),$$

则 $F_1(\omega) = \mathcal{F}[f_1(t)] = \dfrac{1}{\beta + i\omega}$. 再结合位移性质的推论的式 (7.41), 有

$$F(\omega) = \mathcal{F}[f(t)] = \mathcal{F}[f_1(t)\sin\omega_0 t] = \dfrac{i}{2}[F_1(\omega + \omega_0) - F_1(\omega - \omega_0)]$$

$$= \dfrac{i}{2}\left[\dfrac{1}{\beta + i(\omega + \omega_0)} - \dfrac{1}{\beta + i(\omega - \omega_0)}\right] = \dfrac{\omega_0}{\omega_0^2 + (\beta + i\omega)^2}.$$

例 7.37 利用例 7.23 中的微分性质求下列函数的频谱.

(1) $f(t) = \delta'(t)$; \qquad (2) $f(t) = tu(t).$

解 (1) 由 $\mathcal{F}[\delta(t)] = 1$, 再结合像原函数的微分性质, 有

$$\mathcal{F}[\delta'(t)] = i\omega\mathcal{F}[\delta(t)] = i\omega.$$

(2) 由 $\mathcal{F}[u(t)] = \pi\delta(\omega) + \dfrac{1}{\mathrm{i}\omega}$, 再结合像函数的微分性质, 有

$$\mathcal{F}[tu(t)] = -\dfrac{1}{\mathrm{i}}F'(\omega) = \mathrm{i}\left[\pi\delta(\omega) + \dfrac{1}{\mathrm{i}\omega}\right]' = \mathrm{i}\pi\delta'(\omega) - \dfrac{1}{\omega^2}.$$

例 7.38　利用例 7.23 中的积分性质求单位阶跃函数 $u(t)$ 的频谱.

解　由 $F(\omega) = \mathcal{F}[\delta(t)] = 1$, 知 $F(0) = 1$, 且 $u(t) = \displaystyle\int_{-\infty}^{t}\delta(\tau)\mathrm{d}\tau$. 结合积分性质, 有

$$\mathcal{F}[u(t)] = \mathcal{F}\left[\int_{-\infty}^{t}\delta(\tau)\mathrm{d}\tau\right] = \dfrac{1}{\mathrm{i}\omega}F(\omega) + \pi F(0)\delta(\omega) = \dfrac{1}{\mathrm{i}\omega} + \pi\delta(\omega).$$

7.5.4　用傅里叶变换解微分、积分方程

利用傅里叶变换的线性性质、微分性质、积分性质、卷积性质可以求解一些简单的微分、积分方程. 具体步骤为: 首先对欲求解的方程两边同时取傅里叶变换, 这样就将原来关于像原函数的微分、积分方程转化为关于像函数的代数方程; 然后由这个代数方程解出像函数; 最后对像函数取傅里叶逆变换就得到原方程的解. 这一求解过程如图 7.21 所示.

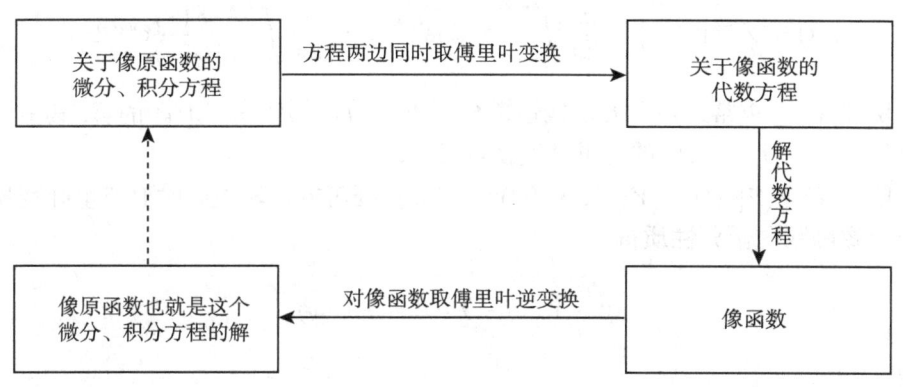

图 7.21

例 7.39　求解积分方程 $\varphi(t) = f(t) + \displaystyle\int_{-\infty}^{+\infty}g(\tau)\varphi(t-\tau)\mathrm{d}\tau$, 其中 $f(t), g(t)$ 为已知函数且 $f(t), g(t), \varphi(t)$ 的傅里叶变换都存在.

解　由卷积的定义知, 积分方程等号右端的第二项 $\displaystyle\int_{-\infty}^{+\infty}g(\tau)\varphi(t-\tau)\mathrm{d}\tau = g(t) * \varphi(t)$. 因此, 若令 $\mathcal{F}[\varphi(t)] = \Phi(\omega), \mathcal{F}[f(t)] = F(\omega), \mathcal{F}[g(t)] = G(\omega)$, 则对方程两边同时取傅里叶变换并应用卷积定理得

$$\Phi(\omega) = F(\omega) + G(\omega)\Phi(\omega).$$

解上面关于函数 $\Phi(\omega)$ 的代数方程有

$$\Phi(\omega) = \frac{F(\omega)}{1 - G(\omega)}.$$

最后, 求 $\Phi(\omega)$ 的傅里叶逆变换就得到积分方程的解

$$\varphi(t) = \mathcal{F}^{-1}[\Phi(\omega)] = \frac{1}{2\pi}\int_{-\infty}^{+\infty}\Phi(\omega)e^{i\omega t}d\omega = \frac{1}{2\pi}\int_{-\infty}^{+\infty}\frac{F(\omega)}{1 - G(\omega)}e^{i\omega t}d\omega.$$

例 7.40 求解积分方程 $\int_{-\infty}^{+\infty} g(\tau)\varphi(t-\tau)d\tau = f(t)$, 其中 $f(t), g(t)$ 为已知函数且 $f(t), g(t), \varphi(t)$ 的傅里叶变换都存在.

解 若令 $\mathcal{F}[\varphi(t)] = \Phi(\omega), \mathcal{F}[f(t)] = F(\omega), \mathcal{F}[g(t)] = G(\omega)$, 则对方程两边同时取傅里叶变换并且应用卷积定理得

$$G(\omega)\Phi(\omega) = F(\omega).$$

当 $G(\omega) \neq 0$ 时, 解得 $\Phi(\omega) = \dfrac{F(\omega)}{G(\omega)}$. 所以

$$\varphi(t) = \mathcal{F}^{-1}[\Phi(\omega)] = \frac{1}{2\pi}\int_{-\infty}^{+\infty}\Phi(\omega)e^{i\omega t}d\omega = \frac{1}{2\pi}\int_{-\infty}^{+\infty}\frac{F(\omega)}{G(\omega)}e^{i\omega t}d\omega.$$

例 7.41 求常系数非齐次线性微分方程 $y''(t) - y(t) = -f(t)$ 的解, 其中 $f(t)$ 为已知函数且 $f(t), y(t)$ 的傅里叶变换都存在.

解 若令 $\mathcal{F}[y(t)] = Y(\omega), \mathcal{F}[f(t)] = F(\omega)$, 则对方程两边同时取傅里叶变换并且应用像函数的微分性质得

$$(i\omega)^2 Y(\omega) - Y(\omega) = -F(\omega),$$

解得

$$Y(\omega) = \frac{1}{1 + \omega^2}F(\omega).$$

所以, 对 $Y(\omega)$ 取傅里叶逆变换并应用卷积定理有

$$\begin{aligned}
y(t) &= \mathcal{F}^{-1}[Y(\omega)] = \mathcal{F}^{-1}\left[\frac{1}{1+\omega^2}F(\omega)\right] \\
&= \mathcal{F}^{-1}\left[\frac{1}{1+\omega^2}\right] * \mathcal{F}^{-1}[F(\omega)] \\
&= \left(\frac{1}{2}e^{-|t|}\right) * f(t)
\end{aligned}$$

$$= \frac{1}{2}\int_{-\infty}^{+\infty} f(\tau)\mathrm{e}^{-|t-\tau|}\mathrm{d}\tau^{①}.$$

例 7.42 求微分积分方程

$$ax'(t)+bx(t)+c\int_{-\infty}^{t} x(\tau)\mathrm{d}\tau = f(t)$$

的解, 其中 $-\infty<t<+\infty$, $a,b,c\in\mathbf{R}$ 且 $\lim_{t\to+\infty}\int_{-\infty}^{t} x(\tau)\mathrm{d}\tau = 0$.

解 若令 $\mathcal{F}[x(t)]=X(\omega)$, $\mathcal{F}[f(t)]=F(\omega)$, 则对方程两边同时取傅里叶变换, 并且应用像函数的微分性质与 7.2.4 节中的积分性质式 (7.47), 得

$$a\mathrm{i}\omega X(\omega)+bX(\omega)+\frac{c}{\mathrm{i}\omega}X(\omega)=F(\omega),$$

解得

$$X(\omega)=\frac{F(\omega)}{b+\mathrm{i}\left(a\omega-\dfrac{c}{\omega}\right)}.$$

所以, 对 $X(\omega)$ 取傅里叶逆变换得

$$x(t)=\mathcal{F}^{-1}[X(\omega)]=\frac{1}{2\pi}\int_{-\infty}^{+\infty}X(\omega)\mathrm{e}^{\mathrm{i}\omega t}\mathrm{d}\omega=\frac{1}{2\pi}\int_{-\infty}^{+\infty}\frac{F(\omega)}{b+\mathrm{i}\left(a\omega-\dfrac{c}{\omega}\right)}\mathrm{e}^{\mathrm{i}\omega t}\mathrm{d}\omega.$$

上面几个例子都是按照图 7.21 所示解法进行的. 除此之外, 傅里叶变换还可以用于求解某些偏微分方程. 在本书中不涉及这部分内容, 对这部分内容有兴趣的读者可以参阅其他教材.

习 题 7

1. 求下列函数的傅里叶积分:

(1) $f(t)=\begin{cases} 0, & t<0, \\ \mathrm{e}^{-t}\sin 2t, & t\geqslant 0; \end{cases}$

(2) $f(t)=\begin{cases} \sin t, & |t|\leqslant \pi, \\ 0, & |t|>\pi; \end{cases}$

---

① 由附录 I 中的公式 (20) 知, $\dfrac{1}{1+\omega^2}$ 与 $\dfrac{1}{2}\mathrm{e}^{-|t|}$ 构成一个傅里叶变换对. 事实上, 在实际应用中经常通过查表得到一个函数的傅里叶变换. 本书将一些常见函数的傅里叶变换列于附录 I 中, 以备读者查用.

(3) $f(t) = \begin{cases} 1 - t^2, & |t| < 1, \\ 0, & |t| > 1. \end{cases}$

2. 求下列函数的傅里叶积分,并推证下列积分结果:

(1) $f(t) = e^{-\beta|t|} (\beta > 0)$, 证明

$$\int_0^{+\infty} \frac{\cos \omega t}{\omega^2 + \beta^2} d\omega = \frac{\pi}{2\beta} e^{-\beta|t|};$$

(2) $f(t) = e^{-|t|} \cos t$, 证明

$$\int_0^{+\infty} \frac{\omega^2 + 2}{\omega^4 + 4} \cos \omega t \, d\omega = \frac{\pi}{2} e^{-|t|} \cos t;$$

(3) $f(t) = \begin{cases} -e^t, & t < 0, \\ e^{-t}, & t \geqslant 0, \end{cases}$ 证明

$$\int_0^{+\infty} \frac{\omega \sin \omega t}{\omega^2 + 1} dt = \begin{cases} -\frac{\pi}{2} e^t, & t < 0, \\ 0, & t = 0, \\ \frac{\pi}{2} e^{-t}, & t > 0; \end{cases}$$

(4) $f(t) = \begin{cases} 0, & t < 0, \\ e^{-\beta t}, & t \geqslant 0 \end{cases} (\beta > 0)$, 证明

$$\int_0^{+\infty} \frac{\beta \cos \omega t + \omega \sin \omega t}{\beta^2 + \omega^2} d\omega = \begin{cases} 0, & t < 0, \\ \frac{\pi}{2}, & t = 0, \\ \pi e^{-\beta t}, & t > 0. \end{cases}$$

3. 求下列周期函数的离散频谱和它的傅里叶级数的复指数形式:

(1) 如图 7.22(a) 所示的三角形脉冲函数;

(2) $f(t) = |\sin t|$;

(3) 如图 7.22(b) 所示的锯齿函数.

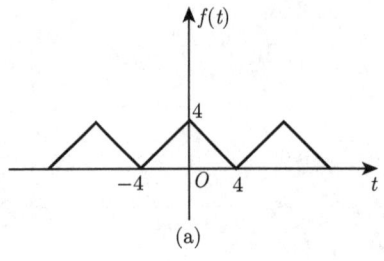
(a)

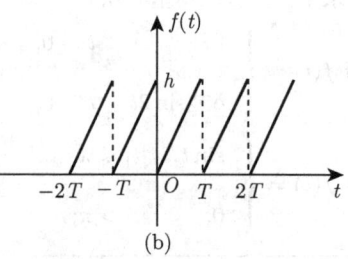
(b)

图 7.22

4. 若 $\mathcal{F}[f(t)] = F(\omega)$, 证明:

(1) $F(\omega)$ 与 $f(t)$ 有相同的奇偶性;

(2) $f(t)$ 为实函数的充要条件是 $F(-\omega) = \overline{F(\omega)}$;

(3) $f(t)$ 为纯虚值函数的充要条件是 $F(-\omega) = -\overline{F(\omega)}$.

5. 求下列函数的傅里叶变换:

(1) $f(t) = \begin{cases} E, & 0 \leqslant t \leqslant \tau, \\ 0, & \text{其他} \end{cases}$ $(E > 0, \tau > 0)$;

(2) $f(t) = \begin{cases} 1 - |t|, & |t| < 1, \\ 0, & |t| > 1; \end{cases}$

(3) $f(t) = \begin{cases} e^{-|t|}, & |t| < \dfrac{1}{2}, \\ 0, & |t| > \dfrac{1}{2}; \end{cases}$

(4) $f(t) = \dfrac{1}{\sqrt{2\pi}} e^{-\frac{t^2}{2}}$.

6. 求函数 $f(t) = e^{-\beta t} (\beta > 0)$ 的傅里叶正弦变换与傅里叶余弦变换.

7. 求下列函数的傅里叶逆变换:

(1) $F(\omega) = \dfrac{\sin \omega}{\omega}$;

(2) $F(\omega) = \dfrac{1}{\omega^2 + 4}$;

(3) $F(\omega) = \delta(\omega - 1) + \delta(\omega + 1)$.

8. 若 $\mathcal{F}[f(t)] = F(\omega)$, a 为非零常数, 证明:

(1) $\mathcal{F}[F(t)] = 2\pi f(-\omega)$;

(2) $F(-\omega) = \mathcal{F}[f(-t)]$;

(3) $\mathcal{F}[f(at - t_0)] = \dfrac{1}{|a|} F\left(\dfrac{\omega}{a}\right) e^{-i\frac{\omega}{a} t_0}$;

(4) $\mathcal{F}[f(t_0 - at)] = \dfrac{1}{|a|} F\left(-\dfrac{\omega}{a}\right) e^{-i\frac{\omega}{a} t_0}$;

(5) $\dfrac{dF(\omega)}{d\omega} = \mathcal{F}[-itf(t)]$;

(6) $\mathcal{F}^{-1}[F(\omega - \omega_0)] = e^{i\omega_0 t} f(t)$;

(7) $\mathcal{F}[f(t) \cos \omega_0 t] = \dfrac{1}{2}[F(\omega - \omega_0) + F(\omega + \omega_0)]$;

(8) $\mathcal{F}[f(t) \sin \omega_0 t] = \dfrac{1}{2i}[F(\omega - \omega_0) - F(\omega + \omega_0)]$.

9. 若 $\mathcal{F}[f(t)] = F(\omega)$, 应用傅里叶变换的性质求下列函数 $g(t)$ 的傅里叶变换:

(1) $g(t) = f(2t - 1)$;

(2) $g(t) = f(1 - 2t)$;

(3) $g(t) = tf(t)$;

(4) $g(t) = tf(-2t)$;

(5) $g(t) = tf'(t)$;

(6) $g(t) = (t - 1)f(t - 1)$.

10. 利用能量积分公式, 求下列积分的值:

(1) $\displaystyle\int_{-\infty}^{+\infty} \dfrac{1 - \cos t}{t^2} dt$;

(2) $\displaystyle\int_{-\infty}^{+\infty} \left(\dfrac{1 - \cos t}{t}\right)^2 dt$;

(3) $\displaystyle\int_{-\infty}^{+\infty} \dfrac{t^2}{(1 + t^2)^2} dt$;

(4) $\displaystyle\int_{-\infty}^{+\infty} \dfrac{\sin^4 t}{t^2} dt$.

11. 利用 δ 函数的性质计算下列积分:

(1) $\displaystyle\int_{-\infty}^{+\infty} \delta(t)(3\cos t + 2t) dt$;

(2) $\displaystyle\int_{-\infty}^{+\infty} \delta(t) f(t) e^t dt$;

(3) $\int_{-\infty}^{+\infty} \delta(-t)(2t+1)\mathrm{d}t$;

(4) $\int_{-\infty}^{+\infty} \delta(t-3)(2t^2+1)\mathrm{d}t$;

(5) $\int_{-\infty}^{+\infty} \delta''\left(t-\dfrac{\pi}{2}\right)\cos t\,\mathrm{d}t$;

(6) $\int_{-1}^{4} \delta(t)\mathrm{e}^{2t}\mathrm{d}t$.

12. 若 $f(t)$ 在 $(-\infty,+\infty)$ 上连续可微，证明：
$$f(t)\delta'(t-t_0) = f(t_0)\delta'(t-t_0) - f'(t_0)\delta(t-t_0) \quad (-\infty < t < +\infty).$$

13. 求下列函数的傅里叶变换，并画出振幅频谱图.

(1) $f(t) = t\delta(t-2)$;

(2) $f(t) = u(t)\sin t$;

(3) $f(t) = \sin\left(2t + \dfrac{\pi}{6}\right)$;

(4) $f(t) = \cos^2 t - \sin^2 t$.

14. 求习题 7 第 3 题中的周期函数的离散频谱（由脉冲信号表示）.

15. 求周期单位脉冲信号 $\delta_T(t) = \sum\limits_{n=-\infty}^{+\infty} \delta_T(t-nT)$（$T$ 为单位冲激函数的间隔）的傅里叶级数与傅里叶变换.

16. 利用傅里叶变换的性质求下列函数的傅里叶变换：

(1) $f(t) = \mathrm{e}^{-\mathrm{i}\omega_0 t}u(t)$;

(2) $f(t) = \mathrm{e}^{-\mathrm{i}\omega_0 t}u(t-t_0)$;

(3) $f(t) = \mathrm{e}^{\mathrm{i}\omega_0 t}tu(t)$;

(4) $f(t) = t\mathrm{e}^{-t^2}$;

(5) $f(t) = \mathrm{e}^{-2\mathrm{i}(t-1)}$;

(6) $f(t) = (t-1)\mathrm{sgn}(t-1)$.

17. 求函数 $f_1(t) = \begin{cases} 0, & t < 0, \\ \mathrm{e}^{-t}, & t \geqslant 0 \end{cases}$ 与函数 $f_2(t) = \begin{cases} \sin t, & 0 \leqslant t \leqslant \dfrac{\pi}{2}, \\ 0, & 其他 \end{cases}$ 的卷积.

18. 求函数 $f_1(t) = \begin{cases} 1-t, & 0 \leqslant t \leqslant 1, \\ 0, & 其他 \end{cases}$ 与函数 $f_2(t) = \begin{cases} 1, & 0 \leqslant t \leqslant 2, \\ 0, & 其他 \end{cases}$ 的卷积.

19. 已知两个函数 $f_1(t), f_2(t)$，且 $\mathcal{F}[f_1(t)] = F_1(\omega)$，$\mathcal{F}[f_2(t)] = F_2(\omega)$，证明
$$\mathcal{F}[f_1(t)f_2(t)] = \dfrac{1}{2\pi}F_1(\omega) * F_2(\omega).$$

20. 证明互相关函数和互能量谱密度的性质：
$$R_{21}(\tau) = R_{12}(-\tau), \quad S_{21}(\omega) = \overline{S_{12}(\omega)}.$$

21. 已知某信号的相关函数 $R(\tau) = \dfrac{1}{4}\mathrm{e}^{-2a|\tau|}$，求它的能量谱密度 $S(\omega)$.

22. 求函数 $f(t) = \mathrm{e}^{-\beta t}u(t)(\beta > 0)$ 的能量谱密度.

23. 求函数 $f_1(t) = \begin{cases} \dfrac{b}{a}t, & 0 \leqslant t \leqslant a, \\ 0, & 其他 \end{cases}$ 与函数 $f_2(t) = \begin{cases} 1, & 0 \leqslant t \leqslant a, \\ 0, & 其他 \end{cases}$ 的互相关函数 $R_{12}(\tau)$.

24. 求微分方程 $y'(t) + y(t) = \delta(t)(-\infty < t < +\infty)$ 的解.

25. 利用正弦傅里叶变换或余弦傅里叶变换，解下列积分方程：

(1) $\int_0^{+\infty} g(\omega)\cos\omega t\,d\omega = \dfrac{\sin t}{t}$;　　(2) $\int_0^{+\infty} g(\omega)\sin\omega t\,d\omega = \begin{cases} 1, & 0\leqslant t<1, \\ 2, & 1\leqslant t<2, \\ 0, & t\geqslant 2. \end{cases}$

26. 求解积分方程:
$$\int_{-\infty}^{+\infty} e^{-|t-\tau|} y(\tau)\,d\tau = \sqrt{2\pi}\,e^{-\frac{t^2}{2}}.$$

27. 求解微分积分方程:
$$y'(t) - 4\int_{-\infty}^{t} y(t)\,dt = e^{-|t|} \quad (-\infty < t < +\infty).$$

第 8 章　拉普拉斯变换

法国著名天文学家和数学家拉普拉斯 (Pierre Simon Laplace, 1749—1827) 在概率论的研究中首先引入了拉普拉斯变换. 他的经典著作《概率的分析理论》中已经包含了拉普拉斯变换的一些基本结果. 虽然拉普拉斯变换在 19 世纪已被发现, 但是此后的一段时间, 关于这一科目的进展甚微. 直到英国自学成才的数学物理学家和电气工程师奥利弗·亥维赛 (Oliver Heaviside, 1850—1925) 把算子运算引入电学问题并获得了许多对实际问题很有用的方法与结果, 才使得数学家尝试对算子理论进行严格化. 随后, 现代算子理论才建立起来. 拉普拉斯变换理论是算子理论最早的理论依据, 而算子理论的发展进一步促进了拉普拉斯变换理论的发展. 本章主要讨论拉普拉斯变换和拉普拉斯逆变换的定义、性质及其简单应用.

8.1　拉普拉斯变换的概念

8.1.1　拉普拉斯变换的定义

通过第 7 章的讨论, 我们知道: 一个函数除了要在任一有限区间上满足狄利克雷条件, 还要在 $(-\infty, +\infty)$ 上绝对可积, 这时, 古典意义下的傅里叶变换才存在. 然而, 绝对可积的条件太强, 以至于很多常见的初等函数都不满足这一条件. 另外, 在实际应用中, 许多以时间 t 为自变量的函数往往在 $t < 0$ 时或是无意义的, 或是无须考虑的. 而进行傅里叶变换的函数必须在 $(-\infty, +\infty)$ 上有定义. 这两个因素使得傅里叶变换的应用范围受到限制. 只有对要进行傅里叶变换的函数进行适当改造, 才能突破这些限制.

具体方法如下: 设 $\varphi(t)$ 是任意一个函数. 首先解决积分区间的问题. 用单位阶跃函数 $u(t)$[①] 乘以 $\varphi(t)$, 得到函数

$$u(t)\varphi(t) = \begin{cases} 0, & t < 0, \\ f(t), & t \geqslant 0. \end{cases}$$

这时的积分区间将由 $(-\infty, +\infty)$ 变为 $[0, +\infty)$(图 8.1(b)); 然后解决不绝对可积的问题. 给函数 $u(t)\varphi(t)$ 乘以一个当 $t \to +\infty$ 时衰减速度很快的函数 $e^{-\beta t} (\beta > 0)$, 得

---

① 为了与拉普拉斯变换定义 8.1 一致, 这里添加 $u(t)$ 函数在 $t=0$ 的定义, 即 $u(t) = \begin{cases} 0, & t < 0, \\ 1, & t \geqslant 0, \end{cases}$ 本章中 $u(t)$ 都是这样的函数. 事实上, $u(t)$ 是一个局部可积函数, 因此, 在 $t=0$ 处取任何值并不影响结果.

8.1 拉普拉斯变换的概念

到函数 $u(t)\varphi(t)\mathrm{e}^{-\beta t}$ (图 8.1(c)); 只要 β 选取合适, 由前两步得到的函数 $u(t)\varphi(t)\mathrm{e}^{-\beta t}$ 就有可能满足傅里叶积分定理的条件. 最后对函数 $u(t)\varphi(t)\mathrm{e}^{-\beta t}$ 取傅里叶变换得

$$\mathcal{F}[u(t)\varphi(t)\mathrm{e}^{-\beta t}] = \int_{-\infty}^{+\infty} u(t)\varphi(t)\mathrm{e}^{-\beta t}\mathrm{e}^{-\mathrm{i}\omega t}\mathrm{d}t = \int_{0}^{+\infty} f(t)\mathrm{e}^{-(\beta+\mathrm{i}\omega)t}\mathrm{d}t.$$

由于积分 $\int_{0}^{+\infty} f(t)\mathrm{e}^{-(\beta+\mathrm{i}\omega)t}\mathrm{d}t$ 是含参变量 $\beta+\mathrm{i}\omega$ 的积分, 所以该积分的结果是一个关于参变量 $\beta+\mathrm{i}\omega$ 的函数. 将其记为 $F(\beta+\mathrm{i}\omega)$, 即

$$F(\beta+\mathrm{i}\omega) = \int_{0}^{+\infty} f(t)\mathrm{e}^{-(\beta+\mathrm{i}\omega)t}\mathrm{d}t. \tag{8.1}$$

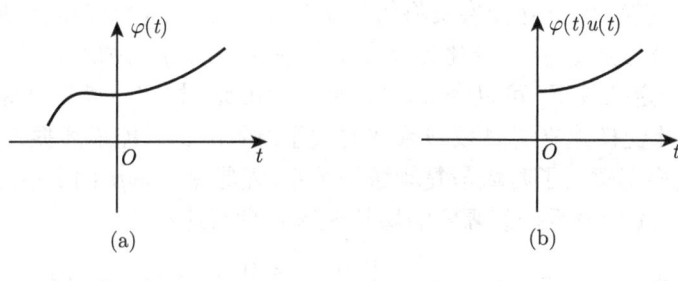

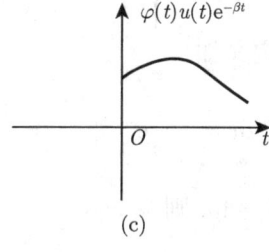

图 8.1

进一步, 若令 $s = \beta + \mathrm{i}\omega$, 则式 (8.1) 可以写为

$$F(s) = \int_{0}^{+\infty} f(t)\mathrm{e}^{-st}\mathrm{d}t.$$

这样就得到了一个新的积分变换, 定义如下.

定义 8.1 设函数 $f(t)$ 在 $t \geqslant 0$ 上有定义, 若含参量积分

$$\int_{0}^{+\infty} f(t)\mathrm{e}^{-st}\mathrm{d}t \quad (s \text{ 为复参量})$$

在 s 的某个域内收敛, 则由这个积分确定的函数可以表示为

$$F(s) = \int_{0}^{+\infty} f(t)\mathrm{e}^{-st}\mathrm{d}t. \tag{8.2}$$

称式 (8.2) 为函数 $f(t)$ 的拉普拉斯变换式, 并记

$$F(s) = \mathcal{L}[f(t)].$$

称 $F(s)$ 为 $f(t)$ 的拉普拉斯变换 (或像函数). 称 $f(t)$ 为 $F(s)$ 的拉普拉斯逆变换 (或像原函数), 记为

$$f(t) = \mathcal{L}^{-1}[F(s)]. \tag{8.3}$$

由定义 8.1 前面的推导过程可以看出, 函数 $f(t)$ 的拉普拉斯变换实质上就是函数 $u(t)\varphi(t)\mathrm{e}^{-\beta t}$ 的傅里叶变换. 由于傅里叶变换中的变量 ω 是角频率, 而拉普拉斯变换中的变量 $s = \beta + \mathrm{i}\omega$, 所以, 一般将 s 称为广义频率或复频率. 从物理意义上比较两种积分变换: 傅里叶变换是将信号函数 $f(t)$ 转化为频谱函数 $F(\omega)$, 而拉普拉斯变换是将信号函数 $f(t)$ 转化为复变函数 $F(s)$. $F(s)$ 的物理意义不如 $F(\omega)$ 那样明确, 但在一定条件下, 可以令 $s = \mathrm{i}\omega$ 即 $\beta = 0$, 这时 $F(s)$ 就归结为信号的频谱函数了. 傅里叶变换建立了时域与频域的关系, 频率 ω 只能描述振荡的重复频率, 而拉普拉斯变换则建立了时域与复频域的关系, 复频率 $s = \beta + \mathrm{i}\omega$ 不但可以描述振荡的重复频率, 还能表示振荡幅度的增长速率或衰减速率.

例 8.1 求单位阶跃函数 $u(t) = \begin{cases} 0, & t < 0, \\ 1, & t \geqslant 0 \end{cases}$ 的拉普拉斯变换.

解 由拉普拉斯变换的定义知

$$\mathcal{L}[u(t)] = \int_0^{+\infty} \mathrm{e}^{-st} \mathrm{d}t = -\frac{1}{s} \mathrm{e}^{-st} \Big|_0^{+\infty} = \frac{1}{s} - \frac{1}{s} \left(\lim_{t \to +\infty} \mathrm{e}^{-st} \right).$$

下面求 $\lim\limits_{t \to +\infty} \mathrm{e}^{-st}$. 若令 $s = x + \mathrm{i}y$, 则

$$\lim_{t \to +\infty} \mathrm{e}^{-st} = \lim_{t \to +\infty} \mathrm{e}^{-(x+\mathrm{i}y)t} = \lim_{t \to +\infty} \mathrm{e}^{-xt} \mathrm{e}^{-yt\mathrm{i}}$$

$$= \lim_{t \to +\infty} \mathrm{e}^{-xt}(\cos yt - \mathrm{i}\sin yt)$$

$$= \lim_{t \to +\infty} (\mathrm{e}^{-xt} \cos yt) - \mathrm{i} \lim_{t \to +\infty} (\mathrm{e}^{-xt} \sin yt).$$

要使 $\lim\limits_{t \to +\infty} \mathrm{e}^{-st}$ 存在, 只要 $\lim\limits_{t \to +\infty} (\mathrm{e}^{-xt} \cos yt)$ 与 $\lim\limits_{t \to +\infty} (\mathrm{e}^{-xt} \sin yt)$ 同时存在. 注意到这里的变量 $t > 0$. 因此, 这两个极限只有当 $\mathrm{Re}\, s = x > 0$ 时才存在并且都为零. 这时 $\lim\limits_{t \to +\infty} \mathrm{e}^{-st} = 0$. 所以, 单位阶跃函数 $u(t)$ 的拉普拉斯变换只在 $\mathrm{Re}\, s > 0$ 时存在并且等于 $\dfrac{1}{s}$, 即

$$\mathcal{L}[u(t)] = \frac{1}{s} \quad (\mathrm{Re}\, s > 0). \tag{8.4}$$

8.1 拉普拉斯变换的概念

例 8.2 求指数函数 $f(t) = e^{at}$ (a 为复常数) 的拉普拉斯变换.

解 由拉普拉斯变换的定义知

$$\mathcal{L}[e^{at}] = \int_0^{+\infty} e^{at} e^{-st} dt = \int_0^{+\infty} e^{-(s-a)t} dt.$$

利用例 8.1 的方法容易得到, 只有当 $\operatorname{Re} s > \operatorname{Re} a$ 时, 积分才收敛, 并且有

$$\int_0^{+\infty} e^{-(s-a)t} dt = \frac{1}{s-a},$$

即

$$\mathcal{L}[e^{at}] = \frac{1}{s-a} \quad (\operatorname{Re} s > \operatorname{Re} a). \tag{8.5}$$

若 a 为实数, 则

$$\mathcal{L}[e^{at}] = \frac{1}{s-a} \quad (\operatorname{Re} s > \operatorname{Re} a = a). \tag{8.6}$$

若 $a = i\omega$, 则

$$\mathcal{L}[e^{i\omega t}] = \frac{1}{s - i\omega} \quad (\operatorname{Re} s > \operatorname{Re}(i\omega) = 0). \tag{8.7}$$

例 8.3 求正弦函数 $f(t) = \sin \omega t$ (ω 为实数) 的拉普拉斯变换.

解法一 由拉普拉斯变换的定义知

$$\mathcal{L}[\sin \omega t] = \int_0^{+\infty} (\sin \omega t) e^{-st} dt = \frac{e^{-st}}{s^2 + \omega^2} (-s \sin \omega t - \omega \cos \omega t) \Big|_0^{+\infty}.$$

利用例 8.1 的方法容易得到, 只有当 $\operatorname{Re} s > 0$ 时, 积分才收敛, 并且有

$$\mathcal{L}[\sin \omega t] = \frac{\omega}{s^2 + \omega^2}.$$

解法二

$$\mathcal{L}[\sin \omega t] = \int_0^{+\infty} (\sin \omega t) e^{-st} dt = \int_0^{+\infty} \frac{e^{i\omega t} - e^{-i\omega t}}{2i} e^{-st} dt$$

$$= \frac{1}{2i} \int_0^{+\infty} e^{i\omega t} e^{-st} dt - \frac{1}{2i} \int_0^{+\infty} e^{-i\omega t} e^{-st} dt$$

$$= \frac{1}{2i} \mathcal{L}[e^{i\omega t}] - \frac{1}{2i} \mathcal{L}[e^{-i\omega t}].$$

由式 (8.7) 知

$$\mathcal{L}[\sin \omega t] = \frac{1}{2i} \frac{1}{s - i\omega} - \frac{1}{2i} \frac{1}{s + i\omega} = \frac{\omega}{s^2 + \omega^2} \quad (\operatorname{Re} s > 0). \tag{8.8}$$

类似地, 可以求出余弦函数 $f(t) = \cos \omega t$ (ω 为实数) 的拉普拉斯变换为

$$\mathcal{L}[\cos \omega t] = \frac{s}{s^2 + \omega^2} \quad (\operatorname{Re} s > 0). \tag{8.9}$$

例 8.4　求 $f(t) = t^n$ 的拉普拉斯变换 (n 为正整数).

解　由拉普拉斯变换的定义及分部积分公式得

$$\mathcal{L}[t^n] = \int_0^{+\infty} t^n e^{-st} dt = -\frac{1}{s} \int_0^{+\infty} t^n de^{-st}$$
$$= -\frac{1}{s} t^n e^{-st} \bigg|_0^{+\infty} + \frac{1}{s} \int_0^{+\infty} e^{-st} n t^{n-1} dt.$$

当 $\operatorname{Re} s > 0$ 时, 上式可以化为

$$\mathcal{L}[t^n] = \frac{n}{s} \mathcal{L}[t^{n-1}]. \tag{8.10}$$

应用式 (8.10) 的递推关系容易得到

$$\mathcal{L}[t^n] = \frac{n!}{s^{n+1}} \quad (\operatorname{Re} s > 0). \tag{8.11}$$

另外, 利用复变函数围线积分的方法可以得到下面更一般的结论:

$$\mathcal{L}[t^\alpha] = \frac{\Gamma(\alpha + 1)}{s^{\alpha+1}} \quad (\alpha > -1, \operatorname{Re} s > 0). \tag{8.12}$$

8.1.2　拉普拉斯变换的存在定理

在 8.1.1 节中, 应用拉普拉斯变换的定义计算了几个常见函数的拉普拉斯变换. 我们不禁要问是否所有的函数都有拉普拉斯变换? 如果不是, 那么什么样的函数存在拉普拉斯变换? 在 s 的什么样的域内存在拉普拉斯变换? 下面定理解答了这些疑问.

定理 8.1　如果数 $f(t)$ 满足下列条件:

(1) 在 $t \geq 0$ 的任一有限区间上分段连续 [①];

(2) 当 $t \to +\infty$ 时, $f(t)$ 的增长速度不超过某一指数函数, 即存在常数 $M > 0$ 及实数 c, 使得 $|f(t)| \leq M e^{ct} (0 \leq t < +\infty)$ 成立 [②], 则 $f(t)$ 的拉普拉斯变换

$$F(s) = \int_0^{+\infty} f(t) e^{-st} dt$$

在半平面 $\operatorname{Re} s > c$ 上一定存在 [③], 且在 $\operatorname{Re} s > c$ 的半平面内, $F(s)$ 为解析函数.

---

① 条件 (1) 的意思是, $f(t)$ 在 $t \geq 0$ 内的任意一个有限闭区间 $[0, a](0 < a < +\infty)$ 上满足: 在 $[0, a]$ 上只有有限个第一类间断点.

② 这时称 $f(t)$ 以指数级增长, 其中 c 称为函数 $f(t)$ 的增长指数. 显然, c 是不唯一的.

③ 事实上, 若 $f(t)$ 满足拉普拉斯存在定理的条件, 则 $f(t)$ 的拉普拉斯变换在半平面 $\operatorname{Re} s > c$ 上绝对收敛且内闭一致收敛. 因为高等数学中并没有涉及一致收敛的概念, 所以对工科学生不涉及一致收敛的结论. 另外, 由于 $f(t)$ 的增长指数是不唯一的, 所以其拉普拉斯变换的存在域有三种情况: a. ∅; b. 整个平面; c. 存在实数 σ_0, 当 $\operatorname{Re} s > \sigma_0$ 时, $F(s)$ 存在; 当 $\operatorname{Re} s < \sigma_0$ 时, $F(s)$ 不存在; 称 σ_0 为拉普拉斯变换的收敛横坐标.

证明 由条件 (2) 知

$$|f(t)| \leqslant Me^{ct} \quad (0 \leqslant t < +\infty),$$

因此,

$$\left|f(t)e^{-st}\right| = |f(t)|e^{-(\operatorname{Re}s)t} \leqslant Me^{ct}e^{-(\operatorname{Re}s)t} = Me^{(c-\operatorname{Re}s)t}.$$

而

$$\lim_{t \to +\infty} \frac{e^{(c-\operatorname{Re}s)t}}{c - \operatorname{Re}s} = 0 \quad (\operatorname{Re}s > c).$$

所以, 当 $\operatorname{Re}s > c$ 时, 有

$$\int_0^{+\infty} |f(t)e^{-st}|dt \leqslant \int_0^{+\infty} Me^{(c-\operatorname{Re}s)t}dt = M\frac{e^{(c-\operatorname{Re}s)t}}{c - \operatorname{Re}s}\bigg|_0^{+\infty}$$

$$= M\left(\lim_{t \to +\infty} \frac{e^{(c-\operatorname{Re}s)t}}{c - \operatorname{Re}s} - \frac{1}{c - \operatorname{Re}s}\right) = \frac{M}{\operatorname{Re}s - c},$$

即

$$\int_0^{+\infty} |f(t)e^{-st}|dt \leqslant \frac{M}{\operatorname{Re}s - c} \quad (\operatorname{Re}s > c).$$

上面的不等式说明: 当 $\operatorname{Re}s > c$ 时, 积分 $\int_0^{+\infty} f(t)e^{-st}dt$ 存在[①].定理前半部分得证. 由于后半部分关于 $F(s)$ 解析性的证明要用到一致收敛的概念, 所以, 在这里略去. 有兴趣的读者可以参阅其他教材.

利用定理 8.1 容易验证, 函数 $u(t)$, $\sin\omega t$, $\cos\omega t$, t^n (n 为正整数, ω 为实数) 的拉普拉斯变换都是存在的[②]. 另外, 需要说明的是, 这个定理的条件是充分的. 例如, 函数 $f(t) = t^{-\frac{1}{2}}$ 虽然不满足在 $t \geqslant 0$ 的任一有限区间上分段连续[③], 但是由式 (8.12) 知该函数的拉普拉斯变换是存在的. 最后, 由于拉普拉斯变换并不考虑 $f(t)$ 在 $t < 0$ 时的情况, 所以, 为了讨论方便, 以后应将拉普拉斯变换的像原函数理解为 $t < 0$ 时取零值. 例如, 当像原函数 $f(t) = \sin t$ 时, 应理解为 $f(t) = u(t)\sin t$.

[①] 若反常积分 $\int_a^{+\infty} |f(t)|dt$ 存在,则反常积分 $\int_a^{+\infty} f(t)dt$ 一定存在.

[②] $|u(t)| \leqslant 1 \cdot e^{0t}$, 此处 $M=1, c=0$; $|\cos\omega t| \leqslant 1 \cdot e^{0t}$, 此处 $M=1, c=0$; $|\sin\omega t| \leqslant 1 \cdot e^{0t}$, 此处 $M=1, c=0$; 由于 $\lim\limits_{t \to +\infty} \dfrac{t^n}{e^t} = 0$, 所以, 当 t 充分大时, $|t^n| \leqslant 1 \cdot e^t$, 此处 $M=1, c=1$.

[③] 由于 $\lim\limits_{t \to 0^+} t^{-\frac{1}{2}} = \infty$, 所以 $f(t) = t^{-\frac{1}{2}}$ 在 $t \geqslant 0$ 上不是分段连续的.

8.1.3 周期函数的拉普拉斯变换

若 $f(t)$ 是以 T 为周期的函数, 即 $f(t+T) = f(t)(t > 0, T > 0)$, 且在一个周期内分段连续, 则

$$\mathcal{L}[f(t)] = \int_0^{+\infty} f(t)\mathrm{e}^{-st}\mathrm{d}t = \sum_{k=0}^{+\infty} \int_{kT}^{kT+T} f(t)\mathrm{e}^{-st}\mathrm{d}t. \tag{8.13}$$

令 $t = \tau + kT$, 则

$$\int_{kT}^{kT+T} f(t)\mathrm{e}^{-st}\mathrm{d}t = \int_0^T f(\tau + kT)\mathrm{e}^{-s(\tau+kT)}\mathrm{d}\tau$$

$$= \mathrm{e}^{-skT} \int_0^T f(\tau + kT)\mathrm{e}^{-s\tau}\mathrm{d}\tau$$

$$= \mathrm{e}^{-skT} \int_0^T f(\tau)\mathrm{e}^{-s\tau}\mathrm{d}\tau,$$

即

$$\int_{kT}^{kT+T} f(t)\mathrm{e}^{-st}\mathrm{d}t = \mathrm{e}^{-skT} \int_0^T f(t)\mathrm{e}^{-st}\mathrm{d}t. \tag{8.14}$$

将式 (8.14) 代入式 (8.13) 得

$$\mathcal{L}[f(t)] = \sum_{k=0}^{+\infty} \left[\mathrm{e}^{-skT} \int_0^T f(t)\mathrm{e}^{-st}\mathrm{d}t \right] = \left(\int_0^T f(t)\mathrm{e}^{-st}\mathrm{d}t \right) \sum_{k=0}^{+\infty} \mathrm{e}^{-skT}. \tag{8.15}$$

要使式 (8.15) 表示的拉普拉斯变换存在, 只要级数 $\sum_{k=0}^{+\infty} \mathrm{e}^{-skT}$ 收敛; 要使该级数收敛, 只要公比 $|q| = |\mathrm{e}^{-sT}| = \mathrm{e}^{-(\mathrm{Re}\,s)T} < 1$, 解这个不等式得 $\mathrm{Re}\,s > 0$. 因此, 在 $\mathrm{Re}\,s > 0$ 时, 有

$$\mathcal{L}[f(t)] = \frac{1}{1 - \mathrm{e}^{-sT}} \int_0^T f(t)\mathrm{e}^{-st}\mathrm{d}t. \tag{8.16}$$

例 8.5 求函数

$$f(t) = \begin{cases} t, & 0 \leqslant t < b, \\ 2b - t, & b \leqslant t < 2b, \end{cases}$$

且 $f(t + 2b) = f(t)$ 的拉普拉斯变换.

解 由于函数 $f(t)$ 是周期为 $2b$ 的函数, 所以, 先计算积分 $\int_0^{2b} f(t)\mathrm{e}^{-st}\mathrm{d}t$.

$$\int_0^{2b} f(t)\mathrm{e}^{-st}\mathrm{d}t = \int_0^b t\mathrm{e}^{-st}\mathrm{d}t + \int_b^{2b} (2b - t)\mathrm{e}^{-st}\mathrm{d}t$$

$$= \int_0^b te^{-st}dt + 2b\int_b^{2b} e^{-st}dt - \int_b^{2b} te^{-st}dt$$

$$= -\frac{1}{s^2}(st+1)e^{-st}\Big|_0^b + 2b\left(-\frac{1}{s}e^{-st}\right)\Big|_b^{2b} + \frac{1}{s^2}(st+1)e^{-st}\Big|_b^{2b}$$

$$= \frac{1}{s^2}(1-e^{-bs})^2.$$

再根据式 (8.16) 得

$$\mathcal{L}[f(t)] = \frac{1}{1-e^{-2bs}}\frac{1}{s^2}(1-e^{-bs})^2 = \frac{1}{s^2}\frac{1-e^{-bs}}{1+e^{-bs}} = \frac{1}{s^2}\text{th}\frac{bs}{2} \quad (\text{Re}\,s > 0).$$

8.1.4 δ 函数的拉普拉斯变换

在 8.1.3 节中, 我们知道拉普拉斯变换存在定理的条件是充分的.也就是说一个并不满足拉普拉斯变换存在定理条件的函数, 其拉普拉斯变换是可能存在的. 下面讨论 δ 函数的拉普拉斯变换. 显然, δ 函数并不满足拉普拉斯变换存在定理的条件, 但 δ 函数的拉普拉斯变换仍被记为

$$\mathcal{L}[\delta(t)] = \int_0^{+\infty} \delta(t)e^{-st}dt. \tag{8.17}$$

这时的拉普拉斯变换其实已经不是前面讨论过的拉普拉斯变换. 它和第 7 章的广义傅里叶变换类似. 只能利用 δ 函数的性质求式 (8.17) 中的积分. 但是, 这个积分式子有两种理解方式, 一种是

$$\lim_{\substack{x\to 0 \\ x>0}} \int_x^{+\infty} \delta(t)e^{-st}dt;$$

另一种是

$$\lim_{\substack{x\to 0 \\ x<0}} \int_x^{+\infty} \delta(t)e^{-st}dt.$$

第一种理解是 x 一直取正值趋于 0; 第二种理解是 x 一直取负值趋于 0. 若记

$$\lim_{\substack{x\to 0 \\ x>0}} = 0^+, \quad \lim_{\substack{x\to 0 \\ x<0}} = 0^-,$$

则 δ 函数的拉普拉斯变换就有下面两种形式

$$\mathcal{L}_+[\delta(t)] = \int_{0^+}^{+\infty} \delta(t)e^{-st}dt;$$

$$\mathcal{L}_-[\delta(t)] = \int_{0^-}^{+\infty} \delta(t)e^{-st}dt.$$

并且这两种形式下的积分值是不同的. 第一种形式下, 由于 δ 函数产生的冲激没有包含在积分区域内, 所以

$$\mathcal{L}_+[\delta(t)] = \int_{0^+}^{+\infty} \delta(t) \mathrm{e}^{-st} \mathrm{d}t = 0;$$

第二种形式下, 由于 δ 函数产生的冲激包含在积分区域内, 所以

$$\mathcal{L}_-[\delta(t)] = \int_{0^-}^{+\infty} \delta(t) \mathrm{e}^{-st} \mathrm{d}t = \int_{-\infty}^{+\infty} \delta(t) \mathrm{e}^{-st} \mathrm{d}t = \mathrm{e}^{-st}\big|_{t=0} = 1^{①}.$$

在实际应用中, 一般比较多的采用第二种形式. 因此, 将第二种形式的积分作为 δ 函数的拉普拉斯变换表达式. 仍然记为 $\mathcal{L}[\delta(t)]$, 即

$$\mathcal{L}[\delta(t)] = \mathcal{L}_-[\delta(t)] = \int_{0^-}^{+\infty} \delta(t) \mathrm{e}^{-st} \mathrm{d}t.$$

进一步, 利用 δ 函数的导数性质还可以得到

$$\mathcal{L}[\delta^{(n)}(t)] = \mathcal{L}_-[\delta^{(n)}(t)] = \int_{0^-}^{+\infty} \delta^{(n)}(t) \mathrm{e}^{-st} \mathrm{d}t$$

$$= \int_{-\infty}^{+\infty} \delta^{(n)}(t) \mathrm{e}^{-st} \mathrm{d}t$$

$$= (-1)^n \left(\mathrm{e}^{-st}\right)^{(n)}\big|_{t=0} = s^n.$$

8.1.5 0^+ 系统与 0^- 系统的拉普拉斯变换

在电路分析中, 系统的起始点选择可以是不同的. 如果将换路后的初始时刻作为起始点, 则称这种系统为 0^+ 系统. 如果将换路前的终止时刻作为起始点, 则称这种系统为 0^- 系统. 对这两种系统来说, 它们的拉普拉斯变换式是不同的. 0^+ 系统的拉普拉斯变换式为

$$F(s) = \mathcal{L}_+[f(t)] = \int_{0^+}^{+\infty} f(t) \mathrm{e}^{-st} \mathrm{d}t = \lim_{\substack{x \to 0 \\ x > 0}} \int_x^{+\infty} f(t) \mathrm{e}^{-st} \mathrm{d}t;$$

0^- 系统的拉普拉斯变换为

$$F(s) = \mathcal{L}_-[f(t)] = \int_{0^-}^{+\infty} f(t) \mathrm{e}^{-st} \mathrm{d}t = \lim_{\substack{x \to 0 \\ x < 0}} \int_x^{+\infty} f(t) \mathrm{e}^{-st} \mathrm{d}t.$$

上面两种系统的拉普拉斯变换有下面关系

$$\mathcal{L}_-[f(t)] = \int_{0^-}^{0^+} f(t) \mathrm{e}^{-st} \mathrm{d}t + \int_{0^+}^{+\infty} f(t) \mathrm{e}^{-st} \mathrm{d}t = \int_{0^-}^{0^+} f(t) \mathrm{e}^{-st} \mathrm{d}t + \mathcal{L}_+[f(t)].$$

---

① 这里应用了 δ 函数的筛选性质.

8.1 拉普拉斯变换的概念

当满足拉普拉斯存在定理条件的 $f(t)$ 在 $t=0$ 附近有界时, 容易证明

$$\int_{0^-}^{0^+} f(t)e^{-st}dt = 0^{①}.$$

因此,

$$\mathcal{L}_-[f(t)] = \mathcal{L}_+[f(t)].$$

这时两种系统的拉普拉斯变换完全一样. 但当 $f(t)$ 在 $t=0$ 处包含了脉冲函数时, 由于 0^- 系统包含了脉冲函数产生的冲激, 而 0^+ 系统并不包含脉冲函数产生的冲激, 所以

$$\mathcal{L}_-[f(t)] \neq \mathcal{L}_+[f(t)]^{②}.$$

这时, 将 $f(t)$ 的拉普拉斯变换定义为

$$F(s) = \mathcal{L}[f(t)] = \mathcal{L}_-[f(t)] = \int_{0^-}^{+\infty} f(t)e^{-st}dt. \tag{8.18}$$

为了书写方便, 仍写为原来的形式③.

例 8.6 求函数 $f(t) = e^{-\beta t}\delta(t) - \beta e^{-\beta t}u(t)(\beta > 0)$ 的拉普拉斯变换.

解 由拉普拉斯变换的定义, 得

$$\begin{aligned}
\mathcal{L}[f(t)] &= \int_{0^-}^{+\infty} \left[e^{-\beta t}\delta(t) - \beta e^{-\beta t}u(t)\right]e^{-st}dt \\
&= \int_{0^-}^{+\infty} e^{-\beta t}\delta(t)e^{-st}dt - \int_{0^-}^{+\infty} \beta e^{-\beta t}u(t)e^{-st}dt \\
&= \int_{-\infty}^{+\infty} e^{-\beta t}\delta(t)e^{-st}dt - \beta\int_{0^+}^{+\infty} e^{-\beta t}e^{-st}dt^{④} \\
&= e^{-(\beta+s)t}\Big|_{t=0} + \beta\frac{e^{-(\beta+s)t}}{s+\beta}\Big|_{0^+}^{+\infty} \\
&= \frac{s}{s+\beta} \quad (\text{Re}\,s > -\beta).
\end{aligned}$$

---

① 由于 $f(t)$ 在 0 附近有界, 所以存在 $M > 0, \delta > 0$, 对于任意的 $t \in U(0,\delta)$, 有 $|f(t)| \leqslant M$. 这时

$$\left|\int_{0^-}^{0^+} f(t)e^{-st}dt\right| \leqslant \int_{0^-}^{0^+} |f(t)e^{-st}|\,dt \leqslant M\int_{0^-}^{0^+} e^{-(\text{Re}\,s)t}dt = 0.$$

② 例如, 对 δ 函数有 $\mathcal{L}_-[\delta(t)] = 1 \neq 0 = \mathcal{L}_+[\delta(t)]$.
③ 当需要进行拉普拉斯变换的函数 $f(t)$ 在 $t=0$ 处包含冲激函数时, 需要应用 0^- 系统的拉普拉斯变换. 事实上, 在实际问题的研究中 0^- 系统使问题更加简单. 如例 8.59 所示.
④ 容易验证 $\beta e^{-\beta t}u(t)$ 满足拉普拉斯存在定理的两个条件且在 $t=0$ 附近有界. 因此,

$$\int_{0^-}^{+\infty} \beta e^{-\beta t}u(t)e^{-st}dt = \int_{0^+}^{+\infty} \beta e^{-\beta t}u(t)e^{-st}dt.$$

8.2 拉普拉斯变换的性质

本节主要介绍拉普拉斯变换的几个基本性质. 为了方便起见, 假定本节的各个性质中需要进行拉普拉斯变换的函数都满足拉普拉斯变换存在定理的条件, 并且把这些函数的增长指数都统一地取为 c. 在证明时不再赘述.

线性性质 若 $\mathcal{L}[f_1(t)] = F_1(s), \mathcal{L}[f_2(t)] = F_2(s), \alpha, \beta$ 为常数, 则

$$\mathcal{L}[\alpha f_1(t) + \beta f_2(t)] = \alpha F_1(s) + \beta F_2(s); \tag{8.19}$$

$$\mathcal{L}^{-1}[\alpha F_1(s) + \beta F_2(s)] = \alpha f_1(t) + \beta f_2(t). \tag{8.20}$$

例 8.7 求函数 $f(t) = \cos 2t + 3e^{-t} - 4t^5 + 2\delta(t)$ 的拉普拉斯变换.

解 由线性性质及已知结论知

$$\begin{aligned}
&\mathcal{L}[\cos 2t + 3e^{-t} - 4t^5 + 2\delta(t)] \\
&= \mathcal{L}[\cos 2t] + 3\mathcal{L}[e^{-t}] - 4\mathcal{L}[t^5] + 2\mathcal{L}[\delta(t)] \\
&= \frac{s}{s^2+4} + \frac{3}{s+1} - \frac{480}{s^6} + 2.
\end{aligned}$$

例 8.8 求函数 $F(s) = \dfrac{1}{(s-1)(s-3)}$ 的拉普拉斯逆变换.

解 由于

$$F(s) = \frac{1}{2}\frac{1}{s-3} - \frac{1}{2}\frac{1}{s-1},$$

所以

$$\begin{aligned}
f(t) &= \mathcal{L}^{-1}\left[\frac{1}{2}\frac{1}{s-3} - \frac{1}{2}\frac{1}{s-1}\right] \\
&= \frac{1}{2}\mathcal{L}^{-1}\left[\frac{1}{s-3}\right] - \frac{1}{2}\mathcal{L}^{-1}\left[\frac{1}{s-1}\right] = \frac{1}{2}e^{3t} - \frac{1}{2}e^t.
\end{aligned}$$

相似性质 若 $\mathcal{L}[f(t)] = F(s)$, 则对 $a > 0$ 有

$$\mathcal{L}[f(at)] = \frac{1}{a}F\left(\frac{s}{a}\right) \quad (\operatorname{Re} s > ac). \tag{8.21}$$

证明 由拉普拉斯变换的定义知, 当 $a > 0$ 时, 若令 $u = at$, 则有

$$\begin{aligned}
\mathcal{L}[f(at)] &= \int_0^{+\infty} f(at)e^{-st}dt = \int_0^{+\infty} f(u)e^{-s\frac{u}{a}}\frac{1}{a}du \\
&= \frac{1}{a}\int_0^{+\infty} f(u)e^{-\frac{s}{a}u}du = \frac{1}{a}F\left(\frac{s}{a}\right).
\end{aligned}$$

8.2 拉普拉斯变换的性质

例 8.9 已知 $\mathcal{L}\left[\dfrac{\sin t}{t}\right] = \arctan\dfrac{1}{s}$, 求 $\mathcal{L}\left[\dfrac{\sin 2t}{t}\right]$.

解 由已知条件及相似性质有

$$\mathcal{L}\left[\dfrac{\sin 2t}{2t}\right] = \dfrac{1}{2}\arctan\dfrac{2}{s}.$$

因此,

$$\mathcal{L}\left[\dfrac{\sin 2t}{t}\right] = \arctan\dfrac{2}{s}.$$

位移性质 若 $\mathcal{L}[f(t)] = F(s)$, a 为任意复数, 则有

$$\mathcal{L}[e^{at}f(t)] = F(s-a) \quad (\operatorname{Re}(s-a) > c) \tag{8.22}$$

或

$$\mathcal{L}^{-1}[F(s-a)] = e^{at}f(t) \quad (\operatorname{Re}(s-a) > c). \tag{8.23}$$

证明 由拉普拉斯变换的定义知

$$\mathcal{L}[e^{at}f(t)] = \int_0^{+\infty} e^{at}f(t)e^{-st}\mathrm{d}t = \int_0^{+\infty} f(t)e^{-(s-a)t}\mathrm{d}t = F(s-a).$$

例 8.10 求 $\mathcal{L}[t^3 e^{2t}]$.

解 由 $\mathcal{L}[t^3] = \dfrac{3!}{s^4}$, 再根据位移性质得

$$\mathcal{L}[t^3 e^{2t}] = \dfrac{3!}{(s-2)^4}.$$

例 8.11 求 $\mathcal{L}[te^{\mathrm{i}t}]$.

解 由 $\mathcal{L}[t] = \dfrac{1}{s^2}$, 再根据位移性质得

$$\mathcal{L}[te^{\mathrm{i}t}] = \dfrac{1}{(s-\mathrm{i})^2}.$$

例 8.12 求 $\mathcal{L}[e^{-at}\sin\omega t]$.

解 由 $\mathcal{L}[\sin\omega t] = \dfrac{\omega}{s^2+\omega^2}$, 再根据位移性质得

$$\mathcal{L}[e^{-at}\sin\omega t] = \dfrac{\omega}{(s+a)^2+\omega^2}.$$

延迟性质 若 $\mathcal{L}[f(t)] = F(s)$, 又 $t<0$ 时 $f(t)=0$, 则对任一非负实数 τ 有

$$\mathcal{L}[f(t-\tau)] = e^{-s\tau}F(s) \tag{8.24}$$

或
$$\mathcal{L}^{-1}[\mathrm{e}^{-s\tau}F(s)] = f(t-\tau). \tag{8.25}$$

证明 由条件知, $t-\tau < 0$ 时, $f(t-\tau) = 0$, 因此, $\int_0^\tau f(t-\tau)\mathrm{e}^{-st}\mathrm{d}t = 0$. 由拉普拉斯变换的定义得

$$\begin{aligned}
\mathcal{L}[f(t-\tau)] &= \int_0^{+\infty} f(t-\tau)\mathrm{e}^{-st}\mathrm{d}t \\
&= \int_0^\tau f(t-\tau)\mathrm{e}^{-st}\mathrm{d}t + \int_\tau^{+\infty} f(t-\tau)\mathrm{e}^{-st}\mathrm{d}t \\
&= \int_\tau^{+\infty} f(t-\tau)\mathrm{e}^{-st}\mathrm{d}t.
\end{aligned}$$

若令 $u = t-\tau$, 则

$$\mathcal{L}[f(t-\tau)] = \int_0^{+\infty} f(u)\mathrm{e}^{-s(u+\tau)}\mathrm{d}u = \mathrm{e}^{-s\tau}\int_0^{+\infty} f(u)\mathrm{e}^{-su}\mathrm{d}u = \mathrm{e}^{-s\tau}F(s).$$

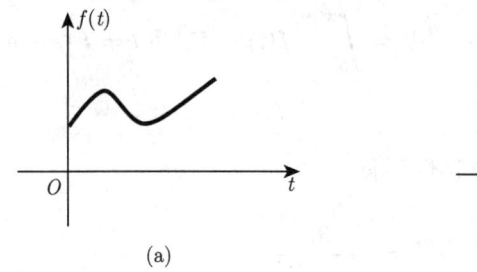

(a)

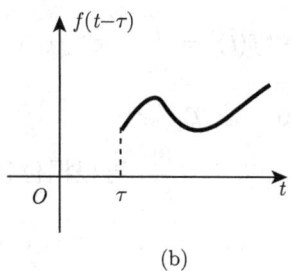

(b)

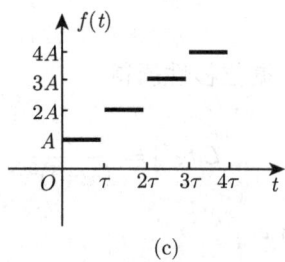

(c)

图 8.2

如图 8.2(a) 和 (b) 所示, 函数 $f(t-\tau)$ 可以看成是 $f(t)$ 向右平移 τ 个单位得到的. 延迟性质表明: 当信号延迟 τ 个单位后, 其拉普拉斯变换的像函数等于原信号的像函数乘以 $\mathrm{e}^{-s\tau}$. 因此, 该性质也可以叙述为: 对任意的正数 τ, 有

$$\mathcal{L}[f(t-\tau)u(t-\tau)] = \mathrm{e}^{-s\tau}F(s). \tag{8.26}$$

8.2 拉普拉斯变换的性质

例 8.13 求函数 $f(t) = \begin{cases} \sin(t-5), & t \geqslant 5, \\ 0, & t < 5 \end{cases}$ 的拉普拉斯变换.

解 由 $\mathcal{L}[\sin t] = \dfrac{1}{s^2+1}$, 并根据延迟性质得

$$\mathcal{L}[f(t)] = \mathcal{L}[\sin(t-5)u(t-5)] = e^{-5s}\dfrac{1}{s^2+1}.$$

例 8.14 求函数 $u(t-\tau) = \begin{cases} 0, & t < \tau, \\ 1, & t \geqslant \tau \end{cases}$ 的拉普拉斯变换.

解 由 $\mathcal{L}[u(t)] = \dfrac{1}{s}$, 并根据延迟性质得

$$\mathcal{L}[u(t-\tau)] = \dfrac{1}{s}e^{-s\tau}.$$

例 8.15 求如图 8.2(c) 所示的阶梯函数 $f(t)$ 的拉普拉斯变换.

解 利用单位阶跃函数, 可以将阶梯函数 $f(t)$ 表示为

$$f(t) = A[u(t) + u(t-\tau) + u(t-2\tau) + \cdots] = A\sum_{k=0}^{+\infty} u(t-k\tau).$$

若对上式两边同时取拉普拉斯变换, 则有

$$\mathcal{L}[f(t)] = \mathcal{L}\left[A\sum_{k=0}^{+\infty} u(t-k\tau)\right] = A\mathcal{L}\left[\sum_{k=0}^{+\infty} u(t-k\tau)\right] = A\sum_{k=0}^{+\infty} \mathcal{L}[u(t-k\tau)]^{①}.$$

因为 $\mathcal{L}[u(t-k\tau)] = \dfrac{1}{s}e^{-k\tau s}$, 所以

$$\begin{aligned}\mathcal{L}[f(t)] &= A\sum_{k=0}^{+\infty} \mathcal{L}[u(t-k\tau)] \\ &= A\left(\dfrac{1}{s} + \dfrac{1}{s}e^{-s\tau} + \dfrac{1}{s}e^{-2s\tau} + \dfrac{1}{s}e^{-3s\tau} + \cdots\right) \\ &= \dfrac{A}{s}(1 + e^{-s\tau} + e^{-2s\tau} + e^{-3s\tau} + \cdots).\end{aligned}$$

当 $\operatorname{Re} s > 0$ 时, $|e^{-s\tau}| < 1$. 这时上式右端括号内的级数收敛于 $\dfrac{1}{1-e^{-s\tau}}$. 因此

$$\mathcal{L}[f(t)] = \dfrac{A}{s}\dfrac{1}{1-e^{-s\tau}} \quad (\operatorname{Re} s > 0).$$

---

① 这里交换了求和与拉普拉斯变换的次序. 原因是级数 $\sum\limits_{k=0}^{+\infty}[u(t-k\tau)e^{-st}]$ 一致收敛.

更一般地, 若 $\mathcal{L}[f(t)] = F(s)$, 则对任意的 $\tau > 0$, 有

$$\mathcal{L}\left[\sum_{k=0}^{+\infty} f(t-k\tau)\right] = \sum_{k=0}^{+\infty} \mathcal{L}[f(t-k\tau)] = F(s)\frac{1}{1-e^{-s\tau}} \quad (\operatorname{Re} s > c).$$

例 8.16 求如图 8.3 (a) 所示的单个半正弦波

$$f(t) = \begin{cases} E\sin\dfrac{2\pi}{T}t, & 0 \leqslant t < \dfrac{T}{2}, \\ 0, & t \geqslant \dfrac{T}{2} \end{cases}$$

的拉普拉斯变换.

解 若令

$$f_1(t) = u(t)\cdot\left(E\sin\frac{2\pi}{T}t\right), \quad f_2(t) = u\left(t-\frac{T}{2}\right)\cdot E\sin\left(\frac{2\pi}{T}\left(t-\frac{T}{2}\right)\right),$$

则由图 8.3(b) 容易看出, $f(t) = f_1(t) + f_2(t)$. 因此,

$$\begin{aligned}
\mathcal{L}[f(t)] &= \mathcal{L}[f_1(t) + f_2(t)] \\
&= E\mathcal{L}\left[u(t)\cdot\left(\sin\frac{2\pi}{T}t\right)\right] + E\mathcal{L}\left[u\left(t-\frac{T}{2}\right)\cdot\sin\left(\frac{2\pi}{T}\left(t-\frac{T}{2}\right)\right)\right] \\
&= \frac{E\dfrac{2\pi}{T}}{s^2 + \left(\dfrac{2\pi}{T}\right)^2}\left(1 + e^{-\frac{T}{2}s}\right) \quad \left(\frac{2\pi}{T} = \omega\right).
\end{aligned}$$

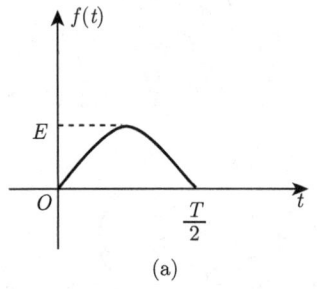
(a)

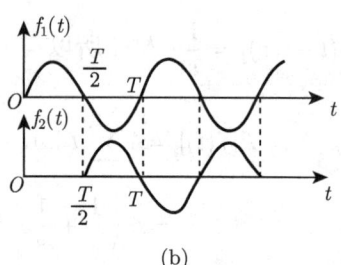
(b)

图 8.3

微分性质 若 $\mathcal{L}[f(t)] = F(s)$, 且 $f^{(n)}(t)$ 连续, 则有

$$\mathcal{L}[f'(t)] = sF(s) - f(0) \quad (\operatorname{Re} s > c). \tag{8.27}$$

证明 由拉普拉斯变换的定义与分部积分法得

$$\mathcal{L}[f'(t)] = \int_0^{+\infty} f'(t)e^{-st}\mathrm{d}t = f(t)e^{-st}\Big|_0^{+\infty} + s\int_0^{+\infty} f(t)e^{-st}\mathrm{d}t$$

8.2 拉普拉斯变换的性质

$$= \lim_{t \to +\infty} f(t)\mathrm{e}^{-st} - f(0) + sF(s)^{①} = sF(s) - f(0).$$

更一般地, 对于任意的正整数 n, 有

$$\mathcal{L}[f^{(n)}(t)] = s^n F(s) - s^{n-1}f(0) - s^{n-2}f'(0) - \cdots - f^{(n-1)}(0) \quad (\mathrm{Re}\, s > c). \tag{8.28}$$

推论 若 $f(0) = f'(0) = \cdots = f^{(n-1)}(0) = 0$, 则

$$\mathcal{L}[f^{(n)}(t)] = s^n F(s). \tag{8.29}$$

事实上, 由式 (8.27) 成立的条件知 $f(t)$ 在 $t = 0$ 连续, 因此, 有 $f(0) = f(0^-) = f(0^+)$. 这时并不需要区分 $f(0)$, $f(0^-)$ 及 $f(0^+)$. 但是, 当导函数 $f'(t)$ 在 $t = 0$ 处包含 δ 函数时, 就需要将积分下限变为 0^-, 相应的微分性质就变为

$$\mathcal{L}[f'(t)] = \mathcal{L}_-[f'(t)] = sF(s) - f(0^-). \tag{8.30}$$

更一般地, 对于任意的正整数 n 有

$$\mathcal{L}[f^{(n)}(t)] = s^n F(s) - s^{n-1}f(0^-) - s^{n-2}f'(0^-) - \cdots - f^{(n-1)}(0^-)^{②}. \tag{8.31}$$

例 8.17 利用微分性质, 求函数 $f(t) = \cos \omega t (\omega$ 为实数$)$ 的拉普拉斯变换.

解 由于

$$f(0) = 1, \quad f'(0) = -\omega \sin \omega t|_{t=0} = 0, \quad f''(t) = -\omega^2 \cos \omega t,$$

所以根据式 (8.28) 得

$$\mathcal{L}[-\omega^2 \cos \omega t] = \mathcal{L}[f''(t)] = s^2 \mathcal{L}[f(t)] - sf(0) - f'(0) = s^2 \mathcal{L}[\cos \omega t] - s.$$

整理得

$$\mathcal{L}[\cos \omega t] = \frac{s}{s^2 + \omega^2} \quad (\mathrm{Re}\, s > 0).$$

---

① 由定理 8.1 的证明过程知, $|f(t)\mathrm{e}^{-st}| \leqslant M\mathrm{e}^{(c-\mathrm{Re}\, s)t}$. 因此, 当 $\mathrm{Re}\, s > c$ 时, $\lim\limits_{t \to +\infty}|f(t)\mathrm{e}^{-st}| \leqslant \lim\limits_{t \to +\infty} M\mathrm{e}^{(c-\mathrm{Re}\, s)t} = 0$. 所以 $\lim\limits_{t \to +\infty} f(t)\mathrm{e}^{-st} = 0$.

② 式 (8.31) 称为 0^- 系统的微分性质. 在 0^+ 系统中也有类似的微分性质如下: 对于任何的正整数 n, 有

$$\mathcal{L}[f^{(n)}(t)] = s^n F(s) - s^{n-1}f(0^+) - s^{n-2}f'(0^+) - \cdots - f^{(n-1)}(0^+).$$

例 8.18 利用微分性质, 求函数 $f(t) = t^n$ 的拉普拉斯变换 (n 为正整数).

解 由于 $f(0) = f'(0) = \cdots = f^{(n-1)}(0) = 0$, 而

$$f^{(n)}(t) = n!, \quad \mathcal{L}[1] = \frac{1}{s} \quad (\operatorname{Re} s > 0),$$

所以根据式 (8.29) 得

$$\mathcal{L}[n!] = \mathcal{L}[f^{(n)}(t)] = s^n \mathcal{L}[f(t)] = s^n \mathcal{L}[t^n],$$

即

$$\mathcal{L}[t^n] = \frac{\mathcal{L}[n!]}{s^n} = n! \frac{\mathcal{L}[1]}{s^n} = \frac{n!}{s^{n+1}}.$$

例 8.19 利用微分性质, 求单位脉冲函数 $\delta(t)$ 的拉普拉斯变换.

解 由单位脉冲函数的性质知 $u'(t) = \delta(t)$, 而

$$\mathcal{L}_-[u(t)] = \mathcal{L}_+[u(t)] = \frac{1}{s}^{①}, \quad u(0^-) = 0.$$

因此, 根据微分性质的式 (8.30) 得

$$\mathcal{L}[\delta(t)] = \mathcal{L}_-[\delta(t)] = \mathcal{L}_-[u'(t)] = s\mathcal{L}_-[u(t)] - u(0^-) = s \cdot \frac{1}{s} = 1.$$

例 8.20 若函数 $f(t) = e^{-\beta t} u(t) (\beta > 0)$, 求 $f'(t)$ 的拉普拉斯变换.

解法一 由单位脉冲函数的性质知 $u'(t) = \delta(t)$, 因此

$$f'(t) = [e^{-\beta t} u(t)]' = -\beta e^{-\beta t} u(t) + u'(t) e^{-\beta t} = \delta(t) e^{-\beta t} - \beta e^{-\beta t} u(t).$$

由例 8.6 的结果知

$$\mathcal{L}[f'(t)] = \mathcal{L}_-[f'(t)] = \frac{s}{s+\beta} \quad (\operatorname{Re} s > -\beta).$$

解法二 由 0^- 系统的微分性质有

$$\mathcal{L}[f'(t)] = sF(s) - f(0^-) = s\mathcal{L}_-[f(t)] - f(0^-).$$

而函数 $e^{-\beta t} u(t)$ 满足拉普拉斯变换存在定理的条件且在 $t = 0$ 附近有界. 因此,

$$\mathcal{L}_-[f(t)] = \mathcal{L}_-[e^{-\beta t} u(t)] = \mathcal{L}_+[e^{-\beta t}] = \frac{1}{s+\beta} \quad (\operatorname{Re} s > -\beta).$$

另一方面,

$$f(0^-) = \lim_{t \to 0^-} f(t) = 0.$$

---

① 容易验证 $u(t)$ 满足定理 8.1 的条件并且在 $t = 0$ 附近有界. 这时, $\mathcal{L}_-[u(t)] = \mathcal{L}_+[u(t)] = \frac{1}{s}$.

8.2 拉普拉斯变换的性质

所以

$$\mathcal{L}_-[f'(t)] = s\frac{1}{s+\beta} - 0 = \frac{s}{s+\beta} \quad (\operatorname{Re} s > -\beta).$$

此外, 由拉普拉斯变换存在定理, 还可得到如下的像函数微分性质: 若 $\mathcal{L}[f(t)] = F(s)$, 则

$$F'(s) = -\mathcal{L}[tf(t)] \quad (\operatorname{Re} s > c). \tag{8.32}$$

更一般地, 对于任意的正整数 n, 有

$$F^{(n)}(s) = (-1)^n \mathcal{L}[t^n f(t)] \quad (\operatorname{Re} s > c). \tag{8.33}$$

例 8.21 求函数 $f(t) = t^2 e^{-\beta t}$ 的拉普拉斯变换.

解 由于

$$F(s) = \mathcal{L}[e^{-\beta t}] = \frac{1}{s+\beta},$$

所以根据像函数微分性质的式 (8.33) 得

$$\mathcal{L}[t^2 e^{-\beta t}] = \mathcal{L}[t^2 f(t)] = F''(s) = \left(\frac{1}{s+\beta}\right)'' = \frac{2}{(s+\beta)^3}.$$

例 8.22 求函数 $F(s) = \dfrac{1-s^2}{(s^2+1)^2}$ 的拉普拉斯逆变换.

解 由于

$$F(s) = \left(\frac{s}{s^2+1}\right)', \quad \mathcal{L}[\cos t] = \frac{s}{s^2+1},$$

所以根据像函数微分性质的式 (8.32) 得

$$\mathcal{L}^{-1}\left[\left(\frac{s}{s^2+1}\right)'\right] = -tf(t) = -t\cos t.$$

积分性质 若 $\mathcal{L}[f(t)] = F(s)$, 则有

$$\mathcal{L}\left[\int_0^t f(\tau)\mathrm{d}\tau\right] = \frac{1}{s}F(s). \tag{8.34}$$

更一般地, 有

$$\mathcal{L}\left[\underbrace{\int_0^t \mathrm{d}\tau \int_0^t \mathrm{d}\tau \cdots \int_0^t}_{n次积分} f(\tau)\mathrm{d}\tau\right] = \frac{1}{s^n}F(s). \tag{8.35}$$

证明 若令 $\varphi(t) = \int_0^t f(\tau)\mathrm{d}\tau$, 则 $\varphi'(t) = f(t)$, 且 $\varphi(0) = 0$, 由式 (8.27) 有

$$F(s) = \mathcal{L}[f(t)] = \mathcal{L}[\varphi'(t)] = s\mathcal{L}[\varphi(t)] - \varphi(0) = s\mathcal{L}[\varphi(t)] = s\mathcal{L}\left[\int_0^t f(\tau)\mathrm{d}\tau\right],$$

即

$$\mathcal{L}\left[\int_0^t f(\tau)\mathrm{d}\tau\right] = \frac{1}{s}F(s).$$

重复应用上面方法可以得到式 (8.35). 另外, 由拉普拉斯变换存在定理, 还可以得到如下的像函数积分性质: 若 $\mathcal{L}[f(t)] = F(s)$, 则

$$\int_s^\infty F(s)\mathrm{d}s = \mathcal{L}\left[\frac{f(t)}{t}\right] = \int_0^{+\infty} \frac{f(t)}{t}\mathrm{e}^{-st}\mathrm{d}t. \tag{8.36}$$

更一般地, 对于任意的正整数 n, 有

$$\overbrace{\int_s^\infty \mathrm{d}s \int_s^\infty \mathrm{d}s \cdots \int_s^\infty F(s)\mathrm{d}s}^{n\text{次积分}} = \mathcal{L}\left[\frac{f(t)}{t^n}\right]. \tag{8.37}$$

进一步, 如果积分

$$\int_0^{+\infty} \frac{f(t)}{t}\mathrm{d}t$$

存在, 在式 (8.36) 中令 $s = 0$, 则

$$\int_0^{+\infty} \frac{f(t)}{t}\mathrm{d}t = \int_0^\infty F(s)\mathrm{d}s. \tag{8.38}$$

注意 式 (8.38) 中的积分路径应在 $\mathrm{Re}\, s > c$ 内. 式 (8.38) 常用来计算某些积分.

例 8.23 求积分 $\int_0^{+\infty} \frac{\sin t}{t}\mathrm{d}t$.

解 由于

$$F(s) = \mathcal{L}[\sin t] = \frac{1}{s^2 + 1} \quad (\mathrm{Re}\, s > 0),$$

所以根据式 (8.38) 得

$$\int_0^{+\infty} \frac{\sin t}{t}\mathrm{d}t = \int_0^\infty \frac{1}{s^2 + 1}\mathrm{d}s = \lim_{s \to \infty} \arctan s = \lim_{\mathrm{Re}\, s \to +\infty} \arctan s = \frac{\pi}{2}.$$

初值定理 若 $\mathcal{L}[f(t)] = F(s)$, 且 $\lim_{s \to \infty} sF(s)$ 存在, 则

$$f(0^+) = \lim_{t \to 0^+} f(t) = \lim_{s \to \infty} sF(s). \tag{8.39}$$

8.2 拉普拉斯变换的性质

证明 因为 $\lim\limits_{s\to\infty} sF(s)$ 存在, 所以 $\lim\limits_{\mathrm{Re}\,s\to+\infty} sF(s)$ 存在且有

$$\lim_{s\to\infty} sF(s) = \lim_{\mathrm{Re}\,s\to+\infty} sF(s). \tag{8.40}$$

情形一 0^- 系统中.

由 0^- 系统的拉普拉斯变换的微分性质知

$$\mathcal{L}_-[f'(t)] = sF(s) - f(0^-),$$

即

$$\begin{aligned}
sF(s) - f(0^-) &= \mathcal{L}_-[f'(t)] = \int_{0^-}^{+\infty} f'(t)\mathrm{e}^{-st}\mathrm{d}t \\
&= \int_{0^-}^{0^+} f'(t)\mathrm{e}^{-st}\mathrm{d}t + \int_{0^+}^{+\infty} f'(t)\mathrm{e}^{-st}\mathrm{d}t \\
&= \int_{0^-}^{0^+} \mathrm{e}^{-st}\mathrm{d}f(t) + \int_{0^+}^{+\infty} f'(t)\mathrm{e}^{-st}\mathrm{d}t \\
&= \mathrm{e}^{-st}f(t)\Big|_{0^-}^{0^+} + s\int_{0^-}^{0^+} f(t)\mathrm{e}^{-st}\mathrm{d}t + \int_{0^+}^{+\infty} f'(t)\mathrm{e}^{-st}\mathrm{d}t\,① \\
&= f(0^+) - f(0^-) + \int_{0^+}^{+\infty} f'(t)\mathrm{e}^{-st}\mathrm{d}t.
\end{aligned}$$

因此,

$$sF(s) = f(0^+) + \int_{0^+}^{+\infty} f'(t)\mathrm{e}^{-st}\mathrm{d}t. \tag{8.41}$$

对式 (8.41) 两端同时取 $\mathrm{Re}\,s \to +\infty$ 时的极限得

$$\lim_{\mathrm{Re}\,s\to+\infty} sF(s) = \lim_{\mathrm{Re}\,s\to+\infty}\left[f(0^+) + \int_{0^+}^{+\infty} f'(t)\mathrm{e}^{-st}\mathrm{d}t\right]. \tag{8.42}$$

将式 (8.42) 代入式 (8.40) 得

$$\begin{aligned}
\lim_{s\to\infty} sF(s) &= \lim_{\mathrm{Re}\,s\to+\infty}\left[f(0^+) + \int_{0^+}^{+\infty} f'(t)\mathrm{e}^{-st}\mathrm{d}t\right] \\
&= f(0^+) + \lim_{\mathrm{Re}\,s\to+\infty} \int_{0^+}^{+\infty} f'(t)\mathrm{e}^{-st}\mathrm{d}t
\end{aligned}$$

---

① 由定理 8.1 的证明过程知, $|f(t)\mathrm{e}^{-st}| \leqslant M\mathrm{e}^{(c-\mathrm{Re}\,s)t}$. 因此,

$$\left|\int_{0^-}^{0^+} f(t)\mathrm{e}^{-st}\mathrm{d}t\right| \leqslant \int_{0^-}^{0^+} |f(t)\mathrm{e}^{-st}|\mathrm{d}t \leqslant \int_{0^-}^{0^+} M\mathrm{e}^{(c-\mathrm{Re}\,s)t}\mathrm{d}t = 0.$$

$$= f(0^+) + \int_{0^+}^{+\infty} f'(t) \left(\lim_{\mathrm{Re}\, s \to +\infty} \mathrm{e}^{-st} \right) \mathrm{d}t^{\text{①}}$$
$$= f(0^+) + 0,$$

即
$$\lim_{s \to \infty} sF(s) = f(0^+).$$

情形二　0^+ 系统中.

由 0^+ 系统的拉普拉斯变换的微分性质有
$$\mathcal{L}_+[f'(t)] = sF(s) - f(0^+),$$

即
$$sF(s) = f(0^+) + \mathcal{L}_+[f'(t)] = f(0^+) + \int_{0^+}^{+\infty} f'(t)\mathrm{e}^{-st}\mathrm{d}t. \tag{8.43}$$

对式 (8.43) 两端同时取 $\mathrm{Re}\, s \to +\infty$ 时的极限得
$$\lim_{\mathrm{Re}\, s \to +\infty} sF(s) = \lim_{\mathrm{Re}\, s \to +\infty} f(0^+) + \lim_{\mathrm{Re}\, s \to +\infty} \int_{0^+}^{+\infty} f'(t)\mathrm{e}^{-st}\mathrm{d}t = f(0^+). \tag{8.44}$$

将式 (8.44) 代入式 (8.40) 得
$$\lim_{s \to \infty} sF(s) = f(0^+).$$

初值定理告诉我们: 只要知道函数 $f(t)$ 的拉普拉斯变换的像函数 $F(s)$, 通过求极限 $\lim\limits_{s \to \infty} sF(s)$ 就可以得到函数 $f(t)$ 的初值 $f(0^+)$. 从上面讨论可以看出, 初值定理在 0^+ 系统与 0^- 系统中的结论是一致的. 在应用初值定理时, 需要注意的是定理的条件——$\lim\limits_{s \to \infty} sF(s)$ 存在. 当 $F(s)$ 为真分式时 (分母最高次数大于分子最高次数的分式), $\lim\limits_{s \to \infty} sF(s)$ 一定存在, 这时可以直接应用初值定理. 当 $F(s)$ 不是真分式时, 应先将 $F(s)$ 化为一个多项式与一个真分式的和, 然后对真分式应用初值定理. 因为多项式对应的像原函数为 δ 函数及其导数, 这些函数在 0^+ 时的值都为 0, 并不影响 $f(0^+)$ 的值.

例 8.24　已知 $F(s) = \dfrac{-s}{s+1}$, 求初值 $f(0^+)$.

解法一　由于
$$f(t) = \mathcal{L}^{-1}[F(s)] = \mathcal{L}^{-1}\left[-1 + \frac{1}{s+1}\right] = \mathcal{L}^{-1}[-1] + \mathcal{L}^{-1}\left[\frac{1}{s+1}\right] = -\delta(t) + \mathrm{e}^{-t},$$

---

① 只要 $f'(t)$ 满足定理 8.1 的条件, 积分 $\int_{0^+}^{+\infty} f'(t)\mathrm{e}^{-st}\mathrm{d}t$ 就一致收敛, 因此, 积分号与极限号可以交换顺序.

8.2 拉普拉斯变换的性质

所以

$$f(0^+) = \lim_{t \to 0^+} [-\delta(t) + \mathrm{e}^{-t}] = -\lim_{t \to 0^+} \delta(t) + \lim_{t \to 0^+} \mathrm{e}^{-t} = 1.$$

解法二 因为 $\lim\limits_{s \to \infty} sF(s) = \infty$, 所以不能直接应用初值定理. 但是可以将 $F(s)$ 化为多项式与真分式的和, 即

$$F(s) = -1 + \frac{1}{s+1}.$$

只对真分式

$$F_0(s) = \frac{1}{s+1}$$

应用初值定理得

$$f(0^+) = \lim_{s \to \infty} s \frac{1}{s+1} = 1.$$

例 8.25 已知 $F(s) = \dfrac{s^3 + s^2 + 2s + 1}{s^2 + 2s + 1}$, 求初值 $f(0^+)$.

解 由于

$$F(s) = s - 1 + \frac{3s+2}{s^2 + 2s + 1},$$

所以只对真分式

$$F_0(s) = \frac{3s+2}{s^2 + 2s + 1}$$

应用初值定理得

$$f(0^+) = \lim_{s \to \infty} s \frac{3s+2}{s^2 + 2s + 1} = 3.$$

终值定理 若 $\mathcal{L}[f(t)] = F(s)$, $sF(s)$ 的所有奇点在 s 平面的左半部或仅在 $s = 0$ 处为一阶极点 (其余奇点都在 s 平面的左半部), 则

$$f(+\infty) = \lim_{t \to +\infty} f(t) = \lim_{s \to 0} sF(s). \tag{8.45}$$

证明 给式 (8.41) 两端同时取 $s \to 0$ 时的极限得

$$\lim_{s \to 0} sF(s) = \lim_{s \to 0} f(0^+) + \lim_{s \to 0} \int_{0^+}^{+\infty} f'(t) \mathrm{e}^{-st} \mathrm{d}t$$

$$= f(0^+) + \int_{0^+}^{+\infty} f'(t) \lim_{s \to 0} \mathrm{e}^{-st} \mathrm{d}t = f(0^+) + \int_{0^+}^{+\infty} f'(t) \mathrm{d}t$$

$$= f(0^+) + f(t) \Big|_{0^+}^{+\infty}$$

$$= f(0^+) + f(+\infty) - f(0^+) = f(+\infty).$$

终值定理告诉我们: 可以通过像函数 $F(s)$ 求得像原函数 $f(t)$ 当 $t \to +\infty$ 时的趋势. 由证明过程可以看出, 终值定理在 0^+ 系统与 0^- 系统中的结论是一致的.

例 8.26　已知 $F(s) = \dfrac{1}{s-a}(a>0)$, 求终值 $f(+\infty)$.

解　由于 $f(t) = \mathcal{L}^{-1}[F(s)] = \mathrm{e}^{at}(a>0)$, 所以 $f(+\infty) = +\infty$.

注意　由于 $sF(s)$ 的奇点 $s=a$ 不在 s 平面的左半部, 所以无法使用终值定理. 如果仍然应用终值定理将会得到如下的错误结论:

$$f(+\infty) = \lim_{s \to 0} sF(s) = \lim_{s \to 0} \frac{s}{s-a} = 0.$$

例 8.27　已知 $F(s) = \dfrac{1}{s^2+1}$, 求终值 $f(+\infty)$.

解　由于

$$f(t) = \mathcal{L}^{-1}\left[\frac{1}{s^2+1}\right] = \sin t,$$

所以 $f(+\infty) = \lim\limits_{t \to +\infty} \sin t$ 不存在.

注意　由于 $sF(s)$ 的奇点 $s = \pm \mathrm{i}$ 在虚轴上, 不在 s 平面的左半部, 所以无法使用终值定理. 如果仍应用终值定理将会得到如下的错误结论:

$$f(+\infty) = \lim_{s \to 0} sF(s) = \lim_{s \to 0} \frac{s}{s^2+1} = 0.$$

例 8.28　已知 $F(s) = \dfrac{5}{s(s^2+3s+2)}$, 求终值 $f(+\infty)$.

解法一　由于

$$\begin{aligned}
f(t) &= \mathcal{L}^{-1}[F(s)] = \mathcal{L}^{-1}\left[\frac{5}{2}\frac{1}{s} - 5\frac{1}{s+1} + \frac{5}{2}\frac{1}{s+2}\right] \\
&= \frac{5}{2}\mathcal{L}^{-1}\left[\frac{1}{s}\right] - 5\mathcal{L}^{-1}\left[\frac{1}{s+1}\right] + \frac{5}{2}\mathcal{L}^{-1}\left[\frac{1}{s+2}\right] \\
&= \frac{5}{2} - 5\mathrm{e}^{-t} + \frac{5}{2}\mathrm{e}^{-2t},
\end{aligned}$$

所以

$$f(+\infty) = \lim_{t \to +\infty} f(t) = \lim_{t \to +\infty}\left(\frac{5}{2} - 5\mathrm{e}^{-t} + \frac{5}{2}\mathrm{e}^{-2t}\right) = \frac{5}{2}.$$

解法二　由于 $sF(s)$ 的奇点为 $s=0, s=-1, s=-2$, 其中 $s=-1, s=-2$ 在左半平面, 而 $s=0$ 为一级极点, 所以满足终值定理的条件. 因此

$$f(+\infty) = \lim_{s \to 0} sF(s) = \lim_{s \to 0} \frac{5}{s^2+3s+2} = \frac{5}{2}.$$

在电路分析中,如果电路比较复杂,则初值定理与终值定理的优越性就体现出来. 因为不需要作拉普拉斯逆变换就可以直接求出像原函数的初值与终值. 上述两定理的物理解释如下: 当 $s \to 0 (\mathrm{i}\omega \to 0)$ 时 (相当于直流状态), 可以得到电路稳定的终值 $f(+\infty)$; 而当 $s \to \infty (\mathrm{i}\omega \to \infty)$ 时 (相当于接入的信号发生突变), 可以给出相应的初值 $f(0^+)$.

8.3 拉普拉斯逆变换

8.3.1 反演积分

前面两节中, 讨论了已知像原函数 $f(t)$, 求其拉普拉斯变换像函数 $F(s)$ 的问题. 在本节中, 主要研究由像函数 $F(s)$ 来寻求其像原函数 $f(t)$ 的问题. 正如 8.1 节已经定义过的: 如果 $F(s)$ 是 $f(t)$ 的拉普拉斯变换, 那么 $f(t)$ 称为 $F(s)$ 的拉普拉斯逆变换, 记 $f(t) = \mathcal{L}^{-1}[F(s)]$. 需要注意的是, 希望拉普拉斯逆变换具有唯一性, 即

$$\mathcal{L}^{-1}[\mathcal{L}[f(t)]] = f(t). \tag{8.46}$$

式 (8.46) 的意思是说: 如果先对 $f(t)$ 取拉普拉斯变换; 然后, 对得到的函数 $F(s)$ 取拉普拉斯逆变换; 最终, 得到的结果还是原来的函数 $f(t)$. 唯一性的另一种表达是: 如果两个函数 $f(t)$ 与 $g(t)$ 的拉普拉斯变换相同, 即 $\mathcal{L}[f(t)] = \mathcal{L}[g(t)]$, 那么 $f(t)$ 与 $g(t)$ 是恒等的两个函数, 即 $f(t) \equiv g(t)$. 但是, 这种唯一性是并不成立的. 在本书中所说的唯一性是指 $f(t)$ 与 $g(t)$ 只相差一个零函数①.

下面利用傅里叶积分定理推导出拉普拉斯变换的反演积分. 由拉普拉斯变换的概念知, 函数 $f(t)$ 的拉普拉斯变换实际上就是函数 $u(t)\varphi(t)\mathrm{e}^{-\beta t}(\beta > 0)$ 的傅里叶变换. 因此, 当 $u(t)\varphi(t)\mathrm{e}^{-\beta t}$ 满足傅里叶积分定理的条件时, 由傅里叶积分公式, $u(t)\varphi(t)\mathrm{e}^{-\beta t}$ 在 $t > 0$ 的连续点处满足

$$\begin{aligned} u(t)\varphi(t)\mathrm{e}^{-\beta t} = f(t)\mathrm{e}^{-\beta t} &= \frac{1}{2\pi} \int_{-\infty}^{+\infty} \left(\int_{-\infty}^{+\infty} f(\tau)\mathrm{e}^{-\beta \tau}\mathrm{e}^{\mathrm{i}\omega \tau} \mathrm{d}\tau \right) \mathrm{e}^{\mathrm{i}\omega t} \mathrm{d}\omega. \\ &= \frac{1}{2\pi} \int_{-\infty}^{+\infty} \left(\int_{0}^{+\infty} f(\tau)\mathrm{e}^{-(\beta+\mathrm{i}\omega)\tau} \mathrm{d}\tau \right) \mathrm{e}^{\mathrm{i}\omega t} \mathrm{d}\omega \\ &= \frac{1}{2\pi} \int_{-\infty}^{+\infty} F(\beta + \mathrm{i}\omega)\mathrm{e}^{\mathrm{i}\omega t} \mathrm{d}\omega, \end{aligned}$$

上面等式两边同乘以 $\mathrm{e}^{\beta t}$ 得

$$f(t) = \frac{1}{2\pi} \int_{-\infty}^{+\infty} F(\beta + \mathrm{i}\omega)\mathrm{e}^{(\beta + \mathrm{i}\omega)t} \mathrm{d}\omega \quad (t > 0).$$

---

① 如果函数 $n(t)$ 满足条件: 对所有的 $t > 0$, 都有 $\int_0^t n(\tau)\mathrm{d}\tau = 0$, 那么称其为零函数.

令 $s = \beta + \mathrm{i}\omega$, 则
$$f(t) = \frac{1}{2\pi\mathrm{i}} \int_{\beta-\mathrm{i}\infty}^{\beta+\mathrm{i}\infty} F(s)\mathrm{e}^{st}\mathrm{d}s \quad (t > 0). \tag{8.47}$$

这就是已知像函数 $F(s)$, 求像原函数 $f(t)$ 的一般公式, 将式 (8.47) 右端的积分称为拉普拉斯反演积分. 拉普拉斯反演积分与积分 $F(s) = \displaystyle\int_0^{+\infty} f(t)\mathrm{e}^{-st}\mathrm{d}t$ 是一对互逆的积分变换公式. 也称 $f(t)$ 与 $F(s)$ 构成了一个拉普拉斯变换对. 从式 (8.47) 可以看出, 拉普拉斯反演积分的积分路径是 s 平面上的一条直线 $\mathrm{Re}\, s = \beta$, 这条直线包含在 $F(s)$ 的存在域 $\mathrm{Re}\, s > c$ 内 (c 为 $f(t)$ 的增长指数). 由于 $F(s)$ 在 $\mathrm{Re}\, s > c$ 内解析, 因此, $F(s)$ 在区域 $\mathrm{Re}\, s > \beta$ 内无奇点.

8.3.2 拉普拉斯逆变换的计算

1. 留数法

尽管拉普拉斯反演积分计算起来比较困难, 但是当 $F(s)$ 满足一定条件时, 还是可以利用留数的方法来计算的. 下面定理给出了计算的依据.

定理 8.2 若 $s_1, s_2, \cdots, s_n$ 是函数 $F(s)$ 的所有孤立奇点, 适当选取 β 使这些奇点全在 $\mathrm{Re}\, s < \beta$ 的范围内, 且当 $s \to \infty$ 时, $F(s) \to 0$, 则有

$$\frac{1}{2\pi\mathrm{i}} \int_{\beta-\mathrm{i}\infty}^{\beta+\mathrm{i}\infty} F(s)\mathrm{e}^{st}\mathrm{d}s = \sum_{k=1}^{n} \mathrm{Res}[F(s)\mathrm{e}^{st}, s_k] \quad (t > 0),$$

即在 $f(t)$ 的连续点处有

$$f(t) = \sum_{k=1}^{n} \mathrm{Res}[F(s)\mathrm{e}^{st}, s_k] \quad (t > 0)^{①}. \tag{8.48}$$

在 $f(t)$ 的间断点 $t_0 > 0$ 处, 有

$$\sum_{k=1}^{n} \mathrm{Res}[F(s)\mathrm{e}^{st}, s_k] = \frac{f(t_0 - 0) + f(t_0 + 0)}{2}. \tag{8.49}$$

---

① 若 $f(t)$ 是连续函数, 则由公式 $\displaystyle\sum_{k=1}^{n} \mathrm{Res}[F(s)\mathrm{e}^{st}, s_k]$ 计算出的函数就是 $f(t)$. 这时, 拉普拉斯逆变换是唯一的. 若 $f(t)$ 不是连续函数, 则由公式 $\displaystyle\sum_{k=1}^{n} \mathrm{Res}[F(s)\mathrm{e}^{st}, s_k]$ 计算出的函数 $g(t)$ 只在连续点处与 $f(t)$ 一样. 这里需要指出的是, 如果 $f(t)$ 满足拉普拉斯变换存在定理的条件, 那么函数 $g(t)$ 与 $f(t)$ 只相差一个零函数. 以后就将由公式 $\displaystyle\sum_{k=1}^{n} \mathrm{Res}[F(s)\mathrm{e}^{st}, s_k]$ 确定的函数作为 $f(t)$ 的拉普拉斯逆变换的像原函数.

证明 作如图 8.4 所示的闭曲线 $C = L + C_R$, 其中 C_R 是 $\operatorname{Re} s < \beta$ 的区域内半径为 R 的圆弧. 当 R 充分大时, 可以使 $F(s)$ 的所有孤立奇点都包含在封闭曲线 C 内. 而函数 e^{st} 为解析函数, 因此, $F(s)$ 的孤立奇点就是 $F(s)\mathrm{e}^{st}$ 的孤立奇点, 并且除这些孤立奇点外, $F(s)\mathrm{e}^{st}$ 处处解析. 根据留数定理知

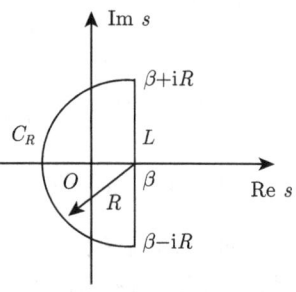

图 8.4

$$\oint_C F(s)\mathrm{e}^{st}\mathrm{d}s = 2\pi\mathrm{i}\sum_{k=1}^{n}\operatorname{Res}[F(s)\mathrm{e}^{st}, s_k],$$

即

$$\frac{1}{2\pi\mathrm{i}}\left[\int_{\beta-\mathrm{i}R}^{\beta+\mathrm{i}R} F(s)\mathrm{e}^{st}\mathrm{d}s + \int_{C_R} F(s)\mathrm{e}^{st}\mathrm{d}s\right] = \sum_{k=1}^{n}\operatorname{Res}[F(s)\mathrm{e}^{st}, s_k].$$

上式两边同时取 $R \to +\infty$ 的极限, 并结合复变函数论中的 Jordan 引理 [①] 知, 当 $t > 0$ 时

$$f(t) = \frac{1}{2\pi\mathrm{i}}\int_{\beta-\mathrm{i}\infty}^{\beta+\mathrm{i}\infty} F(s)\mathrm{e}^{st}\mathrm{d}s = \sum_{k=1}^{n}\operatorname{Res}[F(s)\mathrm{e}^{st}, s_k].$$

推论 若函数 $F(s)$ 是有理函数, 即 $F(s) = \dfrac{A(s)}{B(s)}$, 其中 $A(s), B(s)$ 是不可约多项式, $A(s)$ 的次数为 n, $B(s)$ 的次数为 m, 并且 $n < m$, 则 $F(s)$ 满足定理 8.2 的条件. 另一方面, 假定 $B(s)$ 的零点为 $s_1, s_2, \cdots, s_k$, 其阶数分别为 $r_1, r_2, \cdots, r_k$ $\left(\sum\limits_{j=1}^{k} r_j = m\right)$, 这时 $s_1, s_2, \cdots, s_k$ 为 $F(s)$ 的极点, 并且极点的阶分别为 $r_1, r_2, \cdots, r_k$. 由留数的计算公式及定理 8.2 知, 在 $f(t)$ 的连续点处有

$$f(t) = \sum_{j=1}^{k} \frac{1}{(r_j - 1)!} \lim_{s \to s_j} \frac{\mathrm{d}^{r_j-1}}{\mathrm{d}s^{r_j-1}}\left[(s - s_j)^{r_j} \frac{A(s)}{B(s)} \mathrm{e}^{st}\right] \quad (t > 0). \tag{8.50}$$

特别地, 若 $B(s)$ 有 m 个单零点 $s_1, s_2, \cdots, s_m$, 则 $s_1, s_2, \cdots, s_m$ 都为 $F(s)$ 的一阶极点, 这时, 在 $f(t)$ 的连续点处有

$$f(t) = \sum_{j=1}^{m} \frac{A(s_j)}{B'(s_j)} \mathrm{e}^{s_j t} \quad (t > 0). \tag{8.51}$$

[①] 在本题已知的条件下, 应用 Jordan 引理可以得 $\lim\limits_{R \to +\infty} \int_{C_R} F(s)\mathrm{e}^{st}\mathrm{d}s = 0$. 有兴趣的读者可以参阅复变函数的相关书籍.

例 8.29 求 $F(s) = \dfrac{1}{s^2+1}$ 的拉普拉斯逆变换.

解 这里 $B(s) = s^2 + 1$, $s = \pm \mathrm{i}$ 是它的两个一阶零点. 因此, 由公式 (8.51) 得

$$f(t) = \mathcal{L}^{-1}\left[\dfrac{1}{s^2+1}\right] = \left.\dfrac{\mathrm{e}^{st}}{2s}\right|_{s=\mathrm{i}} + \left.\dfrac{\mathrm{e}^{st}}{2s}\right|_{s=-\mathrm{i}} = \dfrac{\mathrm{e}^{\mathrm{i}t} - \mathrm{e}^{-\mathrm{i}t}}{2\mathrm{i}} = \sin t \quad (t>0).$$

例 8.30 求 $F(s) = \dfrac{1}{s(s+1)^2}$ 的拉普拉斯逆变换.

解 这里 $B(s) = s(s+1)^2$, $s = 0$ 是它的一阶零点, $s = -1$ 是它的二阶零点. 因此, 由公式 (8.50) 得

$$\begin{aligned} f(t) &= \mathcal{L}^{-1}\left[\dfrac{1}{s(s+1)^2}\right] \\ &= \lim_{s \to 0}\left[s\dfrac{\mathrm{e}^{st}}{s(s+1)^2}\right] + \dfrac{1}{(2-1)!}\lim_{s \to -1}\dfrac{\mathrm{d}}{\mathrm{d}s}\left[(s+1)^2\dfrac{\mathrm{e}^{st}}{s(s+1)^2}\right] \\ &= 1 + \dfrac{1}{(2-1)!}\lim_{s \to -1}\dfrac{\mathrm{d}}{\mathrm{d}s}\left[(s+1)^2\dfrac{\mathrm{e}^{st}}{s(s+1)^2}\right] \\ &= 1 - t\mathrm{e}^{-t} - \mathrm{e}^{-t} \quad (t>0). \end{aligned}$$

例 8.31 求 $F(s) = \dfrac{s}{(s+1)^3(s-1)^2}$ 的拉普拉斯逆变换.

解 这里 $B(s) = (s+1)^3(s-1)^2$, $s = 1$ 是它的二级零点, $s = -1$ 是它的三阶零点. 因此, 由公式 (8.48) 得

$$\begin{aligned} f(t) &= \mathcal{L}^{-1}\left[\dfrac{s}{(s+1)^3(s-1)^2}\right] \\ &= \mathrm{Res}\left[\dfrac{s\mathrm{e}^{st}}{(s+1)^3(s-1)^2}, -1\right] + \mathrm{Res}\left[\dfrac{s\mathrm{e}^{st}}{(s+1)^3(s-1)^2}, 1\right]. \end{aligned}$$

而

$$\begin{aligned} &\mathrm{Res}\left[\dfrac{s\mathrm{e}^{st}}{(s+1)^3(s-1)^2}, -1\right] \\ &= \dfrac{1}{2!}\lim_{s \to -1}\dfrac{\mathrm{d}^2}{\mathrm{d}s^2}\left[(s+1)^3\dfrac{s\mathrm{e}^{st}}{(s+1)^3(s-1)^2}\right] \\ &= \dfrac{\mathrm{e}^{-t}}{16} - \dfrac{t^2}{8}\mathrm{e}^{-t}, \end{aligned}$$

$$\begin{aligned} &\mathrm{Res}\left[\dfrac{s\mathrm{e}^{st}}{(s+1)^3(s-1)^2}, 1\right] \\ &= \dfrac{1}{(2-1)!}\lim_{s \to 1}\dfrac{\mathrm{d}}{\mathrm{d}s}\left[(s-1)^2\dfrac{s\mathrm{e}^{st}}{(s+1)^3(s-1)^2}\right] \end{aligned}$$

$$= \frac{te^t}{8} - \frac{e^t}{16}.$$

所以

$$f(t) = \frac{e^{-t}}{16} - \frac{t^2}{8}e^{-t} + \frac{te^t}{8} - \frac{e^t}{16} \quad (t > 0).$$

2. 部分分式法

设函数 $F(s)$ 是有理函数且

$$F(s) = \frac{A(s)}{B(s)} = \frac{s^n + a_{n-1}s^{n-1} + \cdots + a_1 s + a_0}{s^m + b_{m-1}s^{m-1} + \cdots + b_1 s + b_0}.$$

若 $n \geqslant m$, 则可以利用长除法将 $F(s)$ 化为一个多项式与一个真分式 (分母最高次数比分子最高次数高的分式) 的和. 而多项式的拉普拉斯逆变换为 δ 函数及其各阶导数. 因此, 下面只讨论真分式 $n < m$ 的情况.

情形一 $B(s)$ 有 m 个单根 $s_1, s_2, \cdots, s_m$.

这时 $B(s) = (s - s_1)(s - s_2) \cdots (s - s_m)$, 因此,

$$F(s) = \frac{A_1}{s - s_1} + \cdots + \frac{A_k}{s - s_k} + \cdots + \frac{A_m}{s - s_m}. \tag{8.52}$$

这里的 $A_k, s_k (1 \leqslant k \leqslant m)$ 可以是实数也可以是复数. 所以

$$\begin{aligned}
\mathcal{L}^{-1}[F(s)] &= \mathcal{L}^{-1}\left[\frac{A_1}{s - s_1} + \cdots + \frac{A_k}{s - s_k} + \cdots + \frac{A_m}{s - s_m}\right] \\
&= \mathcal{L}^{-1}\left[\frac{A_1}{s - s_1}\right] + \cdots + \mathcal{L}^{-1}\left[\frac{A_k}{s - s_k}\right] + \cdots + \mathcal{L}^{-1}\left[\frac{A_m}{s - s_m}\right] \\
&= A_1 e^{s_1 t} + \cdots + A_k e^{s_k t} + \cdots + A_m e^{s_m t}.
\end{aligned}$$

从上面式子可以看出, 要求 $\mathcal{L}^{-1}[F(s)]$, 只要确定出上式中的系数 A_k. 为确定 A_k, 取一个半径足够小的圆 C, 使 C 只包含 s_k, 而 $B(s)$ 的其他零点都在 C 外, 对式 (8.52) 的两边同时在圆 C 上积分得

$$\oint_C F(s)\mathrm{d}s = \oint_C \frac{A_1}{s - s_1}\mathrm{d}s + \cdots + \oint_C \frac{A_k}{s - s_k}\mathrm{d}s + \cdots + \oint_C \frac{A_m}{s - s_m}\mathrm{d}s.$$

由柯西积分定理知, 上面等式右边的积分, 除 $\oint_C \frac{A_k}{s - s_k}\mathrm{d}s$ 外全为零. 因此,

$$\oint_C F(s)\mathrm{d}s = \oint_C \frac{A_k}{s - s_k}\mathrm{d}s = A_k \oint_C \frac{1}{s - s_k}\mathrm{d}s = 2\pi\mathrm{i} A_k,$$

即

$$A_k = \frac{1}{2\pi\mathrm{i}} \oint_C F(s)\mathrm{d}s = \mathrm{Res}[F(s), s_k].$$

因为 $s_k(1 \leqslant k \leqslant m)$ 都是 $F(s) = \dfrac{A(s)}{B(s)}$ 的一阶极点, 所以

$$A_k = \lim_{s \to s_k}(s - s_k)F(s) = [(s - s_k)F(s)]\Big|_{s=s_k} \tag{8.53}$$

或

$$A_k = \frac{A(s_k)}{B'(s_k)}. \tag{8.54}$$

式 (8.53) 中的极限并不用求, 因为 $s - s_k$ 可以和 $B(s)$ 分解式中的 $s - s_k$ 项消掉. $[(s - s_k)F(s)]\Big|_{s=s_k}$ 的意思是先算出 $(s - s_k)F(s)$, 再将 s_k 代入.

例 8.32 求 $F(s) = \dfrac{s^2 + 2s - 2}{s(s+2)(s-3)}$ 的拉普拉斯逆变换.

解 由于 $B(s) = s(s+2)(s-3)$, 所以令

$$F(s) = \frac{A}{s} + \frac{B}{s+2} + \frac{C}{s-3}.$$

下面用三种方法计算系数 A, B, C.

方法一 应用公式 (8.53) 得

$$A = s\,F(s)|_{s=0} = \frac{0^2 + 2 \times 0 - 2}{(0+2)(0-3)} = \frac{1}{3},$$

$$B = (s+2)\,F(s)|_{s=-2} = \frac{(-2)^2 + 2 \times (-2) - 2}{-2 \times (-2-3)} = -\frac{1}{5},$$

$$C = (s-3)F(s)|_{s=3} = \frac{3^2 + 2 \times 3 - 2}{3(3+2)} = \frac{13}{15}.$$

方法二 由于

$$\frac{s^2 + 2s - 2}{s(s+2)(s-3)} = \frac{A}{s} + \frac{B}{s+2} + \frac{C}{s-3},$$

两边同乘以 $s(s+2)(s-3)$ 得

$$s^2 + 2s - 2 = A(s+2)(s-3) + Bs(s-3) + Cs(s+2).$$

上式中若令 $s = 0$, 则 $A = \dfrac{1}{3}$; 若令 $s = -2$, 则 $B = -\dfrac{1}{5}$; 若令 $s = 3$, 则 $C = \dfrac{13}{15}$.

方法三 由于 $B'(s) = 3s^2 - 2s - 6$, 所以应用公式 (8.54) 有

$$A = \frac{s^2 + 2s - 2}{3s^2 - 2s - 6}\bigg|_{s=0} = \frac{1}{3},$$

$$B = \frac{s^2 + 2s - 2}{3s^2 - 2s - 6}\bigg|_{s=-2} = -\frac{1}{5},$$

8.3 拉普拉斯逆变换

$$C = \left.\frac{s^2 + 2s - 2}{3s^2 - 2s - 6}\right|_{s=3} = \frac{13}{15}.$$

最后, 根据拉普拉斯逆变换的线性性质及已知公式有

$$\mathcal{L}^{-1}[F(s)] = \frac{1}{3} - \frac{1}{5}\mathrm{e}^{-2t} + \frac{13}{15}\mathrm{e}^{3t} \quad (t > 0).$$

例 8.33　求 $F(s) = \dfrac{1}{s^2 + 1}$ 的拉普拉斯逆变换.

解　由于 $B(s) = (s+\mathrm{i})(s-\mathrm{i})$, 所以令

$$F(s) = \frac{A}{s+\mathrm{i}} + \frac{B}{s-\mathrm{i}}.$$

下面计算系数 A, B. 由公式 (8.53) 得

$$A = (s+\mathrm{i})\,F(s)|_{s=-\mathrm{i}} = -\frac{1}{2\mathrm{i}}, \quad B = (s-\mathrm{i})\,F(s)|_{s=\mathrm{i}} = \frac{1}{2\mathrm{i}}.$$

最后, 根据拉普拉斯逆变换的线性性质及已知公式有

$$\mathcal{L}^{-1}[F(s)] = -\frac{1}{2\mathrm{i}}\mathrm{e}^{-\mathrm{i}t} + \frac{1}{2\mathrm{i}}\mathrm{e}^{\mathrm{i}t} = \sin t \quad (t > 0).$$

例 8.34　求 $F(s) = \dfrac{s}{s+2}$ 的拉普拉斯逆变换.

解　由于 $F(s)$ 不是真分式, 所以应用长除法将 $F(s)$ 化为

$$F(s) = 1 - \frac{2}{s+2}.$$

上式右端为一个多项式与一个真分式的和, 对上式两边求拉普拉斯逆变换得

$$\mathcal{L}^{-1}[F(s)] = \mathcal{L}^{-1}[1] - 2\mathcal{L}^{-1}\left[\frac{1}{s+2}\right] = \delta(t) - 2\mathrm{e}^{-2t} \quad (t \geqslant 0).$$

例 8.35　求 $F(s) = \dfrac{s^3 + 3s^2 + 3s}{(s+1)(s+2)}$ 的拉普拉斯逆变换.

解　由于 $F(s)$ 不是真分式, 所以应用长除法将 $F(s)$ 化为

$$F(s) = s + \frac{s}{(s+1)(s+2)}.$$

上式右端为一个多项式与一个真分式的和, 将真分式化为部分分式得

$$F(s) = s + \frac{2}{s+2} - \frac{1}{s+1}.$$

现在对上式两边求拉普拉斯逆变换得

$$\mathcal{L}^{-1}[F(s)] = \mathcal{L}^{-1}\left[s + \frac{2}{s+2} - \frac{1}{s+1}\right]$$

$$= \mathcal{L}^{-1}[s] + 2\mathcal{L}^{-1}\left[\frac{1}{s+2}\right] - \mathcal{L}^{-1}\left[\frac{1}{s+1}\right]$$

$$= \delta'(t) + 2e^{-2t} - e^{-t} \quad (t \geqslant 0).$$

情形二 $B(s)$ 有重根.

若设 $B(s) = (s-s_1)^\alpha (s-s_{\alpha+1}) \cdots (s-s_m)$, 即 s_1 为 $B(s)$ 的 α 重根, $s_{\alpha+1}$, $s_{\alpha+2}, \cdots, s_m$ 是 $B(s)$ 的单根, 则

$$F(s) = \frac{A_\alpha}{(s-s_1)^\alpha} + \frac{A_{\alpha-1}}{(s-s_1)^{\alpha-1}} + \cdots + \frac{A_k}{(s-s_1)^k} + \cdots$$

$$+ \frac{A_1}{s-s_1} + \frac{A_{\alpha+1}}{s-s_{\alpha+1}} + \cdots + \frac{A_m}{s-s_m}. \tag{8.55}$$

式 (8.55) 中的系数 $A_{\alpha+1}, A_{\alpha+2}, \cdots, A_m$ 可以用情形一中的公式 (8.53) 或公式 (8.54) 计算. 为求出系数 $A_k(1 \leqslant k \leqslant \alpha)$, 首先, 给式 (8.55) 两边同时乘以 $(s-s_1)^\alpha$ 得

$$F(s)(s-s_1)^\alpha = A_\alpha + A_{\alpha-1}(s-s_1) + \cdots + A_k(s-s_1)^{\alpha-k} + \cdots$$

$$+ A_1(s-s_1)^{\alpha-1} + \frac{A_{\alpha+1}}{s-s_{\alpha+1}}(s-s_1)^\alpha + \cdots + \frac{A_m}{s-s_m}(s-s_1)^\alpha. \tag{8.56}$$

然后, 对式 (8.56) 两边求关于 s 的 $(\alpha - k)$ 阶导数得

$$[F(s)(s-s_1)^\alpha]^{(\alpha-k)} = A_k(\alpha-k)! + \text{每项都是关于}(s-s_1)\text{的正幂的多项式}. \tag{8.57}$$

最后, 对式 (8.57) 两边取 $s \to s_1$ 的极限得

$$\lim_{s \to s_1} \left[F(s)(s-s_1)^\alpha\right]^{(\alpha-k)} = A_k(\alpha-k)! + 0,$$

即

$$A_k = \frac{1}{(\alpha-k)!} \lim_{s \to s_1} [F(s)(s-s_1)^\alpha]^{(\alpha-k)} \quad (1 \leqslant k \leqslant \alpha). \tag{8.58}$$

所以, 根据式 (8.11) 及位移性质的式 (8.23) 得

$$\mathcal{L}^{-1}\left[\frac{A_k}{(s-s_1)^k}\right] = A_k \mathcal{L}^{-1}\left[\frac{1}{(s-s_1)^k}\right] = A_k e^{s_1 t} \mathcal{L}^{-1}\left[\frac{1}{s^k}\right] = A_k e^{s_1 t} \frac{t^{k-1}}{(k-1)!}.$$

8.3 拉普拉斯逆变换

例 8.36 求 $F(s) = \dfrac{s}{(s+1)^3(s-1)^2}$ 的拉普拉斯逆变换.

解 由于 $B(s) = (s+1)^3(s-1)^2$, 所以令

$$F(s) = \frac{A_1}{s-1} + \frac{A_2}{(s-1)^2} + \frac{B_1}{s+1} + \frac{B_2}{(s+1)^2} + \frac{B_3}{(s+1)^3}.$$

下面计算系数 A_1, A_2, B_1, B_2, B_3. 由式 (8.58) 得

$$A_1 = \frac{1}{(2-1)!} \lim_{s \to 1} \left[F(s)(s-1)^2 \right]^{(2-1)} = -\frac{1}{16},$$

$$A_2 = \frac{1}{(2-2)!} \lim_{s \to 1} \left[F(s)(s-1)^2 \right]^{(2-2)} = \frac{1}{8},$$

$$B_1 = \frac{1}{(3-1)!} \lim_{s \to -1} \left[F(s)(s+1)^3 \right]^{(3-1)} = \frac{1}{16},$$

$$B_2 = \frac{1}{(3-2)!} \lim_{s \to -1} \left[F(s)(s+1)^3 \right]^{(3-2)} = 0,$$

$$B_3 = \frac{1}{(3-3)!} \lim_{s \to -1} \left[F(s)(s+1)^3 \right]^{(3-3)} = -\frac{1}{4},$$

而

$$\mathcal{L}^{-1}\left[\frac{A_1}{s-1}\right] = -\frac{1}{16}\mathrm{e}^t, \quad \mathcal{L}^{-1}\left[\frac{B_1}{s+1}\right] = \frac{1}{16}\mathrm{e}^{-t}, \quad \mathcal{L}^{-1}\left[\frac{B_2}{(s+1)^2}\right] = 0,$$

$$\mathcal{L}^{-1}\left[\frac{A_2}{(s-1)^2}\right] = \frac{1}{8}\mathcal{L}^{-1}\left[\frac{1}{(s-1)^2}\right] = \frac{1}{8}\mathrm{e}^t \mathcal{L}^{-1}\left[\frac{1}{s^2}\right] = \frac{1}{8}\mathrm{e}^t t,$$

$$\mathcal{L}^{-1}\left[\frac{B_3}{(s+1)^3}\right] = -\frac{1}{4}\mathcal{L}^{-1}\left[\frac{1}{(s+1)^3}\right] = -\frac{1}{4}\mathrm{e}^{-t}\mathcal{L}^{-1}\left[\frac{1}{s^3}\right]$$

$$= -\frac{1}{4}\mathrm{e}^{-t} \frac{t^2}{(3-1)!} = -\frac{\mathrm{e}^{-t}t^2}{8},$$

所以

$$\mathcal{L}^{-1}[F(s)] = -\frac{1}{16}\mathrm{e}^t + \frac{1}{8}\mathrm{e}^t t + \frac{1}{16}\mathrm{e}^{-t} - \frac{\mathrm{e}^{-t}t^2}{8} \quad (t > 0).$$

用留数法计算本例时的运算量非常大. 有兴趣的读者可以尝试一下.

情形三 $B(s)$ 有共轭复数单根, 即 $B(s)$ 的分解式中含有因子 $s^2 + ps + q$, 其中 $p^2 - 4q < 0$, p, q 为实数.

一种方法是先将 $s^2 + ps + q$ 分解为 $[s - (\alpha + \beta\mathrm{i})][s - (\alpha - \beta\mathrm{i})]$, 再应用情形一的方法求解 (如例 8.33 所示); 另一种方法不分解 $s^2 + ps + q$, 这时 $F(s)$ 的部分分式中一定含有形如

$$\frac{As + B}{s^2 + ps + q} \tag{8.59}$$

的项，只要求出式 (8.59) 的拉普拉斯逆变换就可以了. 下面应用配方法求其拉普拉斯逆变换. 由于

$$\frac{As+B}{s^2+ps+q} = \frac{As+B}{\left(s+\frac{p}{2}\right)^2+q-\frac{p^2}{4}} = \frac{A\left(s+\frac{p}{2}\right)+B-\frac{Ap}{2}}{\left(s+\frac{p}{2}\right)^2+q-\frac{p^2}{4}}, \quad (8.60)$$

所以，若令 $m = B - \dfrac{Ap}{2}, n^2 = q - \dfrac{p^2}{4}$，则式 (8.60) 可以化为

$$\frac{As+B}{s^2+ps+q} = \frac{A\left(s+\frac{p}{2}\right)+m}{\left(s+\frac{p}{2}\right)^2+n^2}. \quad (8.61)$$

对式 (8.61) 的两端同时取拉普拉斯逆变换，并根据拉普拉斯逆变换的位移性质得

$$\begin{aligned}
\mathcal{L}^{-1}\left[\frac{As+B}{s^2+ps+q}\right] &= \mathcal{L}^{-1}\left[\frac{A\left(s+\frac{p}{2}\right)+m}{\left(s+\frac{p}{2}\right)^2+n^2}\right] = e^{-\frac{p}{2}t}\mathcal{L}^{-1}\left[\frac{As+m}{s^2+n^2}\right] \\
&= e^{-\frac{p}{2}t}A\mathcal{L}^{-1}\left[\frac{s}{s^2+n^2}\right] + e^{-\frac{p}{2}t}\frac{m}{n}\mathcal{L}^{-1}\left[\frac{n}{s^2+n^2}\right] \\
&= e^{-\frac{p}{2}t}A\cos nt + e^{-\frac{p}{2}t}\frac{m}{n}\sin nt \quad (t>0).
\end{aligned}$$

例 8.37 求 $F(s) = \dfrac{s+3}{s^2+2s+2}$ 的拉普拉斯逆变换.

解法一 由于

$$F(s) = \frac{s+3}{s^2+2s+2} = \frac{s+1+2}{(s+1)^2+1},$$

所以

$$\begin{aligned}
\mathcal{L}^{-1}\left[\frac{s+1+2}{(s+1)^2+1}\right] &= e^{-t}\mathcal{L}^{-1}\left[\frac{s+2}{s^2+1}\right] \\
&= e^{-t}\mathcal{L}^{-1}\left[\frac{s}{s^2+1}\right] + 2e^{-t}\mathcal{L}^{-1}\left[\frac{1}{s^2+1}\right] \\
&= e^{-t}\cos t + 2e^{-t}\sin t.
\end{aligned}$$

解法二 由于分母 $B(s) = [s-(-1-\mathrm{i})][s-(-1+\mathrm{i})]$，所以令

$$F(s) = \frac{s+3}{s^2+2s+2} = \frac{A}{s-(-1-\mathrm{i})} + \frac{B}{s-(-1+\mathrm{i})}.$$

应用公式 (8.54) 得

$$A = \left.\frac{s+3}{(s^2+2s+2)'}\right|_{s=-1-\mathrm{i}} = \frac{1}{2}+\mathrm{i}, \quad B = \left.\frac{s+3}{(s^2+2s+2)'}\right|_{s=-1+\mathrm{i}} = \frac{1}{2}-\mathrm{i},$$

所以

$$\mathcal{L}^{-1}[F(s)] = \left(\frac{1}{2} + \mathrm{i}\right)\mathcal{L}^{-1}\left[\frac{1}{s-(-1-\mathrm{i})}\right] + \left(\frac{1}{2} - \mathrm{i}\right)\mathcal{L}^{-1}\left[\frac{1}{s-(-1+\mathrm{i})}\right]$$

$$= \left(\frac{1}{2} + \mathrm{i}\right)\mathrm{e}^{(-1-\mathrm{i})t} + \left(\frac{1}{2} - \mathrm{i}\right)\mathrm{e}^{(-1+\mathrm{i})t}$$

$$= \left(\frac{1}{2} + \mathrm{i}\right)\mathrm{e}^{(-1-\mathrm{i})t} + \overline{\left(\frac{1}{2} + \mathrm{i}\right)\mathrm{e}^{(-1-\mathrm{i})t}}$$

$$= 2\mathrm{Re}\left[\left(\frac{1}{2} + \mathrm{i}\right)\mathrm{e}^{(-1-\mathrm{i})t}\right] = \mathrm{e}^{-t}\cos t + 2\mathrm{e}^{-t}\sin t.$$

例 8.38 求 $F(s) = \dfrac{2s^2 + 3s + 3}{(s-1)(s^2+2s+5)}$ 的拉普拉斯逆变换.

解 由于分母 $B(s)$ 为 $(s-1)(s^2+2s+5)$, 所以令

$$F(s) = \frac{2s^2 + 3s + 3}{(s-1)(s^2+2s+5)} = \frac{A}{s-1} + \frac{Bs+C}{s^2+2s+5}.$$

注意到 $s=1$ 为 $B(s)$ 的单根, 应用公式 (8.53) 得

$$A = (s-1)\frac{2s^2+3s+3}{(s-1)(s^2+2s+5)}\bigg|_{s=1} = 1.$$

这时

$$\frac{2s^2+3s+3}{(s-1)(s^2+2s+5)} = \frac{1}{s-1} + \frac{Bs+C}{s^2+2s+5}.$$

给上式两边同时乘以 $(s-1)(s^2+2s+5)$ 得

$$2s^2 + 3s + 3 = s^2 + 2s + 5 + (Bs+C)(s-1).$$

若将 $s=0$ 代入上式, 则 $C=2$; 若将 $s=2$ 代入上式, 则 $B=1$. 所以

$$\mathcal{L}^{-1}[F(s)] = \mathcal{L}^{-1}\left[\frac{1}{s-1}\right] + \mathcal{L}^{-1}\left[\frac{s+2}{s^2+2s+5}\right]$$

$$= \mathrm{e}^t + \mathcal{L}^{-1}\left[\frac{(s+1)+1}{(s+1)^2+2^2}\right] = \mathrm{e}^t + \mathrm{e}^{-t}\mathcal{L}^{-1}\left[\frac{s+1}{s^2+2^2}\right]$$

$$= \mathrm{e}^t + \mathrm{e}^{-t}\mathcal{L}^{-1}\left[\frac{s}{s^2+2^2}\right] + \frac{1}{2}\mathrm{e}^{-t}\mathcal{L}^{-1}\left[\frac{2}{s^2+2^2}\right]$$

$$= \mathrm{e}^t + \mathrm{e}^{-t}\cos 2t + \frac{1}{2}\mathrm{e}^{-t}\sin 2t.$$

例 8.39 求 $F(s) = \dfrac{s}{(s^2+1)^2}$ 的拉普拉斯逆变换.

解法一 由于 $(s^2+1)^2 = (s+\mathrm{i})^2(s-\mathrm{i})^2$,所以可以令
$$F(s) = \frac{A_1}{(s-\mathrm{i})} + \frac{A_2}{(s-\mathrm{i})^2} + \frac{B_1}{(s+\mathrm{i})} + \frac{B_2}{(s+\mathrm{i})^2}.$$

应用公式 (8.58) 容易得到
$$A_1 = 0, \quad A_2 = -\frac{\mathrm{i}}{4}, \quad B_1 = 0, \quad B_2 = \frac{\mathrm{i}}{4}.$$

这时
$$\frac{s}{(s^2+1)^2} = -\frac{\mathrm{i}}{4}\frac{1}{(s-\mathrm{i})^2} + \frac{\mathrm{i}}{4}\frac{1}{(s+\mathrm{i})^2}.$$

最后,根据例 (8.11) 的结论可以得到
$$\mathcal{L}^{-1}\left[\frac{s}{(s^2+1)^2}\right] = -\frac{\mathrm{i}}{4}\mathcal{L}^{-1}\left[\frac{1}{(s-\mathrm{i})^2}\right] + \frac{\mathrm{i}}{4}\mathcal{L}^{-1}\left[\frac{1}{(s+\mathrm{i})^2}\right]$$
$$= -\frac{\mathrm{i}}{4}\mathrm{e}^{\mathrm{i}t}t + \frac{\mathrm{i}}{4}\mathrm{e}^{-\mathrm{i}t}t = \frac{t\sin t}{2}.$$

解法二 由公式 (8.48) 得
$$\mathcal{L}^{-1}\left[\frac{s}{(s^2+1)^2}\right] = \mathrm{Res}\left[\frac{s}{(s^2+1)^2}\mathrm{e}^{st},\mathrm{i}\right] + \mathrm{Res}\left[\frac{s}{(s^2+1)^2}\mathrm{e}^{st},-\mathrm{i}\right].$$

下面的计算留给读者.

解法三 由于
$$\frac{s}{(s^2+1)^2} = -\frac{1}{2}\left(\frac{1}{s^2+1}\right)', \quad \mathcal{L}[\sin t] = \frac{1}{s^2+1},$$

所以应用像函数的微分性质得
$$\mathcal{L}^{-1}\left[\frac{s}{(s^2+1)^2}\right] = \mathcal{L}^{-1}\left[-\frac{1}{2}\left(\frac{1}{s^2+1}\right)'\right] = -\frac{1}{2}\left(-t\mathcal{L}^{-1}\left[\frac{1}{s^2+1}\right]\right)$$
$$= -\frac{1}{2}(-t\sin t) = \frac{1}{2}t\sin t.$$

例 8.40 求 $F(s) = \dfrac{1}{(s^2+4s+13)^2}$ 的拉普拉斯逆变换.

解 由于
$$\frac{1}{(s^2+4s+13)^2} = \frac{1}{54}\frac{3}{(s+2)^2+3^2} + \frac{1}{18}\left[\frac{s+2}{(s+2)^2+3^2}\right]',$$

应用像函数的位移性质得
$$\mathcal{L}^{-1}\left[\frac{3}{(s+2)^2+3^2}\right] = \mathrm{e}^{-2t}\mathcal{L}^{-1}\left[\frac{3}{s^2+3^2}\right] = \mathrm{e}^{-2t}\sin 3t;$$

再应用像函数微分性质及位移性质得

$$\mathcal{L}^{-1}\left[\left(\frac{s+2}{(s+2)^2+3^2}\right)'\right] = -t\mathcal{L}^{-1}\left[\frac{s+2}{(s+2)^2+3^2}\right]$$
$$= -te^{-2t}\mathcal{L}^{-1}\left[\frac{s}{s^2+3^2}\right] = -te^{-2t}\cos 3t.$$

因此,

$$\mathcal{L}^{-1}[F(s)] = \frac{1}{54}e^{-2t}\sin 3t - \frac{1}{18}te^{-2t}\cos 3t.$$

在前面的内容中,讨论了两种求拉普拉斯逆变换的方法. 可以看出, 在运算过程中经常会用到拉普拉斯变换公式及其性质. 因此, 读者应该熟记这些常用的变换公式及性质. 其实, 在实际应用中, 还可以通过查表的方法来求拉普拉斯逆变换.

3. 查表法

例 8.41 求 $F(s) = \dfrac{s^2-a^2}{(s^2+a^2)^2}$ 的拉普拉斯逆变换.

解 虽然在附录中找不到现成的公式, 但

$$F(s) = \frac{s^2-a^2}{(s^2+a^2)^2} = \frac{s^2}{(s^2+a^2)^2} - \frac{a^2}{(s^2+a^2)^2}.$$

根据附录 II 中的拉普拉斯变换公式 29, 30 知

$$\mathcal{L}^{-1}\left[\frac{s^2}{(s^2+a^2)^2}\right] = \frac{1}{2a}(\sin at + at\cos at),$$
$$\mathcal{L}^{-1}\left[\frac{a^2}{(s^2+a^2)^2}\right] = \frac{1}{2a}(\sin at - at\cos at).$$

所以

$$\mathcal{L}^{-1}\left[\frac{s^2-a^2}{(s^2+a^2)^2}\right] = t\cos at.$$

请读者用其他方法计算并验证结果.

8.4 卷 积

8.4.1 卷积的概念

第 7 章讨论了傅里叶变换的卷积的概念与性质等, 傅里叶变换的卷积是下面的含参量积分

$$f_1(t) * f_2(t) = \int_{-\infty}^{+\infty} f_1(\tau)f_2(t-\tau)\mathrm{d}\tau.$$

若 $f_1(t)$ 与 $f_2(t)$ 都满足条件: 当 $t < 0$ 时, $f_1(t) = f_2(t) = 0$, 则

$$\int_{-\infty}^0 f_1(\tau)f_2(t-\tau)\mathrm{d}\tau = 0, \quad \int_t^{+\infty} f_1(\tau)f_2(t-\tau)\mathrm{d}\tau = 0.$$

因此,

$$f_1(t) * f_2(t) = \left(\int_{-\infty}^0 + \int_0^t + \int_t^{+\infty}\right) f_1(\tau)f_2(t-\tau)\mathrm{d}\tau = \int_0^t f_1(\tau)f_2(t-\tau)\mathrm{d}\tau.$$

称上面的积分式为 $f_1(t)$ 与 $f_2(t)$ 的拉普拉斯变换的卷积.

例 8.42 求函数 $f_1(t) = \begin{cases} 0, & t < 0, \\ t, & t \geqslant 0 \end{cases}$ 与 $f_2(t) = \begin{cases} 0, & t < 0, \\ \sin t, & t \geqslant 0 \end{cases}$ 的卷积.

解 由拉普拉斯变换的卷积定义知

$$f_1(t) * f_2(t) = \int_0^t \tau \sin(t-\tau)\mathrm{d}\tau = \tau \cos(t-\tau)\Big|_0^t - \int_0^t \cos(t-\tau)\mathrm{d}\tau = t - \sin t.$$

例 8.43 已知函数 $f(t) = \begin{cases} 0, & t < 0, \\ \cos t, & t \geqslant 0, \end{cases}$ 求 $f(t) * f(t)$.

解 由拉普拉斯变换的卷积定义知

$$f(t) * f(t) = \int_0^t \cos\tau \cos(t-\tau)\mathrm{d}\tau$$
$$= \frac{1}{2}\int_0^t [\cos t + \cos(2\tau - t)]\mathrm{d}\tau = \frac{1}{2}(t\cos t + \sin t).$$

例 8.44 求 $\delta(t-a) * f(t)(a \geqslant 0)$.

解 由于 $\delta(t-a) * f(t) = \int_0^t \delta(\tau-a)f(t-\tau)\mathrm{d}\tau$, 而 $\delta(\tau-a)$ 只在 $\tau = a$ 处产生冲激, 积分限区间为 $\tau \in [0,t]$, 所以只需要讨论 $\delta(\tau-a)$ 产生的冲激是否在该积分区间内. 当 $\tau = a$ 属于区间 $[0,t]$, 即 $0 \leqslant a \leqslant t$ 时,

$$\delta(t-a) * f(t) = \left(\int_0^{a^-} + \int_{a^-}^{a^+} + \int_{a^+}^t\right) \delta(\tau-a)f(t-\tau)\mathrm{d}\tau$$
$$= 0 + \int_{a^-}^{a^+} \delta(\tau-a)f(t-\tau)\mathrm{d}\tau + 0$$
$$= \int_{-\infty}^{+\infty} \delta(\tau-a)f(t-\tau)\mathrm{d}\tau.$$

8.4 卷积

应用 δ 函数的筛选性质得

$$\delta(t-a)*f(t) = \int_{-\infty}^{+\infty}\delta(\tau-a)f(t-\tau)\mathrm{d}\tau = f(t-\tau)|_{\tau=a} = f(t-a);$$

当 $\tau=a$ 不属于区间 $[0,t]$, 即 $t<a$ 时,

$$\delta(t-a)*f(t) = \int_0^t \delta(\tau-a)f(t-\tau)\mathrm{d}\tau = 0.$$

综合上面结果得

$$\delta(t-a)*f(t) = \begin{cases} 0, & t<a, \\ f(t-a), & t\geqslant a \end{cases} \quad (a\geqslant 0).$$

8.4.2 卷积的性质

拉普拉斯变换的卷积性质与傅里叶变换的卷积性质类似, 不再赘述. 这里只介绍卷积定理, 它在求拉普拉斯逆变换时十分有用.

定理 8.3 设 $f_1(t), f_2(t)$ 满足拉普拉斯变换存在定理中的条件, 且 $\mathcal{L}[f_1(t)] = F_1(s), \mathcal{L}[f_2(t)] = F_2(s)$, 则 $f_1(t)*f_2(t)$ 的拉普拉斯变换一定存在, 且

$$\mathcal{L}[f_1(t)*f_2(t)] = F_1(s)F_2(s) \tag{8.62}$$

或

$$\mathcal{L}^{-1}[F_1(s)F_2(s)] = f_1(t)*f_2(t). \tag{8.63}$$

证明 容易验证 $f_1(t)*f_2(t)$ 满足拉普拉斯变换存在定理的条件, 它的变换式为

$$\begin{aligned}\mathcal{L}[f_1(t)*f_2(t)] &= \int_0^{+\infty}[f_1(t)*f_2(t)]\mathrm{e}^{-st}\mathrm{d}t \\ &= \int_0^{+\infty}\left[\int_0^t f_1(\tau)f_2(t-\tau)\mathrm{d}\tau\right]\mathrm{e}^{-st}\mathrm{d}t.\end{aligned}$$

上式中二重积分的积分区域如图 8.5 所示. 由于该二重积分绝对可积, 所以可以交换积分次序, 即

$$\mathcal{L}[f_1(t)*f_2(t)] = \int_0^{+\infty} f_1(\tau)\left[\int_\tau^{+\infty} f_2(t-\tau)\mathrm{e}^{-st}\mathrm{d}t\right]\mathrm{d}\tau.$$

若令 $t-\tau=u$, 则

$$\int_\tau^{+\infty} f_2(t-\tau)\mathrm{e}^{-st}\mathrm{d}t = \int_0^{+\infty} f_2(u)\mathrm{e}^{-s(u+\tau)}\mathrm{d}u = \mathrm{e}^{-s\tau}F_2(s).$$

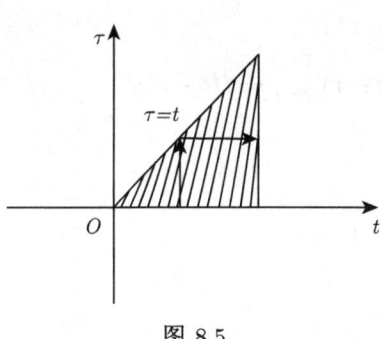

图 8.5

所以

$$\mathcal{L}[f_1(t) * f_2(t)]$$
$$= \int_0^{+\infty} f_1(\tau)[\mathrm{e}^{-s\tau} F_2(s)]\mathrm{d}\tau$$
$$= \left(\int_0^{+\infty} f_1(\tau)\mathrm{e}^{-s\tau}\mathrm{d}\tau\right) F_2(s) = F_1(s)F_2(s).$$

更一般地, 若 $f_k(t)(k=1,2,\cdots,n)$ 满足拉普拉斯变换存在定理中的条件, 且 $\mathcal{L}[f_k(t)] = F_k(s)(k=1,2,\cdots,n)$, 则有

$$\mathcal{L}[f_1(t) * f_2(t) * \cdots * f_n(t)] = F_1(s)F_2(s)\cdots F_n(s) \qquad (8.64)$$

或

$$\mathcal{L}^{-1}[F_1(s)F_2(s)\cdots F_n(s)] = f_1(t) * f_2(t) * \cdots * f_n(t). \qquad (8.65)$$

我们经常用卷积定理求拉普拉斯逆变换. 如果像函数可以分解为几个函数的乘积, 而这几个函数的拉普拉斯逆变换比较容易求出, 那么所求函数的拉普拉斯逆变换就等于这几个函数的像原函数的卷积.

例 8.45 求 $F(s) = \dfrac{1}{s^2(1+s^2)}$ 的拉普拉斯逆变换.

解 由于

$$F(s) = \frac{1}{s^2(s^2+1)} = \frac{1}{s^2}\frac{1}{s^2+1},$$

若令

$$F_1(s) = \frac{1}{s^2}, \quad F_2(s) = \frac{1}{s^2+1},$$

则

$$f_1(t) = \mathcal{L}^{-1}[F_1(s)] = t, \quad f_2(t) = \mathcal{L}^{-1}[F_2(s)] = \sin t.$$

因此, 根据卷积定理及例 8.42 的结论得

$$f(t) = f_1(t) * f_2(t) = t * \sin t = t - \sin t.$$

例 8.46 求 $F(s) = \dfrac{s^2}{(s^2+1)^2}$ 的拉普拉斯逆变换.

解 若令

$$F_1(s) = \frac{s}{s^2+1},$$

则

$$F(s) = F_1(s)F_1(s),$$

8.4 卷 积

而 $f_1(t) = \mathcal{L}^{-1}[F_1(s)] = \cos t$. 因此, 根据卷积定理及例 8.43 的结论得

$$f(t) = f_1(t) * f_1(t) = \cos t * \cos t = \frac{1}{2}(t\cos t + \sin t).$$

例 8.47 求积分方程 $y(t) = \sin t + 2\int_0^t y(\tau)\cos(t-\tau)\mathrm{d}\tau$ 的解.

解 设 $\mathcal{L}[y(t)] = Y(s)$, 由于

$$\mathcal{L}[\sin t] = \frac{1}{s^2+1}, \quad \mathcal{L}[\cos t] = \frac{s}{s^2+1},$$

$$\int_0^t y(\tau)\cos(t-\tau)\mathrm{d}\tau = y(t) * \cos t,$$

对方程两边取拉普拉斯变换, 并根据卷积定理得

$$Y(s) = \frac{1}{s^2+1} + 2Y(s)\frac{s}{s^2+1},$$

解得

$$Y(s) = \frac{1}{(s-1)^2}.$$

最后, 应用像函数的微分性质得

$$\mathcal{L}^{-1}[Y(s)] = -\mathcal{L}^{-1}\left[\left(\frac{1}{s-1}\right)'\right] = t\mathrm{e}^t.$$

例 8.48 求积分方程 $t^2 = \int_0^t f(\tau)[1 + 2(t-\tau) + (t-\tau)^2]\mathrm{d}\tau$ 的解.

解 若令 $h(t-\tau) = 1 + 2(t-\tau) + (t-\tau)^2$, 则原方程可以化为

$$t^2 = f(t) * h(t).$$

设 $\mathcal{L}[f(t)] = F(s)$, 对上面等式两边取拉普拉斯变换, 并根据卷积定理得

$$\frac{2!}{s^3} = F(s)\left(\frac{1}{s} + \frac{2}{s^2} + \frac{2!}{s^3}\right),$$

解得

$$F(s) = \frac{2}{s^2+2s+2}.$$

最后, 应用位移性质得

$$\mathcal{L}^{-1}[F(s)] = 2\mathcal{L}^{-1}\left[\frac{1}{(s+1)^2+1}\right] = 2\mathrm{e}^{-t}\mathcal{L}^{-1}\left[\frac{1}{s^2+1}\right] = 2\mathrm{e}^{-t}\sin t.$$

8.5 拉普拉斯变换的应用

在本节中, 主要讨论用拉普拉斯变换求解微分、积分方程 (组) 的方法以及拉普拉斯变换在线性系统中的简单应用.

8.5.1 用拉普拉斯变换解微分、积分方程 (组)

应用拉普拉斯变换求解微分、积分方程 (组) 的步骤与应用傅里叶变换求解微分、积分方程 (组) 的步骤完全类似, 如图 7.21 所示. 下面看一些具体的例子.

例 8.49 求方程 $y' + py = f(t)$ 满足初始条件 $y(0) = a$ 的解.

解 设方程的解为 $y = y(t)$, 且 $\mathcal{L}[y(t)] = Y(s)$, $\mathcal{L}[f(t)] = F(s)$. 对方程两边取拉普拉斯变换得

$$\mathcal{L}[y'] + p\mathcal{L}[y] = \mathcal{L}[f(t)].$$

应用拉普拉斯变换的微分性质得

$$sY(s) - a + pY(s) = F(s).$$

这是含未知量 $Y(s)$ 的代数方程, 解得

$$Y(s) = \frac{a}{s+p} + \frac{F(s)}{s+p}.$$

最后, 求 $Y(s)$ 的拉普拉斯逆变换, 这样就可以得到方程的解 $y(t)$, 即

$$y(t) = \mathcal{L}^{-1}[Y(s)] = \mathcal{L}^{-1}\left[\frac{a}{s+p}\right] + \mathcal{L}^{-1}\left[\frac{F(s)}{s+p}\right] = ae^{-pt} + \mathcal{L}^{-1}\left[\frac{1}{s+p}F(s)\right].$$

根据卷积定理及卷积的定义得

$$y(t) = ae^{-pt} + e^{-pt} * f(t) = ae^{-pt} + \int_0^t e^{-p\tau} f(t-\tau) d\tau.$$

例 8.50 求方程 $y'' + 4y' + 3y = e^{-t}$ 满足初始条件 $y(0) = y'(0) = 1$ 的解.

解 设方程的解为 $y = y(t)$, 且 $\mathcal{L}[y(t)] = Y(s)$. 对方程两边取拉普拉斯变换, 并根据微分性质和初始条件得

$$s^2 Y(s) - s - 1 + 4sY(s) - 4 + 3Y(s) = \frac{1}{s+1},$$

解得

$$Y(s) = \frac{1}{(s+1)^2(s+3)} + \frac{s+5}{(s+1)(s+3)}$$

$$= -\frac{3}{4}\frac{1}{(s+3)} + \frac{7}{4}\frac{1}{(s+1)} + \frac{1}{2}\frac{1}{(s+1)^2}.$$

最后, 求 $Y(s)$ 的拉普拉斯逆变换得

$$y(t) = -\frac{3}{4}\mathrm{e}^{-3t} + \frac{7}{4}\mathrm{e}^{-t} + \frac{1}{2}t\mathrm{e}^{-t}.$$

例 8.51 求方程 $x'' + 2x' + 2x = \delta(t)$ 满足初始条件 $x(0) = 0$, $x'(0) = 2$ 的解.

解 设方程的解为 $x = x(t)$, 且 $\mathcal{L}[x(t)] = X(s)$. 对方程两边取拉普拉斯变换, 并根据微分性质和初始条件得

$$s^2 X(s) - 2 + 2sX(s) + 2X(s) = 1,$$

解得

$$X(s) = \frac{3}{s^2 + 2s + 2} = \frac{3}{(s+1)^2 + 1}.$$

最后, 求 $X(s)$ 的拉普拉斯逆变换, 根据位移性质得

$$x(t) = \mathcal{L}^{-1}[X(s)] = 3\mathcal{L}^{-1}\left[\frac{1}{(s+1)^2+1}\right] = 3\mathrm{e}^{-t}\mathcal{L}^{-1}\left[\frac{1}{s^2+1}\right] = 3\mathrm{e}^{-t}\sin t.$$

例 8.52 求变系数微分方程 $ty'' + (1-2t)y' - 2y = 0$ 满足初始条件 $y(0) = 1, y'(0) = 2$ 的解.

解 设方程的解为 $y = y(t)$, 且 $\mathcal{L}[y(t)] = Y(s)$. 对方程两边取拉普拉斯变换得到

$$\mathcal{L}[ty''] + \mathcal{L}[(1-2t)y'] - \mathcal{L}[2y] = 0.$$

由像函数的微分性质知

$$\mathcal{L}[ty''] = -\frac{\mathrm{d}\mathcal{L}[y'']}{\mathrm{d}s}, \quad \mathcal{L}[ty'] = -\frac{\mathrm{d}\mathcal{L}[y']}{\mathrm{d}s}.$$

因此, 根据拉普拉斯变换的微分性质, 上面方程可化为

$$-\frac{\mathrm{d}[s^2 Y(s) - sy(0) - y'(0)]}{\mathrm{d}s} + sY(s) - y(0) + 2\frac{\mathrm{d}[sY(s) - y(0)]}{\mathrm{d}s} - 2Y(s) = 0.$$

将初始条件代入上面方程并化简得

$$(2-s)Y'(s) - Y(s) = 0.$$

解这个一阶微分方程得

$$Y(s) = \frac{C}{s-2} \quad (C \text{ 为常数}).$$

最后, 求 $Y(s)$ 的拉普拉斯逆变换得 $y(t) = Ce^{2t}$. 若令 $t = 0$, 则 $C = y(0) = 1$. 所以方程满足初始条件的解为 $y(t) = e^{2t}$.

例 8.53 求积分方程 $f(t) = a + \lambda \int_0^t f(\tau)\mathrm{d}\tau$ 的解.

解 设 $\mathcal{L}[f(t)] = F(s)$. 对方程两边取拉普拉斯变换, 并根据积分性质得

$$F(s) = \frac{a}{s} + \frac{\lambda F(s)}{s},$$

解得

$$F(s) = \frac{a}{s - \lambda}.$$

最后, 求 $F(s)$ 的拉普拉斯逆变换得

$$f(t) = \mathcal{L}^{-1}\left[\frac{a}{s-\lambda}\right] = ae^{\lambda t}.$$

例 8.54 求积分方程 $\int_0^t f(\tau)f(t-\tau)\mathrm{d}\tau = \dfrac{t^3}{6}$ 的解.

解 设 $\mathcal{L}[f(t)] = F(s)$. 对方程两边取拉普拉斯变换, 并根据卷积定理得

$$F(s)F(s) = \frac{1}{s^4},$$

解得

$$F(s) = \pm\frac{1}{s^2}.$$

最后, 求 $F(s)$ 的拉普拉斯逆变换得

$$f_1(t) = \mathcal{L}^{-1}\left[-\frac{1}{s^2}\right] = -t$$

或

$$f_2(t) = \mathcal{L}^{-1}\left[\frac{1}{s^2}\right] = t.$$

由结果知, 此积分方程的解不唯一.

例 8.55 求积分微分方程 $\varphi''(x) + \int_0^t \varphi'(\tau)e^{2(t-\tau)}\mathrm{d}\tau = e^{2t}$ 满足初始条件 $\varphi(0) = \varphi'(0) = 0$ 的解.

解 设 $\mathcal{L}[\varphi(t)] = \Phi(s)$. 由于

$$\mathcal{L}[\varphi'(t)] = s\Phi(s) - \varphi(0) = s\Phi(s),$$
$$\mathcal{L}[\varphi''(t)] = s^2\Phi(s) - s\varphi(0) - \varphi'(0) = s^2\Phi(s),$$

$$\mathcal{L}\left[\int_0^t \varphi'(\tau)\mathrm{e}^{2(t-\tau)}\mathrm{d}\tau\right] = \mathcal{L}\left[\varphi'(t)*\mathrm{e}^{2t}\right] = \mathcal{L}[\varphi'(t)]\mathcal{L}[\mathrm{e}^{2t}] = s\Phi(s)\frac{1}{s-2},$$

所以对方程两边取拉普拉斯变换得

$$s^2\Phi(s) + \Phi(s)\frac{s}{s-2} = \frac{1}{s-2},$$

解得

$$\Phi(s) = \frac{1}{s(s-1)^2}.$$

最后, 求 $\Phi(s)$ 的拉普拉斯逆变换得

$$\varphi(t) = \mathcal{L}^{-1}\left[\frac{1}{s(s-1)^2}\right] = \mathcal{L}^{-1}\left[\frac{1}{s}\right] - \mathcal{L}^{-1}\left[\frac{1}{s-1}\right] + \mathcal{L}^{-1}\left[\frac{1}{(s-1)^2}\right] = 1 - \mathrm{e}^t + t\mathrm{e}^t.$$

例 8.56 如图 8.6 所示的串联 RL 电路, 在 $t=0$ 时刻接到直流电势 E 上, 求电流 $i(t)$.

解 由基尔霍夫定理知

$$u_L + u_R = E.$$

又

$$u_R = i(t)R, \quad u_L = L\frac{\mathrm{d}i(t)}{\mathrm{d}t},$$

所以方程可以化为

$$L\frac{\mathrm{d}i(t)}{\mathrm{d}t} + Ri(t) = E, \quad i(0) = 0.$$

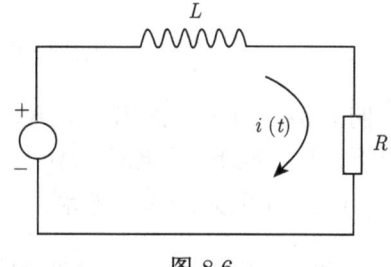

图 8.6

若令 $I(s) = \mathcal{L}[i(t)]$, 并对方程两边取拉普拉斯变换, 则根据微分性质有

$$LsI(s) + RI(s) = \frac{E}{s},$$

解得

$$I(s) = \frac{1}{R+sL}\frac{E}{s}.$$

最后, 求 $I(s)$ 的拉普拉斯逆变换 (应用卷积定理或部分分式法) 得

$$i(t) = \mathcal{L}^{-1}[I(s)] = \frac{E}{R}\left(1 - \mathrm{e}^{-\frac{R}{L}t}\right).$$

例 8.57 如图 8.7 所示的串联 RC 电路, 在 $t=0$ 时刻接到直流电势 E 上, 求电流 $i(t)$.

解 由基尔霍夫定理知
$$u_C + u_R = E.$$

又
$$u_R = i(t)R, \quad u_C = \frac{1}{C}\int_0^t i(t)\mathrm{d}t,$$

所以方程可以化为
$$\frac{1}{C}\int_0^t i(t)\mathrm{d}t + Ri(t) = E, \quad i(0) = 0.$$

若令 $I(s) = \mathcal{L}[i(t)]$，并对方程两边取拉普拉斯变换，则根据积分性质有
$$\frac{I(s)}{Cs} + RI(s) = \frac{E}{s},$$

解得
$$I(s) = \frac{E}{R}\frac{1}{s + \dfrac{1}{CR}}.$$

最后，求 $I(s)$ 的拉普拉斯逆变换得
$$i(t) = \mathcal{L}^{-1}[I(s)] = \frac{E}{R}\mathrm{e}^{-\frac{1}{CR}t}.$$

例 8.58 如图 8.8 所示的串联 RLC 电路，在 $t = 0$ 时刻接到直流电势 E 上，在以下几种情况下，求电流 $i(t)$：

(1) $R = 4$ 欧姆，$L = 1$ 亨利，$C = \dfrac{1}{3}$ 法拉；

(2) $R = 4$ 欧姆，$L = 1$ 亨利，$C = \dfrac{1}{4}$ 法拉；

(3) $R = 4$ 欧姆，$L = 1$ 亨利，$C = \dfrac{1}{8}$ 法拉．

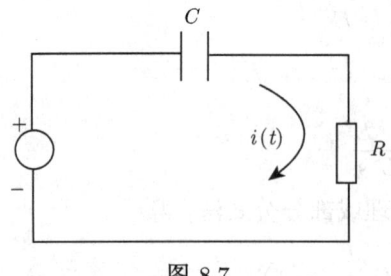
图 8.7

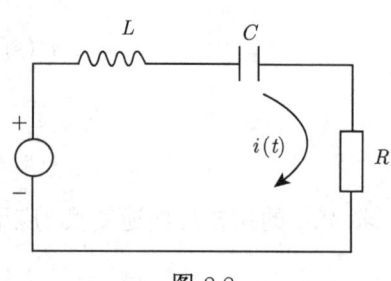
图 8.8

解 由基尔霍夫定理知
$$u_L + u_R + u_C = E.$$

8.5 拉普拉斯变换的应用

又

$$u_R = i(t)R, \quad u_L = L\frac{\mathrm{d}i(t)}{\mathrm{d}t}, \quad u_C = \frac{1}{C}\int_0^t i(t)\mathrm{d}t,$$

所以方程可以化为

$$L\frac{\mathrm{d}i(t)}{\mathrm{d}t} + Ri(t) + \frac{1}{C}\int_0^t i(t)\mathrm{d}t = E, \quad i(0) = 0.$$

若令 $I(s) = \mathcal{L}[i(t)]$，并对方程两边取拉普拉斯变换，则根据微分性质与积分性质有

$$LsI(s) + RI(s) + \frac{I(s)}{Cs} = \frac{E}{s},$$

解得

$$I(s) = \frac{E}{L}\frac{1}{s^2 + \frac{R}{L}s + \frac{1}{LC}}.$$

在条件 (1) 下有

$$I(s) = \frac{E}{s^2 + 4s + 3},$$

这时，求 $I(s)$ 的拉普拉斯逆变换得

$$i(t) = \mathcal{L}^{-1}[I(s)] = \frac{E}{2}\left(\mathrm{e}^{-t} - \mathrm{e}^{-3t}\right);$$

在条件 (2) 下有

$$I(s) = \frac{E}{(s+2)^2},$$

这时，求 $I(s)$ 的拉普拉斯逆变换得

$$i(t) = \mathcal{L}^{-1}[I(s)] = Et\mathrm{e}^{-2t};$$

在条件 (3) 下有

$$I(s) = \frac{E}{s^2 + 4s + 8} = \frac{E}{(s+2)^2 + 2^2},$$

这时，求 $I(s)$ 的拉普拉斯逆变换得

$$i(t) = \mathcal{L}^{-1}[I(s)] = \frac{E}{2}\mathrm{e}^{-2t}\sin 2t.$$

上式表明回路中出现了衰减正弦振荡.

例 8.59 质量为 m 的物体静止在原点，在 $t = 0$ 时刻受到 x 方向的冲击力 $A\delta(t)$ 的作用，A 为常数，求该物体的运动方程 $x(t)$.

解 由牛顿定律知
$$mx''(t) = A\delta(t). \tag{8.66}$$

若将该系统看为 0^- 系统, 则初始条件为 $x(0^-) = x'(0^-) = 0$. 令 $X(s) = \mathcal{L}_-[x(t)]$, 对方程 (8.66) 两边取 0^- 系统的拉普拉斯变换得

$$\mathcal{L}_-[mx''(t)] = A\mathcal{L}_-[\delta(t)].$$

由于 $\mathcal{L}_-[\delta(t)] = 1$, 所以根据 0^- 系统拉普拉斯变换的微分性质, 上式可以化为

$$ms^2 X(s) = A,$$

解得 $X(s) = \dfrac{A}{ms^2}$. 最后, 求 $X(s)$ 的拉普拉斯逆变换得

$$x(t) = \mathcal{L}^{-1}[X(s)] = \dfrac{A}{m}t.$$

若将该系统看为 0^+ 系统, 则初始条件为 $x(0^+) = 0$, $x'(0^+) = \dfrac{A}{m}$[①]. 令 $X(s) = \mathcal{L}_+[x(t)]$, 对方程 (8.66) 两边取 0^+ 系统的拉普拉斯变换得

$$\mathcal{L}_+[mx''(t)] = A\mathcal{L}_+[\delta(t)].$$

由于 $\mathcal{L}_+[\delta(t)] = 0$, 所以根据 0^+ 系统拉普拉斯变换的微分性质, 上式可以化为

$$s^2 X(s) - \dfrac{A}{m} = 0,$$

解得 $X(s) = \dfrac{A}{ms^2}$. 最后, 求 $X(s)$ 的拉普拉斯逆变换得

$$x(t) = \mathcal{L}^{-1}[X(s)] = \dfrac{A}{m}t.$$

例 8.60 求方程组

$$\begin{cases} y'' - x'' + x' - y = e^t - 2, \\ 2y'' - x'' - 2y' + x = -t \end{cases}$$

满足初始条件 $\begin{cases} x(0) = x'(0) = 0, \\ y(0) = y'(0) = 0 \end{cases}$ 的解.

---

① 因为起始时刻为 $t = 0^+$, 所以冲击力 $A\delta(t)$ 在 $t = 0$ 时刻已经作用于物体, 并且瞬间使物体的初速由零突变为 $\dfrac{A}{m}$, 即 $v(0^+) = x'(0^+) = \dfrac{A}{m}$. 可以看出应用 0^+ 系统必须要将 $t = 0$ 时刻的冲激产生的影响考虑进去, 而应用 0^- 系统已经将 $t = 0$ 时刻的冲激包含在内. 因此, 若在 $t = 0$ 时候有冲激, 则应用 0^- 系统来处理问题比较简单.

8.5 拉普拉斯变换的应用

解 设方程组的解为 $x = x(t)$, $y = y(t)$, 且 $\mathcal{L}[x(t)] = X(s)$, $\mathcal{L}[y(t)] = Y(s)$, 对方程组中的两个方程两边取拉普拉斯变换得

$$\begin{cases} s^2Y(s) - s^2X(s) + sX(s) - Y(s) = \dfrac{1}{s-1} - \dfrac{2}{s}, \\ 2s^2Y(s) - s^2X(s) - 2sY(s) + X(s) = -\dfrac{1}{s^2}. \end{cases}$$

整理化简得

$$\begin{cases} (s+1)Y(s) - sX(s) = \dfrac{-s+2}{s(s-1)^2}, \\ 2sY(s) - (s+1)X(s) = -\dfrac{1}{s^2(s-1)}. \end{cases}$$

解这个代数方程组, 得

$$\begin{cases} X(s) = \dfrac{2s-1}{s^2(s-1)^2}, \\ Y(s) = \dfrac{1}{s(s-1)^2}. \end{cases}$$

对 $X(s)$, $Y(s)$ 求拉普拉斯逆变换便得到方程组的解为

$$\begin{cases} x(t) = \mathcal{L}^{-1}[X(s)] = \mathcal{L}^{-1}\left[\dfrac{2s-1}{s^2(s-1)^2}\right] = -t + te^t, \\ y(t) = \mathcal{L}^{-1}[Y(s)] = \mathcal{L}^{-1}\left[\dfrac{1}{s(s-1)^2}\right] = 1 - e^t + te^t. \end{cases}$$

从上面例题可以看出, 用拉普拉斯变换求解微分、积分方程 (组) 时, 有很多优点:

(1) 在求解的过程中, 由于已经将初始条件考虑进去, 所以求出的结果就是需要的特解. 而经典解法需要先求出微分方程的通解, 再根据初始条件确定出通解中的任意常数来得到特解. 显然, 应用拉普拉斯变换求解比应用经典方法求解更加简单.

(2) 对一个非齐次的线性微分方程来说, 当非齐次项中的函数有第一类间断点或者该函数包含了 δ 函数时, 应用一般解法就非常困难, 而应用拉普拉斯变换却可以轻松求解.

(3) 用拉普拉斯变换求解微分、积分方程组时, 可以单独求出某一未知函数而不需要知道其余未知函数. 这在经典解法中是做不到的.

(4) 用拉普拉斯变换求解微分、积分方程组时的步骤简单明了, 容易掌握, 并且应用拉普拉斯积分变换表可以直接得到方程 (组) 的解. 因此, 拉普拉斯变换在工程技术领域应用广泛.

除此之外, 应用拉普拉斯变换还可以求某些差分方程、偏微分方程的解. 本书中不再介绍, 有兴趣的读者请参阅其他教材.

8.5.2 连续时间 LTI 系统的复频域分析法

1. 连续时间 LTI 系统

系统是相互联系相互作用的诸元素的综合体. 当有一外部因素 (称这一外部因素为输入或激励) 作用于该系统时, 系统对外就有一个反作用 (称这一反作用为输出或响应). 这一过程如图 8.9 所示.

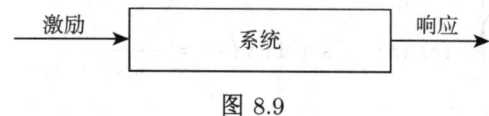

图 8.9

这里主要研究信号与系统中的连续时间线性时不变系统 (简称为连续时间 LTI 系统). 所谓连续时间是指时间连续变化; 所谓时不变是指系统参数不随时间变化; 所谓线性是指系统的激励与响应有下面关系: 如果对于给定的系统, $x_1(t), y_1(t), x_2(t), y_2(t)$ 分别代表两对激励与响应, 则当激励为 $c_1x_1(t) + c_2x_2(t)$ 时, 与之对应的系统响应为 $c_1y_1(t) + c_2y_2(t)$. 这一过程如图 8.10 所示.

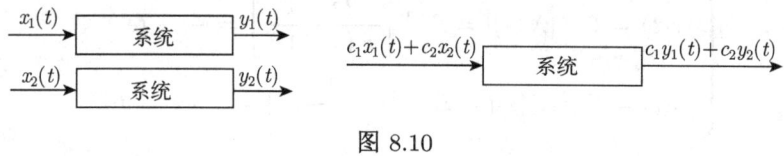

图 8.10

2. 传递函数的概念

连续时间 LTI 系统的数学描述方法主要有两种. 一种是输入—输出描述法, 这种方法主要研究系统激励与系统响应之间的关系, 并不关心系统内部变量的情况. 对于通信系统中大量遇到的单输入—单输出系统, 应用这一方法比较简单; 另一种是状态变量描述法, 不仅可以给出系统响应, 而且可以提供系统内部各变量的情况. 在近代控制系统的理论中, 广泛采用状态变量方法. 这里主要介绍输入—输出描述法的复频域求解方法.

例 8.61 已知一个单输入—单输出连续时间 LTI 系统的激励为 $x(t)$, 求满足初始条件 $y(0) = c_0, y'(0) = c_1, \cdots, y^{(n-1)}(0) = c_{n-1}$ 的系统响应 $y(t)$.

解 激励 $x(t)$ 与响应 $y(t)$ 满足常系数线性微分方程

$$a_n y^{(n)} + a_{n-1} y^{(n-1)} + a_{n-2} y^{(n-2)} + \cdots + a_1 y' + a_0 y$$
$$= b_m x^{(m)} + b_{m-1} x^{(m-1)} + b_{m-2} x^{(m-2)} + \cdots + b_1 x' + b_0 x, \quad (8.67)$$

8.5 拉普拉斯变换的应用

其中 $a_0, a_1, \cdots, a_n, b_0, b_1, \cdots, b_m$ 均为实常数, m, n 为正整数, $n \geqslant m$. 下面用拉普拉斯变换法解这个微分方程. 若令 $\mathcal{L}[x(t)] = X(s), \mathcal{L}[y(t)] = Y(s)$, 则根据拉普拉斯变换的微分性质有

$$\mathcal{L}[a_k y^{(k)}] = a_k s^k Y(s) - a_k \left[s^{k-1} y(0) + s^{k-2} y'(0) + \cdots + y^{(k-1)}(0)\right] \quad (k=0,1,\cdots,n),$$

$$\mathcal{L}[b_k x^{(k)}] = b_k s^k X(s) - b_k \left[s^{k-1} x(0) + s^{k-2} x'(0) + \cdots + x^{(k-1)}(0)\right] \quad (k=0,1,\cdots,m).$$

对方程 (8.67) 两边取拉普拉斯变换并整理得

$$Y(s) = \frac{M(s)}{D(s)} X(s) + \frac{M_{hy}(s) - M_{hx}(s)}{D(s)}, \tag{8.68}$$

其中

$$D(s) = a_n s^n + a_{n-1} s^{n-1} + \cdots + a_1 s + a_0,$$
$$M(s) = b_m s^m + b_{m-1} s^{m-1} + \cdots + b_1 s + b_0,$$
$$M_{hy}(s) = a_n y(0) s^{n-1} + \left[a_n y'(0) + a_{n-1} y(0)\right] s^{n-2} + \cdots$$
$$\qquad + \left[a_n y^{(n-1)}(0) + \cdots + a_2 y'(0) + a_1 y(0)\right],$$
$$M_{hx}(s) = b_m x(0) s^{m-1} + \left[b_m x'(0) + b_{m-1} x(0)\right] s^{m-2} + \cdots$$
$$\qquad + \left[b_m x^{(m-1)}(0) + \cdots + b_2 x'(0) + b_1 x(0)\right].$$

若令 $G(s) = \dfrac{M(s)}{D(s)}, G_h(s) = \dfrac{M_{hy}(s) - M_{hx}(s)}{D(s)}$[1], 则式 (8.68) 可以写为

$$Y(s) = G(s) X(s) + G_h(s).$$

再令 $\mathcal{L}[g(t)] = G(s), \mathcal{L}[g_h(t)] = G_h(s)$, 对上式两边取拉普拉斯逆变换, 并应用拉普拉斯变换的线性性质与卷积定理得

$$\begin{aligned} y(t) &= \mathcal{L}^{-1}[Y(s)] = \mathcal{L}^{-1}[G(s) X(s) + G_h(s)] \\ &= \mathcal{L}^{-1}[G(s) X(s)] + \mathcal{L}^{-1}[G_h(s)] \\ &= g(t) * x(t) + g_h(t). \end{aligned}$$

这样就得到了题设条件下的系统响应 $y(t)$. 虽然解决了问题, 但是这种做法运算量太大了. 究其原因, 是因为 $G_h(s)$ 的拉普拉斯逆变换并不容易求得. 如何能够简化

---

[1] 由于 $G(s)$ 的表达式中不含激励, 也不含 $y(t)$ 的初始条件, 所以 $G(s)$ 表达了系统本身的特性, 与激励及系统的初始状态无关. 但 $G_h(s)$ 由激励和系统本身的初始条件所决定.

计算过程呢？我们发现，在式子 $Y(s) = G(s)X(s) + G_h(s)$ 中，若令 $G_h(s) = 0$[①]，则

$$Y(s) = G(s)X(s). \tag{8.69}$$

这样处理并不会影响 $y(t)$ 的求解，而且消除了与激励和系统本身的初始条件有关的复杂项 $G_h(s)$．这时求解 $y(t)$ 有两种方法：第一种方法是直接求 $G(s)X(s)$ 的拉普拉斯逆变换，即

$$y(t) = \mathcal{L}^{-1}[G(s)X(s)]; \tag{8.70}$$

第二种方法是利用卷积定理计算，即

$$y(t) = \mathcal{L}^{-1}[G(s)] * x(t). \tag{8.71}$$

不管用哪种方法，都要先求出 $G(s)$．从上面求解过程中的式 (8.69) 可以看出，复变函数 $G(s)$ 将 $X(s)$ 与 $Y(s)$ 联系在一起．只要知道了 $G(s)$，不用求解线性常微分方程就可以得到任意激励 $x(t)$ 所对应的响应 $y(t)$．称 $G(s)$ 为系统的传递函数．将式 (8.69) 化为

$$G(s) = \frac{Y(s)}{X(s)}. \tag{8.72}$$

式 (8.72) 表明：在零初始条件下 [②]，系统的传递函数等于系统响应的拉普拉斯变换与系统激励的拉普拉斯变换之比．在系统论中，可以将 $x(t)$ 与 $y(t)$ 的关系用图 8.11 表示出来．

图 8.11

通过以上讨论，知道对于一个连续函数的线性时不变系统，如果已知系统激励，要求系统响应．实质上，就是先求出这个系统的传递函数 $G(s)$；然后，利用式 (8.70) 或式 (8.71) 求出系统响应 $y(t)$．

除此之外，传递函数还可以分析系统参数变化对系统响应的影响，用于控制系统的设计等．但是，传递函数只适用于线性时不变系统；它是在零初始条件下的定义，不能反映在非零初始条件下系统的运动情况；它不提供有关系统结构的任何信息，许多物理上完全不同的系统，可以具有相同的传递函数．

[①] 只要 $x(0) = x'(0) = \cdots = x^{(m)}(0) = y(0) = y'(0) = \cdots = y^{(n)}(0) = 0$ 成立．
[②] 即 $x(0) = x'(0) = \cdots = x^{(m)}(0) = y(0) = y'(0) = \cdots = y^{(n)}(0) = 0$．

3. 脉冲响应函数的概念

例 8.62 已知某连续时间 LTI 系统的传递函数为 $G(s)$, 系统激励为单位脉冲函数 $\delta(t)$, 求系统响应 $y(t)$.

解 由于系统激励 $x(t) = \delta(t)$, 所以

$$X(s) = \mathcal{L}[x(t)] = \mathcal{L}[\delta(t)] = 1.$$

又由传递函数的定义知, 在零初始条件下有

$$Y(s) = G(s)X(s).$$

综合上面两式有 $Y(s) = G(s)$. 两边同时取拉普拉斯逆变换, 有

$$y(t) = \mathcal{L}^{-1}[Y(s)] = \mathcal{L}^{-1}[G(s)] = g(t).$$

此式说明, 在零初始条件下, 当系统激励为 $\delta(t)$ 时, 其系统响应就是 $g(t) = \mathcal{L}^{-1}[G(s)]$. 因此, 称 $g(t)$ 为脉冲响应函数. 显然, 脉冲响应函数 $g(t)$ 与传递函数 $G(s)$ 构成拉普拉斯变换对. $\delta(t)$ 与 $g(t)$ 的关系如图 8.12 所示.

图 8.12

这里需要明确, 对于一个连续函数的线性时不变系统, 如果已知系统激励, 要求系统响应. 根据式 (8.71) 及脉冲响应函数的定义知, 所求的系统响应等于脉冲响应函数 $g(t)$ 与系统激励 $x(t)$ 的卷积. 实质上, 这就是前面介绍过的第二种求系统响应的方法, 只不过有了一个全新的解释罢了.

综上所述, 对于一个单输入—单输出连续时间 LTI 系统, 除可以应用常系数线性微分方程描述外, 还可以用它的传递函数或脉冲响应函数描述. 第一种描述是在时间域进行的, 后两种描述是在复频域进行的. 称在复频域分析系统的方法为系统的复频域分析. 从上面的例子中可以看出, 在复频域分析系统比时间域分析更加简捷. 因此, 复频域分析成为线性系统理论的重要工具.

例 8.63 如图 8.13 所示的串联 RC 电路, 如果将电源电势 $e(t)$ 看为电路的激励, 则其响应为电容两端的电压 $u_c(t)$, 求该系统的传递函数、脉冲响应函数及响应.

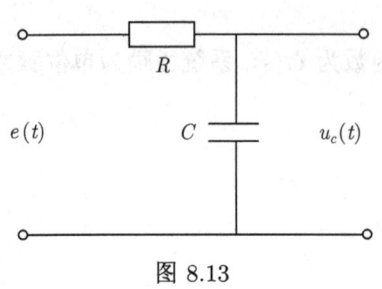

图 8.13

解 由题列出 $u_c(t)$ 与 $e(t)$ 满足的微分方程如下

$$RC\frac{\mathrm{d}u_c(t)}{\mathrm{d}t} + u_c(t) = e(t).$$

若令 $\mathcal{L}[u_c(t)] = U_c(s), \mathcal{L}[e(t)] = E(s)$, 则方程两边同时取拉普拉斯变换并应用微分性质得

$$RC[sU_c(s) - u_c(0)] + U_c(s) = E(s).$$

将零初始条件 $u_c(0) = 0$ 代入上式得

$$U_c(s) = \frac{E(s)}{RCs + 1}.$$

因此, 系统的传递函数

$$G(s) = \frac{U_c(s)}{E(s)} = \frac{1}{RCs + 1}.$$

脉冲响应

$$g(t) = \mathcal{L}^{-1}[G(s)] = \mathcal{L}^{-1}\left[\frac{1}{RCs+1}\right] = \frac{1}{RC}\mathrm{e}^{-\frac{1}{RC}t}.$$

系统响应

$$u_c(t) = g(t) * e(t) = \int_0^t \frac{1}{RC}\mathrm{e}^{-\frac{1}{RC}\tau}\mathrm{e}(t-\tau)\mathrm{d}\tau.$$

例 8.64 已知系统 $y''(t)+5y'(t)+6y(t) = 2x''(t)+6x'(t)$, 其激励 $x(t) = 1+\mathrm{e}^{-t}$, 求该系统的传递函数, 脉冲响应函数及响应.

解 若令 $\mathcal{L}[x(t)] = X(s), \mathcal{L}[y(t)] = Y(s)$, 则在零初始条件下, 对方程两边同时取拉普拉斯变换, 并应用拉普拉斯变换的微分性质得

$$s^2Y(s) + 5sY(s) + 6Y(s) = 2s^2X(s) + 6sX(s).$$

因此, 传递函数

$$G(s) = \frac{Y(s)}{X(s)} = \frac{2s}{s+2}.$$

脉冲响应函数

$$g(t) = \mathcal{L}^{-1}[G(s)] = \mathcal{L}^{-1}\left[\frac{2s}{s+2}\right] = 2\delta(t) - 4\mathrm{e}^{-2t}.$$

响应

$$y(t) = \mathcal{L}^{-1}[G(s)X(s)] = \mathcal{L}^{-1}\left[\frac{2s}{s+2}X(s)\right]$$

$$=\mathcal{L}^{-1}\left[\frac{2s}{s+2}\mathcal{L}[1+\mathrm{e}^{-t}]\right]$$
$$=\mathcal{L}^{-1}\left[\frac{2s}{s+2}\left(\frac{1}{s}+\frac{1}{s+1}\right)\right]=-2\mathrm{e}^{-t}+6\mathrm{e}^{-2t}.$$

习 题 8

1. 用定义求下列函数的拉普拉斯变换，并给出其收敛域：

(1) $\mathrm{e}^{-\mathrm{i}\omega t}$; (2) e^{-3t}; (3) $\sin t\cos t$;

(4) $\mathrm{ch}\omega t$; (5) $\cos^2 t$; (6) t^2.

2. 求下列函数的拉普拉斯变换：

(1) $f(t)=\begin{cases}1, & 0\leqslant t<1,\\-1, & 1\leqslant t<5,\\0, & t\geqslant 5;\end{cases}$ (2) $f(t)=\begin{cases}3, & 0\leqslant t<\dfrac{\pi}{2},\\ \cos t, & t>\dfrac{\pi}{2};\end{cases}$

(3) $f(t)=\begin{cases}t, & 0\leqslant t<1,\\-4, & 1\leqslant t<3,\\0, & t\geqslant 3;\end{cases}$ (4) $f(t)=3\mathrm{e}^{2t}+2\delta(t)$;

(5) $f(t)=\delta(t)\cos t-u(t)\sin t$; (6) $f(t)=\delta'(t)+u(t-2)$.

3. 求下列各图所示周期函数的拉普拉斯变换：

(1)

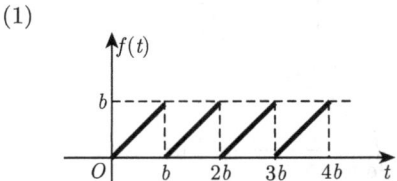

(2)

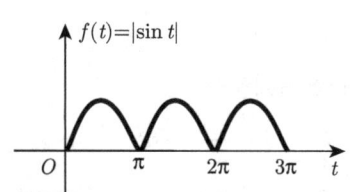

(3)

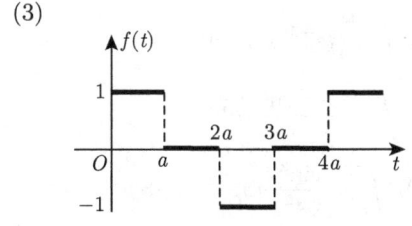

(4)

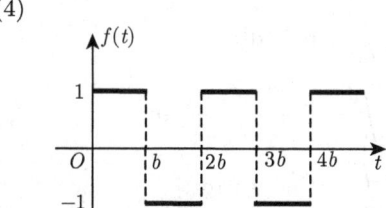

4. 利用拉普拉斯变换的性质求下列函数的拉普拉斯变换：

(1) $f(t)=t^3+2\sqrt{t}+3$; (2) $f(t)=3\mathrm{e}^{-2t}+3\cos 2t+2\sin 3t$;

(3) $f(t)=u(2t)$; (4) $f(t)=\delta(3t)$;

(5) $f(t)=(t-1)u(t-1)$; (6) $f(t)=\delta(t-2)$;

(7) $f(t)=u(2t-1)$; (8) $f(t)=g(3t-2)u(3t-2)$;

(9) $f(t) = e^{-3t} \cos 2t$;

(10) $f(t) = e^{2t} \sin 3t$;

(11) $f(t) = \dfrac{e^{2t}}{\sqrt{t}}$;

(12) $f(t) = t \sin 3t$;

(13) $f(t) = t^2 \cos 2t$;

(14) $f(t) = t^n e^{at}$;

(15) $f(t) = te^t$;

(16) $f(t) = (t-1)^2 e^t$;

(17) $f(t) = te^{-3t} \sin 2t$;

(18) $f(t) = \dfrac{\sin \omega t}{t}$;

(19) $f(t) = \dfrac{1 - e^{-t}}{t}$;

(20) $f(t) = \dfrac{e^{-3t} \sin 2t}{t}$;

(21) $f(t) = \displaystyle\int_0^t \tau e^{-3\tau} \sin 2\tau \, d\tau$;

(22) $f(t) = \displaystyle\int_0^t \dfrac{e^{-3\tau} \sin 2\tau}{\tau} \, d\tau$;

(23) $f(t) = t \displaystyle\int_0^t e^{-3\tau} \sin 2\tau \, d\tau$.

5. 试用单位阶跃函数写出下列各图所示函数的解析式，然后求它们的拉普拉斯变换．

(1)
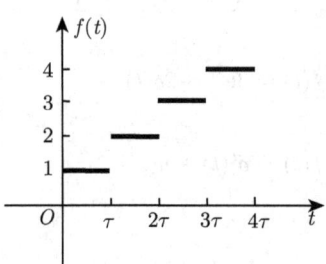

(2)
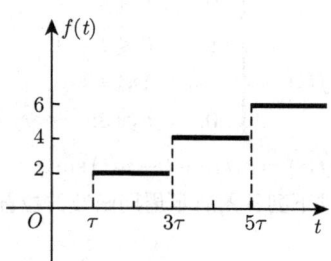

6. 计算下列积分：

(1) $\displaystyle\int_0^{+\infty} \dfrac{e^{-t} - e^{-2t}}{t} \, dt$;

(2) $\displaystyle\int_0^{+\infty} \dfrac{1 - \cos t}{t} e^{-t} \, dt$;

(3) $\displaystyle\int_0^{+\infty} \dfrac{e^{-at} \cos bt - e^{-mt} \cos nt}{t} \, dt$;

(4) $\displaystyle\int_0^{+\infty} e^{-3t} \cos 2t \, dt$;

(5) $\displaystyle\int_0^{+\infty} te^{-2t} \, dt$;

(6) $\displaystyle\int_0^{+\infty} te^{-3t} \sin 2t \, dt$;

(7) $\displaystyle\int_0^{+\infty} \dfrac{e^{-\sqrt{2}t} \sh t \sin t}{t} \, dt$;

(8) $\displaystyle\int_0^{+\infty} \dfrac{e^{-t} \sin^2 t}{t} \, dt$;

(9) $\displaystyle\int_0^{+\infty} t^3 e^{-t} \sin t \, dt$;

(10) $\displaystyle\int_0^{+\infty} \dfrac{\sin^2 t}{t^2} \, dt$.

7. 求下列函数的拉普拉斯逆变换：

(1) $F(s) = \dfrac{1}{s^2 + 4}$;

(2) $F(s) = \dfrac{1}{s^4}$;

(3) $F(s) = \dfrac{1}{(s+1)^3}$;

(4) $F(s) = \dfrac{1}{s+2}$;

(5) $F(s) = \dfrac{3s + 2}{s^2 + 4}$;

(6) $F(s) = \dfrac{2s - 1}{(s+1)(s-2)}$;

习题 8

(7) $F(s) = \ln \dfrac{s+1}{s-1}$;

(8) $F(s) = \dfrac{s}{(s^2-1)^2}$.

8. 应用初值定理和终值定理，在可能的情况下，求下列像函数对应的像原函数的初值 $f(0^+)$ 与终值 $f(+\infty)$，并通过求像函数逆变换的方法验证结论.

(1) $F(s) = \dfrac{1}{s+1} + \dfrac{1}{s+2}$;

(2) $F(s) = \dfrac{s}{(s+1)(s+3)}$;

(3) $F(s) = \dfrac{1}{(s+2)^2}$;

(4) $F(s) = \dfrac{s+1}{s(s+5)}$;

(5) $F(s) = \dfrac{s^2+4s+1}{(s^2+4)(s+1)}$;

(6) $F(s) = \dfrac{2s-1}{(s+1)(s-2)}$;

(7) $F(s) = \dfrac{2s^2+1}{s+2}$;

(8) $F(s) = \dfrac{s^4+2s^3+s^2+1}{s^2(s+1)}$.

9. 求下列函数的拉普拉斯逆变换 (像原函数)，并用另一种方法加以验证.

(1) $F(s) = \dfrac{1}{s^2+a^2}$;

(2) $F(s) = \dfrac{s}{(s-a)(s-b)}$;

(3) $F(s) = \dfrac{s+c}{(s+a)(s+b)^2}$;

(4) $F(s) = \dfrac{s^2+2a^2}{(s^2+a^2)^2}$;

(5) $F(s) = \dfrac{1}{(s^2+a^2)s^3}$;

(6) $F(s) = \dfrac{1}{s(s+a)(s+b)}$;

(7) $F(s) = \dfrac{1}{s^4-a^4}$;

(8) $F(s) = \dfrac{s^2+2s-1}{s(s-1)^2}$;

(9) $F(s) = \dfrac{1}{s^2(s^2-1)}$;

(10) $F(s) = \dfrac{s}{(s^2+1)(s^2+4)}$.

10. 求下列函数的拉普拉斯逆变换：

(1) $F(s) = \dfrac{1}{(s^2+4)^2}$;

(2) $F(s) = \dfrac{s}{s+3}$;

(3) $F(s) = \dfrac{2s+1}{s(s+1)(s+2)}$;

(4) $F(s) = \dfrac{1}{s^4+5s^2+4}$;

(5) $F(s) = \dfrac{s+1}{9s^2+6s+5}$;

(6) $F(s) = \ln \dfrac{s^2-1}{s^2}$;

(7) $F(s) = \dfrac{s+2}{(s^2+4s+5)^2}$;

(8) $F(s) = \dfrac{1}{(s^2+2s+2)^2}$;

(9) $F(s) = \dfrac{s^2+4s+4}{(s^2+4s+13)^2}$;

(10) $F(s) = \dfrac{2s^2+s+5}{s^3+6s^2+11s+6}$;

(11) $F(s) = \dfrac{s+3}{s^3+3s^2+6s+4}$;

(12) $F(s) = \dfrac{2s^2+3s+3}{(s+1)(s+3)^3}$;

(13) $F(s) = \dfrac{1+e^{-2s}}{s^2}$;

(14) $F(s) = \dfrac{s^3+5s^2+9s+7}{(s+1)(s+2)}$;

(15) $F(s) = \dfrac{s^2-3}{(s+2)(s-3)(s^2+2s+5)}$;

(16) $F(s) = \dfrac{2s^3-s^2-1}{(s+1)^2(s^2+1)^2}$.

11. 求下列卷积：

(1) $1 * 1$;
(2) $t * t$;
(3) $t^m * t^n (m,n$ 为正整数$)$;
(4) $t * e^t$;
(5) $\sin t * \cos t$;
(6) $\sin kt * \sin kt (k \neq 0)$;
(7) $t * \text{sh}\,t$;
(8) $u(t-a) * f(t) (a \geqslant 0)$.

12. 利用卷积定理求下列函数的拉普拉斯变换：

(1) $F(s) = \dfrac{1}{s^2(s-1)}$;
(2) $F(s) = \dfrac{s}{(s^2+a^2)^2}$;
(3) $F(s) = \dfrac{1}{(s^2+a^2)^2}$;
(4) $F(s) = \dfrac{1}{(s^2+a^2)^3}$.

13. 求下列常系数微分方程的解：

(1) $y' - y = e^{2t}$, $y(0) = 0$;
(2) $y'' - y = 0$, $y(0) = 0$, $y'(0) = 1$;
(3) $y'' - 2y' + y = 0$, $y(0) = 0$, $y'(0) = 2$;
(4) $y'' + 4y = 0$, $y(0) = 0$, $y'(0) = 1$
(5) $y'' - y = 4\sin t + 5\cos 2t$, $y(0) = -1$, $y'(0) = -2$;
(6) $y'' + 2y' + y = e^{-t}$, $y(0) = y'(0) = 0$;
(7) $y'' + 2y' + 5y = e^{-t}\sin t$, $y(0) = 0$, $y'(0) = 1$;
(8) $y'' + 3y' + 2y = u(t-1)$, $y(0) = 0$, $y'(0) = 1$;
(9) $y'' + 2y' + y = \delta(t)$, $y(0) = y'(0) = 0$;
(10) $y'' + 4y' + 5y = \delta(t) + \delta'(t)$, $y(0) = 0$, $y'(0) = 2$;
(11) $y''' + y' = e^{2t} + \delta(t) + \delta(t-1)$, $y(0) = y'(0) = y''(0) = 0$;
(12) $y^{(4)} + y''' = 3\delta(t) + u(t-1) + \cos t$, $y(0) = y'(0) = y'''(0) = 0$, $y''(0) = 1$.

14. 求下列变系数微分方程的解：

(1) $ty'' + y' + 4ty = 0$, $y(0) = 3$, $y'(0) = 0$;
(2) $ty'' + 2y' + ty = 0$, $y(0) = 1$, $y'(0) = 2$;
(3) $ty'' + 2(t-1)y' + (t-2)y = 0$, $y(0) = 2$;
(4) $ty'' + (1-n)y' + y = 0$, $y(0) = y'(0) = 0 (n \geqslant 0)$.

15. 求下列积分方程的解：

(1) $f(t) = at + \displaystyle\int_0^t \sin(t-\tau)f(\tau)\mathrm{d}\tau$;

(2) $f(t) = e^{-t} - \displaystyle\int_0^t f(\tau)\mathrm{d}\tau$;

(3) $\displaystyle\int_0^t f(\tau)f(t-\tau)\mathrm{d}\tau = 16\sin 4t$;

(4) $\displaystyle\int_0^t f(\tau)f(t-\tau)\mathrm{d}\tau = t^2 e^{-t}$.

16. 求下列微分积分方程的解：

(1) $f'(t) = \int_0^t \cos(t-\tau)f(\tau)\mathrm{d}\tau, f(0)=1$;

(2) $f'(t) + \int_0^t f(\tau)\mathrm{d}\tau = 1$;

(3) $f'(t) + 3f(t) + 2\int_0^t f(\tau)\mathrm{d}\tau = 10\mathrm{e}^{-3t},\ f(0)=0$;

(4) $f'(t) + 2f(t) + 2\int_0^t f(\tau)\mathrm{d}\tau = u(t-1),\ f(0)=-2$.

17. 求下列微分方程组的解.

(1) $\begin{cases} x'+x-y=\mathrm{e}^t, \\ y'+3x-2y=2\mathrm{e}^t, \end{cases}\quad x(0)=y(0)=1$;

(2) $\begin{cases} y'-2z'=f(t), \\ y''-z''+z=0, \end{cases}\quad y(0)=y'(0)=z(0)=z'(0)=0$;

(3) $\begin{cases} (2x''-x'+9x)-(y''+y'+3y)=0, \\ (2x''+x'+7x)-(y''-y'+5y)=0, \end{cases}\quad x(0)=x'(0)=1,\quad y(0)=y'(0)=0$;

(4) $\begin{cases} x'+y'=1+\delta(t), \\ x'-y'=t+\delta(t-1), \end{cases}\quad x(0)=1, y(0)=2$.

18. 如图 8.14(a) 所示的电路，在 $t=0$ 时接到直流电势 E 上，求电流 $i_c(t)$ 与 $V(t)$.

19. 如图 8.14(b) 所示的弹簧—质量系统，在 $t=0$ 时刻，物体受到水平方向的冲击力 $\delta(t)$ 的作用，由静止开始运动，求该物体的运动方程 $x(t)$.

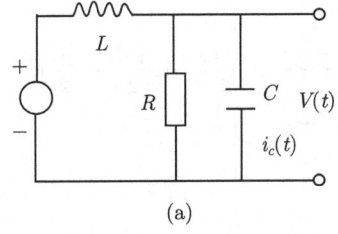
(a)

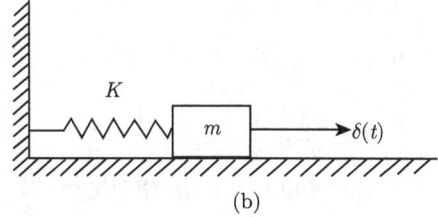
(b)

图 8.14

20. 某系统的传递函数 $G(s) = \dfrac{k}{1+Ts}$，求当激励 $x(t) = A\sin\omega t$ 时的系统响应 $y(t)$.

21. 某系统的激励 $x(t) = \sin t$，当系统的响应 $y(t) = \mathrm{e}^{-t} - \cos t + \sin t$ 时，求

(1) 系统的传递函数 $G(s)$;　　　　(2) 系统的脉冲响应函数 $g(t)$.

22. 某系统的脉冲响应 $g(t) = \mathrm{e}^{-t} + \mathrm{e}^{-2t}$，求系统的传递函数.

部分习题参考解答

习 题 1

1. (1) $\operatorname{Re} z = 2, \operatorname{Im} z = 1, \overline{z} = 2-\mathrm{i}, |z| = \sqrt{5}, \arg z = \arctan\frac{1}{2}, \operatorname{Arg} z = \arctan\frac{1}{2}+2k\pi, k \in \mathbf{Z}$;

(2) $\operatorname{Re} z = \frac{3}{2}, \operatorname{Im} z = -\frac{5}{2}, \overline{z} = \frac{3}{2}+\frac{5}{2}\mathrm{i}, |z| = \frac{\sqrt{34}}{2}, \arg z = -\arctan\frac{5}{3}, \operatorname{Arg} z = -\arctan\frac{5}{3}+2k\pi, k \in \mathbf{Z}$;

(3) $\operatorname{Re} z = 1, \operatorname{Im} z = -3, \overline{z} = 1+3\mathrm{i}, |z| = \sqrt{10}, \arg z = -\arctan 3, \operatorname{Arg} z = -\arctan 3+2k\pi, k \in \mathbf{Z}$;

(4) $\operatorname{Re} z = \frac{1}{2}, \operatorname{Im} z = -\frac{\sqrt{3}}{2}, \overline{z} = \frac{1}{2}+\frac{\sqrt{3}}{2}\mathrm{i}, |z| = 1, \arg z = -\frac{\pi}{3}, \operatorname{Arg} z = -\frac{\pi}{3}+2k\pi, k \in \mathbf{Z}$.

2. (1) $x = -\frac{4}{11}, y = \frac{5}{11}$; (2) $x = 1, y = 11$.

3. (1) $\cos\frac{\pi}{2}+\mathrm{i}\sin\frac{\pi}{2} = \mathrm{e}^{\frac{\pi}{2}\mathrm{i}}$; (2) $2\left(\cos\frac{\pi}{3}+\mathrm{i}\sin\frac{\pi}{3}\right) = 2\mathrm{e}^{\frac{\pi}{3}\mathrm{i}}$; (3) $\cos 11\varphi+\mathrm{i}\sin 11\varphi = \mathrm{e}^{11\varphi\mathrm{i}}$;

(4) $2\left(\cos\frac{3\pi}{10}+\mathrm{i}\sin\frac{3\pi}{10}\right) = 2\mathrm{e}^{\frac{3\pi}{10}\mathrm{i}}$.

4. (1) 真; (2) 假; (3) 假; (4) 真.

6. (1) $-8\mathrm{i}$; (2) $-16\sqrt{3}-16\mathrm{i}$; (3) $\frac{\sqrt{3}}{2}+\frac{1}{2}\mathrm{i}, \mathrm{i}, \frac{-\sqrt{3}}{2}+\frac{1}{2}\mathrm{i}, \frac{-\sqrt{3}}{2}+\frac{-1}{2}\mathrm{i}, -\mathrm{i}, \frac{\sqrt{3}}{2}+\frac{-1}{2}\mathrm{i}$;

(4) $\frac{\sqrt{3}}{2}+\frac{1}{2}\mathrm{i}, -\mathrm{i}, \frac{-\sqrt{3}}{2}+\frac{1}{2}\mathrm{i}$.

7. 模伸长原来的 6 倍, 辐角增加 $\frac{\pi}{12}$.

10. (1) $x^2 - y^2 = 1$ 双曲线; (2) 以 i 为圆心 6 为半径的圆; (3) 实轴; (4) 以原点为端点, $\arg z = \pm\frac{\pi}{3}$ 为边界的角形区域, 不含边界; (5) 以 -3 与 -1 为焦点, 长轴为 4 的椭圆; (6) 圆心在 $-1-\mathrm{i}$, 以 6 半径的圆面, 不含边界; (7) 直线 $x = -\frac{1}{2}$ 及其左边平面; (8) 以 $-\mathrm{i}$ 为起点的射线 $y = x - 1$.

11. (1) 右半平面, 无界、单连通区域; (2) i 为圆心, 3 为半径的圆外, 无界、多连通区域; (3) $0 < y < 1$ 带形区域, 无界单连通区域; (4) 以原点为端点, $\arg z = \pm\frac{\pi}{4}$ 为边界的角形区域, 含边界, 无界单连通闭区域; (5) 直线 $x = -1$ 右侧区域, 不含边界, 无界、单连通区域; (6) 以 $-\frac{17}{15}$ 为圆心, $\frac{8}{15}$ 为半径的圆周外区域, 不含边界, 无界、多连通区域; (7) 以 2i 为圆心, 1 为半

径的圆面去除掉圆心的部分, 含边界, 有界多连通闭区域; (8) 以 ±i 为焦点, 长轴为 2 的椭圆, 含边界, 有界单连通闭区域; (9) 单位圆面 $|z| \leqslant 1$, 有界单连通区域; (10) 抛物线 $y^2 = 1 - 2x$ 的左侧区域, 不含边界, 无界单连通闭区域.

12. (1) $u^2 + v^2 = \dfrac{1}{4}$; (2) $u = v$; (3) $u^2 + v^2 = -v$; (4) $u^2 + v^2 = u$.

13. (1) 0; (2) 3; (3) 2.

14. 不存在.

15. (1) 定义域为整个复平面, 连续; (2) 定义域为复平面上除 $z = 0$ 点外, 连续.

习　题　2

1. (1) 在整个复平面处处不可导, 处处不解析;
   (2) 在 $x \pm y = 0$ 上可导, 但在复平面上处处不解析;
   (3) 在复平面上除 $z = 0$ 外处处可导, 处处解析;
   (4) 在复平面上处处可导, 处处解析.

2. (1) 整个复平面解析, $f'(z) = 2(z - 2)$;
   (2) 除 $z = \pm i$ 外复平面上处处解析, $f'(z) = \dfrac{-2z}{(z^2 + 1)^2}$;
   (3) 除 $z = 0$ 外复平面上处处解析, $f'(z) = 6z + \dfrac{1}{z^2}$;
   (4) 除 $z = -1$ 及 $z = \dfrac{1 \pm i\sqrt{3}}{2}$ 外的复平面上, 处处解析 $f'(z) = \dfrac{2 - 4z^3 - 3z^2}{(z^3 + 1)^2}$.

6. (1) 假; (2) 真; (3) 假; (4) 假.

9. $f'(z) = \dfrac{\partial u}{\partial x} + i\dfrac{\partial v}{\partial x} = 3z^2 - 2, f(z) = z^3 - 2z + c$.

10. $n = l = -3, m = 1, f'(z) = \dfrac{\partial u}{\partial x} + i\dfrac{\partial v}{\partial x} = -6xy + i(3x^2 - y^2)$.

11. 全部成立.

14. (1) $e^{1 - \frac{\pi}{2}i} = -ei$;
    (2) $\text{Ln}(3 + 4i) = \ln\sqrt{5} + i\left(\arctan\dfrac{4}{3} + 2k\pi\right), k = 0, \pm 1, \pm 2, \cdots$;
    (3) $(1 + i)^i = e^{-\left(\frac{\pi}{4} + 2k\pi\right)}(\cos\ln\sqrt{2} + i\sin\ln\sqrt{2}), k = 0, \pm 1, \pm 2, \cdots$;
    (4) $\cos(1 + i) = \text{sh}1\cos 1 + i\text{ch}1\sin 1$;
    (5) $\text{Arctan}\dfrac{i}{3} = k\pi + \dfrac{i}{2}\ln 2, k = 0, \pm 1, \pm 2, \cdots$.

15. (1) $\ln(-i) = -\dfrac{\pi}{2}i$; (2) $\ln(-\sqrt{2}) = \ln\sqrt{2} + \pi i$.

16. (1) $z = (2k + 1)\pi i, k = 0, \pm 1, \pm 2, \cdots$;
    (2) $z = k\pi - \dfrac{\pi}{4}, k = 0, \pm 1, \pm 2, \cdots$;
    (3) $z = k\pi i, k = 0, \pm 1, \pm 2, \cdots$;
    (4) $z = i$.

习 题 3

1. $-\dfrac{1+11i}{3}, -\dfrac{1+11i}{3}, -\dfrac{1+11i}{3}$.

2. $-\dfrac{7+11i}{6}$.

3. πi.

4. 不一定成立. 例如, 取 $f(z) = z, C : |z| = 1$.

5. (1) $2\pi i$; (2) $4\pi i$; (3) $6\pi i$; (4) $6\pi i$.

6. (1) 0; (2) 0; (3) 0; (4) $\dfrac{4\pi i}{4+i}$.

7. 0.

8. (1) $2\pi i(\sin 1 + \cos 1)$; (2) $2\pi i(\cos 1 - 1)$; (3) $\dfrac{\pi}{e}$; (4) $\dfrac{\pi}{a}i$; (5) 0; (6) 0;
   (7) $\dfrac{-\pi^5 i}{12}$; (8) $(-1+i)\pi$.

9. $0 < r < 1$ 时, $-\dfrac{3}{4}\pi i$; $1 < r < 2$ 时, $-\dfrac{1}{12}\pi i$; $r > 2$ 时, 0.

12. (1) 假; (2) 假; (3) 假; (4) 真; (5) 真.

13. (1) ze^z; (2) $(1-i)z^3 + ic$; (3) z^2; (4) $\ln z + c$.

14. 提示：使用柯西积分公式 $f(z) = \dfrac{1}{2\pi i}\oint_C \dfrac{f(\varsigma)}{\varsigma - z}d\varsigma$, 将 $z = z_0 + re^{i\varphi}, C : z = z_0 + Re^{i\theta}, \theta : 0 \to 2\pi$ 代入即可.

15. 提示：使用柯西积分定理 $\dfrac{1}{2\pi i}\oint_C \dfrac{f(\varsigma)}{\varsigma - z_1}d\varsigma = 0$, 将 $z_1 = z_0 + \dfrac{R^2}{r}e^{i\varphi}, C : z = z_0 + Re^{i\theta}, \theta : 0 \to 2\pi$ 代入即可.

16. 提示：14,15 题结论中两个积分相减即可.

习 题 4

1. (1) 收敛且收敛于 -1; (2) 发散; (3) 收敛且收敛于 0.

3. (1) 收敛; (2) 发散; (3) 发散; (4) 收敛; (5) 收敛; (6) 发散.

4. (1) $R = 2$; (2) $R = 1$; (3) $R = e$; (4) $R = \dfrac{\sqrt{2}}{2}$; (5) $R = 3$.

6. 不能.

8. (1) 否; (2) 否; (3) 否.

9. (1) $\dfrac{1}{1+z^3} = \sum\limits_{n=0}^{\infty}(-1)^n z^{3n}, \ R = 1$; (2) $\dfrac{1}{(1-z)^2} = \sum\limits_{n=1}^{\infty} nz^{n-1}, \ R = 1$;

   (3) $\dfrac{1}{3z-2} = -\dfrac{1}{2}\sum\limits_{n=0}^{\infty}\left(\dfrac{3}{2}z\right)^n, \ R = \dfrac{2}{3}$; (4) $\sin^2 z = \dfrac{1}{2}\sum\limits_{n=1}^{\infty}\dfrac{(-1)^{n+1}(2z)^{2n}}{(2n)!}, \ R = +\infty$;

   (5) 利用柯西乘法, $e^z \cos z = 1 + z - \dfrac{z^3}{3} - \dfrac{z^4}{6} - \dfrac{z^5}{30} + \cdots, \ R = +\infty$;

   (6) $\int_0^z \dfrac{\sin \xi}{\xi}d\xi = z - \dfrac{z^3}{3\times 3!} + \dfrac{z^5}{5\times 5!} - \cdots, \ R = +\infty$.

10. (1) $\dfrac{z-1}{z+1} = \sum\limits_{n=1}^{\infty}(-1)^{n-1}\dfrac{(z-1)^n}{2^n}$, $|z-1|<2$;

(2) $\dfrac{1}{z^2} = \sum\limits_{n=0}^{\infty}(n+1)(z+1)^n$, $|z+1|<1$;

(3) $\mathrm{e}^{\frac{1}{1-z}} = 1 + (1+z+\cdots+z^n+\cdots) + \dfrac{1}{2!}(1+z+\cdots+z^n+\cdots)^2 + \cdots$
$\qquad + \dfrac{1}{n!}(1+z+\cdots+z^n+\cdots)^n + \cdots$, $|z|<1$;

(4) $\dfrac{1}{4-3z} = \sum\limits_{n=0}^{\infty}\dfrac{3^n[z-(1+\mathrm{i})]^n}{(1-3\mathrm{i})^{n+1}}$, $|z-(1+\mathrm{i})|<\dfrac{\sqrt{10}}{3}$;

(5) $\dfrac{1}{(z+2)^2} = \sum\limits_{n=0}^{\infty}(-1)^n(n+1)\dfrac{(z-1)^n}{3^{n+2}}$, $|z-1|<3$;

(6) $\tan z = z + \dfrac{z^3}{3} + \dfrac{2z^5}{15} + \dfrac{17z^7}{315} + \cdots$, $|z|<\dfrac{\pi}{2}$.

15. (1) $\sum\limits_{n=-1}^{\infty}(n+2)z^n$, $0<|z|<1$, $\sum\limits_{n=-2}^{\infty}(-1)^n(z-1)^n$, $0<|z-1|<1$;

(2) $-\dfrac{1}{z^2} - \dfrac{2}{z} - 2 - 2z - 2z^2 + \cdots$, $0<|z|<1$, $\dfrac{1}{z^2} + \dfrac{2}{z^3} + \dfrac{2}{z^4} + \cdots$, $1<|z|<\infty$;

(3) $\dfrac{1}{2\mathrm{i}}\sum\limits_{n=0}^{\infty}(-1)^n\dfrac{(z-\mathrm{i})^{n-1}}{(2\mathrm{i})^n}$, $0<|z-\mathrm{i}|<2$, $\sum\limits_{n=0}^{\infty}\dfrac{(-1)^n(2\mathrm{i})^n}{(z-\mathrm{i})^{n+2}}$, $2<|z-\mathrm{i}|<\infty$;

(4) $-\dfrac{1}{\mathrm{i}}\left[\dfrac{1}{z-\mathrm{i}} - 1 + \dfrac{z-\mathrm{i}}{\mathrm{i}^2} - \dfrac{(z-\mathrm{i})^2}{\mathrm{i}^3} + \cdots\right]$, $0<|z-\mathrm{i}|<1$;

(5) $z^2 - \dfrac{1}{2!} + \dfrac{1}{4!}\dfrac{1}{z^2} - \dfrac{1}{6}\dfrac{1}{z^4} + \cdots$, $0<|z|<\infty$;

(6) $\sum\limits_{n=0}^{\infty}(-1)^{n+1}\dfrac{1}{(2n+1)!(z-1)^{2n+1}}$, $0<|z-1|<\infty$.

16. 当 $z_k = \dfrac{1}{k\pi + \dfrac{\pi}{2}}$ $(k=0,\pm 1,\pm 2,\cdots)$ 时，$\tan\dfrac{1}{z_k} = \infty$，故 z_k 是 $\tan\dfrac{1}{z}$ 的奇点，且以 $z=0$ 为极限点. 因而 $\tan\dfrac{1}{z}$ 在 $0<|z|<R$ 内不解析，不能展开成洛朗级数.

18. (1) $z=0$ 为一阶极点，$z=\pm 2\mathrm{i}$ 为一阶极点；

(2) $z=0$ 为可去奇点；

(3) $z=k\pi+\dfrac{\pi}{2}$ 为本性奇点；

(4) $z=0$ 为可去奇点；

(5) $z=\mathrm{e}^{\mathrm{i}\frac{2k+1}{n}\pi}$ $(k=0,1,\cdots,n-1)$ 为一阶极点；

(6) $z=0$ 为二阶极点，$z=2k\pi\mathrm{i}$ $(k=\pm 1,\pm 2,\cdots)$ 为一阶极点；

(7) $z=0$ 为可去奇点，$z=k\pi$ $(k=\pm 1,\pm 2,\cdots)$ 为一阶极点；

(8) $z=-1$ 为一阶极点，$z=1$ 为二阶极点.

19. (1) $z=0$, $z=\pm 1$ 为一阶极点；$z=\infty$ 为可去奇点；

(2) $z = \pm i$ 为一阶极点；$z = \infty$ 为可去奇点；

(3) $z = 0$ 为三阶极点；$z = \infty$ 为可去奇点；

(4) $z = 0$ 为可去奇点；$z = \infty$ 为本性奇点；

(5) $z_k = k\pi + \dfrac{\pi}{2}$ $(k = 0, \pm 1, \pm 2, \cdots)$ 为二阶极点；$z = \infty$ 为极点的极限点；

(6) $z_k = \dfrac{1}{k\pi + \dfrac{\pi}{2}}$ $(k = 0, \pm 1, \pm 2, \cdots)$ 为本性奇点；$z = 0$ 为本性奇点的极限点；$z = \infty$ 为可去奇点.

习 题 5

1. (1) $\operatorname{Res}[f(z), 0] = 0$, $\operatorname{Res}[f(z), 1] = \dfrac{1}{2}$, $\operatorname{Res}[f(z), -1] = \dfrac{1}{2}$；

(2) $\operatorname{Res}[f(z), -2] = -\dfrac{1}{4}$；$\operatorname{Res}[f(z), 0] = \dfrac{1}{4}$；(3) $\operatorname{Res}[f(z), 0] = -\dfrac{4}{3}$；(4) $\operatorname{Res}[f(z), 1] = 1$；

(5) $\operatorname{Res}\left[f(z), k\pi + \dfrac{\pi}{2}\right] = (-1)^k$；(6) $\operatorname{Res}\left[f(z), k\pi + \dfrac{\pi}{2}\right] = -1$；

(7) $n = 1, \operatorname{Res}[f(z), -1] = 2\pi i$, $n \neq 1$, $\operatorname{Res}[f(z), z_k] = 0$；(8) $\operatorname{Res}[f(z), k\pi] = 0$.

2. (1) $-\dfrac{e - e^{-1}}{2}$；　(2) 0；　(3) 0；　(4) 0.

3. (1) 0；　(2) 0；　(3) $\pi(e^{-1} - e)$；　(4) 0；　(5) πi；　(6) $12i$；

(7) $-\dfrac{\pi i}{\sqrt{2}}$；　(8) $\dfrac{\pi i}{a}$；　(9) 0；　(10) $-\dfrac{2}{3}\pi i$.

5. (1) $\dfrac{2\pi}{\sqrt{a^2 - 1}}$；　(2) $\dfrac{2\pi}{\sqrt{(2a + 1)^2 - 1}}$；　(3) π；　(4) $\dfrac{\sqrt{2}}{4}\pi$；

(5) $\dfrac{\pi \cos 1}{2}$；　(6) $\dfrac{\pi}{24e^3}(3e^2 - 1)$.

6. (1) $2\pi i$；　(2) $2\pi i$；　(3) $-4\pi i$；　(4) 0.

9. 1 个根.

习 题 6

1. 伸缩率：$|w'(i)| = 2$；旋转角：$\operatorname{Arg} w'(i) = \dfrac{\pi}{2}$；$w$ 平面上虚轴的正向.

2. 在导数不等于零的情况下具有伸缩率和旋转角不变性；映射 $w = z^2$ 在 $z = 0$ 处不具有伸缩率和旋转角不变性.

4. (1) 以 $w = -1$, $w = -i$, $w = i$ 为顶点的三角形；(2) 圆域 $|w - i| \leqslant 1$.

7. 圆心在原点、半径为 R^2，且沿由 0 到 R^2 的半径有割痕的圆域.

8. (1) $\operatorname{Im} w > 1$；　(2) $\operatorname{Im} w > \operatorname{Re} w$；　(3) $|w + i| > 1$, $\operatorname{Im} w < 0$；

(4) $\left|w - \dfrac{1}{2}\right| < 1$, $\operatorname{Im} w < 0$；　(5) $\operatorname{Re} w > 0$, $\left|w - \dfrac{1}{2}\right| > 1$, $\operatorname{Im} w > 0$.

9. (1) $w = -\mathrm{i}\dfrac{z-\mathrm{i}}{z+\mathrm{i}}$; (2) $w = \mathrm{i}\dfrac{z-\mathrm{i}}{z+\mathrm{i}}$; (3) $w = \dfrac{3z+(\sqrt{5}-2\mathrm{i})}{(\sqrt{5}-2\mathrm{i})z+3}$.

10. (1) $w = \dfrac{2z-1}{z-2}$; (2) $w = \dfrac{\mathrm{i}(2z-1)}{2-z}$.

11. 把单位圆 $|z|<1$ 映射成 w 平面的上半平面

$$w = \dfrac{(1+\mathrm{i})(z-\mathrm{i})}{1+z+3\mathrm{i}(1-z)}.$$

12. $w = \mathrm{e}^{\mathrm{i}\theta}\dfrac{z-\overline{\alpha}}{z+\alpha}$, 其中 $\operatorname{Re}\alpha > 0$, θ 为任意实数.

13. (1) $w = -\left(\dfrac{z+\sqrt{3}-\mathrm{i}}{z-\sqrt{3}-\mathrm{i}}\right)^2$; (2) $w = \left(\dfrac{z-\sqrt{2}(1-\mathrm{i})}{z-\sqrt{2}(1+\mathrm{i})}\right)^4$; (3) $w = \left(\dfrac{z^4+16}{z^4-16}\right)^2$;

(4) $w = -\left(\dfrac{z^{2/3}+2^{2/3}}{z^{2/3}-2^{2/3}}\right)^2$; (5) $w = \sqrt{z^2+a^2}$; (6) $w = \sqrt{1-\left(\dfrac{z-\mathrm{i}}{z+\mathrm{i}}\right)^2}$;

(7) $w = \left(\dfrac{\sqrt{z}+1}{\sqrt{z}-1}\right)^2$; (8) $w = \mathrm{e}^{2\pi\mathrm{i}\frac{z}{z-2}}$; (9) $w = \mathrm{e}^{\frac{\pi\mathrm{i}}{b-a}(z-a)}$; (10) $w = \left(\dfrac{\mathrm{e}^{-\frac{\pi}{a}z}-1}{\mathrm{e}^{-\frac{\pi}{a}z}+1}\right)^2$.

习 题 7

1. (1) $\dfrac{2}{\pi}\displaystyle\int_0^{+\infty}\dfrac{(5-\omega^2)\cos\omega t + 2\omega\sin\omega t}{25-6\omega^2+\omega^4}\mathrm{d}\omega$;

(2) $\dfrac{2}{\pi}\displaystyle\int_0^{+\infty}\dfrac{\sin\omega\pi\sin\omega t}{1-\omega^2}\mathrm{d}\omega$;

(3) $\dfrac{4}{\pi}\displaystyle\int_0^{+\infty}\dfrac{\sin\omega-\omega\cos\omega}{\omega^3}\cos\omega t\,\mathrm{d}\omega$.

3. (1) $|c_n| = \begin{cases} 2, & n=0, \\ 0, & n=\pm 2,\pm 4,\pm 6,\cdots, \\ \dfrac{8}{n^2\pi^2}, & n=\pm 1,\pm 3,\pm 5,\cdots, \end{cases}$ $f(t) = 2 + \displaystyle\sum_{n=-\infty}^{+\infty}\dfrac{8}{(2n-1)^2\pi^2}\mathrm{e}^{\mathrm{i}\frac{(2n-1)\pi t}{4}}$;

(2) $|c_n| = \dfrac{2}{\pi}\left|\dfrac{1}{4n^2-1}\right|$, $f(t) = \displaystyle\sum_{n=-\infty}^{+\infty}\dfrac{2}{\pi}\dfrac{1}{1-4n^2}\mathrm{e}^{\mathrm{i}2nt}$;

(3) $|c_0| = \dfrac{h}{2}$, $|c_n| = \dfrac{h}{2n\pi}(n\neq 0)$, $f(t) = \dfrac{h}{2} + \displaystyle\sum_{\substack{n=-\infty\\ n\neq 0}}^{+\infty}\dfrac{h\mathrm{i}}{2n\pi}\mathrm{e}^{\mathrm{i}n\frac{2\pi}{T}t}$.

5. (1) $F(\omega) = \dfrac{E(1-\mathrm{e}^{-\mathrm{i}\omega\tau})}{\mathrm{i}\omega}$;

(2) $F(\omega) = \dfrac{4}{\omega^2}\sin^2\dfrac{\omega}{2}$;

(3) $F(\omega) = \dfrac{2}{1+\omega^2}\left[1-\mathrm{e}^{-\frac{1}{2}}\left(\cos\dfrac{\omega}{2}-\omega\sin\dfrac{\omega}{2}\right)\right]$;

(4) $F(\omega) = e^{-\frac{\omega^2}{2}}$.

6. $F_c(\omega) = \dfrac{\beta}{\beta^2 + \omega^2}$; $F_s(\omega) = \dfrac{\omega}{\beta^2 + \omega^2}$.

7. (1) $f(t) = \begin{cases} \dfrac{1}{2}, & |t| < 1, \\ \dfrac{1}{4}, & |t| = 1, \\ 0, & |t| > 1; \end{cases}$ (2) $\dfrac{1}{4}e^{-2|t|}$; (3) $\dfrac{1}{\pi}\cos t$.

9. (1) $\mathcal{F}[f(2t-1)] = \dfrac{1}{2}e^{-\frac{\omega}{2}i}F\left(\dfrac{\omega}{2}\right)$; (2) $\mathcal{F}[f(1-2t)] = \dfrac{1}{2}e^{-\frac{\omega}{2}i}F\left(-\dfrac{\omega}{2}\right)$;

(3) $\mathcal{F}[tf(t)] = iF'(\omega)$; (4) $\mathcal{F}[tf(-2t)] = -\dfrac{1}{4}iF'\left(-\dfrac{\omega}{2}\right)$;

(5) $\mathcal{F}[tf'(t)] = -F(\omega) - \omega F'(\omega)$; (6) $\mathcal{F}[(t-1)f(t-1)] = ie^{-i\omega}F'(\omega)$.

10. (1) π; (2) π; (3) $\dfrac{\pi}{2}$; (4) $\dfrac{\pi}{2}$.

11. (1) 3; (2) $f(0)$; (3) 1; (4) 19; (5) 0; (6) 1.

13. (1) $F(\omega) = 2e^{-2\omega i}$;

(2) $F(\omega) = \dfrac{1}{1-\omega^2} + \dfrac{\pi}{2i}[\delta(\omega-1) - \delta(\omega+1)]$;

(3) $F(\omega) = \left(\dfrac{1}{2} + \dfrac{\sqrt{3}}{2}i\right)\pi\delta(\omega+2) + \left(\dfrac{1}{2} - \dfrac{\sqrt{3}}{2}i\right)\pi\delta(\omega-2)$;

(4) $F(\omega) = \pi[\delta(\omega-2) + \delta(\omega+2)]$.

14. (1) $\omega_0 = \dfrac{\pi}{4}$, $F(\omega) = 4\pi\delta(\omega) + \displaystyle\sum_{n=-\infty}^{+\infty} \dfrac{16}{(2n-1)^2\pi}\delta\left(\omega - \dfrac{2n-1}{4}\pi\right)$;

(2) $\omega_0 = 2$, $F(\omega) = \displaystyle\sum_{n=-\infty}^{+\infty} \dfrac{4}{1-4n^2}\delta(\omega - 2n)$;

(3) $\omega_0 = \dfrac{2\pi}{T}$, $F(\omega) = \pi h\delta(\omega) + \displaystyle\sum_{\substack{n=-\infty \\ n\neq 0}}^{+\infty} \dfrac{hi}{n}\delta\left(\omega - n\dfrac{2\pi}{T}\right)$.

15. $\delta_T(t) = \dfrac{1}{T}\displaystyle\sum_{n=-\infty}^{+\infty} e^{i\frac{2n\pi}{T}t}$, $F(\omega) = \dfrac{2\pi}{T}\displaystyle\sum_{n=-\infty}^{+\infty} \delta\left(\omega - \dfrac{2n}{T}\pi\right)$.

16. (1) $F(\omega) = \dfrac{1}{i(\omega+\omega_0)} + \pi\delta(\omega+\omega_0)$;

(2) $F(\omega) = \dfrac{1}{i(\omega+\omega_0)}e^{-i(\omega+\omega_0)t_0} + \pi\delta(\omega+\omega_0)e^{-i(\omega+\omega_0)t_0}$;

(3) $F(\omega) = -\dfrac{1}{(\omega-\omega_0)^2} + \pi i\delta'(\omega-\omega_0)$;

(4) $F(\omega) = \left(-\dfrac{1}{2}\sqrt{\pi}\omega e^{-\frac{\omega^2}{4}}\right)i$;

(5) $F(\omega) = 2\pi e^{-i\omega}\delta(\omega+2)$;

(6) $F(\omega) = -\dfrac{2}{\omega^2}e^{-i\omega}$.

17. $f_1(t) * f_2(t) = \begin{cases} 0, & t \leqslant 0, \\ \dfrac{1}{2}(\sin t - \cos t + e^{-t}), & 0 < t \leqslant \dfrac{\pi}{2}, \\ \dfrac{1}{2}e^{-t}(1 + e^{\frac{\pi}{2}}), & t > \dfrac{\pi}{2}. \end{cases}$

18. $f_1(t) * f_2(t) = \begin{cases} 0, & t \leqslant 0 \text{或} t > 3, \\ t - \dfrac{t^2}{2}, & 0 < t \leqslant 1, \\ \dfrac{1}{2}, & 1 < t \leqslant 2, \\ \dfrac{9}{2} - 3t + \dfrac{t^2}{2}, & 2 < t \leqslant 3. \end{cases}$

21. $S(\omega) = \dfrac{a}{4a^2 + \omega^2}$.

22. $S(\omega) = \dfrac{1}{\beta^2 + \omega^2}$.

23. $R_{12}(\tau) = \begin{cases} \dfrac{b}{2a}(a^2 - \tau^2), & -a \leqslant \tau \leqslant 0, \\ \dfrac{b}{2a}(a - \tau)^2, & 0 < \tau \leqslant a, \\ 0, & |\tau| > a. \end{cases}$

24. $y(t) = \begin{cases} 0, & t < 0, \\ e^{-t}, & t \geqslant 0. \end{cases}$

25. (1) $g(\omega) = \begin{cases} 1, & 0 < \omega < 1, \\ \dfrac{1}{2}, & \omega = 1, \\ 0, & \omega > 1; \end{cases}$ (2) $g(\omega) = \dfrac{2}{\pi\omega}(1 + \cos\omega - 2\cos 2\omega)$.

26. $y(t) = \sqrt{2\pi}\left(1 - \dfrac{t^2}{2}\right)e^{-\frac{t^2}{2}}$.

27. $y(t) = \begin{cases} \dfrac{1}{3}(e^{2t} - e^t), & t < 0, \\ 0, & t = 0, \\ \dfrac{1}{3}(e^{-t} - e^{-2t}), & t > 0. \end{cases}$

习 题 8

1. (1) $F(s) = \dfrac{1}{s + i\omega} (\operatorname{Re} s > 0)$; (2) $F(s) = \dfrac{1}{s + 3} (\operatorname{Re} s > -3)$;

(3) $F(s) = \dfrac{1}{s^2 + 4} (\operatorname{Re} s > 0)$; (4) $F(s) = \dfrac{s}{s^2 - \omega^2} (\operatorname{Re} s > \max\{\omega, -\omega\})$;

(5) $F(s) = \dfrac{s^2+2}{s(s^2+4)}$ (Re $s > 0$); (6) $F(s) = \dfrac{2}{s^3}$ (Re $s > 0$).

2. (1) $F(s) = \dfrac{\mathrm{e}^{-5s} - 2\mathrm{e}^{-s} + 1}{s}$; (2) $F(s) = \dfrac{3}{s}\left(1 - \mathrm{e}^{-\frac{\pi}{2}s}\right) - \dfrac{1}{s^2+1}\mathrm{e}^{-\frac{\pi}{2}s}$;

(3) $F(s) = \dfrac{1 - \mathrm{e}^{-s} - 5s\mathrm{e}^{-s} + 4s\mathrm{e}^{-3s}}{s^2}$; (4) $F(s) = \dfrac{3}{s-2} + 2$;

(5) $F(s) = \dfrac{s^2}{s^2+1}$; (6) $F(s) = s + \dfrac{\mathrm{e}^{-2s}}{s}$.

3. (1) $F(s) = \dfrac{1+bs}{s^2} - \dfrac{b}{s(1-\mathrm{e}^{-bs})}$; (2) $F(s) = \dfrac{1}{1+s^2}\coth\dfrac{\pi s}{2}$;

(3) $F(s) = \dfrac{1}{s(1+\mathrm{e}^{-as})}\tanh as$; (4) $F(s) = \dfrac{1}{s}\tanh\dfrac{bs}{2}$.

4. (1) $F(s) = \dfrac{6}{s^4} + 2\Gamma\left(\dfrac{3}{2}\right)\dfrac{1}{s^{\frac{3}{2}}} + \dfrac{3}{s}$; (2) $F(s) = \dfrac{3}{s+2} + \dfrac{3s}{s^2+4} + \dfrac{6}{s^2+9}$;

(3) $F(s) = \dfrac{1}{s}$; (4) $F(s) = \dfrac{1}{3}$;

(5) $F(s) = \dfrac{\mathrm{e}^{-s}}{s^2}$; (6) $F(s) = \mathrm{e}^{-2s}$;

(7) $F(s) = \dfrac{1}{s}\mathrm{e}^{-\frac{s}{2}}$; (8) $F(s) = \dfrac{1}{3}G\left(\dfrac{s}{3}\right)\mathrm{e}^{-\frac{2}{3}s}$, $\mathcal{L}[g(t)] = G(s)$;

(9) $F(s) = \dfrac{s+3}{(s+3)^2+4}$; (10) $F(s) = \dfrac{3}{(s-2)^2+9}$;

(11) $F(s) = \sqrt{\dfrac{\pi}{s-2}}$; (12) $F(s) = \dfrac{6s}{(s^2+9)^2}$;

(13) $F(s) = \dfrac{2s^3 - 24s}{(s^2+4)^3}$; (14) $F(s) = \dfrac{\Gamma(n+1)}{(s-a)^{n+1}}$, $n > -1$;

(15) $F(s) = \dfrac{1}{(s-1)^2}$; (16) $F(s) = \dfrac{s^2 - 4s + 5}{(s-1)^3}$;

(17) $F(s) = \dfrac{4(s+3)}{[(s+3)^2+4]^2}$; (18) $F(s) = \dfrac{\pi}{2} - \arctan\dfrac{s}{\omega}$;

(19) $F(s) = \ln\dfrac{s+1}{s}$; (20) $F(s) = \dfrac{\pi}{2} - \arctan\dfrac{s+3}{2}$;

(21) $F(s) = \dfrac{4(s+3)}{[(s+3)^2+4]^2 s}$; (22) $F(s) = \dfrac{1}{s}\left(\dfrac{\pi}{2} - \arctan\dfrac{s+3}{2}\right)$;

(23) $F(s) = \dfrac{2(3s^2 + 12s + 13)}{[(s+3)^2+4]^2 s^2}$.

5. (1) $F(s) = \dfrac{1}{2s}\left(1 + \operatorname{cth}\dfrac{s\tau}{2}\right)$; (2) $F(s) = \dfrac{1}{s(\operatorname{sh} s\tau)}$.

6. (1) $\ln 2$; (2) $\dfrac{\ln 2}{2}$;

(3) $\dfrac{1}{2}\ln\dfrac{m^2+n^2}{a^2+b^2}$; (4) $\dfrac{3}{13}$;

(5) $\dfrac{1}{4}$;

(6) $\dfrac{12}{169}$;

(7) $\dfrac{\pi}{8}$;

(8) $\dfrac{1}{4}\ln 5$;

(9) 0;

(10) $\dfrac{\pi}{2}$.

7. (1) $f(t) = \dfrac{1}{2}\sin 2t$;

(2) $f(t) = \dfrac{t^3}{6}$;

(3) $f(t) = \dfrac{t^2}{2}\mathrm{e}^{-t}$;

(4) $f(t) = \mathrm{e}^{-2t}$;

(5) $f(t) = 3\cos 2t + \sin 2t$;

(6) $f(t) = \mathrm{e}^{-t} + \mathrm{e}^{2t}$;

(7) $f(t) = \dfrac{\mathrm{e}^t - \mathrm{e}^{-t}}{t}$;

(8) $F(t) = \dfrac{t}{4}(\mathrm{e}^t - \mathrm{e}^{-t})$.

8. (1) $f(0^+) = 2$, $f(+\infty) = 0$;

(2) $f(0^+) = 1$, $f(+\infty) = 0$;

(3) $f(0^+) = 0$, $f(+\infty) = 0$;

(4) $f(0^+) = 1$, $f(+\infty) = \dfrac{1}{5}$;

(5) $f(0^+) = 1$, $f(+\infty)$ 不存在;

(6) $f(0^+) = 2$, $f(+\infty) = +\infty$;

(7) $f(0^+) = 9$, $f(+\infty) = 0$;

(8) $f(0^+) = 0$, $f(+\infty)$ 不存在.

9. (1) $f(t) = \dfrac{1}{a}\sin at$;

(2) $f(t) = \dfrac{a\mathrm{e}^{at} - b\mathrm{e}^{bt}}{a - b}$;

(3) $f(t) = \dfrac{c-a}{(b-a)^2}\mathrm{e}^{-at} + \left[\dfrac{c-b}{a-b}t + \dfrac{a-c}{(a-b)^2}\right]\mathrm{e}^{-bt}$;

(4) $f(t) = \dfrac{3}{2a}\sin at - \dfrac{1}{2}t\cos at$;

(5) $f(t) = \dfrac{1}{a^4}(\cos at - 1) + \dfrac{1}{2a^2}t^2$;

(6) $f(t) = \dfrac{1}{ab} + \dfrac{1}{a-b}\left(\dfrac{\mathrm{e}^{-at}}{a} - \dfrac{\mathrm{e}^{-bt}}{b}\right)$;

(7) $f(t) = \dfrac{1}{2a^3}(\mathrm{sh}\, at - \sin at)$;

(8) $f(t) = 2t\mathrm{e}^t + 2\mathrm{e}^t - 1$;

(9) $f(t) = \mathrm{sh}\, t - t$;

(10) $f(t) = \dfrac{1}{3}\cos t - \dfrac{1}{3}\cos 2t$.

10. (1) $f(t) = \dfrac{\sin 2t}{16} - \dfrac{t\cos 2t}{8}$;

(2) $f(t) = \delta(t) - 3\mathrm{e}^{-3t}$;

(3) $f(t) = \dfrac{1}{2}(1 + 2\mathrm{e}^{-t} - 3\mathrm{e}^{-2t})$;

(4) $f(t) = \dfrac{1}{3}\sin t - \dfrac{1}{6}\sin 2t$;

(5) $f(t) = \dfrac{1}{9}\left(\sin\dfrac{2}{3}t + \cos\dfrac{2}{3}t\right)\mathrm{e}^{-\frac{1}{3}t}$;

(6) $f(t) = \dfrac{2}{t}(1 - \mathrm{ch}\, t)$;

(7) $f(t) = \dfrac{1}{2}t\mathrm{e}^{-2t}\sin t$;

(8) $f(t) = \dfrac{1}{2}\mathrm{e}^{-t}(\sin t - t\cos t)$;

(9) $f(t) = \mathrm{e}^{-2t}\left(\dfrac{1}{2}t\cos 3t + \dfrac{1}{6}\sin 3t\right)$;

(10) $f(t) = 3\mathrm{e}^{-t} - 11\mathrm{e}^{-2t} + 10\mathrm{e}^{-3t}$;

(11) $f(t) = \dfrac{1}{3}\mathrm{e}^{-t}(2 - 2\cos\sqrt{3}t + \sqrt{3}\sin\sqrt{3}t)$;

(12) $f(t) = \dfrac{1}{4}e^{-t} - \dfrac{1}{4}e^{-3t} + \dfrac{3}{2}te^{-3t} - 3t^2 e^{-3t}$;

(13) $f(t) = \begin{cases} t, & 0 \leqslant t < 2, \\ 2(t-1), & t \geqslant 2; \end{cases}$

(14) $f(t) = \delta'(t) + 2\delta(t) + 2e^{-t} - e^{-2t}$;

(15) $f(t) = \dfrac{3}{50}e^{3t} - \dfrac{1}{25}e^{-2t} - \dfrac{1}{50}e^{-t}\cos 2t + \dfrac{9}{25}e^{-t}\sin 2t$;

(16) $f(t) = \dfrac{1}{2}\sin t + \dfrac{1}{2}t\cos t - te^{-t}$.

11. (1) $f(t) = t$; (2) $f(t) = \dfrac{1}{6}t^3$;

(3) $f(t) = \dfrac{m!n!}{(m+n+1)!}t^{m+n+1}$; (4) $f(t) = e^t - t - 1$;

(5) $f(t) = \dfrac{1}{2}t\sin t$; (6) $f(t) = \dfrac{1}{2k}\sin kt - \dfrac{t}{2}\cos kt$;

(7) $f(t) = \text{sh}\,t - t$; (8) $f(t) = \begin{cases} 0, & t < a, \\ \displaystyle\int_a^t f(t-\tau)\,\mathrm{d}\tau, & 0 \leqslant a \leqslant t. \end{cases}$

12. (1) $f(t) = e^t - t - 1$; (2) $f(t) = \dfrac{t}{2a}\sin at$;

(3) $f(t) = \dfrac{1}{2a^3}(\sin at - at\cos at)$;

(4) $f(t) = \dfrac{3}{8a^5}(\sin at - at\cos at) - \dfrac{1}{8a^3}t^2\sin at$.

13. (1) $y(t) = e^{2t} - e^t$; (2) $y(t) = \dfrac{1}{2}(e^t - e^{-t})$;

(3) $y(t) = 2te^t$; (4) $y(t) = \dfrac{1}{2}\sin 2t$;

(5) $y(t) = -2\sin t - \cos 2t$; (6) $y(t) = \dfrac{t^2}{2}e^{-t}$;

(7) $y(t) = \dfrac{1}{3}e^{-t}(\sin t + \sin 2t)$;

(8) $y(t) = e^{-t} - e^{-2t} + \left[-e^{-(t-1)} + \dfrac{1}{2}e^{-2(t-1)} + \dfrac{1}{2}\right]u(t-1)$;

(9) $y(t) = te^{-t}$; (10) $y(t) = e^{-2t}(\cos t + \sin t)$;

(11) $y(t) = \dfrac{1}{2} + \dfrac{1}{10}e^{2t} - \dfrac{3}{5}\cos t - \dfrac{1}{5}\sin t + (1 - \cos t)u(t-1)$;

(12) $y(t) = 2t^2 - \dfrac{5}{2}e^{-t} + \dfrac{1}{2}(\cos t - \sin t) + u(t-1)\left(\dfrac{1}{6}t^3 - \dfrac{1}{2}t^2 + t - 1 + e^{-t}\right)$.

14. (1) $y(t) = 3J_0(2t)$; (2) $y(t) = \dfrac{\sin t}{t}$;

(3) $y(t) = (2 + ct^3)e^{-t}$; (4) $y(t) = ct^{\frac{n}{2}}J_n(2\sqrt{t})$.

15. (1) $f(t) = a\left(t + \dfrac{1}{6}t^3\right)$; (2) $f(t) = (1-t)e^{-t}$;

    (3) $f(t) = 8J_0(4t)$ 及 $f(t) = -8J_0(4t)$;

    (4) $f(t) = 4\sqrt{\dfrac{t}{\pi}}e^{-t}$ 及 $f(t) = -4\sqrt{\dfrac{t}{\pi}}e^{-t}$.

16. (1) $y(t) = 1 + \dfrac{1}{2}t^2$; (2) $y(t) = \sin t$;

    (3) $y(t) = 5(-e^{-t} + 4e^{-2t} - 3e^{-3t})$;

    (4) $y(t) = e^{-(t-1)}\sin(t-1)u(t-1) - 2e^{-t}(\cos t - \sin t)$.

17. (1) $\begin{cases} x(t) = e^t, \\ y(t) = e^t; \end{cases}$ (2) $\begin{cases} y(t) = (1 - 2\cos t) * f(t), \\ z(t) = -\cos t * f(t); \end{cases}$

    (3) $\begin{cases} x(t) = \dfrac{2}{3}\cos 2t + \dfrac{1}{3}\sin 2t + \dfrac{1}{3}e^t, \\ y(t) = -\dfrac{2}{3}\cos 2t - \dfrac{1}{3}\sin 2t + \dfrac{2}{3}e^t; \end{cases}$ (4) $\begin{cases} x(t) = \dfrac{1}{4}t^2 + \dfrac{1}{2}t + \dfrac{3}{2} + \dfrac{1}{2}u(t-1), \\ y(t) = -\dfrac{1}{4}t^2 + \dfrac{1}{2}t + \dfrac{5}{2} - \dfrac{1}{2}u(t-1). \end{cases}$

18. $V(t) = \dfrac{E}{LC}\mathcal{L}^{-1}\left[\dfrac{1}{s^2 + \dfrac{1}{RC}s + \dfrac{1}{LC}}\right]$, $i_c(t) = CV'(t)$.

19. $y(t) = \dfrac{1}{m\omega_0}\sin\omega_0 t$, 其中 $\omega_0 = \sqrt{\dfrac{k}{m}}$, k 为弹性系数.

20. $y(t) = \dfrac{Ak}{\sqrt{1+T^2\omega^2}}\sin(\omega t - \arctan\omega T) + \dfrac{AkT\omega}{1+\omega^2 T^2}e^{-\frac{t}{T}}$.

21. (1) $G(s) = \dfrac{2}{s+1}$; (2) $g(t) = 2e^{-t}$.

22. $G(s) = \dfrac{1}{s+1} + \dfrac{1}{s+2}$.

参考文献

包革军, 邢宇明, 盖云英. 2013. 复变函数与积分变换. 3 版. 北京: 科学出版社.

华中科技大学数学系. 2008. 复变函数与积分变换. 3 版. 北京: 高等教育出版社.

黄建雄, 李康弟, 钱道翠. 2013. 复变函数与积分变换. 北京: 科学出版社.

庞子城, 梁金荣, 柴俊. 2004. 复变函数. 北京: 科学出版社.

西安交通大学高等数学教研室. 1988. 复变函数. 2 版. 北京: 高等教育出版社.

熊大国. 1990. 积分变换. 北京: 北京理工大学出版社.

余家荣. 2014. 复变函数论. 5 版. 北京: 高等教育出版社.

张建国. 2010. 复变函数与积分变换. 北京: 机械工业出版社.

张元林. 2012. 积分变换. 5 版. 北京: 高等教育出版社.

郑君里, 应启珩, 杨为理. 2011. 信号系统. 3 版. 北京: 高等教育出版社.

钟玉泉. 2007. 复变函数论. 3 版. 北京: 高等教育出版社.

Oppenheim A V, Willsky A S, Hamid Nawab S. 1998. 信号与系统. 2 版. 刘树棠, 译. 西安: 西安交通大学出版社.

Marsden J E, Hoffman M J. 1998. Internet Supplement forBasic Complex Analysis. 3rd Ed. San Francisco: W H Freeman and Comapany.

Marsden J E. 1973. Basic Complex Analysis. San Francisco: W H Freeman and Comapany.

附录 I　傅里叶变换简表

序号	$f(t)$	$F(\omega)$
1	矩形单脉冲函数 $$f(t) = \begin{cases} E, & |t| \leqslant \dfrac{\tau}{2}, \\ 0, & |t| > \dfrac{\tau}{2} \end{cases} \quad (\tau > 0, E > 0)$$	$2E\dfrac{\sin\dfrac{\omega\tau}{2}}{\omega}$
2	指数衰减函数 $$f(t) = \begin{cases} 0, & t < 0, \\ e^{-\beta t}, & t \geqslant 0 \end{cases} \quad (\beta > 0)$$	$\dfrac{1}{\beta + i\omega}$
3	三角形脉冲函数 $$f(t) = \begin{cases} E\left(1 - \dfrac{2}{\tau}|t|\right), & |t| < \dfrac{\tau}{2}, \\ 0, & |t| \geqslant \dfrac{\tau}{2} \end{cases} \quad (\tau > 0, E > 0)$$	$\dfrac{4E}{\tau\omega^2}\left(1 - \cos\dfrac{\omega\tau}{2}\right)$
4	钟形脉冲函数 $f(t) = Ee^{-\beta t^2} \quad (E > 0, \beta > 0)$	$\sqrt{\dfrac{\pi}{\beta}}Ee^{-\dfrac{\omega^2}{4\beta}}$
5	傅里叶核函数 $f(t) = \dfrac{\sin\omega_0 t}{\pi t}$	$\begin{cases} 1, & |\omega| \leqslant \omega_0, \\ 0, & \text{其他} \end{cases}$
6	高斯分布函数 $f(t) = \dfrac{1}{\sqrt{2\pi}\sigma}e^{-\dfrac{t^2}{2\sigma^2}} \quad (\sigma > 0)$	$e^{-\dfrac{\sigma^2\omega^2}{2}}$
7	矩形射频脉冲函数 $$f(t) = \begin{cases} E\cos\omega_0 t, & |t| \leqslant \dfrac{\tau}{2}, \\ 0, & |t| > \dfrac{\tau}{2} \end{cases} \quad (\tau > 0, E > 0)$$	$\dfrac{E\tau}{2}\left[\dfrac{\sin(\omega-\omega_0)\dfrac{\tau}{2}}{(\omega-\omega_0)\dfrac{\tau}{2}} + \dfrac{\sin(\omega+\omega_0)\dfrac{\tau}{2}}{(\omega+\omega_0)\dfrac{\tau}{2}}\right]$
8	周期性脉冲函数 $f(t) = \sum\limits_{n=-\infty}^{+\infty}\delta(t - nT)$ ($T > 0$ 为脉冲函数的周期)	$\dfrac{2\pi}{T}\sum\limits_{n=-\infty}^{+\infty}\delta\left(\omega - \dfrac{2n\pi}{T}\right)$
9	$\cos\omega_0 t$	$\pi[\delta(\omega+\omega_0) + \delta(\omega-\omega_0)]$
10	$\sin\omega_0 t$	$\pi i[\delta(\omega+\omega_0) - \delta(\omega-\omega_0)]$

续表

序号	$f(t)$	$F(\omega)$
11	$u(t)$	$\pi\delta(\omega) + \dfrac{1}{i\omega}$
12	$u(t-c)$	$\pi\delta(\omega) + \dfrac{1}{i\omega}e^{-i\omega c}$
13	$u(t)\cdot t$	$\pi i\delta'(\omega) - \dfrac{1}{\omega^2}$
14	$u(t)\cdot t^n$	$\pi i^n \delta^{(n)}(\omega) + \dfrac{n!}{(i\omega)^{n+1}}$
15	$u(t)\sin\alpha t$	$\dfrac{\alpha}{\alpha^2-\omega^2} + \dfrac{\pi}{2i}[\delta(\omega-\omega_0) - \delta(\omega+\omega_0)]$
16	$u(t)\cos\alpha t$	$\dfrac{i\omega}{\alpha^2-\omega^2} + \dfrac{\pi}{2}[\delta(\omega-\omega_0) + \delta(\omega+\omega_0)]$
17	$u(t)e^{i\alpha t}$	$\dfrac{1}{i(\omega-\alpha)} + \pi\delta(\omega-\alpha)$
18	$u(t-c)e^{i\alpha t}$	$\dfrac{1}{i(\omega-\alpha)}e^{-i(\omega-\alpha)c} + \pi\delta(\omega-\alpha)$
19	$u(t)e^{i\alpha t}t^n$	$\dfrac{n!}{[i(\omega-\alpha)]^{n+1}} + \pi i^n \delta^{(n)}(\omega-\alpha)$
20	$e^{a|t|}(\text{Re}\,a<0)$	$\dfrac{-2a}{\omega^2+a^2}$
21	$\delta(t)$	1
22	$\delta(t-c)$	$e^{-i\omega c}$
23	$\delta'(t)$	$i\omega$
24	$\delta^{(n)}(t)$	$(i\omega)^n$
25	$\delta^{(n)}(t-c)$	$(i\omega)^n e^{-i\omega c}$
26	1	$2\pi\delta(\omega)$
27	t	$2\pi i\delta'(\omega)$
28	t^n	$2\pi i^n \delta^{(n)}(\omega)$
29	$e^{i\alpha t}$	$2\pi\delta(\omega-\alpha)$

续表

序号	$f(t)$	$F(\omega)$
30	$t^n \mathrm{e}^{\mathrm{i}\alpha t}$	$2\pi \mathrm{i}^n \delta^{(n)}(\omega-\alpha)$
31	$\dfrac{1}{a^2+t^2}$ (Re $a<0$)	$-\dfrac{\pi}{a}\mathrm{e}^{a|\omega|}$
32	$\dfrac{t}{(a^2+t^2)^2}$ (Re $a<0$)	$\dfrac{\mathrm{i}\omega\pi}{2a}\mathrm{e}^{a|\omega|}$
33	$\dfrac{\mathrm{e}^{\mathrm{i}bt}}{a^2+t^2}$ (Re $a<0$, b 为实数)	$-\dfrac{\pi}{a}\mathrm{e}^{a|\omega-b|}$
34	$\dfrac{\cos bt}{a^2+t^2}$ (Re $a<0$, b 为实数)	$-\dfrac{\pi}{2a}\left(\mathrm{e}^{a|\omega-b|}+\mathrm{e}^{a|\omega+b|}\right)$
35	$\dfrac{\sin bt}{a^2+t^2}$ (Re $a<0$, b 为实数)	$-\dfrac{\pi}{2a\mathrm{i}}\left(\mathrm{e}^{a|\omega-b|}-\mathrm{e}^{a|\omega+b|}\right)$
36	$\dfrac{\mathrm{sh}\,at}{\mathrm{sh}\,\pi t}$ $(-\pi<a<\pi)$	$\dfrac{\sin a}{\mathrm{ch}\,\omega+\cos a}$
37	$\dfrac{\mathrm{sh}\,at}{\mathrm{ch}\,\pi t}$ $(-\pi<a<\pi)$	$-2\mathrm{i}\,\dfrac{\sin\dfrac{a}{2}\mathrm{sh}\dfrac{\omega}{2}}{\mathrm{ch}\,\omega+\cos a}$
38	$\dfrac{\mathrm{ch}\,at}{\mathrm{ch}\,\pi t}$ $(-\pi<a<\pi)$	$2\,\dfrac{\cos\dfrac{a}{2}\mathrm{ch}\dfrac{\omega}{2}}{\mathrm{ch}\,\omega+\cos a}$
39	$\dfrac{1}{\mathrm{ch}\,at}$	$\dfrac{\pi}{a}\dfrac{1}{\mathrm{ch}\dfrac{\pi\omega}{2a}}$
40	$\sin at^2$	$\sqrt{\dfrac{\pi}{a}}\cos\left(\dfrac{\omega^2}{4a}+\dfrac{\pi}{4}\right)$
41	$\cos at^2$	$\sqrt{\dfrac{\pi}{a}}\cos\left(\dfrac{\omega^2}{4a}-\dfrac{\pi}{4}\right)$
42	$\dfrac{\sin at}{t}$	$\begin{cases}\pi, & |\omega|\leqslant a,\\ 0, & \text{其他}\end{cases}$
43	$\dfrac{\sin^2 at}{t^2}$	$\begin{cases}\pi\left(a-\dfrac{|\omega|}{2}\right), & |\omega|\leqslant 2a,\\ 0, & \text{其他}\end{cases}$
44	$\dfrac{\sin at}{\sqrt{|t|}}$	$\mathrm{i}\sqrt{\dfrac{\pi}{2}}\left[\dfrac{1}{\sqrt{|\omega+a|}}-\dfrac{1}{\sqrt{|\omega-a|}}\right]$
45	$\dfrac{\cos at}{\sqrt{|t|}}$	$\sqrt{\dfrac{\pi}{2}}\left[\dfrac{1}{\sqrt{|\omega+a|}}+\dfrac{1}{\sqrt{|\omega-a|}}\right]$
46	$\dfrac{1}{\sqrt{|t|}}$	$\sqrt{\dfrac{2\pi}{|\omega|}}$

序号	$f(t)$	$F(\omega)$
47	$\operatorname{sgn} t$	$\dfrac{2}{\mathrm{i}\omega}$
48	e^{-at^2} (Re $a>0$)	$\sqrt{\dfrac{\pi}{a}}\mathrm{e}^{-\frac{\omega^2}{4a}}$
49	$|t|$	$-\dfrac{2}{\omega^2}$
50	$\dfrac{1}{|t|}$	$\dfrac{\sqrt{2\pi}}{|\omega|}$

附录 II 拉普拉斯变换简表

序号	$f(t)$	$F(s)$
1	1	$\dfrac{1}{s}$
2	e^{at}	$\dfrac{1}{s-a}$
3	$t^m\,(m>-1)$	$\dfrac{\Gamma(m+1)}{s^{m+1}}$
4	$t^m e^{at}\ \ (m>-1)$	$\dfrac{\Gamma(m+1)}{(s-a)^{m+1}}$
5	$\sin at$	$\dfrac{a}{s^2+a^2}$
6	$\cos at$	$\dfrac{s}{s^2+a^2}$
7	$\text{sh}\,at$	$\dfrac{a}{s^2-a^2}$
8	$\text{ch}\,at$	$\dfrac{s}{s^2-a^2}$
9	$t\sin at$	$\dfrac{2as}{(s^2+a^2)^2}$
10	$t\cos at$	$\dfrac{s^2-a^2}{(s^2+a^2)^2}$
11	$t\,\text{sh}\,at$	$\dfrac{2as}{(s^2-a^2)^2}$
12	$t\,\text{ch}\,at$	$\dfrac{s^2+a^2}{(s^2-a^2)^2}$
13	$t^m \sin at\,(m>-1)$	$\dfrac{\Gamma(m+1)}{2i(s^2+a^2)^{m+1}}[(s+ai)^{m+1}-(s-ai)^{m+1}]$
14	$t^m \cos at\ \ (m>-1)$	$\dfrac{\Gamma(m+1)}{2(s^2+a^2)^{m+1}}[(s+ai)^{m+1}+(s-ai)^{m+1}]$
15	$e^{-bt}\sin at$	$\dfrac{a}{(s+b)^2+a^2}$

续表

序号	$f(t)$	$F(s)$
16	$e^{-bt}\cos at$	$\dfrac{s+b}{(s+b)^2+a^2}$
17	$e^{-bt}\sin(at+c)$	$\dfrac{(s+b)\sin c + a\cos c}{(s+b)^2+a^2}$
18	$\sin^2 t$	$\dfrac{1}{2}\left(\dfrac{1}{s}-\dfrac{s}{s^2+4}\right)$
19	$\cos^2 t$	$\dfrac{1}{2}\left(\dfrac{1}{s}+\dfrac{s}{s^2+4}\right)$
20	$\sin at \sin bt$	$\dfrac{2abs}{[s^2+(a+b)^2][s^2+(a-b)^2]}$
21	$e^{at}-e^{bt}$	$\dfrac{a-b}{(s-a)(s-b)}$
22	$ae^{at}-be^{bt}$	$\dfrac{(a-b)s}{(s-a)(s-b)}$
23	$\dfrac{1}{a}\sin at - \dfrac{1}{b}\sin bt$	$\dfrac{b^2-a^2}{(s^2+a^2)(s^2+b^2)}$
24	$\cos at - \cos bt$	$\dfrac{(b^2-a^2)s}{(s^2+a^2)(s^2+b^2)}$
25	$\dfrac{1}{a^2}(1-\cos at)$	$\dfrac{1}{s(s^2+a^2)}$
26	$\dfrac{1}{a^3}(at-\sin at)$	$\dfrac{1}{s^2(s^2+a^2)}$
27	$\dfrac{1}{a^4}(\cos at - 1)+\dfrac{1}{2a^2}t^2$	$\dfrac{1}{s^3(s^2+a^2)}$
28	$\dfrac{1}{a^4}(\operatorname{ch}at - 1)-\dfrac{1}{2a^2}t^2$	$\dfrac{1}{s^3(s^2-a^2)}$
29	$\dfrac{1}{2a^3}(\sin at - at\cos at)$	$\dfrac{1}{(s^2+a^2)^2}$
30	$\dfrac{1}{2a}(\sin at + at\cos at)$	$\dfrac{s^2}{(s^2+a^2)^2}$
31	$\dfrac{1}{a^4}(1-\cos at)-\dfrac{1}{2a^3}t\sin at$	$\dfrac{1}{s(s^2+a^2)^2}$
32	$(1-at)e^{-at}$	$\dfrac{s}{(s+a)^2}$

续表

序号	$f(t)$	$F(s)$
33	$t\left(1-\dfrac{a}{2}t\right)\mathrm{e}^{-at}$	$\dfrac{s}{(s+a)^3}$
34	$\dfrac{1}{a}(1-\mathrm{e}^{-at})$	$\dfrac{1}{s(s+a)}$
35	$\dfrac{1}{ab}+\dfrac{1}{b-a}\left(\dfrac{\mathrm{e}^{-bt}}{b}-\dfrac{\mathrm{e}^{-at}}{a}\right)$	$\dfrac{1}{s(s+a)(s+b)}$
36	$\dfrac{\mathrm{e}^{-at}}{(b-a)(c-a)}+\dfrac{\mathrm{e}^{-bt}}{(a-b)(c-b)}+\dfrac{\mathrm{e}^{-ct}}{(a-c)(b-c)}$	$\dfrac{1}{(s+a)(s+b)(s+c)}$
37	$\dfrac{a\mathrm{e}^{-at}}{(c-a)(a-b)}+\dfrac{b\mathrm{e}^{-bt}}{(a-b)(b-c)}+\dfrac{c\mathrm{e}^{-ct}}{(b-c)(c-a)}$	$\dfrac{s}{(s+a)(s+b)(s+c)}$
38	$\dfrac{a^2\mathrm{e}^{-at}}{(c-a)(b-a)}+\dfrac{b^2\mathrm{e}^{-bt}}{(a-b)(c-b)}+\dfrac{c^2\mathrm{e}^{-ct}}{(b-c)(a-c)}$	$\dfrac{s^2}{(s+a)(s+b)(s+c)}$
39	$\dfrac{\mathrm{e}^{-at}-\mathrm{e}^{-bt}[1-(a-b)t]}{(a-b)^2}$	$\dfrac{1}{(s+a)(s+b)^2}$
40	$\dfrac{[a-b(a-b)t]\mathrm{e}^{-bt}-a\mathrm{e}^{-at}}{(a-b)^2}$	$\dfrac{s}{(s+a)(s+b)^2}$
41	$\mathrm{e}^{-at}-\mathrm{e}^{\frac{at}{2}}\left(\cos\dfrac{\sqrt{3}at}{2}-\sqrt{3}\sin\dfrac{\sqrt{3}at}{2}\right)$	$\dfrac{3a^2}{s^3+a^3}$
42	$\sin at\,\mathrm{ch}\,at-\cos at\,\mathrm{sh}\,at$	$\dfrac{4a^3}{s^4+4a^4}$
43	$\dfrac{1}{2a^2}\sin at\,\mathrm{sh}\,at$	$\dfrac{s}{s^4+4a^4}$
44	$\dfrac{1}{2a^3}(\mathrm{sh}\,at-\sin at)$	$\dfrac{1}{s^4-a^4}$
45	$\dfrac{1}{2a^2}(\mathrm{ch}\,at-\cos at)$	$\dfrac{s}{s^4-a^4}$
46	$\dfrac{1}{\sqrt{\pi t}}$	$\dfrac{1}{\sqrt{s}}$
47	$2\sqrt{\dfrac{t}{\pi}}$	$\dfrac{1}{s\sqrt{s}}$
48	$\dfrac{1}{\sqrt{\pi t}}\mathrm{e}^{at}(1+2at)$	$\dfrac{s}{(s-a)\sqrt{s-a}}$
49	$\dfrac{1}{2\sqrt{\pi t^3}}(\mathrm{e}^{bt}-\mathrm{e}^{at})$	$\sqrt{s-a}-\sqrt{s-b}$

续表

序号	$f(t)$	$F(s)$
50	$\dfrac{1}{\sqrt{\pi t}}\cos 2\sqrt{at}$	$\dfrac{1}{\sqrt{s}}e^{-\frac{a}{s}}$
51	$\dfrac{1}{\sqrt{\pi t}}\operatorname{ch} 2\sqrt{at}$	$\dfrac{1}{\sqrt{s}}e^{\frac{a}{s}}$
52	$\dfrac{1}{\sqrt{\pi t}}\sin 2\sqrt{at}$	$\dfrac{1}{s\sqrt{s}}e^{-\frac{a}{s}}$
53	$\dfrac{1}{\sqrt{\pi t}}\operatorname{sh} 2\sqrt{at}$	$\dfrac{1}{s\sqrt{s}}e^{\frac{a}{s}}$
54	$\dfrac{1}{t}(e^{bt}-e^{at})$	$\ln\dfrac{s-a}{s-b}$
55	$\dfrac{2}{t}\operatorname{sh} at$	$\ln\dfrac{s+a}{s-a}$
56	$\dfrac{2}{t}(1-\cos at)$	$\ln\dfrac{s^2+a^2}{s^2}$
57	$\dfrac{2}{t}(1-\operatorname{ch} at)$	$\ln\dfrac{s^2-a^2}{s^2}$
58	$\dfrac{1}{t}\sin at$	$\arctan\dfrac{a}{s}$
59	$\dfrac{1}{t}(\operatorname{ch} at-\cos bt)$	$\ln\sqrt{\dfrac{s^2+b^2}{s^2-a^2}}$
60	$\dfrac{1}{\pi t}\sin(2a\sqrt{t})$	$\operatorname{erf}\left(\dfrac{a}{\sqrt{s}}\right)$
61	$\dfrac{1}{\sqrt{\pi t}}e^{-2a\sqrt{t}}$	$\dfrac{1}{\sqrt{s}}e^{\frac{a^2}{s}}\operatorname{erfc}\left(\dfrac{a}{\sqrt{s}}\right)$
62	$\operatorname{erfc}\left(\dfrac{a}{2\sqrt{t}}\right)$	$\dfrac{1}{s}e^{-a\sqrt{s}}$
63	$\operatorname{erf}\left(\dfrac{t}{2a}\right)$	$\dfrac{1}{s}e^{a^2s^2}\operatorname{erfc}(as)$
64	$\dfrac{1}{\sqrt{\pi t}}e^{-2\sqrt{at}}$	$\dfrac{1}{\sqrt{s}}e^{\frac{a}{s}}\operatorname{erfc}\left(\sqrt{\dfrac{a}{s}}\right)$
65	$\dfrac{1}{\sqrt{\pi(t+a)}}$	$\dfrac{1}{\sqrt{s}}e^{as}\operatorname{erfc}(\sqrt{as})$
66	$\dfrac{1}{\sqrt{a}}\operatorname{erf}(\sqrt{at})$	$\dfrac{1}{s\sqrt{s+a}}$

续表

序号	$f(t)$	$F(s)$
67	$\dfrac{1}{\sqrt{a}}\mathrm{e}^{at}\mathrm{erf}(\sqrt{at})$	$\dfrac{1}{\sqrt{s}(s-a)}$
68	$u(t)$	$\dfrac{1}{s}$
69	$tu(t)$	$\dfrac{1}{s^2}$
70	$t^m u(t)\,(m>-1)$	$\dfrac{1}{s^{m+1}}\Gamma(m+1)$
71	$\delta(t)$	1
72	$\delta^{(n)}(t)$	s^n
73	$\mathrm{sgn}\,t$	$\dfrac{1}{s}$
74	$J_0(at)$	$\dfrac{1}{\sqrt{s^2+a^2}}$
75	$I_0(at)$	$\dfrac{1}{\sqrt{s^2-a^2}}$
76	$J_0\left(2\sqrt{at}\right)$	$\dfrac{1}{s}\mathrm{e}^{-\frac{a}{s}}$
77	$\mathrm{e}^{-bt}I_0(at)$	$\dfrac{1}{\sqrt{(s+b)^2-a^2}}$
78	$tJ_0(at)$	$\dfrac{s}{(s^2+a^2)^{\frac{3}{2}}}$
79	$tI_0(at)$	$\dfrac{s}{(s^2-a^2)^{\frac{3}{2}}}$
80	$J_0\left(a\sqrt{t(t+2b)}\right)$	$\dfrac{1}{\sqrt{s^2+a^2}}\mathrm{e}^{b(s-\sqrt{s^2+a^2})}$

(1) 式 35—40 中 a, b, c 为不相等的常数;

(2) $\mathrm{erf}(x)=\dfrac{2}{\sqrt{\pi}}\displaystyle\int_0^x \mathrm{e}^{-t^2}\mathrm{d}t$ 称为误差函数, $\mathrm{erfc}(x)=1-\mathrm{erf}(x)=\dfrac{2}{\sqrt{\pi}}\displaystyle\int_x^{+\infty}\mathrm{e}^{-t^2}\mathrm{d}t$ 称为余误差函数;

(3) $J_n(x)=\displaystyle\sum_{k=0}^{\infty}\dfrac{(-1)^k}{k!\Gamma(n+k+1)}\left(\dfrac{x}{2}\right)^{n+2k}$, $I_n(x)=\mathrm{i}^{-n}J_n(\mathrm{i}x)$, J_n 称为第一类 n 阶 Bessel 函数. I_n 称为第一类 n 阶变形的 Bessel 函数, 或称为虚宗量的 Bessel 函数.